© Noordhoff Uitgevers bv

Bedrijfsbeslissingen en financiële verantwoording

Drs A.W.W. Heezen

Derde druk

Noordhoff Uitgevers Groningen

© Noordhoff Uitgevers bv

Ontwerp omslag: iStockphoto
Omslagillustratie: G2K Groningen/Amsterdam
Cartoons: P. Vastbinder/A.A.W. Heezen

Eventuele op- en aanmerkingen over deze of andere uitgaven kunt u richten aan:
Noordhoff Uitgevers bv, Afdeling Hoger Onderwijs, Antwoordnummer 13,
9700 VB Groningen, e-mail: info@noordhoff.nl

© 2015 Noordhoff Uitgevers bv Groningen/Houten, The Netherlands.

Behoudens de in of krachtens de Auteurswet van 1912 gestelde uitzonderingen mag niets uit deze uitgave worden verveelvoudigd, opgeslagen in een geautomatiseerd gegevensbestand of openbaar gemaakt, in enige vorm of op enige wijze, hetzij elektronisch, mechanisch, door fotokopieën, opnamen of enige andere manier, zonder voorafgaande schriftelijke toestemming van de uitgever. Voor zover het maken van reprografische verveelvoudigingen uit deze uitgave is toegestaan op grond van artikel 16h Auteurswet 1912 dient men de daarvoor verschuldigde vergoedingen te voldoen aan Stichting Reprorecht (postbus 3060, 2130 KB Hoofddorp, www.reprorecht.nl). Voor het overnemen van gedeelte(n) uit deze uitgave in bloemlezingen, readers en andere compilatiewerken (artikel 16 Auteurswet 1912) kan men zich wenden tot Stichting PRO (Stichting Publicatie- en Reproductierechten Organisatie, postbus 3060, 2130 KB Hoofddorp, www.stichting-pro.nl).

All rights reserved. No part of this publication may be reproduced, stored in a retrieval system, or transmitted, in any form or by any means, electronic, mechanical, photocopying, recording, or otherwise, without the prior written permission of the publisher.

ISBN 978-90-01-84177-5
NUR 782

Woord vooraf

Iedere organisatie krijgt bij de uitvoering van haar werkzaamheden te maken met de financiële gevolgen van haar activiteiten. Meestal is binnen een organisatie een bepaalde afdeling of een bepaald persoon belast met het bewaken van de financiële positie van de organisatie. Maar ook managers die geen financiële functie vervullen, kunnen te maken krijgen met de financiële gevolgen van hun handelen. Zo zal de directeur van een museum de financiële positie van zijn museum moeten kunnen beoordelen en zal een commercieel manager de financiële gevolgen van een reclamecampagne moeten kunnen overzien.

Dit boek is bestemd voor (toekomstige) functionarissen die geen specifieke financiële functie (gaan) vervullen. Managementbeslissingen en de financiële informatie die nodig is om deze beslissingen te kunnen nemen, staan op de voorgrond. Dit betekent dat we ons concentreren op de hoofdlijnen van het financiële beleid. Niet het opstellen van financiële overzichten zoals de balans en de winst- en verliesrekening staat centraal, maar het kunnen lezen (interpreteren) van deze financiële overzichten. Ook besteden we ruime aandacht aan de omgevingsfactoren die een rol spelen bij het nemen van bedrijfsbeslissingen. Daarbij kiezen we voor een praktische aanpak, waarbij we veelvuldig gebruikmaken van voorbeelden en artikelen uit de krant. Ook lichten we aan de hand van concrete bedrijven een aantal praktijksituaties toe.

Deze praktijksituaties hebben zowel betrekking op productiebedrijven als op dienstverlenende organisaties.

We concentreren ons op eenvoudige bedrijfseconomische problemen en op de mogelijke oplossingen daarvoor. Het maken van opgaven en het uitwerken van voorbeelden kunnen daarbij behulpzaam zijn. We houden een praktische benadering aan door voorbeelden te gebruiken die zowel uit de productieve als uit de dienstverlenende sector afkomstig zijn. Een groot aantal opdrachten kan ook met behulp van Excel worden uitgewerkt. Deze opgaven hebben we voorzien van het volgende icoontje:

Zelfwerkzaamheid van de student is een belangrijk uitgangspunt bij het schrijven van deze onderwijsmethode. Dit blijkt ook uit de opzet van de website bij dit boek: www.bedrijfsbeslissingen.noordhoff.nl. Op de website staan alle antwoorden van de meerkeuzevragen en de uitwerkingen van een groot aantal zelftoetsen en van (eenvoudige) vraagstukken. Daarbij worden niet alleen de antwoorden gegeven, maar worden er ook aanwijzingen gegeven als een foutief antwoord is gegeven. Hierdoor krijgt de website een interactief karakter. De numerieke antwoorden van de vraagstukken staan achter in het boek.

Bij het schrijven van *Bedrijfsbeslissingen en financiële verantwoording* zijn veel personen betrokken. De collega's van de Economische Faculteit van de Hogeschool van Arnhem en Nijmegen (HAN) bedanken we voor hun opbouwende kritiek. In het bijzonder noem ik mijn collega Frans Wittenberg, die veel energie heeft gestopt in de ontwikkeling van de website bij dit boek. Met dank ook aan de organisaties die aan de totstandkoming van dit boek een bijdrage hebben geleverd:

Rabobank	Bankbedrijf
Jos Gerritsen	Vastgoedmaatschappij
ZieZo	Kapsalon

We vertrouwen erop dat de praktische aanpak in dit boek de lezer aanspreekt. Verbeteringen zijn altijd mogelijk. Daarom stellen we op- en aanmerkingen van de gebruikers zeer op prijs. Deze kunt u zenden naar Noordhoff Uitgeverij, Afdeling Hoger Onderwijs, Antwoordnummer 13, 9700 VB Groningen.

Arnhem, februari 2015

A.W.W. Heezen

Inhoud

Inleiding 8

1 Bedrijf, omgeving en ondernemingsplan 11
1.1 De organisatie en haar omgeving 12
1.2 Bedrijfsbeslissingen 16
1.3 Doelstelling van een organisatie 18
1.4 Goederen- en geldstromen 21
1.5 Globale opzet van een ondernemingsplan 28
Samenvatting 49
Begrippenlijst 50
Meerkeuzevragen 53
Vraagstukken 56

2 Het financieel plan 59
2.1 Onderdelen van het financieel plan 60
2.2 Investeringsbegroting 60
2.3 Openingsbalans 62
2.4 Begrote winst- en verliesrekening 72
2.5 Liquiditeitsbegroting 79
2.6 Begrote eindbalans 88
2.7 Enkele balansposten nader toegelicht 90
2.8 Beoordeling van het financieel plan 95
Samenvatting 96
Begrippenlijst 97
Meerkeuzevragen 100
Vraagstukken 106

3 Financiële feiten, balans en winst- en verliesrekening 125
3.1 Goederen- en geldstromen 126
3.2 Belasting toegevoegde waarde (btw) 129
3.3 Opbrengsten 132
3.4 Geldontvangsten die niet tot opbrengsten leiden 138
3.5 Kosten 139
3.6 Voorzieningen en onderhoudskosten 147
3.7 Gelduitgaven die niet tot kosten leiden 153
3.8 Opbrengsten, kosten en winst- en verliesrekening 156
Samenvatting 164
Begrippenlijst 165
Meerkeuzevragen 168
Vraagstukken 171

4 Beoordeling van de financiële situatie 195
4.1 Behoefte aan financiële informatie 196
4.2 Financiële overzichten Vivaldi bv 196
4.3 Rentabiliteit 203
4.4 Liquiditeit 221
4.5 Solvabiliteit 223
4.6 Activiteitskengetallen 231
4.7 Interne gebruikers van financiële informatie 234
4.8 Externe gebruikers van financiële informatie 236
4.9 Financieel verslag en wettelijke voorschriften 239
4.10 Beoordeling door de bank 242
Samenvatting 244
Begrippenlijst 245
Meerkeuzevragen 249
Vraagstukken 255

5 Kosten en kostprijs 277
5.1 Gelduitgaven en kosten 278
5.2 Vaste en variabele kosten 280
5.3 Berekening van het break-evenpunt 284
5.4 Kostprijsberekening 290
5.5 Directe en indirecte kosten 297
5.6 Differentiële kostencalculatie 305
Samenvatting 311
Begrippenlijst 312
Meerkeuzevragen 314
Vraagstukken 318

6 Investeringsbeslissingen 329
6.1 De investerings- en financieringsbeslissing 330
6.2 Soorten investeringen 333
6.3 Investeringsproject 333
6.4 Tijdvoorkeur en risico 338
6.5 Methoden om investeringsvoorstellen te beoordelen 346
6.6 Secundaire geldstromen en vermogenskostenvoet 355
Samenvatting 356
Begrippenlijst 357
Meerkeuzevragen 359
Vraagstukken 361

7 Enkele praktijkvoorbeelden 371
7.1 Van doelstelling naar marketing- en verkoopplan 372
7.2 Van marketingplan naar marketingbudget 372
7.3 Zakelijke dienstverlening 381
7.4 Uitbesteding van werkzaamheden 387
7.5 Factoren die de loonkosten beïnvloeden 391
Samenvatting 394
Begrippenlijst 395
Meerkeuzevragen 397
Vraagstukken 398

Uitwerkingen van de zelftoetsen zonder icoontje 404

Numerieke antwoorden 411

Overzicht van websites en aanvullende literatuur 427

Register 428

Inleiding

In dit boek staan we stil bij de financiële gevolgen van beslissingen binnen organisaties en bij de wijze waarop deze financiële gevolgen worden gepresenteerd. Inzicht daarin is onder meer van belang voor functionarissen die een financiële functie vervullen, zoals een financieel directeur van een onderneming of de penningmeester van een vereniging. Maar ook managers die geen specifiek financiële functie vervullen, zullen vroeg of laat worden geconfronteerd met de financiële gevolgen van hun handelen. Ook zij moeten de financiële gevolgen van hun handelen kunnen overzien.
De media verspreiden dagelijks berichten over allerlei bedrijfseconomische onderwerpen. Deze berichten kunnen bijvoorbeeld gaan over bedrijven die proberen hun financiële resultaten te verbeteren door kostenbesparingen of over de verwachte groei van de productie. Bedrijfseconomische onderwerpen zijn niet meer weg te denken uit ons dagelijks leven en daarom is het belangrijk enige kennis te hebben van de bedrijfseconomie. In deze eerste kennismaking streven we niet naar een allesomvattende behandeling van bedrijfseconomische vraagstukken. We beperken ons tot de hoofdzaken. In eerste instantie gaat het om het onderkennen van situaties waarin zich een bedrijfseconomisch probleem kan voordoen. Welke informatie hebben we nodig om het probleem goed in kaart te kunnen brengen? Waardoor is het probleem ontstaan en wat moeten we doen om het probleem op te lossen? Het zijn allemaal vragen waar de bedrijfseconomie zich mee bezighoudt.
Om de zelfwerkzaamheid van de student te bevorderen, lichten we de theorie toe met een groot aantal voorbeelden en zelftoetsen.

De relaties waarmee een organisatie te maken kan krijgen, beschrijven we in hoofdstuk 1. Daarbij kunnen we denken aan leveranciers en afnemers, maar ook aan de overheid en de verstrekkers van eigen of vreemd vermogen.
In hoofdstuk 2 leggen we uit welke informatie belangrijke financiële overzichten zoals een balans, een winst- en verliesrekening en een liquiditeitsbegroting bevatten. Ten opzichte van de eerste druk besteden we nu meer aandacht aan de gevolgen van financiële feiten voor de balans en de winst- en verliesrekening.
In hoofdstuk 3 gaan we nader in op bepaalde financiële feiten en de gevolgen daarvan voor de balans en winst- en verliesrekening. Aan de hand daarvan maken we het verschil en de samenhang tussen geldontvangsten, opbrengsten, gelduitgaven en kosten duidelijk.
Hoofdstuk 4 behandelt de wijze waarop we de financiële situatie van een organisatie kunnen beoordelen. Daarbij besteden we aandacht aan de rentabiliteit, de liquiditeit en de solvabiliteit. Ook lichten we toe welke factoren een bank betrekt bij de beoordeling van een kredietaanvraag.
De berekening en de rol van de kostprijs staan centraal in hoofdstuk 5.

Hoofdstuk 6 bespreekt de methoden die we kunnen gebruiken bij het beoordelen van investeringsprojecten. Daarbij besteden we aandacht aan tijdswaarde en risico. In vergelijking met de eerste druk besteden we nu meer aandacht aan de berekening van de contante en eindwaarden en aan de boekhoudkundige en economische waarderingsmethoden. We sluiten dit boek af met enkele praktijkvoorbeelden, die we in hoofdstuk 7 behandelen. Deze voorbeelden hebben betrekking op een handelsorganisatie en een onderneming in de zakelijke dienstverlening.

De opgaven sluiten aan bij de theorie en klimmen op in moeilijkheidsgraad. De opgaven zijn in drie niveaus ingedeeld:
1 Geen toevoeging: eenvoudige opgave. Dit soort opgaven zijn een elementaire toepassing van de theorie.
2 Eén asterisk (*): opgaven met een gemiddelde moeilijkheidsgraad. Dit soort opgaven vergen enig inzicht in (een gedeelte van) de behandelde leerstof.
3 Twee asterisken (**): opgaven met een hoge moeilijkheidsgraad. Voor het maken van deze opgaven is grondige kennis van en inzicht in (de samenhang van) de behandelde onderwerpen nodig.

© Noordhoff Uitgevers bv

1 Bedrijf, omgeving en ondernemingsplan

1.1 De organisatie en haar omgeving
1.2 Bedrijfsbeslissingen
1.3 Doelstelling van een organisatie
1.4 Goederen- en geldstromen
1.5 Globale opzet van een ondernemingsplan

In dit hoofdstuk lichten we het begrip bedrijfsbeslissingen toe en bespreken we de onderwerpen die in een ondernemingsplan aan de orde komen. We besteden aandacht aan de relaties die een organisatie met haar omgeving onderhoudt en aan de ondernemingsdoelstelling.
Door de activiteiten van een organisatie weer te geven in de vorm van goederen- en geldstromen krijgen we een beter beeld van hetgeen in een organisatie gebeurt.
De keuze van de rechtsvorm heeft gevolgen voor de aansprakelijkheid van de eigenaren van de onderneming en voor de belastingheffing.
Ook deze aspecten stellen we in dit hoofdstuk aan de orde. Ten slotte gaan we in op de factoren die van invloed zijn op de concurrentiepositie van een onderneming.

1.1 De organisatie en haar omgeving

Organisatie

Onderneming

Non-profitorganisaties

Een organisatie is een samenwerkingsverband tussen personen die een bepaald doel nastreven. Een organisatie die naar winst streeft, noemen we een onderneming of bedrijf. Organisaties die niet naar winst streven, non-profitorganisaties, vinden we vaak bij overheidsinstellingen, zoals ministeries, provincies en gemeenten. Als we de financiële gevolgen van managementbeslissingen bespreken, nemen we in veel gevallen ondernemingen (bedrijven) als voorbeeld. Maar ook managers bij non-profitorganisaties moeten de financiële gevolgen van hun beslissingen kunnen overzien.

De werkzaamheden van een organisatie kunnen bestaan uit het maken van producten (productieonderneming), het verplaatsen van goederen (transportonderneming) en het leveren van diensten (reisbureau en advocatenkantoor).

Omgeving

Bij het uitvoeren van haar activiteiten moet iedere organisatie rekening houden met haar omgeving. Tot deze omgeving behoren degenen met wie de organisatie zakendoet, zoals leveranciers en afnemers, maar ook de omwonenden en de overheid. Zo zal een onderneming aan bepaalde wettelijke eisen moeten voldoen en rekening moeten houden met de belangen van omwonenden. Daarbij spelen aspecten zoals geluidshinder en luchtverontreiniging een rol.

We geven enkele voorbeelden van wetgeving waarmee een onderneming rekening moet houden. Het volgende artikel gaat over het alcoholverbod dat met ingang van 1 januari 2014 voor jongeren onder de 18 jaar van kracht is geworden. Horecagelegenheden zijn bang dat door het van kracht worden van het alcoholverbod hun omzet fors zal dalen.

BRON: FAILLISSEMENTSDOSSIER.NL, 28 MEI 2014

Kroegbazen vrezen faillissement door zuipketen

DOOR: HENK HANSSEN

Een toenemend aantal horeca-eigenaren vreest binnen afzienbare tijd de zaak te moeten sluiten door de opmars van zuipketen. Sinds begin dit jaar het alcoholverkoopverbod van kracht werd, mijden jongeren van achttien jaar of jonger steeds vaker het café. 'Ze drinken thuis of ze trekken zich terug in schuurtjes,' zegt Joris Prinssen, woordvoerder van Koninklijke Horeca Nederland. De brancheorganisatie ziet zich genoodzaakt aan de bel te trekken.

Keerzijde alcoholverbod

Het leek een nobel plan. Na de jarenlange maatschappelijke ongerustheid over het gemak waarmee jongeren alcohol konden krijgen - met de op ooghoogte in het supermarktschap lonkende mixdrankjes als symbool - werd er eindelijk wetgeving van kracht. Vanaf 1 januari 2014 mogen de detailhandel en horeca alleen aan jongeren van boven de achttien alcohol verkopen. Naar nu steeds duidelijker wordt, heeft het in gang gezette beschermingsbeleid een door de wetgever onvoorziene keerzijde. Schuurtjes, afgeschreven schaftketen, tochtige caravans, oude bunkers: ze krijgen een nieuw leven als zuipkeet voor tieners.

Hierna volgt een gedeelte uit een krantenartikel dat gaat over de winstuitkeringen door ziekenhuizen.

BRON: *DE VOLKSKRANT*, 27 JUNI 2014

Tweede Kamer zet punt achter jarenlange discussie over beladen dossier
Ziekenhuizen mogen winst gaan uitkeren

Van onze verslaggever
Gijs Herderscheê

Den Haag Na jarenlange discussie zetten kabinet en Tweede Kamer het licht op groen in een politiek beladen dossier: ziekenhuizen mogen winst gaan maken en die uitkeren aan investeerders, zoals pensioenfondsen.

De regeringspartijen VVD en PvdA, gesteund door D66, hebben het wetsvoorstel van minister Edith Schippers van Volksgezondheid donderdag aan een meerderheid in de Tweede Kamer geholpen. Schippers (VVD) moet wel de Eerste Kamer vrezen, want daar komt zij nog zetels tekort. Het winstprincipe voor ziekenhuizen is omstreden en veroorzaakt al jaren diepe ideologische conflicten. VVD en D66 zijn van oudsher voor. Zij menen dat banken te terughoudend zijn met de geldverschaffing aan ziekenhuizen en zoeken naar manieren om meer privaat geld naar de zorgsector te lokken.

Schippers denkt dat ziekenhuizen voor bijvoorbeeld pensioenfondsen een aantrekkelijke investering kunnen zijn. De bewindsvrouw is overtuigd dat de kwaliteit van de zorg toeneemt als het investeringsklimaat gunstiger wordt. Die 'kwaliteit van de zorg' is ook een van de vereisten die gelden voordat na jaren winst mag worden uitbetaald.
De SP staat aan de andere kant en is principieel tegen. 'De zorg is geen markt', aldus het Tweede Kamerlid Renske Leijten. Zij verwacht dat de kwaliteit van de zorg juist zal afnemen. Ziekenhuizen waarin investeerders geld hebben gestoken, zullen zich volgens haar toeleggen op omzet en winst. Patiënten aan wie weinig kan worden verdiend, zullen niet worden geholpen. Maar patiënten die een dure behandeling nodig hebben, juist wel.
[...]
Schippers beklemtoonde donderdag dat investeren in ziekenhuizen niet zomaar voor iedereen mogelijk wordt. Buitenlandse investeringsmaatschappijen worden bijvoorbeeld buitengesloten.
Het gaat ook alleen om langetermijninvesteringen, die pas na jaren en onder 'strenge voorwaarden' rendement mogen opleveren.

TOELICHTING
Ziekenhuizen waren vroeger non-profitorganisaties, maar mogen nu ook naar winst streven. Dat heeft tot gevolg dat ook bij ziekenhuizen bedrijfseconomische aspecten een belangrijkere rol gaan spelen.

In figuur 1.1 geven we een overzicht van de belangrijkste externe relaties van een organisatie.

Externe relaties

FIGUUR 1.1 De externe relaties van een organisatie

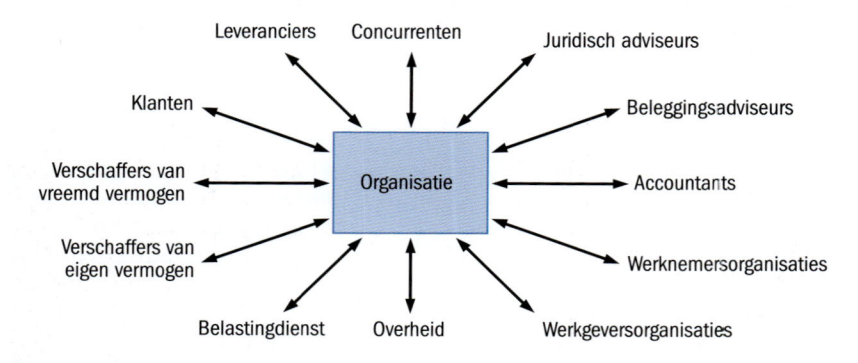

```
           Leveranciers    Concurrenten      Juridisch adviseurs

  Klanten                                              Beleggingsadviseurs

Verschaffers van                                       Accountants
vreemd vermogen          Organisatie

Verschaffers van                                       Werknemersorganisaties
eigen vermogen

        Belastingdienst    Overheid      Werkgeversorganisaties
```

Uit de vorm van de pijlen in figuur 1.1 blijkt dat de contacten tussen een organisatie en haar omgeving een tweerichtingsverkeer inhouden: van binnen naar buiten en van buiten naar binnen. Iedere externe relatie heeft specifieke wensen wat betreft de informatie die ze van de organisatie wenst te ontvangen. Maar externe relaties (waaronder overheden) kunnen ook eisen stellen aan de organisatie. Daarbij kunnen we onder meer denken aan belastingwetten en milieuvoorschriften.

In tabel 1.1 geven we een aantal voorbeelden van externe relaties van een organisatie en welke informatie zij mogelijk wensen te ontvangen.

TABEL 1.1 Relaties van een organisatie en de informatiebehoeften

Relatie	Soort informatie die de genoemde relatie mogelijk gebruikt
Klanten	• Gegevens over de producten en/of diensten die worden aangeboden, zoals prijs en artikelomschrijving • Gegevens over leveringsvoorwaarden
Leveranciers	• Gegevens over de kredietwaardigheid van de onderneming
Verschaffers van vreemd vermogen	• Gegevens over de kredietwaardigheid van de onderneming (om te beoordelen of de onderneming de rente en aflossing van leningen kan betalen)
Verschaffers van eigen vermogen (bijvoorbeeld aandeelhouders)	• Gegevens over de winstgevendheid van de onderneming • Gegevens over belangrijke investeringen
Werknemersorganisaties	• Gegevens op basis waarvan de arbeidsomstandigheden en de werkgelegenheid kunnen worden beoordeeld
Overheid	• Gegevens over de activiteiten die de onderneming uitvoert en de (gevaarlijke) stoffen die daarbij mogelijk vrijkomen (milieuaspecten)
Belastingdienst	• Gegevens over de bedrijfsresultaten en bezittingen van de onderneming
Beleggingsadviseurs	• Informatie over de financiële resultaten van de onderneming
Accountants	• Financiële gegevens die nodig zijn voor het opstellen van de balans, de winst- en verliesrekening et cetera
Werkgeversorganisaties	• Gegevens over de arbeidsvoorwaarden • Gegevens over de omvang van de bedrijfsactiviteiten
Concurrenten	• Gegevens over die gebieden waarop de concurrenten mogelijk samen kunnen werken (bijvoorbeeld een gezamenlijke reclamecampagne voor de branche)
Juridisch adviseurs	• Informatie over de rechtsvorm waarin de onderneming wordt gedreven • Informatie over de inhoud van de contracten die de onderneming met derden heeft afgesloten

We laten hierna ondernemer Jos Gerritsen aan het woord. Hij vertelt in het kort iets over zijn eigen achtergrond en over de eigenschappen die belangrijk zijn om een succesvol ondernemer te worden.

Jos Gerritsen, zelfstandig ondernemer

Ik ben mijn loopbaan als zelfstandig ondernemer begonnen als eigenaar van een drankengroothandel. Na vele mooie jaren is deze groothandel in 1992 door Heineken Nederland bv overgenomen. Na de overname heb ik nog een jaar als bedrijfsleider bij Heineken gewerkt. Echter, eenmaal zelfstandig ondernemer, altijd zelfstandig ondernemer.

Na het afscheid van Heineken heb ik een nieuwe uitdaging gevonden: het opzetten van een ondernemerscentrum. Dit heb ik gedaan in samenwerking met de plaatselijke overheid. Het doel van het ondernemerscentrum is het begeleiden en aantrekken van startende ondernemers. Dit ondernemerscentrum was een groot succes en al snel werden een tweede en derde centrum gerealiseerd.

Door de goede verstandhouding met de plaatselijke overheden, opgebouwd vanuit het ondernemerscentrum, kwamen we in de gelegenheid om een industrieterrein te mogen ontwikkelen (25 ha). Dit was een complex, maar zeker een mooi en geslaagd project.

Naast de hiervoor genoemde projecten ben ik de afgelopen vijftien jaar directeur, eigenaar en participant van diverse onroerendgoed-bv's geweest. Momenteel ben ik echter alleen nog bezig met de aan- en verkoop van onroerend goed en op kleinere schaal projectontwikkeling.

Visie ondernemerschap
Wat maakt iemand nu tot een goede ondernemer? In de afgelopen vijftien jaar heb ik tientallen startende en gevestigde ondernemers begeleid met het opzetten en uitbreiden van hun bedrijf. Ik heb veel stijlen van ondernemerschap voorbij zien komen. Enkele eigenschappen en vaardigheden waarover een ondernemer naar mijn mening zou moeten beschikken, zijn:

- Een relevante opleiding hebben gevolgd en/of een zeer brede praktijkkennis hebben opgedaan binnen de branche waarin men wil ondernemen.
- Brede algemene kennis, interesse en omgevingsbewustzijn.
- Goede sociale vaardigheden, makkelijk contacten kunnen leggen, netwerken weten op te bouwen en vooral te onderhouden.
- Altijd openstaan voor nieuwe ideeën en ontwikkelingen, zowel binnen de eigen branche als daarbuiten.
- Zelfkennis hebben. Weten waar je (persoonlijke) sterke en zwakke kanten liggen en hierop je bedrijfsvoering inrichten. Focus je op je sterke kanten, daar liggen namelijk de kansen. Besteed vooral de werkzaamheden uit waarin je zwakker bent of je interesses niet liggen.
- Personeel weten te motiveren, enthousiasmeren en binden. Dit gaat natuurlijk ook op voor klanten.

Enkele tips bij het ondernemen
- Laat de accountant drie- of zesmaandelijks een tussenbalans opmaken, zodat tijdig gestuurd kan worden op resultaten. Vooral tijdig nieuwe ontwikkelingen (willen) onderkennen en actie ondernemen als de resultaten minder gunstig zijn.
- Een goede relatie met een bank / financiële instelling opbouwen, zodat deze ook een solide en betrouwbare partner is in financieel mindere tijden.
- Altijd positief en eenduidig uitdragen waar je onderneming voor staat. Kansen en klanten kunnen zich dan uit de meest onwaarschijnlijke hoeken aandienen.

1.2 Bedrijfsbeslissingen

Bedrijfs-beslissing

Degene die een besluit moet nemen zal vooraf over informatie moeten beschikken die relevant is voor de te nemen beslissing. De titel van dit boek 'Bedrijfsbeslissingen en financiële verantwoording' lichten we hierna kort toe. Bij het woord bedrijf heeft iedereen zo zijn eigen beeld: de een denkt aan een bakkerij, de ander aan een garagebedrijf en weer een ander aan een reisbureau en zo kunnen we nog wel een tijdje doorgaan. In dit boek interpreteren we het begrip bedrijfsbeslissingen zeer ruim: iedere beslissing binnen een *organisatie* die leidt tot financiële gevolgen zien we als een bedrijfsbeslissing. Voorbeelden van bedrijfsbeslissingen zijn:
- het besluit van een ziekenhuis om een nieuw scanapparaat aan te schaffen;
- het besluit van een museum om een tentoonstelling rond een bepaalde schilder te organiseren;
- het besluit van een school om een nieuwe opleiding te starten;
- het besluit van een productieonderneming om een nieuwe machine te kopen;
- het besluit van een dierentuin om de entreeprijzen te verhogen;
- het besluit van een advocatenkantoor om een nieuwe medewerker in dienst te nemen;
- het besluit van een onderneming om een reclamecampagne te voeren.

Bij het nemen van bedrijfsbeslissingen spelen allerlei argumenten een rol. In dit boek staan de financiële gevolgen van bedrijfsbeslissingen centraal. Voordat ze een besluit nemen, moeten de beslissers nadenken over de mogelijke financiële gevolgen. Ook achteraf (nadat een beslissing is genomen) moeten de financiële gevolgen worden vastgelegd en met de belanghebbenden worden doorgesproken.

Het financieel beleid en de financiële verantwoording bij bedrijven (organisaties) wijkt in principe niet veel af van hetgeen we in de privésfeer doen.

De omvang van de transacties en de financiële gevolgen zullen bij bedrijven in het algemeen groter zijn dan in de privésfeer.

Om een indruk te krijgen van de financiële gevolgen van bedrijfsbeslissingen, sluiten we aan bij beslissingen in de privésfeer en geven we in tabel 1.2 vergelijkbare beslissingen voor organisaties.

TABEL 1.2 Voorbeelden van beslissingen in de privésfeer en van bedrijfsbeslissingen

	Beslissingen in de privésfeer		Bedrijfsbeslissingen	
	Beslissing	*Gevolgen*	*Beslissing*	*Gevolgen*
1	Je koopt met contant geld een OV-chipkaart voor €20.	Het reissaldo neemt toe met €20 en de hoeveelheid geld in de portemonnee neemt af.	Een medewerker van een onderneming koopt een OV-jaarkaart en declareert deze later bij de zaak.	De hoeveelheid liquide middelen neemt af op het moment dat het bedrag van de OV-jaarkaart wordt terugbetaald aan de werknemer en de onderneming krijgt een voorraad 'Nog te rijden kilometers'.
2	Je koopt voor de lunch een pistolet en betaalt contant €4.	Je krijgt een gevulde maag en je hebt €4 minder in je portemonnee.	Een medewerker gaat uit eten met een zakenrelatie en betaalt €120 met de creditkaart die op naam van de zaak staat.	De hoeveelheid liquide middelen neemt af en de kosten (n.a.v. het etentje) nemen toe met €120.
3	Je koopt een tweedehandsfiets voor €400 en dit bedrag leen je van je ouders.	Je krijgt het bezit van een fiets en een schuld aan je ouders van €400.	Een onderneming koopt een auto van de zaak voor €25.000 en sluit daarvoor een lening bij de bank.	De bezitting 'Vervoermiddelen' neemt toe met €25.000 en de schuld aan de bank stijgt met €25.000.
4	Je reist met het openbaar vervoer en verbruikt €5 van het reissaldo.	Het reissaldo neemt af met €5.	De medewerker maakt een zakenreis en maakt gebruik van de OV-jaarkaart die door het bedrijf is betaald.	Als de onderneming per maand een winst- en verliesrekening opstelt, wordt iedere maand 1/12 van de aanschafprijs van de OV-jaarkaart als kosten geboekt.
5	De fiets die je voor €400 hebt gekocht wordt door het gebruik dat ervan wordt gemaakt €120 minder waard.	Een deel van je bezittingen (in dit geval de fiets) wordt €120 minder waard.	De auto van de zaak wordt door het gebruik €5.000 minder waard.	Een deel van de bezittingen (in dit geval 'Vervoermiddelen') wordt €5.000 minder waard. Dit zijn kosten voor de onderneming.
6	Je lost €100 af op de lening van je ouders.	De hoeveelheid geld in je portemonnee neemt af met €100 en de schuld aan je ouders daalt ook met €100.	De onderneming lost €2.000 af op de lening en betaalt dit bedrag uit de kas.	De hoeveelheid kasgeld neemt af met €2.000 en de schuld aan de bank daalt ook met €2.000.

TABEL 1.2 Voorbeelden van beslissingen in de privésfeer en van bedrijfsbeslissingen (vervolg)

	Beslissingen in de privésfeer		Bedrijfsbeslissingen	
	Beslissing	*Gevolgen*	*Beslissing*	*Gevolgen*
7	Je besluit vandaag eens flink op te gaan ruimen en alle levensmiddelen waarvan de uiterste houdbaarheidsdatum is verstreken, weg te gooien. Tot je schrik moet je levensmiddelen met een waarde van €60 weggooien.	Je voorraad levensmiddelen daalt met €60.	De onderneming laat een hoeveelheid grondstoffen met een waarde van €1.000 vernietigen.	De bezitting 'Voorraad grondstoffen' neemt af met €1.000. De verlorengegane grondstoffen (€1.000) leiden tevens tot kosten voor de onderneming.
8	Je besluit je fiets weer te verkopen. De koper betaalt je er contant €330 voor en tevens betaal je de lening aan je ouders volledig terug.	De hoeveelheid geld in je portemonnee neemt toe met €30 (€330 − €300) en tevens nemen je bezittingen én de schuld aan je ouders af met €300.	De auto van de zaak (zie 3 en 5) wordt ingeruild op een nieuwe auto. De nieuwe auto kost €30.000 en de oude met een boekwaarde van €20.000 wordt ingeruild voor €22.000. De onderneming betaalt €8.000 bij uit haar kas.	De bezitting 'Vervoermiddelen' neemt toe met €10.000 terwijl de hoeveelheid kasgeld afneemt met €8.000. Tevens wordt een winst van €2.000 gerealiseerd op de auto die is ingeruild.

In de twee rechterkolommen staat een aantal voorbeelden van bedrijfsbeslissingen en hun financiële gevolgen. In hoofdstuk 2 bespreken we de overzichten waarin ondernemingen (organisaties) de financiële gevolgen van hun beslissingen vastleggen.

1.3 Doelstelling van een organisatie

Doelstelling organisatie

In een organisatie werken meerdere personen samen. Deze personen hebben ieder hun persoonlijke belangen maar ze moeten ook de belangen van de organisatie dienen. We gaan ervan uit dat de persoonlijke belangen van de medewerkers binnen een organisatie ondergeschikt zijn aan de doelstelling van de organisatie. Tot de medewerkers van een onderneming behoren zowel de productiemedewerkers als het verkooppersoneel en het management. De persoonlijke belangen van individuele medewerkers mogen de realisatie van de doelstelling van de organisatie niet in de weg staan. Zo zal de directeur van een onderneming die naar (zo veel mogelijk) winst streeft, zichzelf geen extreem hoge beloning mogen toekennen. Een hoog salaris voor de directeur heeft een ongunstige invloed op de hoogte van de winst van de onderneming. Daar staat tegenover dat een (te) lage beloning voor de directeur hem niet motiveert zich extra voor de onderneming in te spannen. Uiteindelijk kan dit een negatieve invloed op de hoogte van de winst hebben. De doelstelling (missie) van een organisatie moet regelmatig en duidelijk met alle participanten worden besproken. Iedereen binnen de organisatie moet van de doelstelling op de hoogte zijn zodat iedereen zijn handelen op deze doelstelling kan afstemmen. De doelstelling van de organisatie is de leidraad voor ieders handelen binnen de organisatie.

We geven een voorbeeld van een missie (ondernemingsdoelstelling) en strategische thema's, die we ontlenen aan het jaarverslag van de Nederlandse Spoorwegen (NS) over 2013.

BRON: JAARVERSLAG NS 2013

Strategische thema's Nederlandse Spoorwegen

Onze missie
De missie van NS is telkens meer reizigers, veilig, op tijd en comfortabel te vervoeren via aantrekkelijke stations.

Onze ambitie
Het is onze ambitie een klantgedreven, multimodale, nationale en Europese dienstverlener te zijn.

Zes strategische thema's
Onze strategie vertelt langs welke weg wij onze ambitie willen bereiken. Daartoe hanteren wij zes strategische thema's. Drie van deze thema's geven nadere inhoud aan onze ambitie: Klant is koning, Wij denken van deur tot deur en Europa is ons werkterrein. De drie andere thema's zijn onze succesfactoren om hierin resultaat te bereiken: Het verschil maken wij samen, Wij zijn zuinig op onze omgeving en Wij zijn kostenbewust.

Klant is koning
Zonder onze klanten zijn wij nergens. Hun tevredenheid bepaalt ons succes. Wij streven ernaar om gastvrij en proactief tegemoet te komen aan hun vragen en wensen.

Wij denken van deur tot deur
De trein is een onderdeel van de reis van de klant. Daarom willen wij ook de reis naar, op en van het station gemakkelijk en comfortabel maken. Onze stations dienen een prettige omgeving te zijn waar de reiziger zijn tijd nuttig kan doorbrengen dankzij de juiste balans tussen reizen en verblijven, winkelen en dienstverlening.

Europa is ons werkterrein
Door internationaal te werken en te ondernemen, leren wij van Europa en kunnen wij onze positie in eigen land verbeteren.

Het verschil maken wij samen
NS, dat zijn onze medewerkers met hun vakmanschap. Ieder van ons maakt het verschil. Gastvrij richting de reiziger en proactief maken wij samen NS.

Wij zijn zuinig op onze omgeving
Wij maken werk van duurzaam reizen. Een zorgvuldige omgang met energie, ons milieu en elkaar betekent winst voor iedereen. Wij zijn ons bewust van onze sociale en ecologische verantwoordelijkheid en handelen hiernaar.

Wij zijn kostenbewust
Reizigers willen waar voor hun geld. Door resultaatbewust te werken, blijft er een toekomst voor NS. Wij leveren een publieke dienst en doen dit op een bedrijfsmatige manier. Wij hebben niet alle factoren in eigen hand. Om ons rendement te kunnen waarborgen, zijn daarom het beheersen van kosten en het verhogen van de productiviteit voor ons van belang. Om te blijven verbeteren, richten wij ons op portfolio- en projectmanagement en blijven wij ondersteunende diensten en processen NS-breed professionaliseren en optimaliseren. Om financieel gezond te blijven, streven wij ernaar om 10% rendement te behalen op onze investeringen.

Strategie organisatie

De strategie van een organisatie is een globale beschrijving van het doel van de organisatie. De strategie is vaak erg algemeen (vaag) geformuleerd en biedt onvoldoende houvast voor de medewerkers. Daarom wordt de strategie vertaald in concrete doelstellingen, zoals bij de NS het geval is. In deze doelstelling komt bij veel organisaties ook een *financieel doel* voor. In het artikel hiervoor staat de financiële doelstelling onder de kop 'Wij zijn kostenbewust'.

Om de doelstellingen onder de aandacht van de medewerkers te brengen, kan de leiding van een organisatie bijeenkomsten (vergaderingen) houden waarin de doelstellingen worden toegelicht. Het komt ook voor dat de leiding in aparte notities of in de personeelskrant haar visie op de gang van zaken binnen de organisatie weergeeft, waarbij zij ook het belang van de organisatie kan toelichten.

Communicatie over de doelstellingen van de organisatie, coördinatie van de activiteiten en samenwerking tussen de verschillende medewerkers zijn noodzakelijk om een organisatie als een samenhangend geheel te laten werken. Zonder communicatie, coördinatie en samenwerking kan een organisatie ontaarden in een chaos, waarbij de verschillende individuen slechts hun persoonlijke belangen nastreven.

De doelstelling is niet voor iedere organisatie gelijk maar kan van organisatie tot organisatie verschillen. Een onderneming zal in het algemeen het behalen van een zo groot mogelijke winst als doelstelling hebben. Een ziekenhuis streeft echter naar het aanbieden van optimale medische zorg voor de patiënten binnen zijn werkgebied, dit alles binnen de beschikbare financiële mogelijkheden. Naast eventuele financiële beperkingen moet bij het nastreven van de doelstelling ook rekening worden gehouden met de belangen van andere groeperingen in de maatschappij (de omgeving). Zo zal rekening moeten worden gehouden met wettelijke voorschriften (milieuwetgeving, arbovoorschriften, Hinderwet enzovoort), met de eisen van de werknemersorganisaties en met de wensen van de consumenten.

Commercieel ingestelde personen hebben nogal eens de neiging om het vergroten van het marktaandeel als hoogste doel van een onderneming te zien. Het is echter niet zo dat een hogere afzet automatisch tot een hogere winst leidt. Concurrentie en bijvoorbeeld ook weersomstandigheden kunnen ertoe leiden dat de prijzen onder druk komen te staan. In het volgende artikel geven we daar een voorbeeld van.

BRON: *DE TELEGRAAF*, 7 MEI 2014

Hogere omzet brengt Fugro helemaal niets

Van onze verslaggevers
LEIDSCHENDAM — Bodemonderzoeker Fugro heeft de marges op zijn diensten flink zien kelderen. Hoewel het zelf vooral wijst naar slechte weersomstandigheden op bijvoorbeeld de Noordzee, twijfelt de markt aan de mogelijkheden van de Leidschendammers. Het aandeel kreeg een oplawaai van dik 7% en sloot op €42,81.

Een tussentijds handelsbericht over het eerste kwartaal was de oorzaak van de averij op de beurs. Lastige weersomstandigheden en tegenvallers bij enkele projecten spelen de bodemonderzoeker parten. Het bedrijf had ook nog eens last van minder werk in de olie- en gasmarkt, waar Fugro van afhankelijk is voor exploratieopdrachten. Daardoor stonden de omzet en de marge onder druk, aldus Fugro. Terwijl de marges dalen, ging de omzet nog wel omhoog. In een moeilijke markt kon Fugro de omzet met 6% verhogen naar €535,5 miljoen.
[...]

Een onderneming moet steeds weer reageren op veranderingen in haar omgeving. Ondernemen is een dynamisch gebeuren. Zo kunnen veranderingen in de economische omstandigheden een onderneming dwingen haar beleid aan te passen. Dat blijkt uit het volgende artikel.

BRON: *DE TELEGRAAF*, 29 APRIL 2014

Shell sluit fabriek Pernis

PERNIS — Olieconcern Shell gaat in Pernis een basisoliefabriek sluiten, waar grondstoffen voor smeermiddelen worden gemaakt. Daardoor verdwijnen 70 arbeidsplaatsen.

De medewerkers krijgen echter ander werk elders op het terrein. Dat heeft een woordvoerder van Shell gisteren desgevraagd laten weten.
"De reden voor de sluiting is de lage vraag naar basisolie en de hoge kosten, waardoor we niet competitief meer zijn. Maar het betekent niet dat Shell met basisolie stopt, maar wel in Rotterdam", aldus de zegsman. Bij Shell in Pernis werken in totaal ongeveer 2000 mensen, verspreid over 40 fabrieken. Volgens de woordvoerder is de 60 jaar oude basisoliefabriek gedateerd en is het niet meer verantwoord om er nog in te investeren. In totaal zou er $ 100 miljoen (€72 miljoen) in het complex gestoken moeten worden om het technisch weer op orde te krijgen.

1.4 Goederen- en geldstromen

De taken die in de maatschappij worden verricht, zijn verdeeld over een groot aantal bedrijven en organisaties. De ene onderneming houdt zich bezig met de productie van levensmiddelen, een andere met het leveren van energie en een derde met het geven van juridische adviezen.
Commerciële organisaties hebben als kenmerk dat zij met hun activiteiten een positief financieel resultaat willen behalen. Met andere woorden: zij streven naar winst. Dat is het geval als de opbrengsten van de activiteiten meer bedragen dan de kosten die moeten worden gemaakt om deze activiteiten te kunnen verrichten. Wat we onder opbrengsten en kosten verstaan, bespreken we in de hoofdstukken 2 en 3. Als voorbereiding daarop schetsen we in deze paragraaf wat er zoal in een organisatie gebeurt. We stellen een organisatie daarbij voor als een opeenvolging van goederen- en geldstromen, waarbij het primaire proces centraal staat.

Met het primaire proces van een organisatie bedoelen we die activiteiten van een organisatie die rechtstreeks samenhangen met het product dat de organisatie voortbrengt of de dienst die zij levert. Zo behoren bij een warme bakker alle activiteiten die rechtstreeks samenhangen met het bakken van brood en het maken van banket tot het primaire proces. Een bakker maakt met behulp van machines en grondstoffen zoals meel, water en gist het eindproduct brood. De middelen die een organisatie daarbij gebruikt (zoals gebouwen, machines, grondstoffen en hulpmiddelen) noemen we productiemiddelen. Tijdens een productieproces vormen arbeid, machines, grondstoffen en hulpmiddelen de *input* en is het product dat aan de afnemer wordt geleverd de *output*.

Primair proces

Productiemiddelen

Goederen-stromen

In figuur 1.2 geven we de goederenstromen in verband met het primaire proces van een organisatie in grote lijnen weer.

FIGUUR 1.2 Het primaire proces

```
┌─────────────┐   Input                    ┌──────────────────────┐   Output          ┌─────────────┐
│ Inkoopmarkt │ ─────────────────────────▶ │  Het primaire proces:│ ────────────────▶ │ Verkoopmarkt│
└─────────────┘   Productiemiddelen:       │  het transformatie-  │   Producten       └─────────────┘
                  • grondstoffen           │  proces van          │   en/of diensten
                  • arbeid                 │  productiemiddelen in│
                  • machines               │  producten en/of     │
                  • energie                │  diensten            │
                  • hulpmiddelen           └──────────────────────┘
```

De pijlen in figuur 1.2 geven de richting van de goederenstromen binnen de organisatie weer.

Naast machines rekenen we ook energie, arbeid en hulpmiddelen, kortom alles wat we nodig hebben om het product of de dienst voort te brengen, tot de input van het primaire proces. De output kan bestaan uit (tastbare) producten of diensten.

We bespreken hierna de onderwerpen:
1. in- en uitgaande geldstromen;
2. liquide middelen;
3. eigen en vreemd vermogen.

Ad 1 In- en uitgaande geldstromen

Om over de productiemiddelen te kunnen beschikken zal een onderneming een tegenprestatie moeten leveren. Deze tegenprestatie heeft meestal de vorm van het betalen van een geldbedrag. Zo zal voor de aanschaf van machines een geldbedrag aan de leverancier van de machines betaald moeten worden. Aan de werknemers (de productiefactor arbeid) zal een salaris betaald moeten worden, terwijl de leveranciers van energie (zoals Essent en Eneco) de betaling van de energienota zullen eisen. Deze betalingen leiden tot een *uitgaande geldstroom*. Daar staat tegenover dat de onderneming van haar klanten geld zal ontvangen voor de geleverde producten en/of diensten. Dit leidt tot een *ingaande geldstroom*. De richting van de geldstromen is tegenovergesteld aan de richting van de goederenstromen.

Uitgaande geldstroom

Ingaande geldstroom

Ad 2 Liquide middelen

Liquide middelen

De geldmiddelen waarover een onderneming beschikt, noemen we liquide middelen. Tot de voorraad liquide middelen rekenen we het kassaldo en de (positieve of negatieve) saldi van de bankrekening (rekening-courant). Tegenwoordig worden bijvoorbeeld in supermarkten kleine bedragen steeds vaker betaald met de pinpas. Het maakt niet uit of je €100 uit je portemonnee haalt om te betalen of je pinpas gebruikt om €100 van je bankrekening af te laten schrijven. Met andere woorden: om de hoeveelheid liquide mid-

delen te bepalen, moeten we zowel naar de hoeveelheid geld in kas als naar het saldo op de lopende rekening bij de bank kijken. Door ook een eventueel negatief saldo op de rekening-courant mee te tellen bij de bepaling van de voorraad liquide middelen kan het voorkomen dat de voorraad liquide middelen (het totaal) negatief is.
Voor de drie situaties uit tabel 1.3 geldt dat de *hoeveelheid* liquide middelen gelijk is, alleen de *samenstelling* is anders.

TABEL 1.3 Voorraad liquide middelen (in euro's)

	Situatie 1	Situatie 2	Situatie 3
Voorraad kasgeld	100.000 +	220.000 +	150.000 +
Positief saldo rekening-courant	40.000 +		
Negatief saldo rekening-courant		80.000 –	10.000 –
Voorraad liquide middelen	140.000 +	140.000 +	140.000 +

Als we in situatie 2 een bedrag van €120.000 uit de kas halen en op de rekening-courant storten, krijgen we situatie 1. Deze transactie heeft geen gevolgen voor de hoeveelheid liquide middelen, alleen de samenstelling wordt anders.
Geldontvangsten (per kas of bank) vergroten de voorraad liquide middelen, terwijl gelduitgaven (per kas of bank) tot een afname van de voorraad liquide middelen leiden.

> De voorraad liquide middelen aan het einde van een periode = voorraad liquide middelen aan het begin van een periode + geldontvangsten – gelduitgaven.

Ad 3 Eigen en vreemd vermogen

Een onderneming kan productiemiddelen huren of zelf aanschaffen. In het laatste geval zal de organisatie over geld moeten beschikken om de productiemiddelen te kunnen betalen. Dit geld kan afkomstig zijn van de eigenaren van de onderneming of van personen of instellingen buiten de onderneming (zoals banken, familieleden of vrienden). In het eerste geval spreken we van *eigen vermogen*, in het tweede geval van *vreemd vermogen*. Voor vreemd vermogen geldt dat het geleende bedrag in de toekomst terugbetaald moet worden (*afgelost* moet worden) en dat de onderneming *rente* (interest) moet betalen over het geleende bedrag. Met andere woorden: het aantrekken (het opnemen) van vreemd vermogen leidt tot een ingaande geldstroom, de betaling van aflossing en rente leidt tot een uitgaande geldstroom. Tot het vreemd vermogen rekenen we ook de schulden van een onderneming aan haar leveranciers die goederen op rekening hebben geleverd.

Eigen vermogen
Vreemd vermogen
Aflossing
Rente

Eigen vermogen staat in principe permanent ter beschikking van de onderneming. Het hoeft niet terugbetaald (niet afgelost) te worden. De verstrekkers van het eigen vermogen krijgen (een gedeelte van) de winst als vergoeding over het ingebrachte eigen vermogen. Bij een naamloze vennootschap of een besloten vennootschap (deze ondernemingsvormen bespreken we in subparagraaf 1.5.3) noemen we het gedeelte van de winst dat aan de aandeelhouders wordt uitgekeerd dividend. We vatten in figuur 1.3 het voorgaande kort samen.

Dividend

FIGUUR 1.3 Vormen van vermogen

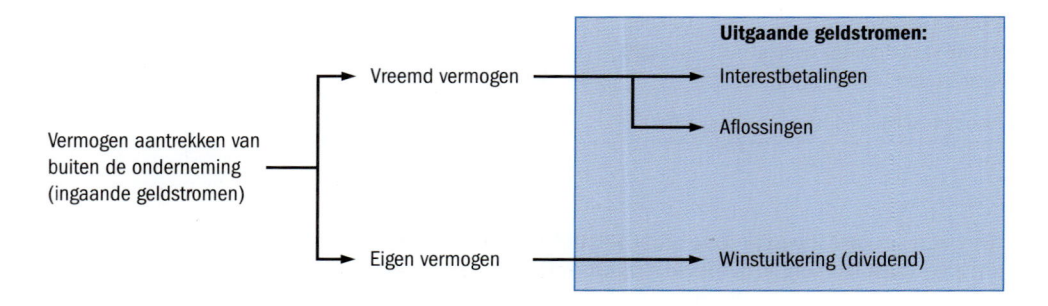

```
                                              ┌─────────────────────────────────────┐
                                              │  Uitgaande geldstromen:             │
                              ┌──► Vreemd vermogen ──┬──► Interestbetalingen        │
                              │                      │                              │
Vermogen aantrekken van       │                      └──► Aflossingen               │
buiten de onderneming ────────┤                                                     │
(ingaande geldstromen)        │                                                     │
                              └──► Eigen vermogen ──────► Winstuitkering (dividend) │
                                              └─────────────────────────────────────┘
```

Vermogensmarkt

Als een onderneming van buiten de eigen organisatie geld (vermogen) aantrekt, doet zij een beroep op de vermogensmarkt. De vermogensmarkt is het geheel van vraag naar en aanbod van eigen en vreemd vermogen. De belangrijkste aanbieders van vreemd vermogen zijn de banken. Bedrijven die tijdelijk een tekort aan liquide middelen hebben, zullen geld vragen (vermogen vragen), terwijl bedrijven die tijdelijk een overschot aan liquide middelen hebben geld zullen aanbieden (vermogen aanbieden).

Secundaire en primaire geldstromen

In figuur 1.4 zijn naast de goederen- en geldstromen in verband met het primaire proces ook de geldstromen van en naar de vermogensmarkt opgenomen. De geldstromen van en naar de vermogensmarkt noemen we *secundaire geldstromen*. Alle andere geldstromen (die bijna volledig worden veroorzaakt door de goederenstromen in verband met het primaire proces) noemen we *primaire geldstromen*.

ZELFTOETS 1.1
Als bijbaantje heb je misschien wel eens bij een kledingzaak gewerkt of je hebt er wel eens inkopen gedaan.
Gebruik mede je eigen waarnemingen om de goederen- en geldstromen van een kledingzaak weer te geven in een schema zoals in figuur 1.4. Geef daarin ook de geldstromen van en naar de vermogensmarkt weer.

FIGUUR 1.4 Goederen- en geldstromen van een organisatie met vermogensmarkt

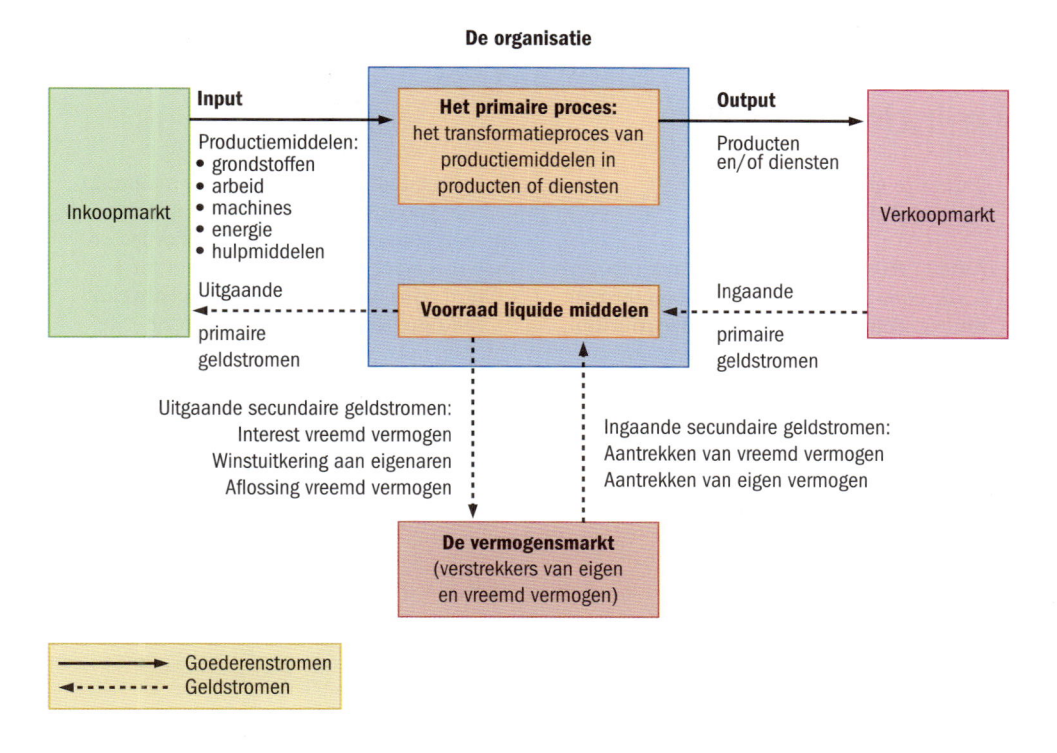

De organisatie

Inkoopmarkt	Input	Het primaire proces:	Output	Verkoopmarkt
	Productiemiddelen: • grondstoffen • arbeid • machines • energie • hulpmiddelen	het transformatieproces van productiemiddelen in producten of diensten	Producten en/of diensten	
	Uitgaande primaire geldstromen	**Voorraad liquide middelen**	Ingaande primaire geldstromen	

Uitgaande secundaire geldstromen:
Interest vreemd vermogen
Winstuitkering aan eigenaren
Aflossing vreemd vermogen

Ingaande secundaire geldstromen:
Aantrekken van vreemd vermogen
Aantrekken van eigen vermogen

De vermogensmarkt
(verstrekkers van eigen en vreemd vermogen)

⟶ Goederenstromen
◀ - - - - - - Geldstromen

In figuur 1.4 zijn *de goederenstromen uit het primaire proces de drijvende krachten* achter de primaire en secundaire geldstromen. We kunnen in die figuur ook de goederen- en geldstromen opnemen die te maken hebben met het buitenland en met de overheid. Met name in een situatie waarin er transacties worden verricht met landen waar een andere valuta geldt, doen zich nieuwe vraagstukken voor. In dat geval heeft de organisatie ook te maken met veranderingen in de wisselkoersen tussen de verschillende valuta's. Zo heeft een onderneming die in Nederland is gevestigd en grondstoffen inkoopt die met Amerikaanse dollars moeten worden betaald, te maken met de wisselkoers tussen de euro (€) en de Amerikaanse dollar ($). Als de dollar relatief duur is, zal deze inkoop (in euro's gemeten) tot hogere gelduitgaven leiden. En een onderneming die een (groot) gedeelte van haar afzet in de Verenigde Staten van Amerika realiseert, zal haar omzet in euro's gemeten, zien dalen als de dollar zwakker wordt. De gevolgen van veranderingen in de wisselkoers voor de resultaten van een multinational komen in het volgende artikel tot uitdrukking. Daarbij speelt de verandering in de wisselkoers tussen Amerikaanse dollar ($) en de euro (€) een rol.

Wisselkoersen

BRON: *DE VOLKSKRANT*, 25 JULI 2014

Dure euro bezorgt Unilever lagere omzet en minder winst

Van onze verslaggever
Gerard Reijn

AMSTERDAM De dure euro bezorgt Unilever voor het eerst in jaren een omzetdaling. Bijna alle buitenlandse munten waarin het cosmetica-, sauzen- en wasmiddelenconcern zijn geld verdient, zijn sterk in koers gedaald. Dus omgerekend in euro's blijft er minder over. De beurskoers van het aandeel zakte 1 procent.

De omzet daalde in de eerste zes maanden van het jaar met 5,5 procent ten opzichte van een jaar eerder, naar 24,1 miljard euro. De winst steeg wel, met 12 procent tot 3 miljard euro. Maar dat was het gevolg van de verkoop van een paar bedrijfsonderdelen, met name de pastasauzen Ragu en Bertolli in de Verenigde Staten. Daarmee boekte Unilever een eenmalige winst van 1,4 miljard. Een jaar eerder waren er ook boekwinsten, slechts van 371 miljoen euro.
[...]

TOELICHTING
Door een daling van de waarde van de Amerikaanse dollar ten opzichte van de euro neemt de waarde van de omzet die Unilever in de Verenigde Staten heeft gerealiseerd in euro's gemeten af.

Human-resources-management

We kunnen iedere organisatie weergeven in de vorm van met elkaar samenhangende goederen- en geldstromen. Daarbij interpreteren we het begrip goederen zeer ruim, zodat ook het aantrekken van arbeidskrachten (medewerkers in vaste dienst of op uitzendbasis) daaronder valt. De medewerkers van een organisatie zijn een belangrijke, zo niet de belangrijkste productiefactor. Humanresourcesmanagement (hrm) neemt daarom bij veel organisaties terecht een belangrijke plaats in. De arbeidskosten maken (met name bij dienstverlenende bedrijven) een belangrijk onderdeel uit van de kosten. Een efficiënt gebruik van de productiefactor arbeid is dan ook van grote invloed op de financiële resultaten van een organisatie.

Onzekerheid

Onzekerheid
De toekomstige in- en uitgaande geldstromen van een bedrijf zijn onzeker. Deze onzekerheid geldt zowel de primaire als secundaire geldstromen. Zo kunnen de brutolonen stijgen waardoor de gelduitgaven voor arbeid toenemen, maar ook de energie- en/of grondstofprijzen kunnen stijgen. In het volgende artikel wordt gesproken over de energiekosten bij een chemiebedrijf.

BRON: *HET FINANCIEELE DAGBLAD*, 12 MEI 2014

Chemie mijdt EU om duur gas

Jeroen Koot
Wassenaar

Europese chemiebedrijven keren zich verder af van Europa. De energieprijzen zijn te hoog om hier te blijven produceren voor de export, zo blijkt uit beslissingen van chemiebedrijven als DSM, Dow Chemical en Basf.
'Wij investeren de komende vijf jaar voor het eerst meer buiten dan binnen Europa', zegt Kurt Bock, topman van de Duitse chemiereus Basf, in gesprek met het FD. 'We investeren in de Verenigde Staten, omdat we verwachten dat de gasprijs daar op lange termijn minder dan de helft blijft van die in Europa.' Op dit moment is het prijsverschil zelfs nog veel groter.
Het bedrijf maakte vorige week bekend zijn grootste investering ooit in dit land te doen. In de Golf van Mexico wil Basf voor ruim €1 mrd een fabriek bouwen die methaangas omzet in propyleen.
Chemiebedrijven Dow Chemical en DSM gaven al eerder aan meer buiten Europa te investeren. Door deze trek naar het buitenland heeft de regio Rotterdam-Antwerpen de laatste tien jaar €9 mrd aan investeringen misgelopen.
[...]

Ook aan de afzetkant treden onzekerheden op. Dit kan betrekking hebben op de hoeveelheden die verkocht worden, maar ook op de afzetkanalen, zoals uit het volgende artikel blijkt.

BRON: *DE TELEGRAAF*, 12 JUNI 2014

Winkels verliezen van buitenlandse webshop

DOOR PAUL ELDERING

BREUKELEN — De Nederlandse detailhandel verliest snel terrein aan de internationale concurrentie. Veel meer Nederlanders kopen online in het buitenland dan andersom. Fysieke winkels en 'klassieke' webshops worden verdrongen door slimme mobieltjes. Daarvoor waarschuwen 500 retailexperts vandaag op een congres in Nyenrode Business Universiteit.
[...]

Hoe kopen we in de toekomst?, is de hamvraag in een omvangrijk, industriebreed onderzoek.
De verwachting is dat de consument over vijf jaar de helft van zijn aankopen digitaal doet. 'Dat is dit jaar zo'n 20%. Een kwart denkt dan helemaal geen gebruik meer te maken van stenen winkels. En consuminderen ofwel koopjesjagen is blijvend', aldus experts.
[...]

Andere voorbeelden van onzekere factoren zijn: de hoogte van de interestvoeten, overheidsbeleid ten aanzien van het milieu, arboregelgeving en wijzigingen in de belastingtarieven. Al deze factoren hebben invloed op de toekomstige geldstromen van een bedrijf.

1.5 Globale opzet van een ondernemingsplan

Voordat je een eigen onderneming kunt beginnen, moet er heel wat worden geregeld. Allereerst moet de ondernemer in spe zich afvragen of hij wel over de kwaliteiten beschikt om een eigen onderneming tot een succes te maken. Als die vraag bevestigend wordt beantwoord, rijst de vraag welk product of welke dienst door de nieuwe onderneming op de markt gebracht gaat worden. Wordt het een geheel nieuw product of een verbeterde versie van een reeds bestaand product? Ben je de enige aanbieder van het product of heb je ook met concurrenten te maken? Waar ga je het bedrijf vestigen en aan welke wetten en milieuvoorschriften moet worden voldaan? Dit zijn allemaal vragen waarop de ondernemer een passend antwoord zal moeten geven.

Ondernemingsplan

Het starten van een eigen onderneming is een ingrijpende beslissing. Er zal dus grondig over nagedacht moeten worden en er zal een ondernemingsplan moeten worden opgesteld. Bij het opzetten van het ondernemingsplan en bij de uitvoering ervan moet ook rekening worden gehouden met de omgeving van de onderneming. Startende ondernemers bezitten meestal niet alle kennis om een goed ondernemingsplan te kunnen opstellen. Zij kunnen echter een beroep doen op instanties, zoals de Kamer van Koophandel en op externe adviseurs onder wie accountants, belastingadviseurs en juridisch adviseurs. De Kamers van Koophandel verzorgen bovendien cursussen op het gebied van ondernemerschap en het opzetten van een eigen onderneming. Daarnaast kunnen contacten met ondernemers die hun sporen al in de betreffende branche hebben verdiend, zeer waardevol zijn.
Omdat ook op het internet veel informatie voor starters beschikbaar is, hebben we achter in dit boek de belangrijkste websites opgenomen.

Kamer van Koophandel

De verschillende onderdelen waaruit een ondernemingsplan is opgebouwd, staan onder andere vermeld in een publicatie van de Kamer van Koophandel waarvan we hierna een gedeelte hebben overgenomen.

Voorbeeld van de globale inhoud van een ondernemingsplan

Deel 1 idee
Check persoonlijke kwaliteiten/ideeontwikkeling
- Beschik ik over de nodige capaciteiten
- Welk(e) product/dienst
- Welke vestigingsplaats
- Met wie zet ik het bedrijf op
- Globale marktverkenning

Deel 2 voorschriften
Check wettelijke voorschriften en regelingen
- Vestigingsvergunningen
- Rechtsvorm
- Vestigingsplaats
- Bestemmingsplan
- Bouwvergunning
- Hinderwet enzovoort (vergunning Wet milieubeheer)

Deel 3 markt
Marktverkenning en onderbouwing van de omzetverwachting
- Doelgroep: aantal afnemers
- Aantal concurrenten
- Verwacht marktaandeel
- Omzetschatting

Deel 4 financieel plan
Openingsbalans
Debet: investeringsbegroting
- Pand
- Machines
- Inventaris
- Voorraden
- Kosten aanloopfase

Credit: financieringsmogelijkheden
- Eigen middelen
- Familieleningen
- Bankleningen
- Leverancierskredieten
- Subsidies/overige kredieten

Exploitatiebegroting
- Omzet
- Kosten: inkoopkosten, personeelskosten, onderhoudskosten, reclamekosten enzovoort
- Renteverplichtingen
- Afschrijvingskosten
- Resultaat: blijft er voldoende over voor eigen levensonderhoud?

Liquiditeitsprognose
- Ontvangsten per maand
- Betalingen per maand

Deel 5 beslissing
Beslissing: wel of niet starten

Bron: Kamer van Koophandel (www.kvk.nl)

Het maken van een ondernemingsplan is niet alleen van belang voor een startende onderneming. Ook bestaande ondernemingen maken ondernemingsplannen. Zo zal een onderneming die van vestigingsplaats wil veranderen of wil uitbreiden met soortgelijke vragen te maken krijgen als een startende ondernemer. Of we nu met een nieuwe of bestaande onderneming te maken hebben, veel van de vraagstukken komen overeen. Een onderneming is continu in beweging en moet steeds weer reageren op veranderingen in de markt. Zeker voor ondernemingen geldt het gezegde: regeren is vooruitzien.

ZELFTOETS 1.2
Beschrijf in het kort aan welke aspecten in een ondernemingsplan aandacht moet worden besteed.

In deze paragraaf over het ondernemingsplan komen met name de onderdelen ideeontwikkeling, de wettelijke voorschriften en de markt aan de orde.

1.5.1 Persoonlijke kwaliteiten van de ondernemer en ideeontwikkeling

Voor het starten van een onderneming komt heel wat kijken. We bespreken hierna enkele aspecten die van belang zijn, zoals de eigenschappen van de ondernemer, de ideeontwikkeling en de keuze van een vestigingsplaats. In hoofdstuk 2 bespreken we het financieel plan.

Eigenschappen ondernemer
Een goede ondernemer moet iemand zijn die initiatieven ontplooit en bereid is hard te werken. Werkweken van zestig uur of meer zijn eerder regel dan uitzondering. Daar staat wel iets tegenover. Als zelfstandig ondernemer kun je je eigen plannen maken en uitvoeren. Natuurlijk laat een ondernemer zich ook adviseren door specialisten (accountants, belastingadviseurs, juristen enzovoort), maar uiteindelijk is het de ondernemer die de beslissingen moet nemen en de eindverantwoordelijkheid draagt. Dat betekent ook dat de ondernemer besluitvaardig moet zijn. Hij moet de verschillende alternatieven die er in een bepaalde situatie meestal zijn, met elkaar vergelijken en een beslissing nemen.

Twijfelaars ontpoppen zich meestal niet als goede ondernemers.
Bovendien moet een ondernemer beseffen dat hij een zeker financieel risico loopt. Over de bedrijfsresultaten en daarmee de beloning voor de ondernemer bestaat vooraf geen zekerheid. Een ondernemer krijgt met veel onzekere factoren te maken, die van invloed kunnen zijn op de hoogte van zijn resultaat.

Ondernemer

Het vaststellen van de kwaliteiten waaraan een goed ondernemer moet voldoen, speelt ook bij bestaande bedrijven. Zo zal men zich bij de vervanging van een manager bij een bestaand bedrijf moeten afvragen aan welke eisen een potentiële kandidaat moet voldoen. Daarbij moet rekening worden gehouden met het feit dat de omstandigheden kunnen veranderen, waardoor andere eisen aan de managers worden gesteld dan voorheen het geval was. Ondernemen is een dynamisch gebeuren in een omgeving die steeds in beweging is. Zeker in ondernemersland geldt dat stilstaan in feite achteruitgaan betekent.

Ideeontwikkeling

Ideeontwikkeling

Een ondernemer moet ook een creatief persoon zijn, maar geen dromer. Hij moet steeds weer proberen met nieuwe ideeën te komen en proberen deze ideeën in concrete (winstgevende) acties te vertalen. Zo'n idee kan een nieuw product opleveren of ertoe leiden dat een bestaand product op een andere manier 'in de markt wordt gezet'. De laatste jaren worden veel producten door internetwinkels aangeboden. Coolblue is daar een voorbeeld van (zie het volgende artikel).

BRON: HET FINANCIEELE DAGBLAD, 9 JULI 2014

Onlinewinkelier Coolblue ziet omzet onverwacht harder groeien

Amsterdam Onlinewinkelier Coolblue heeft zijn omzet in het eerste halfjaar van 2014 veel harder zien groeien dan verwacht. Het bedrijf uit Rotterdam verkocht voor 55% meer aan spullen dan in dezelfde periode 2013.
Dat heeft het concern dinsdag bekendgemaakt. Coolblue verwacht over geheel 2014 nu op een omzet uit te komen van meer dan €350 mln, terwijl het eerder uitging van een omzetniveau van €300 mln. Hoeveel omzet het bedrijf exact maakte in de eerste zes maanden is niet bekend, maar directeur en oprichter Pieter Zwart liet in een persbericht wel weten dit jaar tot nu toe al meer omzet te hebben gedraaid dan in geheel 2012.
Volgens gegevens van de Kamer van Koophandel werd in 2012 een omzet behaald van €165 mln. In 2013 bedroeg de omzet €243,3 mln en werd een winst na belasting gerealiseerd van €5,8 mln. Zwart stelt dat het tweede kwartaal van dit jaar het tiende op rij was dat Coolblue met meer dan 40% groeide.
Het in 1999 opgerichte Rotterdamse bedrijf is eigenaar van meer dan 300 gespecialiseerde webshops, waaronder Laptopshop.nl en Tabletcenter.nl. Met de uitbreiding van het aantal activiteiten maakt Coolblue dezelfde beweging die Bol.com de afgelopen jaren ook al maakte: van een webshop voor een deelgebied naar een onlinewarenhuis waar ongeveer alles te vinden is. Coolblue heeft naast de online winkels ook zeven fysieke winkels in grote steden.

Naast het uitwerken van ideeën in concrete producten moet de ondernemer proberen te achterhalen of er wel voldoende vraag is naar het nieuwe product. Een globale verkenning van de markt is daarvoor noodzakelijk: wie zijn de potentiële kopers van mijn product of dienst? Hoeveel producten of diensten kunnen er worden afgezet aan deze kopers? Welke prijzen willen ze betalen voor de producten en/of diensten? In het onderdeel van het ondernemingsplan waarin de marktverkenning centraal staat (subparagraaf 1.5.4), gaan we nader op deze vragen in.

Keuze vestigingsplaats
Ook de keuze van de vestigingsplaats is een belangrijke beslissing. Voor ondernemingen die een product aan de consument leveren, is het belangrijk een locatie te kiezen die voor de consument goed bereikbaar is. Zo zal een supermarkt zich het liefst dicht bij het centrum willen vestigen met voldoende parkeermogelijkheden. Daarentegen zal een groothandel die zijn producten door geheel Europa afzet vooral naar de distributiemogelijkheden kijken en een locatie kiezen die centraal is gelegen ten opzichte van zijn afnemers.

Vestigingsplaats

Bij de keuze van de vestigingsplaats spelen ook de kosten een belangrijke rol. Zo zal voor de huur of aankoop van een pand op een toplocatie (A1-locatie) een hogere prijs moeten worden betaald dan voor locaties die minder goed in de markt liggen.

Kortom, de (startende) ondernemer zal allerlei zaken tegen elkaar moeten afwegen, voordat hij tot een keuze komt.

ZELFTOETS 1.3
a Over welke eigenschappen moet een succesvol ondernemer beschikken?
b Ga bij jezelf na of je over deze eigenschappen beschikt.

1.5.2 Wettelijke voorschriften en regelingen

De overheid is een belangrijke externe relatie van een onderneming.
De overheid komen we zowel op gemeentelijk, provinciaal als landelijk niveau tegen.
De landelijke (centrale) overheid vaardigt algemene richtlijnen uit en stelt wetten op die ook op ondernemingen betrekking hebben. De uitvoering en het toezicht op de naleving van deze wetten zijn vaak opgedragen aan lagere overheden.
We noemen twee wetten met daarin eisen die voor het starten van een onderneming van belang zijn en lichten deze kort toe:
- Handelsregisterwet. Iedere onderneming moet zich laten inschrijven in het handelsregister van de Kamer van Koophandel (KvK). In het handelsregister worden onder andere vastgelegd: de persoonlijke gegevens van de ondernemer, de vestigingsplaats, de handelsnaam, de rechtsvorm en de bevoegdheden van sommige bij de onderneming betrokken personen.
- Handelsnaamwet. Bij de inschrijving van de onderneming in het handelsregister controleert de KvK of de gekozen naam voldoet aan de eisen van de Handelsnaamwet.

Handelsregisterwet

Handelsnaamwet

Om een eigen bedrijf te mogen beginnen, is in sommige gevallen toestemming nodig van de gemeente. Deze toestemming moet blijken uit een gebruiksvergunning. Bij het toekennen van de gebruiksvergunning kijkt de gemeente onder andere naar de aard van de onderneming (bijvoorbeeld productiebedrijf of dienstverlenend bedrijf) en het aantal personen dat in het bedrijf aanwezig kan zijn. Als in het pand veel personen aanwezig kunnen zijn, worden hoge eisen aan de brandveiligheid gesteld (zoals nooduitgangen, noodverlichting, brandwerende materialen en brandblussers).

Gebruiksvergunning

Als voor de nieuwe onderneming een pand moet worden gebouwd of verbouwd is een omgevingsvergunning nodig. Bij het beoordelen van de omgevingsvergunning gaat de gemeente na of de bouw of verbouw past binnen het bestemmingsplan. In een bestemmingsplan is vastgelegd welke soort activiteit op een bepaalde plaats mag plaatsvinden (past de activiteit binnen de bestemming van de grond?). Zo kan een bepaald gebied een agrarische bestemming of een industriële bestemming hebben. Andere gebieden zijn weer bedoeld voor woningbouw en sommige gebieden moeten groen blijven.

Omgevingsvergunning

Bestemmingsplan

ZELFTOETS 1.4
Noem de wettelijke voorschriften en regelingen waarmee een onderneming te maken kan krijgen.

1.5.3 Rechtsvormen en belastingen

Een belangrijke bron van inkomsten van de centrale overheid zijn de belastingen. Om de uitvoering van de taken van de overheid te kunnen betalen, int de overheid belastingen van bedrijven en particulieren.
Voor de belastingheffing is de rechtsvorm van een onderneming van belang. De rechtsvorm is de juridische vorm waarin de onderneming is opgezet. De rechtsvorm heeft ook gevolgen voor de wijze waarop de aansprakelijkheid is geregeld. Deze onderwerpen komen hierna aan de orde.

Rechtsvorm

Rechtspersonen en natuurlijke personen

Bij de indeling in rechtsvormen maken we onderscheid tussen ondernemingen die rechtspersoonlijkheid bezitten (rechtspersonen) en ondernemingen die geen rechtspersoon zijn (natuurlijke personen).

Rechtspersonen
Een rechtspersoon is een zelfstandige drager van rechten en plichten. Voorbeelden van ondernemingen die rechtspersoonlijkheid bezitten (rechtspersonen), zijn de naamloze vennootschap en de besloten vennootschap. Bij een besloten vennootschap (bv) staan de aandelen op naam en zijn niet vrij verhandelbaar. Deze vennootschap heeft daardoor een besloten karakter: derden kunnen niet zonder toestemming van de zittende aandeelhouders een aandeel van de bv kopen. Bij een naamloze vennootschap (nv) staan de aandelen niet op naam. De aandelen van een nv zijn vrij verhandelbaar. Iedereen die aandelen wil kopen van een nv kan daartoe opdracht geven aan zijn bank om namens hem de betreffende aandelen op de effectenbeurs te kopen.
Een nv en bv hebben als gemeenschappelijk kenmerk, dat ze beide rechtspersonen zijn. Dat wil zeggen dat de bestuurders (het management van de nv of bv) uit naam van de nv of bv verplichtingen kunnen aangaan en rechten kunnen verkrijgen. De nv of bv is gebonden aan de verplichtingen die de bestuurders namens haar zijn aangegaan. Zo heeft een nv of bv, maar niet haar bestuurders, een verplichting aan de crediteuren of aan de bank die een lening heeft verstrekt.

Rechtspersoon

Besloten vennootschap

Naamloze vennootschap

ZELFTOETS 1.5
Noem de overeenkomsten en de verschillen tussen een nv en een bv.

Natuurlijke personen
Ook mensen (personen) kunnen rechten hebben en verplichtingen aangaan. Bij ondernemingen die geen rechtspersoonlijkheid bezitten, gaan de

bestuurders zelf (als persoon) verplichtingen aan en hebben ze zelf rechten. We spreken dan van natuurlijke personen. Voorbeelden van ondernemingen die geen rechtspersoonlijkheid bezitten en dus een natuurlijk persoon zijn, zijn de eenmanszaak en vennootschap onder firma (vof). Bij een eenmanszaak, de naam zegt het al, is er één persoon eigenaar. Hij heeft dan ook alleen de leiding van de onderneming. Deze rechtsvorm komen we vooral tegen bij kleine ondernemingen.

Bij een vennootschap onder firma zijn eigendom en leiding verdeeld over twee of meer personen. Deze rechtsvorm zien we vaak als bijvoorbeeld vader en zoon of broers samen een onderneming voeren. Maar ook moeder en dochter, zussen of personen die geen bloedverwanten zijn, kunnen samen een onderneming oprichten met de rechtsvorm van een vof. Bij een vof geldt dat iedere firmant hoofdelijk aansprakelijk is voor de schulden van de vof. Dat betekent dat iedere firmant persoonlijk aangesproken kan worden voor de totale schuld van de vof.

De eigenaren van een eenmanszaak of vennootschap onder firma (vof), die namens de eenmanszaak of vof verplichtingen aangaan, verbinden zichzelf. Dat houdt bijvoorbeeld in dat er geen scheiding is tussen het vermogen van de eenmanszaak of vof en het privévermogen van de eigenaren. Als de eenmanszaak of vof niet in staat is aan haar verplichtingen te voldoen, kan ook het privévermogen van de eigenaren van de eenmanszaak of vof worden aangesproken.

Andere ondernemingsvormen die tot de categorie natuurlijke personen behoren zijn de commanditaire vennootschap en de maatschap. Een commanditaire vennootschap (cv) is een bijzondere vorm van vof waarbij één of meer van de vennoten niet aan het beheer mogen deelnemen (stille vennoot/vennoten), maar zich beperkt/beperken tot het inbrengen van geld en/of goederen. Een maatschap is een overeenkomst tussen twee of meer personen (maten) die zich verplichten iets in gemeenschap te brengen met het doel het daarmee verkregen voordeel samen te delen. Geld, goederen en/of arbeid kunnen in gemeenschap worden gebracht. De maatschap als samenwerkingsverband komt veel voor bij beroepsgroepen zoals artsen, fysiotherapeuten, accountants, advocaten en notarissen.

Belastingheffing
Het onderscheid in ondernemingen die rechtspersoonlijkheid bezitten (rechtspersonen) en ondernemingen die geen rechtspersoonlijkheid bezitten (natuurlijke personen), is ook van belang voor de wijze en omvang van de belastingheffing.

Een nv of bv moet belasting betalen over het resultaat van de nv of bv. Deze belasting heet vennootschapsbelasting en moet door de nv of bv aan de overheid (de belastingdienst die onder de verantwoordelijkheid valt van het ministerie van Financiën) worden betaald. Over de belastbare winst tot en met €200.000 moet 20% vennootschapsbelasting worden betaald, boven de €200.000 bedraagt het percentage 25%. Voorgaande gegevens en de belastinggegevens die hierna worden vermeld, gelden voor het jaar 2015 en kunnen van jaar tot jaar worden aangepast.

Voor een onderneming die geen rechtspersoonlijkheid bezit, veronderstellen we dat de winst (voor aftrek van belasting) volledig aan de eigenaren wordt uitgekeerd.
Voor de eigenaren van een onderneming is de ontvangen winstuitkering inkomen, waarover zij (als natuurlijk persoon) inkomstenbelasting moeten

betalen. De tarieven voor de inkomstenbelasting hangen af van de persoonlijke omstandigheden van de belastingplichtige. Globaal kunnen we aanhouden dat de inkomstenbelasting (inclusief premies volksverzekeringen) varieert tussen ongeveer 33% en 52%.

De eigenaren (aandeelhouders) van een nv of bv moeten over het gedeelte van de winst na vennootschapsbelasting dat aan hen wordt uitgekeerd ook nog inkomstenbelasting betalen. In feite wordt het resultaat bij een nv of bv tweemaal belast. Bij een nv of bv is er dan ook sprake van **dubbele belastingheffing**.

De verschillen tussen de belastingheffing bij rechtspersonen en natuurlijke personen spelen een rol bij de keuze tussen bijvoorbeeld een bv en een eenmanszaak. We beschrijven deze verschillen in grote lijnen.
Een nauwkeurige vergelijking valt buiten het kader van dit boek. In de praktijk zal de hulp van een belastingadviseur worden ingeroepen om een berekening van de te betalen belastingen te maken.

In het algemeen kunnen we stellen dat bij zeer gunstige bedrijfsresultaten in combinatie met een beperkte winstuitkering, de rechtsvorm van bv vanuit fiscaal oogpunt de voorkeur verdient. Het percentage voor de vennootschapsbelasting is namelijk lager dan het percentage voor de inkomstenbelasting. Hierdoor is het resultaat na belasting bij een bv (als er weinig winst wordt uitgekeerd) hoger dan het resultaat na belasting bij een eenmanszaak of vof.

Iemand die een eigen zaak heeft en voor de rechtsvorm bv heeft gekozen, zal een groot deel zo niet alle aandelen van deze bv bezitten. Omdat deze persoon in veel gevallen tevens de leiding van de bv heeft, spreken we van een **directeur-grootaandeelhouder** (dga). De verschillen in belastingheffing tussen een dga en de eigenaar van een eenmanszaak lichten we hierna toe. Daarbij speelt ook het begrip **aanmerkelijk belang** een rol. Een dga heeft een aanmerkelijk belang als de dga (samen met zijn of haar fiscale partner) minimaal 5% van de aandelen van de bv bezit. De inkomsten uit een aanmerkelijk belang (ab) worden in de inkomstenbelasting belast met een tarief van 25% (tarieven voor het jaar 2015). In het volgende voorbeeld veronderstellen we dat er sprake is van een dga met een aanmerkelijk belang.

Het verschil in belastingheffing tussen de dga bij een bv en de eigenaar van een eenmanszaak lichten we in voorbeeld 1.1 toe. In dit voorbeeld veronderstellen we dat:

- de winst volledig wordt uitgekeerd;
- het tarief voor de vennootschapsbelasting een vast percentage is (23%);
- de dga een salaris van €60.000 per jaar ontvangt (dit zijn kosten voor de bv);
- de eigenaar van de eenmanszaak een gemiddeld tarief voor inkomstenbelasting van 48% moet betalen;
- de dga een jaarsalaris heeft van €60.000 en een gemiddeld tarief voor inkomstenbelasting van 46% moet betalen over zijn salaris uit de bv;
- de dga over de winst uit aanmerkelijk belang 25% inkomstenbelasting moet betalen.

VOORBEELD 1.1
Belastingheffing bij een rechtspersoon en bij een natuurlijk persoon

	Rechtspersoon: besloten vennootschap		Natuurlijk persoon: eenmanszaak
Omzet		€ 600.000	€ 600.000
Kosten –	€ 400.000		€ 400.000
Salaris dga –	€ 60.000		
		€ 460.000	
Winst voor belasting		€ 140.000	€ 200.000
Belasting –	0,23 × €140.000 =	€ 32.200	0
Winst na belasting		€ 107.800	€ 200.000
Winstuitkering	€107.800 (te ontvangen door de dga = winst uit aanmerkelijk belang)		€200.000 te ontvangen door de eigenaar eenmanszaak
Inkomstenbelasting over:			
salaris	0,46 × € 60.000 =	€ 27.600	
winstuitkering	0,25 × €107.800 =	€ 26.950	0,48 × €200.000 = € 96.000
Inkomsten na inkomstenbelasting	€ 60.000 – €27.600 =	€ 32.400	€200.000 – €96.000 = €104.000
	€107.800 – €26.950 =	€ 80.850 +	
	Totaal	€ 113.250	
Verschil in belastingheffing = €96.000 – €86.750 = €9.250	Dubbele heffing: over de winst wordt vennootschapsbelasting (Vpb) geheven en over de winst na Vpb ook nog eens inkomstenbelasting = €32.200 + 27.600 + €26.950 = €86.750		Enkele heffing: er wordt alleen inkomstenbelasting geheven = €96.000

Uit voorbeeld 1.1 kan de voorzichtige conclusie worden getrokken dat bij hoge winsten de dga met een aanmerkelijk belang minder belasting hoeft te betalen dan de eigenaar van een eenmanszaak. Bij geringe winsten kan het verschil in te betalen belastingen omslaan ten gunste van de eigenaar van een eenmanszaak.

VERVOLG VOORBEELD 1.1
We veronderstellen nu dat de rechtspersoon uit voorbeeld 1.1 de winst na vennootschapsbelasting volledig inhoudt. In dat geval wordt er alleen vennootschapsbelasting betaald (€32.200). In deze situatie is het verschil in belastingheffing €96.000 – (€32.200 + €27.600) = €36.200 ten gunste van de dga met aanmerkelijk belang. Hierbij maken we echter de kanttekening dat als op een later moment de ingehouden winst wordt uitgekeerd, alsnog inkomstenbelasting moet worden betaald over de uitgekeerde winst. Er is in feite sprake van uitstel van de belastingbetaling.

ZELFTOETS 1.6
Stel dat de omzet van de onderneming uit voorbeeld 1.1 €500.000 bedraagt en dat de dga een jaarsalaris heeft van €43.000. De overige gegevens zijn ongewijzigd.
a Bereken welk bedrag de eigenaren na aftrek van alle belastingen in handen krijgen, als de onderneming de rechtsvorm heeft van:
 1 besloten vennootschap;
 2 eenmanszaak.
b Hoeveel belasting moet er bij een bv in totaal worden betaald als de bv *geen winst uitkeert* en hoeveel belasting moet er bij een eenmanszaak worden betaald?

Voor beginnende ondernemers heeft de keuze van de rechtsvorm ook gevolgen voor de te betalen belastingen. De eenmanszaak en vof hebben als voordeel ten opzichte van bijvoorbeeld een bv, dat de eigenaren in aanmerking komen voor de *startersaftrek*. De startersaftrek bedroeg in 2015 €2.123 per zelfstandige ondernemer. Dit betekent dat bij een eenmanszaak of vof iedere startende ondernemer €2.123 op zijn belastbaar inkomen in mindering mag brengen. Dat scheelt bij een tarief van ongeveer 48% inkomstenbelasting al gauw zo'n €1.019 per startende ondernemer.

Startersaftrek

Zelfstandigenaftrek

Daarnaast heb je als firmant (bij een vof) of als eigenaar van een eenmanszaak recht op *zelfstandigenaftrek*. Als een ondernemer (bij een vof of eenmanszaak) aan bepaalde voorwaarden voldoet, komt hij in aanmerking voor zelfstandigenaftrek. Zelfstandigenaftrek houdt in dat het belastbaar inkomen van de belastingplichtige met een bepaald bedrag mag worden verlaagd. Het gevolg daarvan is dat er minder inkomstenbelasting hoeft te worden betaald.

Investeringsaftrek

Ondernemingen (zowel natuurlijke als rechtspersonen) kunnen in aanmerking komen voor *investeringsaftrek*. Ook investeringsaftrek leidt ertoe dat er minder belasting hoeft te worden betaald als bedrijven investeringen hebben gedaan. De investeringsaftrek leidt tot een verlaging van de te betalen inkomstenbelasting.

Aansprakelijkheid
Het onderscheid in ondernemingen die rechtspersoonlijkheid bezitten en ondernemingen die geen rechtspersoonlijkheid bezitten, is ook van belang voor de mate waarin de bestuurders van de onderneming risico lopen.
Bij een onderneming die rechtspersoon is (zoals een nv of bv), is er een duidelijke scheiding tussen het eigen vermogen van de onderneming en het vermogen van de eigenaren (aandeelhouders). Dat houdt onder andere in dat bij een rechtspersoon (als de onderneming niet aan haar verplichtingen kan voldoen) geen beroep kan worden gedaan op het privévermogen van de eigenaren (aandeelhouders). De aandeelhouders van een nv of bv kunnen maximaal het aandelenvermogen dat zij aan de onderneming ter beschikking hebben gesteld, verliezen.
Bij een onderneming die geen rechtspersoon is (zoals een eenmanszaak of vof), is er geen scheiding tussen het eigen vermogen van de onderneming en het privévermogen van de eigenaren. Dat houdt onder andere in dat er, als de onderneming niet aan haar verplichtingen kan voldoen, een beroep kan worden gedaan op het privévermogen van de eigenaren.

We zien dan ook dat ondernemingen die grote financiële risico's lopen, kiezen voor een rechtspersoon zoals nv of bv. Bij ondernemingen die gekozen hebben voor de rechtsvorm van eenmanszaak of vof zijn de risico's in het algemeen 'overzienbaar'.

ZELFTOETS 1.7
Leg uit waarom (voor welke aspecten) het onderscheid in natuurlijke personen en rechtspersonen belangrijk is.

Naast de hiervoor behandelde rechtsvormen kunnen ondernemingen nog uit andere rechtsvormen kiezen, zoals de maatschap, commanditaire vennootschap, stichting en (coöperatieve) vereniging. Voor de kenmerken van deze rechtsvormen verwijzen wij naar *Bedrijfseconomie voor het besturen van organisaties* en naar de Kamer van Koophandel (www.kvk.nl of www.de-eigen-zaak.nl).

1.5.4 Verkoopmarkt

Voordat iemand een eigen onderneming begint, moet hij zich de vraag stellen of er wel een markt is voor het product dat men wil aanbieden of de dienst die men wil leveren. De ondernemer zal een inschatting moeten maken van de totale omvang van de vraag naar het product (de totale markt). Dat is echter gemakkelijker gezegd dan gedaan. Hoe bepaal je de totale vraag naar een bepaald product of dienst? Hoe ziet de totale markt eruit? Er zijn verschillende organisaties die informatie kunnen verschaffen, waaronder productschappen en bedrijfschappen.

Een productschap is een organisatie van de bedrijven die *eenzelfde grondstof* in opeenvolgende stadia bewerken en komen voor in de landbouw, tuinbouw, veeteelt en visserij. Een bedrijfschap is een organisatie van de bedrijven die in *eenzelfde branche* werken. Een bedrijfschap wordt ingesteld op verzoek van werkgevers- en werknemersorganisaties uit de betreffende sector. Voorbeelden daarvan zijn het Hoofdbedrijfschap Detailhandel en het Bedrijfschap Horeca en Catering.

Productschap

Bedrijfschap

We gaan hierna nader in op een aantal aspecten waarmee een ondernemer rekening moet houden bij het starten van een onderneming: marktverkenning, prijsbeleid en de mate van concurrentie. We sluiten af met een korte beschouwing over het financiële plaatje in een ondernemingsplan.

Marktverkenning

Het is het beste de totale markt eerst op te splitsen in deelmarkten, die we ook wel marktsegmenten noemen. Een marktsegment is een afnemersgroep met bepaalde gelijke kenmerken, die nagenoeg op eenzelfde manier reageert op het aanbod van een bepaald product of een bepaalde dienst. Zo kunnen we de markt voor meubels globaal onderverdelen in de volgende segmenten:

Marktsegment

- laag prijsniveau: meeneemmeubelen (het marktsegment waarin IKEA actief is);
- middelhoog prijsniveau: meubels die thuis worden bezorgd van gemiddelde tot goede kwaliteit (het marktsegment waarop bijvoorbeeld Eijerkamp en Piet Klerkx zich richten);
- hoog prijsniveau: woningspeciaalzaken, die naast de verkoop van designmeubelen ook een compleet interieuradvies kunnen verzorgen.

Als we de verschillende marktsegmenten (afnemersgroepen) scherp in beeld hebben gebracht, kunnen we het marketingbeleid op die specifieke marktsegmenten afstemmen. Per marktsegment moeten we vaststellen:
- welk product en welke kwaliteit de afnemer wenst;
- op welke plaats en op welk tijdstip het product moet worden aangeboden;
- hoe de potentiële klant kan worden bereikt en welke prijs hij of zij voor het product wil betalen;
- hoe groot de vraag naar het product is (bij verschillende verkoopprijzen).

Zes P's

De factoren die van invloed zijn op de vraag naar een bepaald product kunnen we kort samenvatten met de zes P's:
- Prijs: de verkoopprijs van het product.
- Product: de kwaliteit en eigenschappen van het product (is er behoefte aan?).
- Plaats: waar bieden we het product aan? Via welke distributiekanalen brengen we het product op de markt? Daarbij kunnen we kiezen uit bijvoorbeeld winkels, postorderbedrijf of internet.
- Promotie: hoe brengen we het product onder de aandacht van de consument? Welke marketing- en reclameactiviteiten gaan we verrichten? Is er een bepaalde huisstijl voor de inrichting van het pand en de kleding van het personeel? Is er een logo?
- People: bij dit aspect letten we op de kwaliteit en de klantgerichtheid van het personeel.
- Planet: welke gevolgen hebben de activiteiten van de organisatie voor het milieu?

Marktonderzoek

Om antwoord te krijgen op de vragen die hiervoor zijn aangestipt, kan de ondernemer marktonderzoek (laten) verrichten. Het doel van marktonderzoek is het verkrijgen van inzicht in het doen en laten (koopgedrag) van potentiële afnemers. Als dat bekend is, kan daarmee bij het opstellen van het commerciële beleid rekening worden gehouden.

Economische omstandigheden

De vraag naar producten en diensten is ook afhankelijk van de algemeen economische omstandigheden. In een hoogconjunctuur zal de vraag toenemen en is een afnemer eerder bereid een hogere prijs te betalen dan tijdens een laagconjunctuur. Om een indruk te krijgen van de algemeen economische situatie en de economische vooruitzichten kan een ondernemer zelf allerlei gegevens bij het Centraal Bureau voor de Statistiek (CBS) of bij het Centraal Planbureau (CPB) opvragen en analyseren (zie www.cbs.nl of www.cpb.nl). Het CBS houdt onder andere statistieken bij met betrekking tot het consumentenvertrouwen, de orderportefeuille van bedrijven, het producentenvertrouwen (zie het volgende artikel) en de inflatie. Het CPB houdt zich met name bezig met het onderbouwen van economisch beleid en doet voorspellingen over de verwachte economische groei, de verwachte renteontwikkeling, de verwachte inflatie, de werkgelegenheid enzovoort. Deze algemeen economische verwachtingen hebben invloed op de kooplust van de consumenten. Zo zal een consument bij een lage rentestand eerder geneigd zijn op krediet te kopen (waardoor de vraag naar producten toeneemt) dan bij een hoge rentestand.

BRON: *NOS.NL*, VRIJDAG 18 JULI 2014

Consumentenvertrouwen staat stil

Voor de derde maand op rij stijgt het vertrouwen niet
ANP

Het consumentenvertrouwen in de economie en de eigen portemonnee is in de maand juli niet veranderd. Voor de derde maand op rij stijgt het vertrouwen niet, hoewel het ook niet terugzakt.
De indicator van het CBS staat onveranderd op min 2, wat betekent dat de pessimisten nog steeds licht de overhand hebben.
Het consumentenvertrouwen meet onder meer het vertrouwen in de economie, in de eigen financiële situatie en de koopbereidheid.

Terughoudend
Over de economie hebben mensen al bijna een half jaar wel een steeds positiever gevoel, maar over de eigen portemonnee blijft men negatief. Consumenten blijven aarzelen of ze wel een grote aankoop moeten doen, zoals een televisie of een bankstel. Doordat de werkloosheid iets terugloopt, is de angst voor het kwijtraken van de baan en dus inkomensverlies wel iets minder geworden.
Het consumentenvertrouwen is al meer dan zeven jaar negatief. Het dieptepunt lag in begin 2013, op min 44.

Graadmeter
Het CBS onderzoekt het gevoelens van mensen bij de economie en de eigen financiën. Mensen wordt gevraagd hoe het vorig jaar economisch ging en wat hun verwachtingen zijn voor het komende jaar. En consumenten moeten hun eigen situatie schetsen: staat men er financieel beter of slechter voor? En durft men een grote aankoop of uitgave aan, zoals een televisie, nieuwe meubels of een wasmachine?
De verschillende antwoorden worden bij elkaar geveegd en leveren een cijfer op dat het consumentenvertrouwen uitdrukt. Een positief cijfer geeft aan dat er meer optimisten zijn, een negatief cijfer geeft aan dat de pessimisten in de meerderheid zijn.

Consumentenvertrouwen, seizoengecorrigeerd

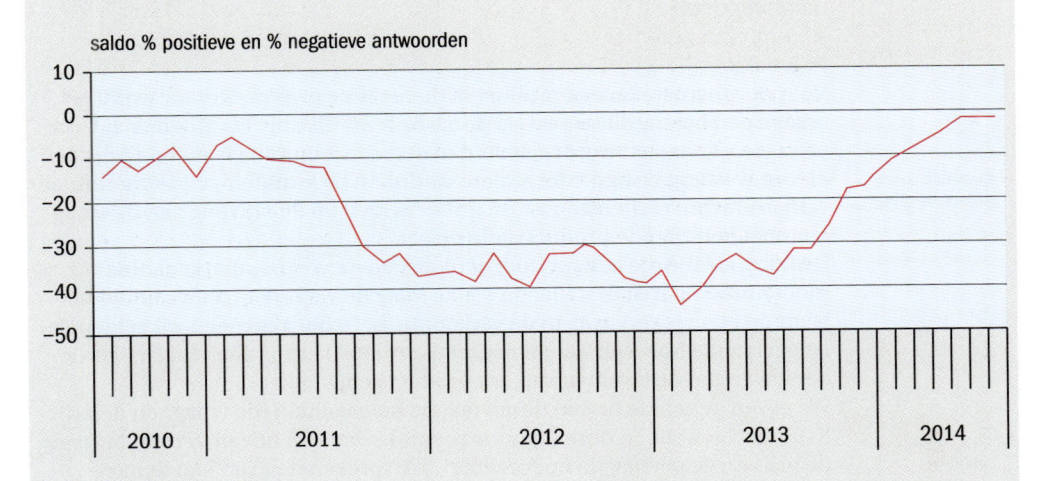

Bron: CBS

Uitgaven

Het consumentenvertrouwen meet dus niet zozeer feitelijk hoe het met de economie gaat, maar vooral hoe het door mensen wordt ervaren. Het is een belangrijke graadmeter voor de uitgaven van huishoudens en de winkelverkopen.

> **TOELICHTING**
> Als de economische situatie verbetert, nemen de vraag naar producten en het consumentenvertrouwen toe. Een toename van de koopbereidheid van consumenten leidt bij producenten tot lagere voorraden en/of een toename van de bezettingsgraad.

Een ondernemer kan het marktonderzoek ook laten verrichten door een daarin gespecialiseerd marktonderzoeksbureau. Daarbij zal steeds de afweging moeten worden gemaakt of de kosten van het marktonderzoek opwegen tegen de verwachte voordelen die uit de resultaten van het marktonderzoek kunnen voortvloeien. Het uiteindelijke doel van het marktonderzoek moet zijn dat de ondernemer een goed beeld krijgt van de totale markt en van de marktsegmenten.

Op basis van de resultaten van het marktonderzoek zou het mogelijk moeten zijn antwoord te geven op de volgende concrete vragen:
- Wie zijn onze klanten?
- Waar zitten onze klanten?
- Welke hoeveelheid willen ze kopen bij een bepaalde prijs-kwaliteitverhouding?

De ondernemer betrekt de resultaten van het marktonderzoek bij het ontwikkelen van zijn marketingplan en bij het begroten van zijn verkopen.

ZELFTOETS 1.8
Welke aspecten spelen een belangrijke rol bij het behalen van een gewenst marktaandeel?

Prijsbeleid

Voor de afnemer van een product of dienst is de prijs die ervoor wordt gevraagd een belangrijk aspect bij de aankoopbeslissing. De afnemer zal zich afvragen of hetgeen wordt geleverd in overeenstemming is met de prijs die ervoor wordt gevraagd. Met andere woorden: de kwaliteit-prijsverhouding van producten of diensten is van grote invloed op de omvang van de vraag naar het betreffende product of de dienst.

Kwaliteit-prijsverhouding

Een organisatie die een product of dienst op de verkoopmarkt aanbiedt, moet proberen vast te stellen in welke mate de verkochte hoeveelheid reageert op een verandering in de verkoopprijs. In het algemeen zal gelden dat de gevraagde hoeveelheid toeneemt naarmate de prijs daalt (als we veronderstellen dat de kwaliteit van het product gelijk blijft).

We geven de relatie tussen de gevraagde hoeveelheid (de vraag) en de prijs in figuur 1.5 weer. In deze figuur is er sprake van een lineair verband tussen de prijs en de gevraagde hoeveelheid. We spreken dan van een lineaire vraagcurve.

Lineaire vraagcurve

FIGUUR 1.5 Lineaire vraagcurve

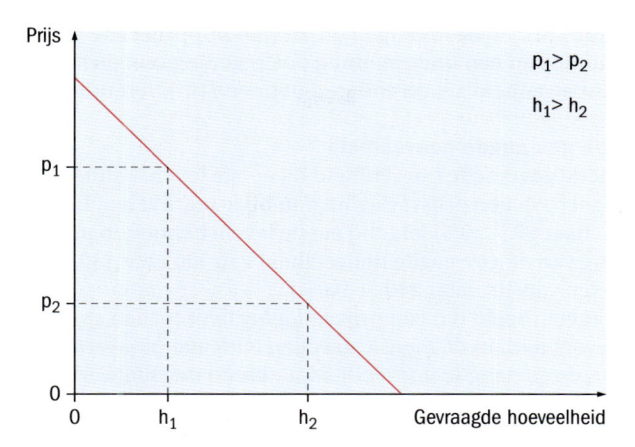

Uit figuur 1.5 blijkt dat bij een hoge prijs (p_1) de gevraagde hoeveelheid (h_1) kleiner is dan de gevraagde hoeveelheid (h_2) bij een lage prijs (p_2).
Voor een ondernemer is het van belang te weten hoe sterk de gevraagde hoeveelheid zal veranderen door een prijsverandering. De verandering in de gevraagde hoeveelheid door een verandering in de prijs kan per product verschillen. Zo zal de vraag naar producten die voorzien in de eerste levensbehoeften (zoals levensmiddelen) niet zo sterk reageren op een prijsverandering. Daar staat tegenover dat de vraag naar luxeartikelen (zoals luxevakantiereizen of luxekleding) sterk zal veranderen door een prijsverandering. Om dit toe te lichten, vergelijken we in figuur 1.6 twee mogelijke situaties met elkaar. Figuur A geldt voor producten die voorzien in de eerste levensbehoeften, figuur B geldt voor luxeartikelen.

FIGUUR 1.6 Lineaire vraagcurven

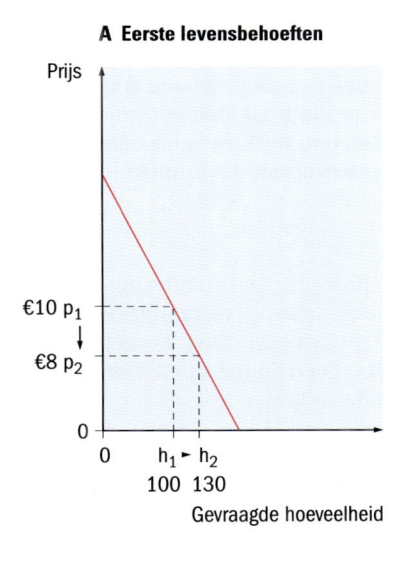

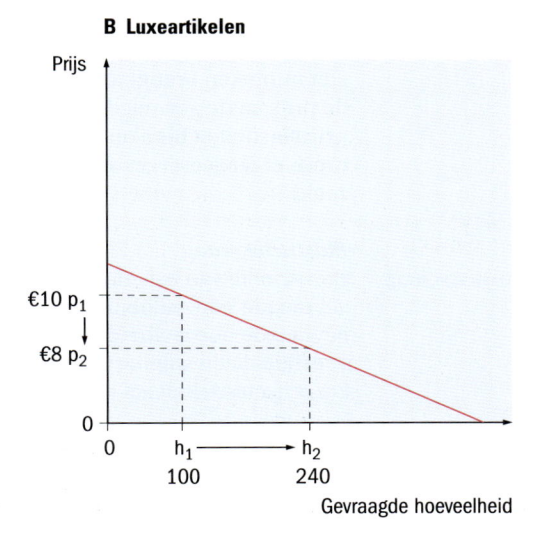

De prijsverlaging op basis van figuur 1.6A (van p_1 naar p_2) leidt tot een veel geringere stijging van de gevraagde hoeveelheid dan eenzelfde prijsverlaging op basis van figuur 1.6B. Bij beslissingen om de verkoopprijzen te veranderen, houdt de leiding van een onderneming ook rekening met de mate waarin de gevraagde hoeveelheid zal veranderen door een prijsverandering.

Prijselasticiteit van de gevraagde hoeveelheid

Prijselasticiteit van de vraag

Uit figuur 1.6 blijkt dat de gevraagde hoeveelheid bij eerste levensbehoeften veel minder sterk reageert op een prijsverlaging dan bij luxeartikelen. Een prijsverlaging van €10 naar €8 (−20%) leidt bij eerste levensbehoeften uit figuur 1.6 tot een stijging van de gevraagde hoeveelheid van 100 naar 130 (+ 30%) en bij luxeartikelen van 100 naar 240 (+ 140%).

Bovendien blijkt uit dit voorbeeld dat een prijs*verlaging* leidt tot een *stijging* van de gevraagde hoeveelheid. In de meeste gevallen leidt een prijs*verhoging* tot een *daling* van de gevraagde hoeveelheid. Er is een negatief verband tussen de hoogte van de prijs en de gevraagde hoeveelheid. Er zijn echter uitzonderingen op deze regel waarop we in dit boek niet ingaan.

De mate van prijselasticiteit kunnen we uitdrukken door een verhoudingsgetal dat we als volgt berekenen.

$$\text{Prijselasticiteit van de gevraagde hoeveelheid} = \frac{\text{Procentuele verandering van de gevraagde hoeveelheid}}{\text{Procentuele veranderingen van de prijs}}$$

We krijgen op basis van de gegevens uit figuur 1.6 de volgende prijselasticiteiten van de gevraagde hoeveelheid.

Voor de eerste levensbehoeften:

$$\text{Prijselasticiteit} = \frac{+30\%}{-20\%} = -1{,}5$$

Voor de luxeartikelen:

$$\text{Prijselasticiteit} = \frac{+240\%}{-20\%} = -12$$

Het minteken brengt tot uitdrukking dat er een negatief verband is tussen de prijs en de gevraagde hoeveelheid. In de praktijk zal men per product de prijselasticiteit berekenen door vast te stellen hoe sterk de vraag naar dat product reageert (gevolg) op een prijsverandering van dat product (oorzaak).

Elastische vraag

Elastische vraag

Er is sprake van een elastische vraag als de procentuele verandering van de gevraagde hoeveelheid groter is dan de procentuele prijsverandering. De gevraagde hoeveelheid reageert sterk op de prijsverandering (zoals in het voorbeeld een stijging van 10% in prijs leidt tot een daling van 25% in vraag). De prijselasticiteit zal altijd negatiever zijn dan −1.

Inelastische vraag

Inelastische vraag

Men spreekt van een inelastische vraag als de procentuele verandering van de gevraagde hoeveelheid kleiner is dan de procentuele prijsverandering.

De gevraagde hoeveelheid reageert nauwelijks op de prijsverandering. Voorbeeld: bij een prijsdaling van 20% stijgt de gevraagde hoeveelheid met 10%, de waarde van de elasticiteit is dan 10% / −20% = − 0,5. De gevraagde hoeveelheid reageert prijsinelastisch op de prijsverandering. De uitkomst ligt altijd tussen 0 en −1.

Iso-elastische vraag
Men spreekt van een iso-elastische vraag als de procentuele verandering van de gevraagde hoeveelheid gelijk is aan de procentuele prijsverandering. De waarde van de elasticiteit is dan −1.

Iso-elastische vraag

Relatie tot de omzet
Bij een elastische vraag zal een prijs*stijging* leiden tot een *relatief sterkere daling* van de hoeveelheid (afzet). Een omzetdaling is dan het gevolg.
Bij een elastische vraag zal een prijs*daling* juist leiden tot een *relatief sterkere stijging* van de hoeveelheid (afzet). De daling van de prijs wordt dan meer dan gecompenseerd door de relatief sterkere stijging van de gevraagde hoeveelheid. Dit leidt tot een omzetstijging.
Bij een inelastische vraag is het effect op de omzet juist omgekeerd. Een prijsstijging leidt dan tot een omzetstijging, een prijsdaling tot een omzetdaling.

Voor degene die een product of dienst op de verkoopmarkt aanbiedt, is de verkoopprijs (exclusief btw) een opbrengst. Hij zal minimaal een verkoopprijs willen realiseren die hoger is dan de kostprijs van het product. De ondernemer probeert een zodanige verkoopprijs vast te stellen dat het verschil tussen zijn totale opbrengsten en totale kosten en dus zijn winst zo groot mogelijk is. In voorbeeld 1.2 lichten we dit toe.

VOORBEELD 1.2
Onderneming Profijt bv heeft onlangs een marktonderzoek laten verrichten, waarvan de resultaten in tabel 1 zijn samengevat.

TABEL 1 Resultaten van het marktonderzoek

Situatie	Verkoopprijs exclusief btw (p)	Gevraagde hoeveelheid (q)	Variabele kosten per eenheid product (v)	Constante kosten per periode (C)
1	€100	0	€30	€400
2	€ 90	10	€27	€400
3	€ 80	25	€25	€400
4	€ 70	35	€24	€400
5	€ 60	50	€24	€400
6	€ 50	70	€26	€400
7	€ 45	80	€28	€400
8	€ 41	90	€30	€400

Toelichting bij tabel 1:
- *Variabele kosten* zijn kosten die veranderen door een verandering in de productieomvang. De kosten van de grondstoffen die in een bepaald product worden verwerkt, zijn een voorbeeld van variabele kosten.

Variabele kosten

Constante kosten

- *Constante kosten* (die we ook wel vaste kosten noemen) veranderen niet als de productieomvang verandert. Een voorbeeld daarvan zijn de huurkosten van een fabriekshal. Of er nu veel of weinig wordt geproduceerd, het bedrag dat aan huur moet worden betaald, zal er niet door veranderen.

Gevraagd
a Bereken bij welke verkoopprijs de omzet maximaal is.
b Bereken bij welke verkoopprijs de winst maximaal is.

TABEL 2 Omzet, kosten en resultaat

Situatie	Totale omzet	Totale kosten	Resultaat = omzet − kosten
1	0 × €100 = € 0	0 × €30 + €400 = € 400	0 − € 400 = − € 400
2	10 × € 90 = € 900	10 × €27 + €400 = € 670	€ 900 − € 670 = € 230
3	25 × € 80 = €2.000	25 × €25 + €400 = €1.025	€2.000 − €1.025 = € 975
4	35 × € 70 = €2.450	35 × €24 + €400 = €1.240	€2.450 − €1.240 = €1.210
5	**50 × € 60 = €3.000**	**50 × €24 + €400 = €1.600**	**€3.000 − €1.600 = €1.400**
6	70 × € 50 = €3.500	70 × €26 + €400 = €2.220	€3.500 − €2.220 = €1.280
7	80 × € 45 = €3.600	80 × €28 + €400 = €2.640	€3.600 − €2.640 = € 960
8	90 × € 41 = €3.690	90 × €30 + €400 = €3.100	€3.690 − €3.100 = € 590

Uitwerking
In een figuur geven we de uitkomsten van tabel 2 weer.

Omzet, kosten en resultaat

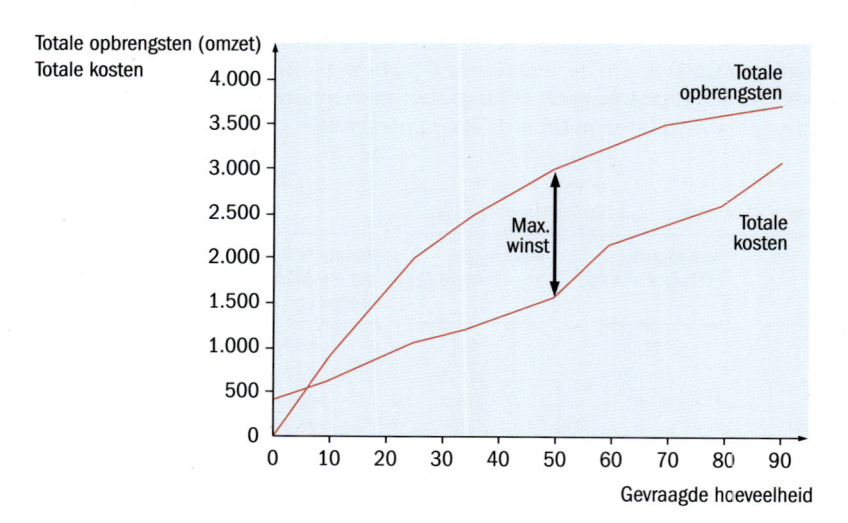

Uit tabel 2 en de figuur blijkt dat:
1 de omzet maximaal is bij een verkoopprijs van €41 (situatie 8, waarbij de gevraagde hoeveelheid 90 bedraagt).
2 de winst maximaal is bij een verkoopprijs van €60 (situatie 5, waarbij de gevraagde hoeveelheid 50 bedraagt).

VOORBEELD 1.3
Welke verkoopprijs kan onderneming Profijt bv uit voorbeeld 1.2 nu het beste vragen voor haar product?

Uitwerking
Commercieel ingestelde managers hebben nogal eens de neiging te kiezen voor een prijspolitiek die tot de hoogste omzet en dus het grootste marktaandeel leidt en zouden mogelijk kiezen voor een verkoopprijs van €41. Zij zijn met name geïnteresseerd in de opbrengstenkant van de onderneming en hebben in sommige gevallen te weinig oog voor de kostenkant.
Voor een onderneming die naar winst streeft (en daar gaan wij van uit), gaat het echter om het verschil tussen totale opbrengsten en totale kosten. Als we naar de omvang van de winst kijken, heeft een verkoopprijs van €60 de voorkeur. De leiding van Profijt bv zou voor deze verkoopprijs moeten kiezen.

ZELFTOETS 1.9
Wat is voor een onderneming belangrijker: het behalen van een hoge omzet en groot marktaandeel of het behalen van een hoge winst?
Motiveer je antwoord.

Voor iedere ondernemer is het belangrijk inzicht te hebben in de wijze waarop de consument zal reageren op mogelijke prijsveranderingen.
Bij het vaststellen van de prijspolitiek moet daarmee rekening worden gehouden.

Mate van concurrentie
Bij het inschatten van de omzet van een onderneming moet de ondernemingsleiding ook rekening houden met haar concurrentiepositie, zowel op de inkoopmarkt als op de verkoopmarkt. Michael Porter heeft een model ontwikkeld waarmee de mate van concurrentie in een branche (bedrijfstak) kan worden beschreven. Dit model staat bekend als het *vijfkrachtenmodel* van Porter. De vijf krachten van Porter hebben betrekking op drie vormen van concurrentie: interne concurrentie, externe concurrentie en potentiële concurrentie.

Concurrentiepositie

Vijfkrachtenmodel van Porter

In tabel 1.4 geven we de factoren weer die schuilgaan achter de 'vijf krachten van Porter'.

TABEL 1.4 Vijfkrachtenmodel van Porter

Soort concurrentie	De vijf krachten die Porter beschrijft
Interne concurrentie	1 Concurrentie tussen de huidige aanbieders binnen de branche
Externe concurrentie	2 Macht van de leveranciers
	3 Macht van de afnemers
Potentiële concurrentie	4 Mate waarin substituten en complementaire goederen verkrijgbaar zijn
	5 Dreiging van nieuwe toetreders (aanbieders) op de markt

In figuur 1.7 geven we de vijf krachten van Porter weer.

FIGUUR 1.7 Vijfkrachtenmodel

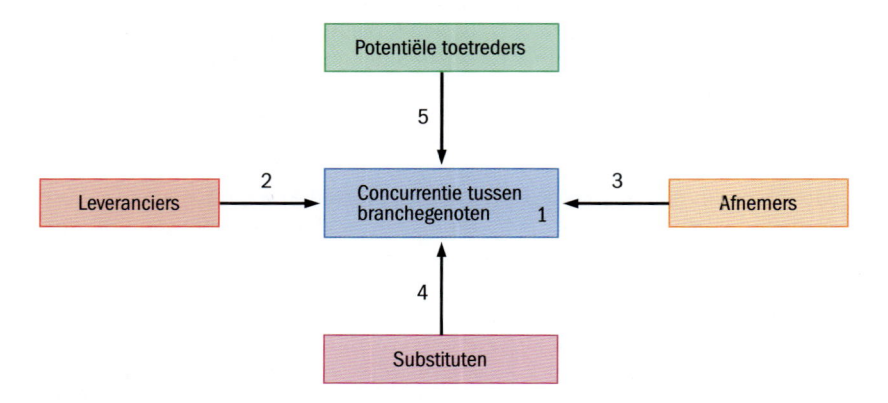

```
                    ┌──────────────────────┐
                    │ Potentiële toetreders │
                    └──────────┬───────────┘
                               │ 5
                               ▼
┌─────────────┐   2   ┌──────────────────────┐   3   ┌──────────┐
│ Leveranciers├──────▶│ Concurrentie tussen  │◀──────┤ Afnemers │
└─────────────┘       │ branchegenoten    1  │       └──────────┘
                      └──────────▲───────────┘
                                 │ 4
                      ┌──────────┴───────────┐
                      │     Substituten      │
                      └──────────────────────┘
```

We lichten hierna toe welke factoren van invloed zijn op ieder van de vijf krachten.

Ad 1 Concurrentie tussen de huidige aanbieders binnen de branche
- Aantal, omvang en sterkte van de rivalen: als er veel, relatief kleine aanbieders zijn, is de concurrentie heviger dan in een situatie met een klein aantal aanbieders.
- Groeipotentie van de markt: in een verzadigde markt is de concurrentie heftiger dan in een groeiende markt.
- Hoogte van de vaste kosten: bij een hoog vastekostenniveau hebben bedrijven er belang bij de bezettingsgraad hoog te houden. Dat kan in tijden van laagconjunctuur tot een heftige concurrentie leiden.

Ad 2 Macht van de leveranciers
- Aantal en omvang van de toeleveranciers: als de onderneming zich genoodzaakt ziet zaken te doen met de enige toeleverancier, dan heeft deze een grote marktmacht, waardoor een groot deel van de marge aan de leverancier zal toevallen ten koste van de afnemer.
- Vervangende producten: als de onderneming kan kiezen uit vervangende producten, dan is de macht van de toeleverancier geringer.
- Geleverd volume: als de onderneming wat omzet betreft een belangrijke afnemer is, dan is de macht van de leverancier geringer.

Ad 3 Macht van de afnemers
- Aantal en omvang van de afnemers: als er slechts enkele, grote afnemers zijn, dan hebben de afnemers veel marktmacht.
- Afgenomen volume: als de afnemer een van de belangrijkste klanten van de onderneming is (verantwoordelijk voor een groot gedeelte van de afzet), dan is de macht van de afnemer groot.
- Resultaten afnemers: als de afnemers goede resultaten behalen in termen van marktaandeel en winst, dan zullen ze gemakkelijker een hogere inkoopprijs betalen, waardoor de interne concurrentie minder wordt. Voor de detailhandel geldt dat bij een gunstige economische ontwikkeling

(hogere inkomens) de consument eerder bereid zal zijn een hogere prijs te betalen, waardoor de interne concurrentie minder wordt.

Ad 4 Mate waarin substituten en complementaire goederen verkrijgbaar zijn
- Technologische ontwikkelingen: als er regelmatig nieuwe producten op de markt komen, die de oude producten kunnen vervangen, dan zal de interne concurrentie toenemen (de markt voor mobiele telefoons is daar een voorbeeld van).
- Naarmate er meer substituten of complementaire goederen aanwezig zijn, zal de interne concurrentie toenemen.

Ad 5 Dreiging van nieuwe toetreders (aanbieders) op de markt
- Vereiste schaalgrootte: de interne concurrentie is gering als toetreders direct een groot marktaandeel moeten verwerven om de kosten te kunnen dekken.
- Sterkte gevestigde namen/merken: concurrenten met een sterke naam (bijvoorbeeld in de autobranche Audi en BMW) zullen minder last hebben van concurrentie dan merken met een minder goede naam, alhoewel merken met een sterke naam elkaar ook flink kunnen beconcurreren (zoals het geval is met Audi en BMW).
- Kapitaalbehoefte: naarmate er meer vermogen nodig is om een bedrijf op te starten, zal de mate van toetreding en daarmee de potentiële concurrentie afnemen.
- Toegang tot distributiekanalen: de potentiële concurrentie is geringer, naarmate de toegang tot de distributiekanalen lastiger is (denk bijvoorbeeld aan de distributie van aardgas).
- Kostenvoordelen bestaande rivalen: als de huidige aanbieders op een markt goedkoper kunnen produceren, zal het voor potentiële concurrenten moeilijker zijn winstgevend op deze markt te opereren.
- Verwachte reactie bestaande rivalen: als bestaande rivalen in staat en bereid zijn door tijdelijke acties nieuwkomers uit de markt te drukken (bijvoorbeeld door tijdelijke prijsverlagingen), zullen nieuwkomers afgeschrikt worden en wordt de potentiële concurrentie geringer.

Het vijfkrachtenmodel van Porter beschrijft welke factoren een rol (kunnen) spelen bij het bepalen van de mate van concurrentie in een branche. Niet alle genoemde factoren zijn voor iedere branche (even) belangrijk. Het model kan zowel op de inkoopmarkt als op de verkoopmarkt worden toegepast. De factoren die Porter beschrijft zijn dan ook zowel van invloed op de hoogte van de inkoopprijzen van de productiemiddelen als op de verkoopprijzen die voor de eindproducten kunnen worden gerealiseerd.

Overige onderdelen van het ondernemingsplan
Tot nu toe hebben we aandacht besteed aan drie onderdelen van het ondernemingsplan: de ideeontwikkeling, de wettelijke voorschriften en de markt. Het financieel plan en de uiteindelijke beslissing om al dan niet een eigen onderneming te beginnen, vormen het sluitstuk van het ondernemingsplan. Het financieel plan bestaat uit de balans, de begrote winst- en verliesrekening en de liquiditeitsbegroting. Op een balans staan de waarde van de bezittingen van een onderneming en het eigen en het vreemd vermogen. Voor een balans geldt dat de waarde van het eigen vermogen gelijk is aan het verschil tussen de bezittingen en de omvang van het vreemd vermogen.

Financieel plan

Balans

	Bijvoorbeeld
Waarde van de bezittingen	€ 1.530.000
Omvang van het vreemd vermogen	€ 800.000 –
Omvang van het eigen vermogen	€ 730.000

Eigen vermogen

Uit de balans blijkt welke productiemiddelen de onderneming bezit om haar plannen uit te kunnen voeren. Tevens geeft de balans inzicht in welke mate de onderneming is gefinancierd met eigen en vreemd vermogen.

Winst- en verliesrekening

Op een winst- en verliesrekening staan de opbrengsten en de kosten van een onderneming, waarbij geldt dat het resultaat = opbrengsten – kosten. Het resultaat kan zowel positief (winst) als negatief (verlies) zijn. Uit de begrote winst- en verliesrekening moet blijken of de onderneming financieel levensvatbaar is.

Liquiditeitsbegroting

Op een liquiditeitsbegroting staan de verwachte geldontvangsten en de verwachte gelduitgaven gedurende een bepaalde toekomstige periode. Daarbij geldt dat de voorraad liquide middelen = beginsaldo liquide middelen + geldontvangsten – gelduitgaven.

Het sluitstuk van het ondernemingsplan van een startende ondernemer is de uiteindelijke beslissing om de onderneming al dan niet te starten.
Het opstellen van het financieel plan bespreken we in hoofdstuk 2.

ZELFTOETS 1.10
Uit welke vijf onderdelen bestaat het ondernemingsplan van iemand die overweegt een eigen onderneming te starten?

Samenvatting

In dit hoofdstuk zijn we ingegaan op de factoren die een rol spelen bij het nemen van beslissingen binnen organisaties. De gang van zaken binnen een organisatie kunnen we weergeven in de vorm van goederen- en geldstromen. Daarin kunnen we ook de externe relaties van de organisatie weergeven. Tot deze externe relaties behoren de overheid en de verstrekkers van vreemd vermogen zoals banken. Onder de vermogensmarkt verstaan we de vraag naar en het aanbod van eigen en vreemd vermogen. De geldstromen van en naar de vermogensmarkt noemen we secundaire geldstromen. Alle andere geldstromen zijn primaire geldstromen. Deze geldstromen hangen rechtstreeks samen met de goederenstromen in verband met het primaire proces.
Iemand die een eigen onderneming wil beginnen moet over veel zaken een beslissing nemen. In eerste instantie moet een potentieel ondernemer zich de vraag stellen of hij over de kwaliteiten beschikt om een eigen onderneming te leiden. Maar er moet ook voldaan worden aan allerlei wettelijke eisen en voorschriften. Zo moet rekening worden gehouden met het bestemmingsplan, de Handelsregisterwet, de Handelsnaamwet, milieuvoorschriften enzovoort. Voor de juridische vorm waarin de onderneming wordt opgezet, kan een keuze worden gemaakt uit rechtspersonen (nv of bv) en natuurlijke personen (eenmanszaak en vof). De keuze is zowel van invloed op de wijze en hoogte van belastingheffing als op de regeling van de aansprakelijkheid. De ondernemer moet ook nagaan of er voldoende vraag is naar de producten of de diensten die hij wil aanbieden. Een marktonderzoek, maar ook gegevens van het Centraal Planbureau (CPB) of het Centraal Bureau voor de Statistiek (CBS), kunnen behulpzaam zijn bij het beantwoorden van deze vraag.
Tot slot van dit hoofdstuk hebben we kort stilgestaan bij het ontwikkelen van een prijsbeleid. Met name een goede prijs-kwaliteitverhouding ('value for money') is van invloed op de omvang van de vraag naar het product of de dienst. Het vijfkrachtenmodel van Porter kunnen we gebruiken om inzicht te krijgen in de concurrentiepositie. De onderneming moet een prijs proberen vast te stellen die leidt tot een zo hoog mogelijke winst. In hoofdstuk 2 bespreken we het opstellen van een financieel plan (het laatste onderdeel van het ondernemingsplan).

Begrippenlijst

Aanmerkelijk belang	We spreken van een aanmerkelijk belang als iemand (samen met zijn of haar fiscale partner) minimaal 5% van de aandelen van een bv bezit.
Aflossing	De (gedeeltelijke) terugbetaling van een lening.
Balans	Een overzicht van bezittingen, schulden en het eigen vermogen van een organisatie.
Bedrijfsbeslissing	Een beslissing binnen een organisatie die van invloed is op de financiële resultaten van de organisatie.
Bedrijfschap	Een organisatie van bedrijven die in eenzelfde branche werken.
Besloten vennootschap (bv)	Een rechtspersoon waarvan de aandelen niet vrij verhandelbaar zijn.
Constante kosten	Kosten die niet veranderen als de productieomvang verandert (zolang de bestaande productiecapaciteit niet wordt overschreden).
Directeur-grootaandeelhouder (dga)	De directeur van een bv die tevens een groot gedeelte van de aandelen van de bv waaraan hij leidinggeeft, in zijn bezit heeft.
Dividend	De vergoeding die de verstrekkers van eigen vermogen ontvangen voor het beschikbaar stellen van eigen vermogen.
Eigen vermogen	Vermogen dat permanent aan de onderneming ter beschikking is gesteld. De omvang van het eigen vermogen = waarde van de activa – omvang van het vreemd vermogen.
Elastische vraag	De gevraagde hoeveelheid reageert meer dan evenredig op een prijsverandering.
Financieel plan	Een samenhangend plan dat bestaat uit: investeringsbegroting, begrote balans, begrote winst- en verliesrekening en liquiditeitsbegroting.
Geldstroom	Een betaling of geldontvangst die loopt via de Kas of Rekening-courant en gevolgen heeft voor de omvang van de liquide middelen.
Goederenstroom	Goederen en/of diensten die een organisatie ontvangt of levert.

Hoofdelijke aansprakelijkheid	Ieder van de firmanten is aansprakelijk voor de totale schuld van de firma
Humanresourcesmanagement	Het beleid dat een organisatie voert ten aanzien van het aantrekken en begeleiden/opleiden van medewerkers.
Inelastische vraag	De gevraagde hoeveelheid reageert minder dan evenredig op een prijsverandering.
Inkomstenbelasting (IB)	Belasting die wordt geheven over de inkomsten van natuurlijke personen.
Interest	De vergoeding die de ontvanger van vreemd vermogen moet betalen over het aangetrokken vreemd vermogen.
Iso-elastische vraag	De gevraagde hoeveelheid reageert evenredig op een prijsverandering.
Lineaire vraagcurve	Een vraagcurve waarbij er een lineair verband is tussen prijs en gevraagde hoeveelheid.
Liquide middelen	De som van geldmiddelen in kas en het saldo op de rekening-courant.
Liquiditeitsbegroting	Een begroting van de in- en uitgaande geldstromen gedurende een bepaalde *toekomstige* periode.
Marktsegment	Een afnemersgroep met bepaalde gelijke kenmerken, die nagenoeg op eenzelfde manier reageert op het aanbod van een bepaald product of een bepaalde dienst.
Naamloze vennootschap (nv)	Een rechtspersoon waarvan de aandelen op de effectenbeurs vrij verhandelbaar zijn.
Natuurlijk persoon	Een persoon waarbij er geen scheiding is tussen het vermogen van de onderneming en het privévermogen van haar eigenaren (zoals bij een eenmanszaak en een vof).
Non-profitorganisatie	Een organisatie die niet naar winst streeft.
Omzet	Verkochte hoeveelheid vermenigvuldigd met de verkoopprijs per eenheid.
Ondernemer	Iemand die voor eigen rekening een bedrijf uitoefent.
Ondernemingsmissie	Een globale beschrijving van het doel van de organisatie.
Ondernemingsplan	Een samenhangend geheel van plannen waaruit de levensvatbaarheid van een onderneming moet blijken.
Organisatie	Een samenwerkingsverband tussen personen.
6 P's	Prijs, product, plaats, promotie, people en planet.

Prijselasticiteit	De mate waarin de gevraagde hoeveelheid reageert op een prijsverandering.
Primaire geldstromen	Geldstromen die het directe gevolg zijn van de goederenstromen in verband met het primaire proces. Alle geldstromen met uitzondering van de secundaire geldstromen.
Primair proces	Het proces waarin de hoofdactiviteiten van een organisatie plaatsvinden.
Productiemiddelen	Goederen en/of diensten die een organisatie nodig heeft om een product of dienst voort te brengen.
Productschap	Een organisatie van bedrijven die eenzelfde grondstof in opeenvolgende stadia bewerken.
Rechtspersoon	Een zelfstandige drager van rechten en plichten (zoals een nv of bv).
Rechtsvorm	De juridische vorm waarin een onderneming is opgezet.
Rente	De vergoeding voor het aan derden beschikbaar stellen van vreemd vermogen.
Secundaire geldstromen	Alle geldstromen van en naar de vermogensmarkt.
Strategie	Een globale beschrijving van het doel van een organisatie.
Variabele kosten	Kosten die veranderen als gevolg van een verandering in de bedrijfsdrukte (productieomvang).
Vennootschapsbelasting (Vpb)	Belasting die wordt geheven over de winst van een nv of bv.
Vermogensmarkt	Het geheel van vraag naar en aanbod van eigen en vreemd vermogen.
Vreemd vermogen	Vermogen dat tijdelijk aan een onderneming ter beschikking is gesteld.
Winst- en verliesrekening	Een overzicht van de opbrengsten en kosten gedurende een bepaalde periode.
Wisselkoers	De omwisselingsverhouding tussen twee valuta (bijvoorbeeld tussen € en $).

Meerkeuzevragen

1.1 Onder een bedrijfsbeslissing verstaan we
   a iedere beslissing binnen een organisatie.
   b iedere beslissing binnen een organisatie waaruit financiële gevolgen voortvloeien.
   c uitsluitend beslissingen binnen een onderneming (profitorganisatie) waaruit financiële gevolgen voortvloeien.
   d iedere beslissing binnen een onderneming (profitorganisatie).

1.2 De voorraad liquide middelen op een bepaald moment is gelijk aan
   a de hoeveelheid geld in kas + het positieve of negatieve saldo op de rekening-courant.
   b het verschil tussen de geldontvangsten en gelduitgaven.
   c e hoeveelheid geld in kas.
   d de hoeveelheid geld in kas + het positieve saldo op de rekening-courant.

1.3 Voor eigen vermogen geldt dat
   a er een vaste vergoeding moet worden betaald aan de verstrekkers van het eigen vermogen.
   b het moet worden afgelost.
   c het permanent ter beschikking van de onderneming staat.
   d de verstrekkers ervan geen vergoeding verwachten over het beschikbaar gestelde eigen vermogen.

1.4 Voor vreemd vermogen geldt dat (in het algemeen)
   a er een vergoeding moet worden betaald aan de verstrekkers van het vreemd vermogen.
   b het niet afgelost hoeft te worden.
   c het permanent ter beschikking van de onderneming staat.
   d de verstrekkers ervan geen vergoeding verwachten over het beschikbaar gestelde vreemd vermogen.

1.5 Welke van de volgende feiten is een voorbeeld van secundaire geldstroom?
   a De betaling van grondstoffen.
   b De betaling van loon.
   c De contante verkoop van producten.
   d Het aflossen van vreemd vermogen.

1.6 Bij een onderneming die de rechtsvorm van nv of bv heeft en winst uitkeert
   a betaalt alleen de onderneming belasting over de winst van de onderneming.
   b betalen alleen de aandeelhouders belasting over de uitgekeerde winst.
   c betalen zowel de onderneming als de aandeelhouders belasting over respectievelijk de winst van de onderneming en de uitgekeerde winst.

1.7 De eigenaren van een onderneming die rechtspersoonlijkheid bezit
   a zijn alleen aansprakelijk voor het bedrag dat ze als eigen vermogen (aandeelvermogen) aan de onderneming beschikbaar hebben gesteld.
   b zijn naast het bedrag dat ze als eigen vermogen aan de onderneming beschikbaar hebben gesteld (aandeelvermogen) ook aansprakelijk met hun privévermogen.
   c zijn alleen met hun privévermogen aansprakelijk voor de schulden van de onderneming.

1.8 De doelstelling van een onderneming is
   a het behalen van een zo groot mogelijk marktaandeel.
   b het maximaliseren van de winst per product.
   c het maximaliseren van de totale winst van de onderneming.

1.9 Bij de volgende rechtsvorm is er een duidelijke scheiding tussen de leiding en het eigendom van de onderneming:
   a de eenmanszaak.
   b de vennootschap onder firma.
   c de besloten vennootschap.
   d de naamloze vennootschap.

1.10 De directeur van een besloten vennootschap
   a is zelfstandig ondernemer en valt onder de inkomstenbelasting.
   b is werknemer en valt onder de inkomstenbelasting.
   c heeft altijd recht op een gedeelte van de winst van de besloten vennootschap.
   d mag geen aandelen bezitten van de vennootschap waaraan hij/zij leiding geeft.

1.11 De firmanten van een vennootschap onder firma zijn
   a alleen aansprakelijk voor het bedrag dat ze als firmant aan de onderneming beschikbaar hebben gesteld.
   b alleen met hun privévermogen aansprakelijk voor de schulden van de vof.
   c ieder voor een evenredig deel verantwoordelijk voor de schulden van de vof.
   d ieder met hun zakelijk én privévermogen aansprakelijk voor de totale schuld van de vof.

1.12 Bij een eenmanszaak en vennootschap onder firma (vof)
   a wordt vennootschapsbelasting geheven over de winst voor belasting.
   b wordt vennootschapsbelasting geheven over de uitgekeerde winst.
   c is de winst voor belasting van invloed op de te betalen inkomstenbelasting.
   d is de uitgekeerde winst van invloed op de te betalen inkomstenbelasting.

1.13 Met de zes P's in het kader van het marketingbeleid van een onderneming bedoelen we:
   a prijs, people, plaats, planet, promotie, product.
   b prijs, productie, politiek, promotie, publiek, planet.
   c prijs, productiviteit, plaats, promotie, politiek, planet.
   d prijs, productiviteit, plaats, promotie, productie, planet.

1.14 Van een onderneming zijn over september 2014 de volgende transacties gegeven:
- ontvangst van grondstoffen met een inkoopwaarde van €16.000;
- contante verkopen van €20.000;
- betaling van €3.000 interestkosten over september 2014;
- de betaling van lonen (€7.000)
- betaling van dividend voor een bedrag van €4.000;
- betaling van €3.600 aan crediteuren ten laste van rekening-courantkrediet;
- bestelling van een machine met een aankoopwaarde van €40.000;
- uitbreiding van het eigen vermogen door het plaatsen van aandelen voor €50.000;
- goederen verzonden met een verkoopwaarde van €46.000;
- aflossing van een lening met €5.000;
- goederen op rekening verkocht voor €12.000;
- van debiteuren €2.400 per kas ontvangen.

In de maand september 2014 bedraagt
a de som van de primaire geldstromen + €32.000.
b de som van de primaire geldstromen − €21.200.
c de som van de primaire geldstromen + €11.800.
d de som van de primaire geldstromen + €38.000.

1.15 In het financieel plan van het ondernemingsplan besteden we aandacht aan
a de ideeontwikkeling en de marktverkenning.
b de openingsbalans, de financiering, de begrote winst- en verliesrekening en de liquiditeitsbegroting.
c de rechtsvorm en wettelijke voorschriften.

Vraagstukken

V 1.1 Stel dat je een eigen garagebedrijf gaat beginnen dat zowel nieuwe als gebruikte auto's gaat verkopen en onderhoud gaat verrichten. Daarvoor wil je een nieuw pand bouwen op een industrieterrein. Voor de financiering van de nieuwe onderneming moet je ook vreemd vermogen aantrekken.
  a Met welke externe relaties krijg je te maken?
  b Wat is de inhoud van die relaties? (Waar gaat het over of wat moet er worden geregeld?)

V 1.2 Een onderneming heeft over het afgelopen jaar een omzet behaald van €800.000. De kosten van deze omzet (met uitzondering van rentekosten) bedragen €500.000. De onderneming heeft €200.000 vreemd vermogen aangetrokken, waarover 5% rente moet worden betaald.
Als deze onderneming de rechtsvorm van bv heeft, heeft de directeurgrootaandeelhouder (dga) alle aandelen van de bv in zijn bezit en krijgt hij een salaris van €40.000 per jaar. Dit salaris is niet opgenomen onder de kosten van de omzet. Als deze onderneming de rechtsvorm van eenmanszaak heeft, is er geen dga waardoor de winst hoger uitvalt dan bij een bv.
Bij dit vraagstuk veronderstellen we dat:
- de winst door de onderneming volledig wordt uitgekeerd;
- het tarief voor de vennootschapsbelasting een vast percentage is (23%);
- de eigenaar van de eenmanszaak en de dga aan inkomstenbelasting een gemiddeld tarief van 46% moeten betalen;
- inkomsten uit een aanmerkelijk belang worden belast tegen 25%.

  a Bereken de winst *voor belasting* als de onderneming de rechtsvorm heeft van:
     1 besloten vennootschap;
     2 eenmanszaak.
  b Bereken de winst *na vennootschapsbelasting* als de onderneming de rechtsvorm van bv heeft.
  c Bereken het bedrag dat in totaal aan belastingen moet worden betaald als de onderneming de rechtsvorm heeft van:
     1 besloten vennootschap;
     2 eenmanszaak.
  d Bereken het bedrag dat de eigenaren (dga's) na aftrek van alle belastingen in handen krijgen, als de onderneming de rechtsvorm heeft van bv.
  e Bereken de winst na inkomstenbelasting voor de eigenaar als de onderneming de rechtsvorm van eenmanszaak heeft.

V 1.3 Luchtvaartmaatschappij Belair bv is een prijsvechter op het gebied van chartervluchten naar vakantiebestemmingen in Spanje. Bureau Marketresearch heeft onlangs in opdracht van Belair bv een marktonderzoek verricht, waarvan we de resultaten in tabel 1 hebben samengevat.

TABEL 1 Resultaten van het marktonderzoek

Situatie	Prijs per ticket (in euro's) exclusief btw (p)	Aantal passagiers (q) per week
1	120	20
2	110	40
3	100	60
4	90	80
5	80	100
6	70	130
7	60	170
8	50	210
9	44	250
10	38	300

Uit de financiële administratie van Belair bv kunnen we de kosten van deze vluchten naar Spanje afleiden. Zie tabel 2.

TABEL 2 Kosten vluchten naar Spanje (in euro's)

Situatie	Variabele kosten per passagier (v)	Constante kosten per vlucht (C) per week
1	10	4.000
2	10	4.000
3	8	4.000
4	8	4.000
5	8	4.000
6	8	4.000
7	9	4.000
8	10	4.000
9	11	4.000
10	12	4.000

a Bereken bij welke verkoopprijs de omzet maximaal is.
b Bereken bij welke verkoopprijs de winst maximaal is.
c Geef de omzet en de kosten weer in een grafiek (op de horizontale as het aantal passagiers vermelden, op de verticale as staan de omzet en de kosten).

2
Het financieel plan

2.1 Onderdelen van het financieel plan
2.2 Investeringsbegroting
2.3 Openingsbalans
2.4 Begrote winst- en verliesrekening
2.5 Liquiditeitsbegroting
2.6 Begrote eindbalans
2.7 Enkele balansposten nader toegelicht
2.8 Beoordeling van het financieel plan

Ondernemen is een creatieve activiteit, waarbij de ondernemer een visie moet hebben op de toekomst en steeds met de tijd mee moet gaan. In het vorige hoofdstuk hebben we stilgestaan bij het ontwikkelen van een idee voor een product of dienst en bij de factoren die de vraag naar het product of de dienst bepalen. In dit hoofdstuk gaan we de plannen nader uitwerken. Waar en hoe gaan we het product maken en in welke hoeveelheden? Welke productiemiddelen hebben we nodig om een nieuwe onderneming te kunnen beginnen of om een bestaande onderneming over te nemen? De productiemiddelen die de nieuwe onderneming nodig denkt te hebben, leiden tot investeringen die we weergeven in een investeringsbegroting. Als we weten welk bedrag we in totaal nodig hebben voor de aanschaf van de activa, gaan we ons verdiepen in de manieren waarop het vereiste investeringsbedrag kan worden gefinancierd. Op basis van de investeringsbegroting en de voorgestelde financieringswijze stellen we de begrote beginbalans op. Welke resultaten denken we te behalen? De resultaten die de onderneming verwacht, moeten blijken uit de begrote winst- en verliesrekening. Daarop komen de verwachte opbrengsten en verwachte kosten te staan. We besteden ook aandacht aan de verwachte ingaande en uitgaande geldstromen. Dit doen we door het opstellen van een liquiditeitsbegroting. Ten slotte stellen we een begrote eindbalans op, die inzicht moet geven in de verwachte bezittingen en de omvang van het eigen en vreemd vermogen aan het einde van het eerste jaar van de nieuwe onderneming.

2.1 Onderdelen van het financieel plan

Het ontwikkelen van nieuwe ideeën en deze omzetten in concrete producten of diensten is een eerste fase bij het opzetten van een nieuw bedrijf of het uitbreiden van een bestaande onderneming. Maar er komt meer bij kijken. De ideeën moeten ook vertaald worden in concrete plannen en activiteiten. Hoe pakken we het aan, welke middelen hebben we nodig om het product of de dienst te kunnen leveren? Hoe gaan we de organisatie opzetten en de markt bewerken? Het antwoord op deze vragen leidt tot een aantal concrete plannen waaraan ook financiële gevolgen zijn verbonden. In het financieel plan, als onderdeel van het ondernemingsplan, worden de financiële gevolgen van de plannen uitgewerkt. Het financieel plan bestaat uit een investeringsbegroting, een openingsbalans, een begrote winst- en verliesrekening, een liquiditeitsbegroting en een begrote eindbalans. Op basis van het financieel plan moet de uiteindelijke beslissing worden genomen. Het opstellen van een financieel plan lichten we toe aan de hand van Kapsalon ZieZo.

Financieel plan

KAPSALON ZIEZO
De eigenaresse van Kapsalon ZieZo, Nanda Albers van der Linden, heeft tijdens haar loopbaan als kapster ervaring opgedaan bij gerenommeerde kapperszaken in de regio. Maar na verloop van tijd wilde ze een eigen kapsalon beginnen. Ze heeft in eerste instantie haar plannen om een eigen onderneming te beginnen zelf uitgewerkt. Zo heeft ze bij de Kamer van Koophandel informatie opgevraagd over het starten van een eigen onderneming en contact opgenomen met een accountant die haar begeleidt bij het opzetten van de eigen onderneming. Samen hebben ze een en ander doorgesproken en besloten voor de kapsalon de rechtsvorm van eenmanszaak te kiezen. De officiële start van de onderneming was 1 januari 2014.

2.2 Investeringsbegroting

De middelen die een onderneming nodig heeft voor haar primaire proces (het voortbrengen van diensten of producten) noemen we productiemiddelen. Zo zal een meubelfabrikant onder andere een fabrieksgebouw en machines nodig hebben. Maar ook dienstverlenende organisaties, zoals accountants- en notariskantoren, hebben productiemiddelen nodig. Voorbeelden daarvan zijn kantoorpanden, kantoormeubilair, computers en kantoorartikelen.
Naast de productiemiddelen die hiervoor zijn genoemd, is ook arbeid (de werknemers) een belangrijk productiemiddel. De investeringen in de productiefactor arbeid nemen we in het algemeen niet in de balans op, maar worden direct als kosten geboekt.

Productie-middelen

Nanda en haar accountant hebben een lijst opgesteld van bedrijfsmiddelen die nodig zijn om de kapsalon te kunnen beginnen. Deze bedrijfsmiddelen en de bedragen die ermee zijn gemoeid, worden opgenomen in een investeringsbegroting. Nanda was in het bezit van een eigen woning met garage, waarin ze de kapsalon wilde beginnen. De waarde van de garage is in januari 2014 door een beëdigd taxateur geschat op €22.000, waarvan €6.600 wordt toegeschreven aan de grond en €15.400 aan de opstallen (gebouwen). Nanda heeft de garage met een waarde van €22.000 (waarde per 1 januari 2014) ingebracht in de eenmanszaak (Kapsalon ZieZo). Dit is een inbreng in natura. Daarna is de garage tot kapsalon omgebouwd.

Investerings-begroting

De kosten van de verbouwing van de garage blijken uit de offerte die van de aannemer is ontvangen:

Verbouwing	€15.000
Btw 21%	€ 3.150 +
Te betalen	€18.150

De totale investering in het pand bedraagt nu €15.400 + €15.000 = €30.400. De overige investeringen geven we in tabel 2.1 weer.

TABEL 2.1 Overige investeringen Kapsalon ZieZo (in euro's)

	Bedrag excl. 21% btw	Btw	Bedrag incl. 21% btw
Inventaris	3.600	756	4.356
Technische installaties	1.200	252	1.452
Hulpmiddelen	700	147	847
Voorraden	1.100	231	1.331
	6.600	1.386	7.986

Toelichting bij tabel 2.1
De inventaris bestaat uit kappersstoelen, spiegels, een wasunit en een keukenblok.
Onder de hulpmiddelen vallen scharen, föhns, droogkap, koffiezetapparaat enzovoort.
Naast de hiervoor genoemde investeringen heeft de eigenaresse van Kapsalon ZieZo in het begin een bedrag van €300 in kas gestort.
De btw over de 'Overige investeringen' (€1.386) en de verbouwing (€3.150) moet in eerste instantie door de onderneming worden betaald (voorgefinancierd), maar kan later van de belastingdienst worden teruggevorderd. Het totaalbedrag van €4.536 nemen we onder de naam 'Voorfinanciering btw' op in de investeringsbegroting.

Een investeringsbegroting geeft een overzicht van de bedrijfsmiddelen die een onderneming wil aanschaffen met vermelding van de aankoopbedragen. Voor Kapsalon ZieZo krijgen we het volgende overzicht van de investeringen.

Investeringsbegroting Kapsalon ZieZo

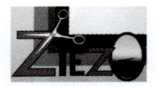

Grond	€ 6.600	
Gebouwen	€ 30.400	(€15.400 inbreng bestaand gebouw en €15.000 verbouwing)
Inventaris	€ 3.600	
Technische installaties	€ 1.200	
Hulpmiddelen	€ 900	
Voorraden	€ 1.100	
Voorfinanciering btw	€ 4.536	
Kas	€ 300 +	
Totaal	€ 48.636	

Op een investeringsbegroting van een startende onderneming staan alle productiemiddelen die een onderneming wil aanschaffen met vermelding van de bedragen. Productiemiddelen die worden gehuurd, vergen geen investering en komen niet op de investeringsbegroting te staan.

2.3 Openingsbalans

In totaal heeft de eigenaresse van Kapsalon ZieZo €48.636 nodig om haar activiteiten te kunnen beginnen. Gelukkig was de garage al privéeigendom, waardoor de inbreng in natura uitkomt op €22.000 (de taxatiewaarde van de garage). Daarnaast had Nanda nog een spaarrekening waarvan €5.000 is opgenomen voor de onderneming (inbreng in contanten). De inbreng van de garage en de storting in contanten staan permanent ter beschikking van de eenmanszaak. Dit bedrag (€27.000) hoeft niet terugbetaald te worden. Dit vermogen is van de onderneming. We noemen het daarom eigen vermogen.

Eigen vermogen

Berekening van het bedrag dat van buiten de onderneming moet worden aangetrokken:

Totaal van de investeringsbegroting:		€48.636
Inbreng in natura	€22.000	
Inbreng in contanten	€ 5.000 +	
Eigen vermogen		€27.000 −
Nog van buitenaf aan te trekken		€21.636

Vreemd vermogen

Van buiten de onderneming moet nog €21.636 worden aangetrokken om het financiële plaatje rond te krijgen. Vermogen dat niet van de onderneming zelf is maar van buitenaf wordt aangetrokken, noemen we vreemd vermogen. Vreemd vermogen moet in de meeste gevallen in gedeelten worden terugbetaald en er moet een vergoeding worden betaald over het geleende bedrag. De terugbetalingen van het geleende bedrag noemen we aflossingen, de betaalde vergoedingen over het vreemd vermogen leiden tot interestkosten voor degene die het bedrag heeft geleend.
We verdiepen ons eerst in de verschillende vormen van vreemd vermogen en gaan dan nader in op de balans.

2.3.1 Vormen van vreemd vermogen

Organisaties kunnen onder meer bij banken geld lenen. In de leenovereenkomst worden duidelijke afspraken gemaakt over de omvang en de looptijd van de lening en over de omvang en het tijdstip van de aflossingen en de te betalen interest. Tot het vreemd vermogen rekenen we ook de verplichtingen die organisaties hebben aan bijvoorbeeld leveranciers, werknemers (nog te betalen loon) en de belastingdienst (nog te betalen belastingen). Kortom: alle financiële verplichtingen die een organisatie aan derden heeft, vallen onder het begrip vreemd vermogen. Vreemd vermogen splitsen we op in vreemd vermogen op korte termijn en vreemd vermogen op lange termijn. Verplichtingen die binnen een jaar moeten worden nagekomen, behoren tot het vreemd vermogen op korte termijn. Verplichtingen die na een jaar of later moeten worden nagekomen, vormen het vreemd vermogen op lange termijn.

Vreemd vermogen op korte termijn

Vreemd vermogen op lange termijn

Voorbeelden van vreemd vermogen op lange termijn zijn bankleningen met een looptijd van bijvoorbeeld 10 jaar en hypothecaire leningen, die een looptijd kunnen hebben van 20 tot 30 jaar (en soms nog langer). Een hypothecaire lening is een lening waarbij onroerend goed als onderpand dient. De geldgever heeft dan het recht, als degene die heeft geleend in gebreke blijft, zijn vorderingen te verhalen op de opbrengst van de verkoop van het onroerend goed (dat als zekerheid is gesteld).

Hypothecaire lening

Voorbeelden van vreemd vermogen op korte termijn zijn het rekening-courantkrediet, crediteuren en nog te betalen kosten. Een rekening-courantkrediet is een krediet bij een bankinstelling waarbij een bepaald kredietplafond wordt afgesproken. Het kredietplafond geeft aan tot welk bedrag het bedrijf maximaal 'rood' mag staan. De rente op het rekening-courantkrediet kan dagelijks worden aangepast en de vordering is door de bank direct opeisbaar. De rekening-courant wordt gebruikt om de leveranciers te betalen, terwijl de afnemers hun betalingen ten gunste van deze rekening kunnen storten. Onder de naam 'Crediteuren' vallen de rekeningen die nog moeten worden betaald aan de leveranciers van bijvoorbeeld grondstoffen en handelsgoederen. Crediteuren noemen we ook wel handelscrediteuren. Andere schulden op korte termijn, zoals de nog te betalen nota's van energiebedrijven en schulden als gevolg van verrichte onderhoudswerkzaamheden, nemen we in de balans op onder de naam niet-handelscrediteuren.

Rekening-courantkrediet

Crediteuren

Handelscrediteuren

Niet-handelscrediteuren

Vreemd vermogen Kapsalon ZieZo

We lichten hierna toe van welke vormen van vreemd vermogen kapsalon ZieZo gebruikmaakt.

De voorraden die op de investeringsbegroting staan vermeld (€1.100), zijn op rekening ingekocht. Dat wil zeggen dat de rekening op een later tijdstip moet worden betaald en dat is een schuld die we de naam 'Crediteuren' geven. De schuld aan de leverancier bedraagt meer dan €1.100, omdat over dit bedrag ook btw verschuldigd is (de schuld bedraagt €1.100 + 21% btw = €1.331). Van de verbouwing en de installaties moet een rekening van €3.509 (inclusief btw) nog worden betaald. Deze schuld noemen we 'Niet-handelscrediteuren'. Crediteuren en niet-handelscrediteuren zijn voorbeelden van vreemd vermogen op korte termijn.

Uit het volgende overzicht blijkt hoeveel vreemd vermogen nog moet worden aangetrokken:

Nog van buitenaf aan te trekken   €21.636

Crediteuren	€ 1.331
Niet-handelscrediteuren	€3.509 +
	€ 4.840 −
Overig aan te trekken vreemd vermogen	€16.796

Kapsalon ZieZo opent in januari 2014 (na de verbouwing waarvan we veronderstellen dat die op 1 januari 2014 plaatsvindt) haar deuren. Vanaf dat moment worden er geldontvangsten verwacht, die voor een deel kunnen worden gebruikt om het vreemd vermogen terug te betalen. Daarom heeft de eigenaresse van Kapsalon ZieZo besloten het 'Overig aan te trekken vreemd vermogen' te financieren door middel van een rekening-courantkrediet bij de bank en een hypothecaire lening van €10.000. De looptijd van de hypothecaire lening bedraagt 10 jaar (aflossing door middel van gelijke bedragen per jaar, aan het einde van ieder jaar) en de rente is 6% per jaar (dit rentepercentage is voor 10 jaar vastgezet). Bij de start van de onderneming is het saldo op de rekening-courant dan €16.796 − €10.000 = €6.796.

Financieringsplan
De financiering van Kapsalon ZieZo ziet er dan als volgt uit:

Inbreng in natura	€22.000	
Inbreng in contanten	€ 5.000 +	
Eigen vermogen		€ 27.000
Vreemd vermogen kort:		
Crediteuren	€ 1.331	
Niet-handelscrediteuren	€ 3.509	
Rekening-courant	€ 6.796 +	
	€11.636	
Vreemd vermogen lang:		
Hypothecaire lening	€10.000 +	
Totaal vreemd vermogen		€ 21.636 +
Totaal vermogen		€ 48.636

We merken op dat het totale vermogen precies gelijk is aan het totaal van de investeringsbegroting.

Vooral voor startende ondernemers kan het moeilijk zijn het vereiste vermogen bij elkaar te krijgen. Bij het uitwerken van hun plannen kunnen ze zoeken naar mogelijkheden om het investeringsbedrag (en daarmee het aan te trekken eigen en vreemd vermogen) te beperken. Zo kunnen ze bijvoorbeeld besluiten het bedrijfspand en/of bedrijfsauto's te huren (leasen) in plaats van te kopen. Ze hebben dan wel de beschikking over deze bedrijfsmiddelen, maar ze hoeven er geen vermogen in te investeren.

2.3.2 De balans
We hebben het tot zover gehad over de bezittingen en verschillende vormen van eigen en vreemd vermogen. Het financiële overzicht waarin de bezittingen en het eigen en vreemd vermogen worden weergegeven is de balans.
Een balans is een overzicht van de bezittingen, de schulden (verplichtingen)

Balans

en het eigen vermogen van een organisatie op één bepaald moment. Een balans is een *momentopname*.
Een balans bestaat uit een linkerzijde (= debetzijde) en een rechterzijde (= creditzijde). Aan de linkerzijde komen de bezittingen (activa) te staan, aan de rechterzijde het eigen en vreemd vermogen (de passiva). We geven dat hierna kort weer.

Activa
Passiva

Debetzijde Activa	Balans per dd-mm-jj (in euro's)		Creditzijde Passiva
Bezittingen	....	Eigen vermogen Vreemd vermogen	....
Totaal activa	....	Totaal vermogen	....

Het totaal van de debetzijde *moet* gelijk zijn aan het totaal van de creditzijde. Er geldt immers: omvang eigen vermogen = totale waarde van de activa – omvang vreemd vermogen.
We gaan eerst in op de balans van Kapsalon ZieZo en bespreken daarna de verschillende onderdelen van de balans.

Balans Kapsalon ZieZo
We nemen de balans van Kapsalon ZieZo op het moment van oprichting (1 januari 2014) als voorbeeld. De bezittingen nemen we op aan de debetzijde van de balans tegen de waarde exclusief btw. De btw die is betaald en van de belastingdienst kan worden teruggevorderd, nemen we onder de naam 'Voorfinanciering btw' apart op aan de debetzijde van de balans. Voor Kapsalon ZieZo krijgen we de volgende balans per 1 januari 2014.

Voorfinanciering btw

Debetzijde	Balans kapsalon ZieZo per 1 januari 2014 (in euro's)			Creditzijde
Vaste activa:		Eigen vermogen:		
Grond	6.600	Gestort		27.000
Gebouwen	30.400			
Inventaris	3.600	Vreemd vermogen:		
Technische installaties	1.200	Lange termijn:		
Hulpmiddelen	900	Hypothecaire lening		10.000
	42.700	Korte termijn:		
		Crediteuren	1.331	
Vlottende activa:		Niet-handelscrediteuren	3.509	
Voorraden	1.100	Rekening-courant	6.796	
Voorfinanciering btw	4.536			
Kas	300			
	5.936			11.636
Totaal activa	48.636	Totaal vermogen		48.636

De balans debetzijde komt overeen met de investeringsbegroting. De balans creditzijde geeft de aard en de omvang van de verschillende vormen van vermogen weer die zijn aangetrokken. De balans creditzijde hangt samen met het financieringsplan.

Dat de balans altijd in evenwicht (in balans) moet zijn, wordt duidelijk als we de balans van ZieZo (in euro's) als volgt weergeven:

Vaste activa		
Grond	6.600	
Gebouwen	30.400	
Inventaris	3.600	
Technische installaties	1.200	
Hulpmiddelen	900 +	
		42.700
Vlottende activa:		
Voorraden	1.100	
Voorfinanciering btw	4.536	
Kas	300 +	
		5.936 +
Total activa (bezittingen)		48.636
Vreemd vermogen		
Lange termijn:		
Hypothecaire lening		10.000
Korte termijn:		
Crediteuren	1.331	
Niet-handelscrediteuren	3.509	
Rekening-courant	6.796 +	
		11.636 +
		21.636 −
Eigen vermogen		27.000

Eigen vermogen De omvang van het eigen vermogen is in feite een conclusie (een sluitpost). Als de bezittingen in totaal €48.636 waard zijn en de schulden bedragen €21.636, dan moet de conclusie luiden dat het eigen vermogen €48.636 − €21.636 = €27.000 bedraagt. Dan geldt tevens dat het vreemd vermogen + eigen vermogen (balans creditzijde) gelijk is aan de waarde van de bezittingen (balans debetzijde), immers €21.636 + €27.000 = €48.636.

ZELFTOETS 2.1
Welke activa die op de balans per 1 januari 2014 staan vermeld, zijn op de voorgaande foto zichtbaar?

Onderdelen van de balans
Een aantal posten van de balans komt hierna nader aan de orde, met name de activa. Ook gaan we in op de gouden balansregel.

Activa
De bezittingen (activa) van een organisatie splitsen we op in vaste en vlottende activa.

Activa

Vaste activa
Productiemiddelen die meer dan een productieproces meegaan, noemen we vaste activa. Voorbeelden van vaste activa zijn gebouwen, machines, inventaris, computers enzovoort. Zo zal een machine meer dan één productieproces meegaan. Hetzelfde geldt voor een auto van de zaak of gebouwen. Deze (vaste) activa staan in feite beetje bij beetje hun productieve prestatie af aan de producten of diensten die worden voortgebracht. Hierdoor daalt de waarde van de vaste activa. Het in de financiële administratie vastleggen van de waardedaling van vaste activa noemen we afschrijven.

Vaste activa

Afschrijven

Vlottende activa
Productiemiddelen die slechts één productieproces meegaan, noemen we vlottende activa. Een goed voorbeeld daarvan zijn grondstoffen. Zo kan een meubelmaker een bepaald stuk hout dat hij heeft gebruikt om een kast te maken daarna niet meer gebruiken om een andere kast te maken. De grondstof hout kan in dit voorbeeld slechts eenmaal voor het productieproces worden gebruikt.

Vlottende activa

Debiteuren
Tot de vlottende activa rekenen we ook de vorderingen op afnemers. Als een onderneming producten verkoopt of diensten levert en deze worden door de afnemer niet contant betaald, dan krijgt de onderneming een vordering op deze afnemer. De vorderingen op afnemers worden op de debetzijde van

Debiteuren

de balans opgenomen onder de naam 'Debiteuren'. Omdat deze debiteuren (naar verwachting) binnen een jaar zullen betalen, behoren ze tot de vlottende activa.

Bij de voorgaande indeling in vaste en vlottende activa hebben we een verband gelegd met het productieproces. In de praktijk wordt het onderscheid in vaste en vlottende activa ook gemaakt op grond van een tijdscriterium. Op basis van het tijdscriterium behoren activa die binnen één jaar in geld (liquide middelen) kunnen worden omgezet, tot de vlottende activa. Vaste activa zijn dan activa waarvoor het meer dan een jaar duurt voordat ze volledig in geld zijn omgezet. Ook op basis van dit tijdscriterium worden machines tot de vaste activa gerekend en grondstoffen tot de vlottende activa. Het duurt meerdere jaren voordat het bedrag dat in een machine is geïnvesteerd, is terugverdiend. Grondstoffen worden meestal binnen een jaar voor de productie aangewend en door de verkoop van het eindproduct in geld omgezet.

ZELFTOETS 2.2
Geef enkele voorbeelden van activa die tot de vaste activa behoren en enkele activa die tot de vlottende activa behoren.

Passiva

Passiva

De posten die aan de creditzijde van de balans staan, noemen we passiva. De creditzijde van de balans geeft antwoord op de vraag op welke wijze de activa die de organisatie bezit, zijn gefinancierd.

Eigen vermogen

Eigen vermogen heeft als kenmerk dat het blijvend aan de onderneming beschikbaar is gesteld. Het kan door de verschaffers ervan niet worden opgeëist, tenzij de onderneming wordt opgeheven. De vergoeding die de verstrekkers van eigen vermogen ontvangen, hangt af van het behaalde resultaat. Naarmate de winst toeneemt, kan de beloning voor de verschaffers van het eigen vermogen hoger zijn. Het eigen vermogen kan door de eigenaren zijn gestort, maar kan ook ontstaan door het inhouden van winst. De som

Winstreserve

van alle ingehouden winsten noemen we winstreserve. Een eventueel verlies zal in eerste instantie ten laste van de winstreserve worden gebracht. Als de verliezen echter groter zijn dan de omvang van de winstreserve, zal het meerdere afgeboekt worden van het gestorte eigen vermogen. Het eigen vermogen zal dan dalen onder het niveau van het oorspronkelijk ingebrachte eigen vermogen.
Het verloop van de omvang van het eigen vermogen kunnen we in het kort als volgt weergeven:

Oorspronkelijk gestort eigen vermogen
+ nieuw aangetrokken eigen vermogen
+ ingehouden winst (winstreserve)
− verliezen (worden in eerste instantie afgeboekt van de winstreserve)
―――――――――――――――――――――――――――――――
Omvang eigen vermogen

Balans

In het kort herhalen we de kenmerken van een balans:
- Een balans is een momentopname.
- Aan de debetzijde staan de bezittingen en aan de creditzijde het eigen vermogen en de schulden (vreemd vermogen).
- Een balans is altijd in evenwicht (omdat het eigen vermogen = totaal activa − totaal vreemd vermogen).

ZELFTOETS 2.3
a Wat komt op een investeringsbegroting te staan?
b Wat is het verband tussen de investeringsbegroting en de begrote balans?

ZELFTOETS 2.4
Geef enkele voorbeelden van passiva die:

- tot het eigen vermogen behoren;
- tot het vreemd vermogen op lange termijn behoren;
- tot het vreemd vermogen op korte termijn behoren.

ZELFTOETS 2.5
Geef commentaar op de volgorde van de balansposten zoals die in de volgende balans is aangehouden.
Ben je het eens met de aangegeven volgorde? Als je het daar niet mee eens bent, moet je de indeling aanpassen.

Balans

Vaste activa:	
Gebouwen	
Grond	
Debiteuren	
Bedrijfskleding	
Voorraad grondstoffen	
Voorraad hulpmiddelen	
Vlottende activa:	
Bedrijfsauto	
Voorfinanciering btw	
Voorraad eindproducten	
Inventaris	
Machines	
Technische installaties	
Kas	

Gouden balansregel
De tijd die nodig is om het bedrag dat vastligt in de activa terug te ontvangen door middel van de verkoop van producten en/of diensten, verschilt van actiefpost tot actiefpost. Het duurt geruime tijd (meestal jaren) voordat het vermogen dat in de vaste activa vastligt via de verkoop van producten weer vrijkomt. Het vermogen dat is gebruikt voor de financiering van bijvoorbeeld de voorraad eindproducten komt in het algemeen weer snel vrij door de verkoop van de eindproducten.
Bij het aantrekken van vermogen moeten we rekening houden met de tijd die verstrijkt tussen het moment waarop een bedrag wordt geïnvesteerd en het moment waarop dit bedrag weer vrijkomt (de looptijd van de activa). Vaste activa moeten worden gefinancierd met eigen vermogen of met vreemd vermogen op lange termijn. De periode waarover het vermogen aan de onderneming beschikbaar wordt gesteld, moet minimaal gelijk zijn aan de periode dat het geld in de onderneming vastligt. Dit noemen we de gouden balansregel. **Gouden balansregel**
Aan deze regel wordt voldaan als het totaal van het eigen vermogen en het

vreemd vermogen op lange termijn minstens gelijk is aan het bedrag dat voor lange termijn in de activa van de onderneming vastligt.

Van onderneming Geldermalsen bv geven we op een willekeurig moment de omvang van de vaste en vlottende activa weer.

Balans Geldermalsen bv (op een bepaald moment, in euro's)

Debet

Vaste activa:		
Grond	200.000	
Gebouwen	500.000	
Machines	260.000	
Inventaris	120.000	
		1.080.000
Vlottende activa:		
Voorraad grondstoffen	140.000	
Voorraad eindproducten	240.000	
Debiteuren	90.000	
Kas	10.000	
		480.000
Totaal activa		1.560.000

De balans geeft (onder meer) de omvang van de activa op een bepaald moment weer. De omvang van de activa kan echter in de loop van de tijd toe- of afnemen. Dit zal vooral gelden voor de omvang van de vlottende activa. De ene keer is het bedrag hoog, de andere keer is het laag, maar het zal waarschijnlijk nooit nihil worden. We geven dat in figuur 2.1 weer.

FIGUUR 2.1 Investeringen in de vlottende activa (in de tijd gezien)

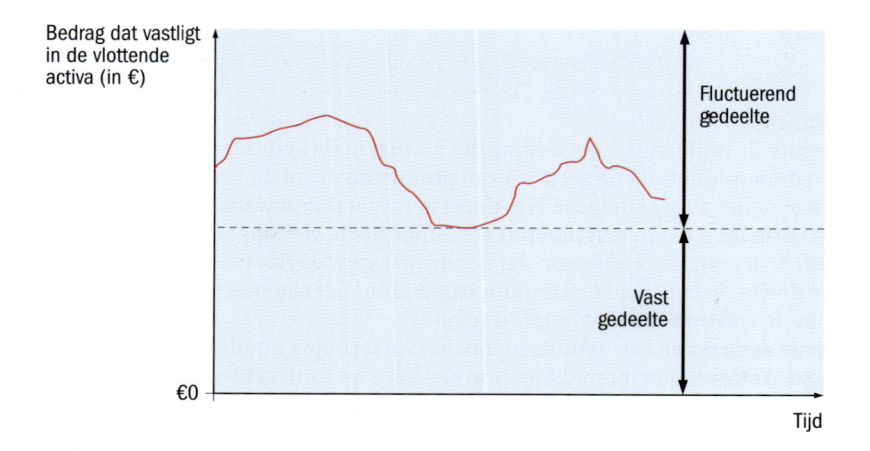

In de vlottende activa ligt altijd een bedrag vast dat in figuur 2.1 overeenkomt met het vaste gedeelte van de vlottende activa. Dit vaste gedeelte van de vlottende activa leidt evenals de vaste activa tot een vermogensbehoefte op lange termijn. De som van het eigen of vreemd vermogen op lange termijn moet daarom minimaal gelijk zijn aan de som van de vaste activa en het vaste gedeelte van de vlottende activa. Als dat het geval is, is voldaan aan de gouden balansregel.

Voor Geldermalsen bv waarvan hiervoor de balans is weergegeven, gaan we de financiering zo regelen dat wordt voldaan aan de gouden balansregel. In aanvulling op de balans wordt nu gegeven dat de omvang van de vlottende activa bij Geldermalsen bv nooit onder €300.000 komt.
We berekenen de omvang van de behoefte aan langdurig vermogen als volgt:

Vaste activa	€1.080.000
Vast gedeelte van de vlottende activa	€ 300.000
Bedrag dat langdurig nodig is voor de financiering van de activa	€1.380.000

Dit bedrag wordt aangetrokken in de vorm van eigen vermogen en vreemd vermogen op lange termijn. We veronderstellen dat Geldermalsen bv de beschikking heeft over €900.000 eigen vermogen. Daarnaast zal minimaal €480.000 in de vorm van vreemd vermogen op lange termijn moeten worden aangetrokken om nog net aan de gouden balansregel te voldoen.

Totale vermogensbehoefte		€1.560.000
- eigen vermogen	€900.000	
- vreemd vermogen op lange termijn	€480.000 +	
Vermogen op lange termijn		€1.380.000 −
Vreemd vermogen op korte termijn		€ 180.000

De balans van Geldermalsen bv waarbij nog net wordt voldaan aan de gouden balansregel ziet er dan als volgt uit.

Debet **Balans Geldermalsen bv (op een bepaald moment, in euro's)**

Vaste activa:			Eigen vermogen:	900.000
Grond	200.000			
Gebouwen	500.000			
Machines	260.000		Vreemd vermogen:	
Inventaris	120.000		Lange termijn:	480.000
			Korte termijn:	180.000
		1.080.000		
Vlottende activa:				
Voorraad grondstoffen	140.000			
Voorraad eindproducten	240.000			
Debiteuren	90.000			
Kas	10.000			
		480.000		
Totaal activa		1.560.000	Totaal vermogen	1.560.000

De gouden balansregel in de vorm van een formule luidt:

Eigen vermogen + vreemd vermogen op lange termijn $\geq$ vaste activa + vast gedeelte vlottende activa

ZELFTOETS 2.6
Van een onderneming is de volgende, gedeeltelijk ingevulde, balans (in euro's) gegeven.

Voorraad halffabricaten	135.000
Debiteuren	90.000
Machines	340.000
Gebouwen	1.200.000
Grond	240.000
Kas	18.000
Voorraad grondstoffen	80.000
Inventaris (computers en dergelijke)	140.000
Voorraad gereed product	160.000
	2.403.000

a Welke balansposten leiden tot een vermogensbehoefte op lange termijn?
b Plaats de posten op de balans in volgorde van liquiditeit. De posten waarvoor het het langst duurt om ze in geld om te zetten bovenaan plaatsen (minst liquide) en de posten die het snelst in geld worden omgezet onderaan plaatsen (het meest liquide). Splits de balansposten tevens op in vaste en vlottende activa.

ZELFTOETS 2.7
a We veronderstellen nu dat de totale balanswaarde van de vlottende activa van de onderneming uit zelftoets 2.6 nooit minder wordt dan €200.000. Geef aan welke problemen zouden kunnen ontstaan als de onderneming uit zelftoets 2.6 haar activa als volgt zou financieren:
- eigen vermogen   €1.400.000
- vreemd vermogen lang   € 600.000
- vreemd vermogen kort   € 403.000 +
Totaal vermogen   €2.403.000

b Voldoet de begrote balans van Kapsalon Ziezo per 1 januari 2014 (zie pagina 65) aan de gouden balansregel? Motiveer je antwoord.

2.4 Begrote winst- en verliesrekening

Begrote winst- en verliesrekening

Op een begrote winst- en verliesrekening (= exploitatiebegroting = resultatenbegroting) komen de verwachte opbrengsten en verwachte kosten over een bepaalde toekomstige periode te staan. Voor een startende ondernemer heeft de begrote winst- en verliesrekening meestal betrekking op het eerste levensjaar. Het eerste jaar van een nieuwe onderneming is zeer belangrijk, omdat dan moet blijken of de onderneming in een behoefte voorziet. Dit neemt echter niet weg dat we ook verder moeten kijken dan onze neus lang is en ook begrote winst- en verliesrekeningen voor de jaren na het eerste jaar moeten maken. Eén zwaluw maakt nog geen zomer! Kapsalon ZieZo heeft begrote winst- en verliesrekeningen gemaakt voor de eerste vijf jaar van zijn bestaan. Daarbij is uitgegaan van een geleidelijke groei in de omzet, maar ook rekening gehouden met een stijging van de kosten. Een hogere omzet zal onder andere leiden tot hogere kosten van de verbruikte materialen en kosten van energie. De stijging van de loonkosten kan mogelijk worden afgeleid uit nieuwe cao-afspraken die voor het kappersvak zijn gemaakt. Voor andere onderdelen van de begrote winst- en verliesrekening moeten we echter met schattingen werken.

Wij bespreken alleen de winst- en verliesrekening over het eerste jaar en nemen daarbij de begrote winst- en verliesrekening van Kapsalon ZieZo als voorbeeld.

Een begroting heeft betrekking op een toekomstige periode. Op een begrote winst- en verliesrekening geven we weer welke financiële feiten (met vermelding van de bedragen) in de toekomst zullen leiden tot een toename of een afname van het eigen vermogen. We spreken van opbrengsten als een financieel feit (meestal het directe of indirecte gevolg van een bedrijfsbeslissing) leidt tot een toename van het eigen vermogen. Kosten ontstaan als een financieel feit leidt tot een afname van het eigen vermogen.

Begroting

Opbrengsten

Kosten

We geven een eenvoudig voorbeeld om dit toe te lichten.

VOORBEELD 2.1

Een onderneming met de rechtsvorm van eenmanszaak is alleen met eigen vermogen gefinancierd. Van deze onderneming geven we de volgende financiële feiten:

Financieel feit 1   De eigenaar stelt €100 aan zijn onderneming beschikbaar door €100 in de kas van de onderneming te storten.
Financieel feit 2   De onderneming koopt voor €100 goederen in en betaalt deze contant. De goederen zijn ontvangen
Financieel feit 3   De onderneming verkoopt a contant goederen met een inkoopwaarde van €40 voor €70. De goederen zijn afgeleverd.

Gevraagd
a Welke gevolgen hebben de financiële feiten 1 tot en met 3 voor de balans van deze onderneming?
b Hoeveel zijn de opbrengsten en wat zijn de kosten?
c Geef de balans na verwerking van de financiële feiten 1 tot en met 3 en controleer of de winst geleid heeft tot een overeenkomstige stijging van het eigen vermogen.

Uitwerking
a
Financieel feit 1

Balansmutaties (in euro's)			
Kas	+ 100	Eigen vermogen	+ 100

We veronderstellen dat dit tevens de beginbalans is.

Financieel feit 2

Balansmutaties (in euro's)

Kas	− 100
Voorraad goederen	+ 100

Merk op dat het inkopen van goederen nog niet tot kosten leidt. Het eigen vermogen neemt immers *niet* af door deze transactie.

Financieel feit 3

Balansmutaties (in euro's)

Kas	+ 70	Eigen vermogen	+ 30
Voorraad goederen	− 40		

b
Opbrengsten	€70
Kosten	€40 −
Winst	€30

Merk op dat verkoop tot een opbrengst van €70 leidt en dat de kosten van de goederen (€40) worden geboekt op het moment dat de goederen worden verkocht. Op dat moment vindt een opoffering van productiemiddelen plaats en dat leidt tot kosten. Het eigen vermogen neemt per saldo toe met €30 (de winst als gevolg van financieel feit 3).

c

Balans (in euro's) (na verwerking financiële feiten 1 tot en met 3)

Kas 100 − 100 + 70 =	70	Eigen vermogen 100 + 30 =	130
Voorraad goederen	60		
	130		

In een onderneming vinden dagelijks veel financiële feiten plaats die gevolgen hebben voor de omvang van het eigen vermogen. In de praktijk leggen we niet voor ieder afzonderlijk financieel feit de gevolgen voor het eigen vermogen op de balans vast. In plaats daarvan brengen we alle opbrengsten en alle kosten over een periode (bijvoorbeeld een jaar) samen en geven deze weer op een winst- en verliesrekening (exploitatierekening). Uit de winst- en verliesrekening kunnen we afleiden door welke oorzaken het eigen vermogen is toegenomen (opbrengsten) en door welke oorzaken het eigen vermogen is afgenomen (kosten).

Winst- en verliesrekening

Brutowinst

Bij handelsondernemingen is de inkoopwaarde van de goederen een belangrijk onderdeel van de kosten. Bij dit type bedrijven is het daarom gebruikelijk de inkoopwaarde van de verkochte goederen direct op de omzet in mindering te brengen. Het verschil tussen de omzet en de inkoopwaarde van de omzet noemen we brutowinst. Op deze brutowinst moeten de andere kosten zoals loonkosten, huurkosten en energiekosten nog in mindering worden gebracht.

Brutowinst

We houden een vaste indeling aan voor de winst- en verliesrekening.
We nemen de begrote winst- en verliesrekening over 2014 van Kapsalon ZieZo als voorbeeld.

Begrote winst- en verliesrekening Kapsalon ZieZo over 2014 (in euro's)

Begrote omzet:		
Knippen	60.000	
Haarkleurmiddelen	8.000	
Haarverzorgingsproducten	2.500 +	
Totale opbrengsten	70.500	
Begrote kosten:		
Loon	14.000	
Sociale lasten	4.200	
Inkoopwaarde haarkleurmiddelen	3.600	
Inkoopwaarde haarverzorgingsproducten	2.400	
Energiekosten (gas, water en licht)	4.500	
Onderhoud	1.900	
Afvalverwerking	600	
Telefoonkosten	1.100	
Onroerendezaakbelasting	800	
Abonnementen	180	
Lidmaatschappen	250	
Overige kosten	2.100 +	
Totale kosten met uitzondering van afschrijvingskosten en interestkosten	35.630 −	
Ebitda	34.870	**Ebitda**
Afschrijvingskosten	1.610 −	
Ebit	33.260	**Ebit**
Interestkosten	960 −	
Resultaat voor belastingen	32.300	

De voorgaande winst- en verliesrekening geeft weer welk resultaat over het eerste jaar wordt verwacht. Als over het eerste jaar een negatief resultaat zou worden verwacht, dan had dat nog geen probleem hoeven te zijn. Op basis van de begrote winst- en verliesrekeningen voor de jaren erna moeten dan echter positieve resultaten worden verwacht.
Een onderneming die niet in staat is op lange termijn winst te maken, is niet levensvatbaar.

We laten Nanda, eigenaresse van Kapsalon ZieZo, aan het woord:

'De begrote winst- en verliesrekening en voorgaande voorlopige balans waren het uitgangspunt voor de besprekingen met de accountant, met wie ik regelmatig overleg heb gehad. De accountant heeft gecontroleerd of de financiële gegevens haalbaar zijn. Bovendien heeft hij de fiscale (belastingtechnische) gevolgen van bepaalde keuzes voor mij doorgerekend.

Naar aanleiding van de besprekingen met de accountant heb ik verschillende wijzigingen in het financiële plaatje aangebracht. Ik was bijvoorbeeld vergeten de btw die bij de aanschaf van de verschillende activa moet worden betaald, in de investeringsbegroting op te nemen. De btw die ik over de inkopen moet betalen, kan ik overigens wel van de belastingdienst terugvorderen.

Het totale bedrag aan te betalen btw is onder de naam 'Voorfinanciering btw' op de investeringsbegroting en aan de debetzijde van de balans geplaatst. Dit bedrag is een vordering op de belastingdienst. De aanpassingen die ik heb aangebracht, hebben geleid tot een financieel plan waar ook de accountant zich in kon vinden.'

We geven een korte toelichting bij enkele posten van de begrote winsten verliesrekening:

- *Begrote omzet*
  Bij het begroten van de omzet over het eerste jaar is de eigenaresse van Kapsalon ZieZo onder meer uitgegaan van de cijfers van het Hoofdbedrijfschap Ambachten uit 2013 (Structuuronderzoek kappersbranche 2013). Daaruit blijkt dat kappersbedrijven met personeel in 2011 een gemiddelde omzet hebben gerealiseerd van €75.000. Als we rekening houden met een gemiddelde prijsstijging van 3% per jaar komen we voor 2014 uit op een omzet van $1,03^3 \times €75.000$ = circa €81.955. Dit is slechts een ruwe benadering, waarop de nodige correcties moeten worden aangebracht in verband met marktomstandigheden. Nanda licht toe waarom ze is uitgegaan van een omzet van €70.500 voor het eerste jaar: 'In de plaats waar ik mijn kapsalon heb, zijn er veel mogelijkheden om je haar te laten knippen en verzorgen. Er zijn natuurlijk kapperszaken met een eigen pand in het dorp, maar ook collega's die bij de mensen thuis knippen. Daarnaast zijn er collega's die een kapsalon hebben ingericht in hun privéwoning, zoals bij mij het geval is. De aankleding van mijn kapsalon doet niet onder voor die van een grotere zaak met een eigen pand. Mijn prijzen liggen duidelijk onder het niveau van de "officiële" kapperszaken, maar hoger dan het prijsniveau dat thuiskappers hanteren. Ik wil dat de klanten bij mij komen vanwege de kwaliteit die ik lever, en niet alleen omdat het goedkoop is.'
- *Personeelskosten* Nanda heeft een voormalige collega van haar in dienst genomen, die gedurende drie dagen per week bij haar komt knippen. Ze krijgt daardoor een betere bezetting van de kapsalon, waardoor de kosten van de verbouwing eerder terugverdiend kunnen worden. Deze medewerkster is in dienst van Kapsalon ZieZo en werkt voor drie dagen per week. Drie dagen komt overeen met 0,6 van een volledige baan (0,6 × 5 dagen = 3 dagen). We spreken dan ook wel van een aanstelling met een omvang van 0,6fte. De afkorting fte staat voor full time equivalent. Naast het brutoloon moet Kapsalon ZieZo sociale lasten betalen. Deze worden geschat op 30% van het brutoloon.
  De eigenaresse krijgt geen loon. De winst die de onderneming maakt, is de vergoeding voor haar werkzaamheden.
- *Huisvestingskosten*
  De kosten voor huisvesting komen onder verschillende namen terug op de begrote winst- en verliesrekening. Omdat het pand waarin de kapsalon is gevestigd eigendom is van Kapsalon ZieZo, hoeft geen huur te

worden betaald. Maar er zijn wel kosten verbonden aan het bezit en het gebruik van het pand. Zo wordt op het pand afgeschreven en moeten er gemeentelijke belastingen worden betaald (waaronder onroerendezaakbelasting).

- Ebitda
  Ebitda is de afkorting van earnings before interest, taxes, depreciation and amortization. De ebitda berekenen we door van de omzet alle kosten af te halen met uitzondering van:
  - interestkosten;
  - belastingen (taxes);
  - afschrijvingen op materiële vaste activa (depreciation);
  - afschrijvingen op immateriële vaste activa (amortization).

  Materiële vaste activa zijn vaste activa 'waar je tegenaan kunt schoppen', zoals gebouwen en machines. Voorbeelden van immateriële activa zijn goodwill en octrooirechten.

Ebitda

Materiële vaste activa

- *Afschrijvingen*
  Afschrijven is het, in de boekhouding, tot uitdrukking brengen van de waardevermindering van vaste activa. Deze waardevermindering komt als kosten op de winst- en verliesrekening te staan. De totale waardevermindering gedurende de gehele levensduur van de vaste activa is gelijk aan het verschil tussen de aanschafwaarde en de restwaarde. De jaarlijkse afschrijvingen kunnen we berekenen door de totale waardedaling te delen door de verwachte levensduur van de vaste activa.

  Veelgebruikte afschrijvingstermijnen zijn voor:
  - Gebouwen   40 jaar
  - Inventaris   5 tot 10 jaar
  - Machines   5 tot 7 jaar
  - Hulpmiddelen en computers   3 jaar.

  Als een onderneming eenmaal voor een bepaalde manier van afschrijven heeft gekozen, kan deze niet zonder zwaarwegende reden worden gewijzigd. Starters kunnen ervoor kiezen om bepaalde bedrijfsmiddelen in-eens (volledig) af te schrijven.

Afschrijven

Voor we verdergaan met de toelichting op de overige posten, bekijken we eerst hoe het zit met de afschrijvingen bij Kapsalon ZieZo.

Afschrijving gebouwen Kapsalon ZieZo
Het is gebruikelijk om op gebouwen af te schrijven met een vast bedrag per jaar. We veronderstellen dat het bedrijfspand van Kapsalon ZieZo een restwaarde heeft van €10.000 en dat de waardedaling over 40 jaar wordt verdeeld. De hoogte van de jaarlijkse afschrijvingen wordt als volgt berekend:

$$\text{De afschrijving per jaar: } \frac{\text{Aanschafwaarde} - \text{restwaarde}}{\text{Levensduur}}$$

$$\text{Voor Kapsalon Ziezo geldt: } = \frac{€30.400 - €10.000}{40} = €510 \text{ per jaar.}$$

De afschrijvingen over de overige vaste activa van Kapsalon ZieZo berekenen we op vergelijkbare wijze. In tabel 2.2 geven we daarvan een overzicht.

TABEL 2.2 Overzicht van de afschrijvingen op vaste activa

Vaste activa	Aanschaf-waarde	Geschatte restwaarde	Levensduur (in jaren)	Afschrijvingen per jaar
Gebouwen	€30.400	€10.000	40	(€30.400 − €10.000) : 40 = € 510
Inventaris	€ 3.600	€ 200	5	(€ 3.600 − € 200) : 5 = € 680
Techn. installaties	€ 1.200	€ 0	10	(€ 1.200 − € 0) : 10 = € 120
Hulpmiddelen	€ 900	€ 0	3	(€ 900 − € 0) : 3 = € 300
Totaal				€1.610

Boekwaarde

Voor het vaststellen van de boekwaarde van de vaste activa (dit is de waarde waarvoor de activa op de balans komen te staan) houden we de volgende opstelling aan:

Boekwaarde van de vaste activa aan het begin van een periode €...........
Afschrijvingen gedurende de betreffende periode €...........

Boekwaarde van de vaste activa aan het einde van een periode €...........

Hierbij veronderstellen we dat tijdens het jaar geen investeringen in vaste activa hebben plaatsgevonden en dat er geen vaste activa zijn verkocht.

We lichten de volgende posten van de begrote winst- en verliesrekening nog toe:
- *Ebit*

Ebit

Ebit is de afkorting van earnings before interest and taxes. De ebit berekenen we door van de omzet alle kosten af te halen met uitzondering van:
- interestkosten en
- belastingen (taxes).

Bedrijfsresultaat

In het Nederlands gebruiken we ook wel het begrip bedrijfsresultaat in plaats van ebit.
- *Rentekosten*

Bij het begroten van de rentekosten is ervan uitgegaan dat de bank bereid is de hypothecaire lening van €10.000 te verstrekken tegen 6% per jaar. Dit percentage is opgevraagd bij de bank. Daarnaast wordt er bij de bank een rekening-courantkrediet opgenomen. De rentekosten over het rekening-courantkrediet worden geschat op gemiddeld €30 per maand.

ZELFTOETS 2.8

Kapsalon ZieZo heeft op 1 juli 2014 een airco gekocht. De nota daarvan luidt als volgt:

Airco	€2.500
Btw 21%	€ 525 +
Totaal te betalen	€3.025

De airco wordt in vijf jaar afgeschreven met gelijke bedragen per jaar. De restwaarde van de airco aan het einde van de levensduur is verwaarloosbaar. Over delen van een jaar wordt naar evenredigheid afgeschreven.

Bereken de boekwaarde van de airco per 31 december 2014.

ZELFTOETS 2.9
Welke kosten worden op de ebit in mindering gebracht om het resultaat voor belasting te berekenen?

ZELFTOETS 2.10
Leg uit wat de rol is van de accountant bij het opstellen van een ondernemingsplan.

2.5 Liquiditeitsbegroting

Op basis van de begrote winst- en verliesrekening en de openingsbalans kunnen de startende ondernemer en de bank zich een redelijk beeld vormen over de levensvatbaarheid van de nieuwe onderneming. Maar er komt meer bij kijken. We moeten ook nagaan of de jonge onderneming in staat is tijdig aan haar betalingsverplichtingen te voldoen. We moeten daarvoor een overzicht maken van de in- en uitgaande geldstromen die we in de toekomst verwachten. Een overzicht van de verwachte ingaande en verwachte uitgaande geldstromen gedurende een bepaalde toekomstige periode noemen we een liquiditeitsbegroting.

Liquiditeitsbegroting

Uit een liquiditeitsbegroting die we meestal voor een jaar vooruit opstellen, moet blijken of een onderneming aan haar toekomstige betalingsverplichtingen op korte termijn (binnen een jaar) kan voldoen.
Als bijvoorbeeld de rekening (factuur) van het telecom- of energiebedrijf binnenkomt, moet er voldoende geld zijn om die rekeningen te kunnen betalen. Te weinig liquide middelen kan een trage betaling tot gevolg hebben, wat kan leiden tot onvrede bij de schuldeisers (waaronder leveranciers) van de onderneming. Als dit regelmatig voorkomt, kunnen leveranciers besluiten niet meer aan de betreffende onderneming te leveren. Dit kan de voortgang van de activiteiten van de onderneming in gevaar brengen. Door het opstellen van een liquiditeitsbegroting krijgen we inzicht in de verwachte ingaande en uitgaande geldstromen (gedurende een bepaalde toekomstige periode) en in het saldo liquide middelen (op een bepaald toekomstig moment).

Voordat we een voorbeeld geven van een liquiditeitsbegroting, gaan we in op het begrip liquide middelen. De voorraad liquide middelen is de som van het kasgeld en de saldi op de rekening-courant bij bankinstellingen (op een bepaald moment). De omvang van het kassaldo staat aan de debetzijde van de balans, terwijl het saldo op de rekening-courant zowel aan de debetzijde van de balans (een tegoed is een vordering op de bank) als aan de creditzijde van de balans (een schuld aan de bank) kan staan.

Liquide middelen

ZELFTOETS 2.11

We geven hierna enkele gedeeltelijk ingevulde balansen.
Bereken voor iedere balans de omvang van de liquide middelen.

Balans 1 (in euro's)			
Kas	7.000	Rekening-courant	3.000

Balans 2 (in euro's)			
Kas	5.000	Rekening-courant	1.000

Balans 3 (in euro's)			
Rekening-courant	1.000		
Kas	4.000		

Balans 4 (in euro's)			
Kas	8.000	Rekening-courant	5.000

Balans 5 (in euro's)			
Kas	1.000	Rekening-courant	5.000

Het opstellen van een liquiditeitsbegroting is een lastige klus. We moeten daarbij rekening houden met een groot aantal factoren die op de toekomst betrekking hebben en dus onzeker zijn. Wanneer worden bepaalde goederen ingekocht en wanneer moeten die betaald worden?
Wat zal de toekomstige omzet zijn en welk gedeelte wordt contant betaald en welk gedeelte wordt op rekening verkocht? Wanneer betalen de afnemers die op rekening hebben gekocht?

TABEL 2.3 Liquiditeitsbegroting Kapsalon ZieZo over het jaar 2014 (in euro's)

	Eerste kwartaal	Tweede kwartaal	Derde kwartaal	Vierde kwartaal
Beginsaldo kas	300	300	300	300
Beginsaldo rekening-courant	- 6.444	- 1.688	- 3.164	- 2.888
Beginsaldo liquide middelen	- 6.144	- 1.388	- 2.864	- 2.588
Geldontvangsten in verband met:				
Knippen	14.632	15.839	14.046	15.483
Haarkleurmiddelen	1.825	2.000	1.800	2.400
Haarverzorgingsproducten	530	605	580	785
Voorfinanciering btw	4.104			
Beginsaldi LM + geldontvangsten	14.947	17.056	13.562	16.080
Gelduitgaven in verband met:				
Loonuitbetaling	3.500	3.500	3.500	3.500
Sociale lasten	1.050	1.050	1.050	1.050
Inkopen haarkleurmiddelen	960	840	860	940
Inkopen haarverzorgingsproducten	610	560	590	620
Energierekeningen	1.300	1.100	800	1.500
Onderhoud	475	475	475	475
Afvalverwerking	150	150	140	160
Telefoonrekeningen	275	300	250	290
Gemeentelijke belastingen	200	200	200	200
Abonnementen en lidmaatschappen	45	45	45	45
Rente rekening-courant	120	75	90	80
Rente hypothecaire lening	150	150	150	150
Aflossing hypothecaire lening	0	0	0	1.000
Betaling i.v.m. aanschaf airco ([1])	0	3.025	0	0
Privéonttrekkingen	7.500	7.500	7.500	7.500
Te betalen btw	0	950	500	800
Totaal gelduitgaven	16.335	19.920	16.150	18.310
Beginsaldi liq. middelen + geldontv.	14.947	17.056	13.562	16.080
- gelduitgaven	16.335	19.920	16.150	18.310
= Eindsaldo liquide middelen	- 1.388	- 2.864	-2.588	- 2.230
Samenstelling eindsaldo liquide middelen:				
Eindsaldo Kas	300	300	300	300
Eindsaldo Rekening-courant	- 1.688	- 3.164	- 2.888	- 2.530

1 Aanschaf airco   €2.500
   Btw 21%   € 525 +
   Aankoopbedrag inclusief btw €3.025

Het zijn slechts enkele voorbeelden van onzekerheden waarmee een onderneming te maken krijgt bij het opstellen van een liquiditeitsbegroting. Wij volstaan in dit boek met het geven van een voorbeeld van een liquiditeitsbegroting op basis van Kapsalon ZieZo. We gaan niet uitvoerig in op de berekeningen die aan deze liquiditeitsbegroting ten grondslag liggen. We veronderstellen dat de eigenaresse €7.500 per kwartaal aan de onderneming onttrekt voor privédoeleinden (onder meer voor levensonderhoud en te betalen inkomstenbelasting). Kapsalon ZieZo wil aan het begin en aan het einde van ieder kwartaal precies €300 in kas hebben. Een eventueel tekort of overschot aan kasgeld wordt verrekend met het rekening-courantkrediet bij de bank.

We geven enkele voorbeelden van berekeningen die ten grondslag kunnen liggen aan het opstellen van een liquiditeitsbegroting. Deze voorbeelden hebben geen betrekking op Kapsalon ZieZo.

VOORBEELD 2.2
Van een onderneming zijn de volgende gegevens bekend:
- verkopen inclusief btw in januari: €150.000 en in februari €240.000;
- van de verkopen is 1/3 contant en 2/3 op rekening (deze verdeling geldt voor beide maanden). De onderneming hanteert een krediettermijn van een maand.

Gevraagd
Bereken de geldontvangsten in februari.

Uitwerking
Geldontvangsten in februari: 2/3 × €150.000 + 1/3 × €240.000 = €100.000 + €80.000 = €180.000.

VOORBEELD 2.3
Van een onderneming zijn de volgende gegevens bekend:
- De verkopen inclusief btw bedragen in:

Maart	April	Mei	Juni	Juli	Augustus
€360.000	€420.000	€300.000	€240.000	€210.000	€270.000

- De inkopen vinden 3 maanden voor de verkopen plaats.

- Alle inkopen zijn op rekening.
- De rekeningen van de leveranciers worden 1 maand na het moment van de inkopen betaald.
- De inkoopwaarde inclusief btw bedraagt 60% van de verkoopwaarde inclusief btw.

Gevraagd
Bereken de gelduitgaven in het tweede kwartaal als gevolg van de inkopen.

Uitwerking
Inkopen 3 maanden voor verkooptijdstip
Betaling 1 maand na inkoop
Betaling 2 maanden voor verkooptijdstip

Betaling in april = 0,6 × verkopen in juni = 0,6 × €240.000 = €144.000

Betaling in mei = 0,6 × verkopen in juli = 0,6 × €210.000 = €126.000

Betaling in juni = 0,6 × verkopen in aug. = 0,6 × €270.000 = €162.000 +

Betaling in tweede kwartaal   €432.000

VOORBEELD 2.4
Een onderneming heeft vijf werknemers in dienst die gemiddeld €3.000 per maand verdienen. Over de brutolonen moet iedere maand 30% sociale lasten worden betaald (te betalen in de maand waarin de lonen worden uitbetaald). Daarnaast wordt jaarlijks in de maand juni 8% van het brutoloon aan vakantiegeld uitbetaald.
Met loonbelasting houden we geen rekening.

Gevraagd
Bereken het bedrag (met vermelding van de betreffende maand) dat uitbetaald moet worden aan:
- brutolonen;
- sociale lasten;
- vakantiegeld.

Uitwerking
Iedere maand moet worden uitbetaald aan brutolonen: 5 × €3.000 = €15.000.
Iedere maand moet worden uitbetaald aan sociale lasten: 30% van €15.000 = €4.500.
In de maand juni moet aan vakantiegeld worden uitbetaald: 8% van €15.000 = €1.200.

Een liquiditeitsbegroting geeft de verwachte ingaande en uitgaande geldstromen gedurende een bepaalde toekomstige periode weer. Nu zou men kunnen besluiten om deze begroting voor een periode van een geheel jaar ineens te maken. Aan de hand van voorbeeld 2.5 lichten we toe welke situatie zich dan zou kunnen voordoen.

Liquiditeitsbegroting

VOORBEELD 2.5

Van een handelsonderneming is gegeven dat ze op 1 januari van dit jaar een voorraad liquide middelen heeft van €5.000. De mogelijkheid van een rekening-courantkrediet bij de bank laten we in dit voorbeeld buiten beschouwing.
De verwachte geldontvangsten voor het komende jaar zijn in totaal €340.000, de verwachte gelduitgaven bedragen €310.000.

Gevraagd
Stel een overzicht op waaruit het verloop van de voorraad liquide middelen blijkt.

Uitwerking

Beginsaldo liquide middelen (kas + tegoed bank) per 1 januari:	€ 5.000
Verwachte geldontvangsten gedurende komend jaar	€340.000 +
	€345.000
Verwachte gelduitgaven gedurende komend jaar	€310.000 −
Verwacht eindsaldo liquide middelen per 31 december	€ 35.000

Uit de uitwerking van voorbeeld 2.5 *zouden* we de conclusie *kunnen* trekken dat de onderneming liquide is, omdat:
- het saldo liquide middelen op 1 januari en op 31 december positief is;
- de geldontvangsten gedurende dit hele jaar groter zijn dan de gelduitgaven in dit jaar.

Deze conclusie zou echter wel eens te voorbarig kunnen zijn. Een onderneming is liquide wanneer zij, *op ieder moment*, aan haar direct opeisbare betalingsverplichtingen kan voldoen. Uit het overzicht in voorbeeld 2.5 blijkt slechts dat de geldontvangsten over het gehele jaar gemeten groter zijn dan de gelduitgaven over het gehele jaar. Maar is de onderneming ook liquide als bijvoorbeeld gedurende het eerste kwartaal de geldontvangsten €80.000 bedragen, maar de gelduitgaven in hetzelfde kwartaal (bijvoorbeeld in verband met een grote investering in het pand) €140.000 bedragen?
We krijgen dan de volgende opstelling:

Beginsaldo liquide middelen (kas + tegoed op bank) per 1 januari:	€ 5.000
Verwachte geldontvangsten gedurende 1e kwartaal	€ 80.000 +
	€ 85.000
Verwachte gelduitgaven gedurende eerste kwartaal	€140.000 −
Tekort aan liquide middelen aan einde eerste kwartaal	€ 55.000

Uit voorbeeld 2.5 en de aanvullende informatie blijkt dat het verstandig is een liquiditeitsbegroting op te stellen die verdeeld is in korte perioden. Bijvoorbeeld een onderverdeling per week, per maand of per kwartaal. De verwachte geldontvangsten en verwachte gelduitgaven over een geheel jaar ineens geven weinig informatie. Het inzicht in de ontwikkeling van de liquiditeit is beter naarmate de periode waarvoor de liquiditeitsbegroting wordt gemaakt, korter is. Daar staat echter tegenover dat dan vaker liquiditeitsbegrotingen moeten worden gemaakt, waardoor de administratiekosten stijgen.

Het opstellen van een liquiditeitsbegroting over korte perioden is met name van belang als tijdens het jaar of binnen het kwartaal grote verschillen in gelduitgaven en geldontvangsten optreden. Het maken van een liquiditeitsbegroting is een voorbeeld van kortetermijnplanning.
Informatie voor het opstellen van een liquiditeitsbegroting zou gehaald kunnen worden uit offertes die zijn aangevraagd. We geven hierna een voorbeeld van een offerte.

Kortetermijnplanning

Datum: 28 december 2013 **Litho BV**
Archimedesstraat 12
5347 RW Bunnik

Aan: Kapsalon ZieZo
       Mozartstraat 48
       6662 BH Elst

Ter attentie van Mevr. N. Albers van der Linden,

In ons telefonisch onderhoud van 14 december 2013 hebben we gesproken over de levering van een airco voor uw kapsalon. We bieden u de volgende offerte aan.

Offerte voor airco 'Litho 2008':

Catalogusprijs exclusief btw	€2.500
21% btw	€ 525
Prijs inclusief btw	€3.025

Wij zijn graag bereid nadere informatie te verstrekken en zien uw reactie met belangstelling tegemoet.

P.J.M. van Lith

Litho BV
Verkoopafdeling

Op al onze leveringen zijn onze algemene leveringsvoorwaarden van toepassing zoals gedeponeerd bij de Kamer van Koophandel te Utrecht. Op uw verzoek zenden we deze leveringsvoorwaarden kosteloos toe.

Er zijn duidelijke verschillen tussen een liquiditeitsbegroting en een begrote winst- en verliesrekening. Op een begrote winst- en verliesrekening komen de verwachte *opbrengsten* en de verwachte *kosten* gedurende een bepaalde toekomstige periode te staan. Een liquiditeitsbegroting bevat verwachte *geldontvangsten* en verwachte *gelduitgaven* gedurende een bepaalde toekomstige periode. Dit betekent dat sommige posten wel op een liquiditeitsbegroting voorkomen, maar niet op een begrote winst- en verliesrekening en andersom. We geven daarvan in tabel 2.4 een overzicht.

Liquiditeitsbegroting

Begrote winst- en verliesrekening

TABEL 2.4 Posten op de resultaten- en liquiditeitsbegroting

Wel op de begrote winst- en verliesrekening, niet op de liquiditeitsbegroting	Niet op de begrote winst- en verliesrekening, wel op de liquiditeitsbegroting
• Afschrijvingskosten	• Aflossing vreemd vermogen • Het opnemen van vreemd vermogen • Aan toeleveranciers te betalen btw • Van afnemers ontvangen btw • Betalingen in verband met investeringen • Privéonttrekkingen • Privéstortingen

ZELFTOETS 2.12
Geef een voorbeeld van:
a gelduitgaven van een onderneming die niet in dezelfde periode (maar op een later tijdstip) tot kosten leiden;
b gelduitgaven van een onderneming die nooit tot kosten leiden;
c opbrengsten die niet in dezelfde periode tot geldontvangsten voor de onderneming leiden;
d geldontvangsten van een onderneming die nooit tot opbrengsten leiden.

ZELFTOETS 2.13
Vergelijk de begrote winst- en verliesrekening en de liquiditeitsbegroting van Kapsalon ZieZo.
a Welke posten komen wel op de begrote winst- en verliesrekening en niet op de liquiditeitsbegroting voor?
b Welke posten komen wel op de liquiditeitsbegroting en niet op de begrote winst- en verliesrekening voor?

Opbrengsten en kosten
Om de begrippen opbrengsten en kosten nader toe te lichten zoeken we aansluiting met de goederen- en geldstromen. In figuur 2.2 geven we die globaal weer.

Opbrengsten

Met name de activiteiten die verband houden met *het primaire proces* leiden tot opbrengsten en kosten. Opbrengsten ontstaan door transacties met de *verkoopmarkt*, zoals het verkopen van producten of het leveren van diensten. De opbrengsten komen overeen met de totale verkoopprijs die voor de goederen en/of diensten is overeengekomen.

FIGUUR 2.2 Globale weergave van de goederen- en geldstromen (gedeeltelijk)

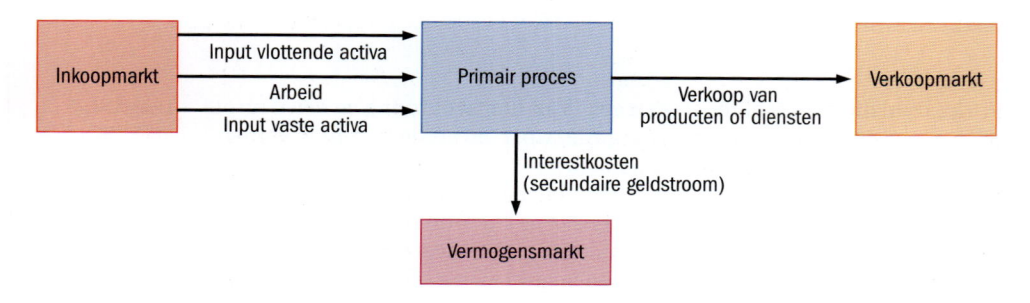

Kosten hangen samen met transacties aan de inkoopkant. Het *gebruik* van de productiemiddelen die van de inkoopmarkt worden aangetrokken, leidt tot kosten. Onder de productiemiddelen valt ook de factor arbeid (bijvoorbeeld de inzet van werknemers en de diensten die de adviseurs hebben geleverd). Bij de productiemiddelen maken we onderscheid in vlottende en vaste activa. Niet de aankoop van deze activa leidt tot kosten, maar het gebruik dat ervan (ten behoeve van het primaire proces) wordt gemaakt. Zo leidt niet de aanschaf van grondstoffen tot kosten, maar worden de kosten van grondstoffen pas als kosten aangemerkt op het moment dat ze *worden opgeofferd*. Deze opoffering vindt plaats op het moment dat de eindproducten waarvoor de grondstoffen zijn verbruikt, worden verkocht. We spreken dan van matching van opbrengsten en kosten. Dat wil zeggen dat de kosten en opbrengsten van een bepaalde transactie in dezelfde periode worden geboekt en wel in de periode waarin de goederen zijn verkocht.

Kosten

Matching

Bij de berekening van het resultaat van een organisatie leggen we vaak een verband met de goederen- en geldstromen. We krijgen dan de volgende opstelling bij de berekening van het resultaat.

Transacties met de verkoopmarkt leiden tot	**Omzet**	€.............
Kosten in verband met de primaire geldstromen aan de inkoopkant (een deel ervan hangt samen met de *vlottende activa*). Voorbeelden zijn:		
• grondstofkosten;		
• loonkosten;		
• huurkosten;		
• energiekosten.		
Met andere woorden: **Alle kosten behalve interestkosten en afschrijvingen**		€.............
	Ebitda	€ ....
Kosten in verband met de *vaste activa:* **Afschrijvingskosten**		€ ....
	Ebit	€ ....
Kosten in verband met de vermogensmarkt (secundaire geldstroom): **Interestkosten**		€ ....
	Resultaat (winst of verlies)	€ ....

Om van opbrengsten te kunnen spreken moet er een *productieve prestatie* binnen het primaire proces worden geleverd (levering van goederen en/of diensten), waarvoor de verkoopmarkt een bepaalde prijs betaalt (ingaande primaire geldstroom). Het opnemen van vreemd vermogen is geen productieve prestatie voor degene die het geld leent. De ingaande (secundaire) geldstroom in verband met bijvoorbeeld het opnemen van een lening bij de bank is daarom geen opbrengst. Dit houdt tevens in dat het aflossen van vreemd vermogen geen kostenpost is. Alleen de betaalde interest over het vreemd vermogen leidt tot kosten.

Opbrengsten

2.6 Begrote eindbalans

Als sluitstuk van het financieel plan stellen we de begrote balans per 31 december 2014 voor Kapsalon ZieZo op. Voordat we daarmee beginnen, staan we stil bij de factoren die kunnen leiden tot veranderingen in de omvang van het eigen vermogen.

Eigen vermogen

Het eigen vermogen van een onderneming neemt toe als er winst wordt gemaakt en een gedeelte daarvan wordt ingehouden. Bij een eenmanszaak en vennootschap onder firma moeten de winsten voldoende zijn om in het levensonderhoud van de eigenaren te kunnen voorzien. De eigenaren onttrekken bedragen aan de onderneming voor privédoeleinden en om de inkomstenbelasting te kunnen betalen. Bedragen die ze uit hun privévermogen beschikbaar stellen aan de onderneming zijn privéstortingen. Het verloop in de omvang van het eigen vermogen bij een eenmanszaak en vennootschap onder firma kunnen we globaal als volgt berekenen:

Omvang van het eigen vermogen aan het begin van het jaar € ....
Eigen vermogen winst voor belastingen gedurende het boekjaar € .... +
+ privéstortingen tijdens het boekjaar € .... +
€ ....
Verlies voor belastingen gedurende het boekjaar € .... –
– privéonttrekkingen tijdens het boekjaar € .... –
Omvang van het eigen vermogen aan het einde van het jaar € ....

Voor Kapsalon ZieZo geldt dat er geen privéstortingen zijn geweest en dat de eigenaresse in 2014 €30.000 aan de eenmanszaak heeft onttrokken voor haar levensonderhoud en voor de te betalen inkomstenbelastingen. De omvang van het eigen vermogen van Kapsalon ZieZo per 31 december 2014 berekenen we als volgt:

Omvang van het eigen vermogen aan het begin van het jaar € 27.000
Winst voor belastingen gedurende het boekjaar € 32.300 +
+ privéstortingen tijdens het boekjaar €   0 +
€ 59.300
– privéonttrekkingen tijdens het boekjaar (4 × €7.500) € 30.000 –
Omvang van het eigen vermogen aan het einde van het jaar € 29.300

Bij een nv of bv is er een duidelijke scheiding tussen het eigendom en de leiding van de onderneming. De aandeelhouders zijn de eigenaren en zij ontvangen als beloning voor het beschikbaar gestelde eigen vermogen de winst of een gedeelte daarvan in de vorm van dividend. De leidinggevenden zijn in dienst van de bv of nv en krijgen een salaris (ze staan op de loonlijst van de nv of bv). Bij een bv kunnen de leidinggevenden alle aandelen of een groot gedeelte van de aandelen bezitten.

Directeur-grootaandeelhouder

We spreken dan van een directeur-grootaandeelhouder (dga). Bij een nv en bv is er geen sprake van privéonttrekkingen of privéstortingen.
Als een leidinggevende naast zijn salaris geld voor zichzelf aan de bv of nv onttrekt, gebeurt dat in de vorm van een lening.

We merken op dat een balans op een bepaald moment betrekking heeft (bijvoorbeeld per 1 januari 2014) en de begrote winst- en verliesrekening op een periode (bijvoorbeeld het gehele jaar 2014). De gegevens op de eindbalans moeten aansluiten bij de gegevens uit de begrote winst- en verliesrekening en de liquiditeitsbegroting.

Voor Kapsalon ZieZo geven we geen cijfermatige onderbouwing van alle balansposten. Slechts enkele balansposten lichten we toe. Voor de overige posten kiezen we min of meer willekeurige bedragen. Na de begrote balans van Kapsalon ZieZo geven we enkele voorbeelden waarin we de berekeningswijze van de balansposten Debiteuren en Crediteuren toelichten.

Begrote balans Kapsalon ZieZo per 31 december 2014 (in euro's)

Activa			Passiva	
Vaste activa:			Eigen vermogen:	
Grond	6.600		Gestort	27.000
Gebouwen (1)	29.890		Winstreserve (5)	2.300
Inventaris (2)	2.920			
Technische installaties (3)	1.080			29.300
Hulpmiddelen (4)	600			
		41.090	Vreemd vermogen:	
			Lange termijn:	
			Hypothecaire lening (6)	9.000
Vlottende activa:				
Voorraden	1.400		Korte termijn:	
Debiteuren	125		Crediteuren	289
Kas	300		Niet-handelscrediteuren	532
			Nog te betalen belastingen	1.264
		1.825	Rekening-courant	2.530
				4.615
Totaal activa		42.915	Totaal vermogen	42.915

Toelichting

1 €30.400 − €510 (afschrijving)   = € 29.890
2 €3.600 − €680 (afschrijving)   = € 2.920
3 €1.200 − €120 (afschrijving)   = € 1.080
4 €900   − €300 (afschrijving)   = €   600
5 €32.300 − €30.000 (privéopnamen) = € 2.300
6 €10.000 − €1.000 (aflossing)   = € 9.000

Als we de eindbalans vergelijken met de beginbalans, dan blijkt dat het balanstotaal is afgenomen. Dit komt met name doordat er is afgeschreven op de vaste activa en door het ontbreken van de post Voorfinanciering btw. Deze vordering op de belastingdienst is aan het einde van het jaar verdwenen, omdat de belastingen dit bedrag heeft terugbetaald.

We laten Nanda weer aan het woord:

'Mijn accountant heeft samen met mij het definitieve plan van aanpak opgesteld. De begrote winst- en verliesrekening en de begrote balansen geven een duidelijk beeld van de verwachte financiële situatie. Natuurlijk zijn het nog maar begrote cijfers, die nog waargemaakt moeten worden. We hebben echter wel geprobeerd de zaken niet te rooskleurig voor te stellen. Onze financiële prognoses zijn ook de basis voor het gesprek met de bank. We hebben twee banken benaderd voor het aantrekken van vreemd vermogen. Ik heb bewust bij verschillende banken offertes aangevraagd, omdat ik niet van één bankier afhankelijk wil zijn. Van beide banken hebben we interessante voorstellen ontvangen. Toch bleek het voorstel van een van beide banken het beste bij mijn wensen en ideeën aan te sluiten. Ook de contacten met de adviseur van deze bank verliepen in een prettige sfeer. We voelden elkaar goed aan. Voor het aan te trekken vreemd vermogen wenst de bank wel zekerheden. Mijn woonhuis dient als zekerheidstelling voor de bank. De bank heeft een hypotheek gevestigd op dit pand. Dat betekent dat de bank het recht heeft (als Kapsalon ZieZo zijn aflossings- en/of renteverplichtingen niet nakomt) het woonhuis te laten verkopen en haar vorderingen te verhalen op de opbrengst van het huis. Daarnaast is voor een gedeelte van het vreemd vermogen een staatsgarantie verkregen. Staatsgarantie houdt in dat de Nederlandse staat garant staat voor de aflossing en rente van de lening. Dit heeft bovendien als voordeel dat de rente op dit gedeelte van de lening relatief laag is. Ik heb de bank het recht van hypotheek verleend, omdat ik ervan overtuigd ben dat de nieuwe kapsalon een succes wordt. Ik heb alle vertrouwen in de financiële haalbaarheid van de nieuwe onderneming en verwacht niet dat de bank van haar recht van hypotheek of van de staatsgarantie gebruik zal hoeven maken.'

2.7 Enkele balansposten nader toegelicht

We staan in deze paragraaf stil bij de factoren die van invloed zijn op de balansposten Debiteuren en Crediteuren. Onder Debiteuren nemen we het bedrag op dat de organisatie (op balansdatum) nog te vorderen heeft van haar afnemers. De schulden die een organisatie (op balansdatum) heeft aan haar leveranciers noemen we crediteuren. Ook kijken we naar de kosten van het ontvangen leverancierskrediet.

2.7.1 Debiteuren

Debiteuren

De omvang van de post Debiteuren hangt onder meer af van de omvang van de verkopen op rekening, de betalingsvoorwaarden en de kredietwaardigheid van de afnemers die op rekening kopen. Soepele betalingsvoorwaarden trekken in het algemeen minder kapitaalkrachtige klanten aan die gretig van de soepele voorwaarden gebruikmaken. Wie kent niet de reclameslogan van autodealers die dit jaar een nieuwe auto te koop aanbieden, die pas over één of twee jaar hoeft te worden betaald en waarbij een rentepercentage van zogenaamd 0% wordt gehanteerd. Soepele voorwaarden leiden tot een hogere omzet op rekening, maar ook tot hogere kosten als gevolg van wanbetaling. Het streven is een zodanig evenwicht te vinden tussen de leveringsvoorwaarden en de gevolgen voor omzet en kosten dat het uiteindelijke resultaat van de organisatie toeneemt. Het doel van een organisatie is niet een zo hoog mogelijk omzet te realiseren, maar het behalen van een zo hoog mogelijke winst.

In voorbeeld 2.6 leiden we de geldontvangsten en de balanspost Debiteuren af uit de omzet van een organisatie.

VOORBEELD 2.6
De omzet van handelsonderneming Jojo bv fluctueert van maand tot maand. De totale omzet bedraagt €1.000.000 per jaar waarvan 60% contant en 40% op rekening. De afnemers die op rekening kopen (dit zijn debiteuren) hebben recht op een krediettermijn van twee maanden. We veronderstellen dat alle debiteuren daarvan volledig gebruikmaken en dat er geen wanbetaling optreedt. In dit voorbeeld houden we geen rekening met btw.

De verdeling van de totale omzet over het jaar is in de volgende tabel weergegeven.

Verdeling van de omzet over het jaar (dit jaar en vorig jaar)

Eerste kwartaal		Tweede kwartaal		Derde kwartaal		Vierde kwartaal	
Januari	6%	April	2%	Juli	3%	Oktober	17%
Februari	7%	Mei	3%	Augustus	6%	November	20%
Maart	9%	Juni	4%	September	7%	December	16%

Gevraagd
a Bereken voor het vierde kwartaal de geldontvangsten in verband met:
  • contante verkopen;
  • verkopen op rekening.
b Bereken de omvang van de balanspost Debiteuren aan het einde van het jaar.

Uitwerking
a Contante verkopen: oktober: $0{,}17 \times €1.000.000 \times 0{,}6 = €102.000$
                       november: $0{,}20 \times €1.000.000 \times 0{,}6 = €120.000$
                       december: $0{,}16 \times €1.000.000 \times 0{,}6 = €\ 96.000$
  Verkopen op rekening:
  Geldontvangst in oktober =
   verkopen op rekening in augustus: $0{,}06 \times €1.000.000 \times 0{,}4 = €\ \ 24.000$
  Geldontvangst in november =
   verkopen op rekening in september: $0{,}07 \times €1.000.000 \times 0{,}4 = €\ \ 28.000$
  Geldontvangst in december =
   verkopen op rekening in oktober: $0{,}17 \times €1.000.000 \times 0{,}4 = €\ \ 68.000$ +
  Totale geldontvangsten in vierde kwartaal: € 438.000

b Aan het einde van het jaar zijn de verkopen op rekening van de maanden november en december nog te vorderen van de afnemers:

  Verkopen op rekening in november: $0{,}20 \times €1.000.000 \times 0{,}4 = €\ 80.000$
  Verkopen op rekening in december: $0{,}16 \times €1.000.000 \times 0{,}4 = €\ 64.000$ +
  Balanspost Debiteuren aan het einde van het jaar: €144.000

2.7.2 Crediteuren

De omvang van de post Crediteuren hangt onder meer af van de omvang van de inkopen op rekening, die weer afhangen van de verwachte omzetten en het uitgestippelde voorraadbeleid. Bij het inkopen op rekening spelen ook de kosten die daaraan zijn verbonden een rol. Zo zal de onderneming

Crediteuren

die op rekening levert een interestvergoeding willen ontvangen over het vermogen dat ze onder haar crediteuren heeft uitstaan.
Het is een misvatting dat aan inkopen op rekening geen (interest)kosten zijn verbonden. In het volgende voorbeeld 2.7 leiden we de gelduitgaven en de balanspost Crediteuren af uit de inkopen van een organisatie.

VOORBEELD 2.7
Productieonderneming Hobo bv koopt 80% van alle materialen op rekening in, de overige 20% wordt contant afgerekend. De leveranciers die op rekening aan Hobo bv leveren, staan een krediettermijn van een maand toe. Hobo bv maakt daar volledig gebruik van. De inkoop van materialen hangt samen met de verwachte productieomvang. De inkoopwaarde van de materialen bedraagt €5 per product. Hobo bv koopt de materialen twee maanden voordat de productie plaatsvindt. De verwachte productieomvang staat in de volgende tabel.

Verwachte productieomvang in eenheden (dit jaar en vorig jaar)

Eerste kwartaal	Tweede kwartaal	Derde kwartaal	Vierde kwartaal
Januari 10.000	April 20.000	Juli 23.000	Oktober 17.000
Februari 12.000	Mei 24.000	Augustus 26.000	November 11.000
Maart 15.000	Juni 30.000	September 22.000	December 9.000

Gevraagd
a Bereken voor het vierde kwartaal de gelduitgaven in verband met:
  • contante inkopen van materialen;
  • inkopen van materialen op rekening.
b Bereken de omvang van de balanspost Crediteuren aan het einde van het jaar (voor zover die het gevolg is van de inkoop van materialen).

Uitwerking
a Het tijdsverloop tussen het moment van productie, het moment van inkopen en het moment van betalen, geven we in de volgende figuur weer.

Betaalmomenten

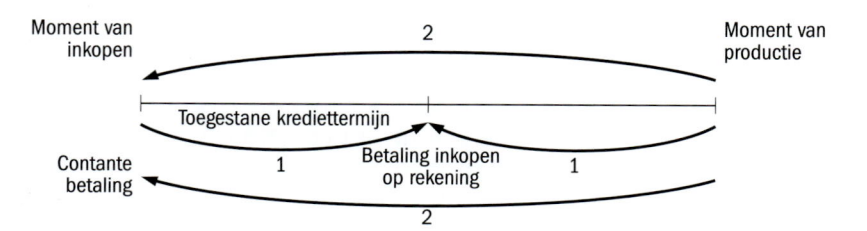

De contante betaling van de inkopen vindt plaats twee maanden voor het moment van productie, de betaling in verband met de inkopen op rekening een maand voor het moment van productie.

In verband met contante inkopen.
Betaling in:
- oktober   9.000 (productie december)   × €5 × 0,2 =   € 9.000
- november   10.000 (productie januari)   × €5 × 0,2 =   € 10.000
- december   12.000 (productie februari)   × €5 × 0,2 =   € 12.000

In verband met inkopen op rekening.
Betaling in:
- oktober   11.000 (productie november)   × €5 × 0,8 =   € 44.000
- november   9.000 (productie december)   × €5 × 0,8 =   € 36.000
- december   10.000 (productie januari)   × €5 × 0,8 =   € 40.000 +
Totale gelduitgaven in vierde kwartaal: €151.000

b Aan het einde van het jaar zijn de inkopen op rekening van de maand december nog te betalen aan de leveranciers (de onderneming ontvangt een maand krediet).
De inkopen op rekening in december hangen samen met productie in februari: 12.000 × €5 × 0,8 = €48.000. Dit is aan het einde van het jaar een schuld aan de crediteuren, die in januari daaropvolgend moet worden betaald.

2.7.3 Kosten van het ontvangen leverancierskrediet

Veel ondernemingen verkopen hun producten op rekening omdat dat de gewoonte is in hun branche en/of om hun omzet te stimuleren. In de leveringsvoorwaarden is opgenomen binnen welke termijn de afnemer moet betalen. De betalingsvoorwaarden zijn meestal zodanig geformuleerd, dat de afnemer bij een betaling binnen een bepaalde korte periode een vast percentage op het factuurbedrag in mindering mag brengen. We spreken van leverancierskrediet als een leverancier aan zijn afnemer goederen op rekening verkoopt: de leverancier verleent leverancierskrediet, de afnemer ontvangt leverancierskrediet.

Leverancierskrediet

Ontvangen leverancierskrediet komt aan de creditzijde van de balans te staan onder de naam Crediteuren en behoort tot het *niet-rentedragend* vreemd vermogen. Men gaat er nog wel eens ten onrechte van uit dat het leverancierskrediet kosteloos wordt verstrekt. De korting die de afnemer misloopt door uitgestelde betaling, moet echter als kosten van het leverancierskrediet worden beschouwd. De ontvanger van het leverancierskrediet zal de kosten daarvan vergelijken met de kosten van andere financieringsmogelijkheden, zoals het rekening-courantkrediet.
In voorbeeld 2.8 vergelijken we de kosten van leverancierskrediet met de kosten van een rekening-courantkrediet.

Niet-rentedragend vreemd vermogen

VOORBEELD 2.8

Handelsonderneming Hestramij bv kan een partij goederen met een inkoopwaarde van €10.000 op rekening kopen. De betalingsvoorwaarden van de leverancier luiden:
- Betaling van de geleverde goederen moet uiterlijk binnen 30 dagen na de factuurdatum plaatsvinden.

- Als de goederen binnen 14 dagen na de factuurdatum betaald worden, mag een korting van 1% van de inkoopwaarde in mindering worden gebracht.

De in te kopen goederen zouden ook gefinancierd kunnen worden met een rekening-courantkrediet. De onderneming heeft de mogelijkheid extra rekening-courantkrediet op te nemen. De daaraan verbonden kosten zijn 1½% per maand.
Om een keuze uit beide mogelijkheden te kunnen maken, vergelijken we de kosten van het leverancierskrediet met de kosten van het rekening-courantkrediet.
We veronderstellen: 1 maand = 30 dagen, 1 jaar = 360 dagen.

Onder de gegeven betalingsvoorwaarden zal Hestramij bv uit de volgende mogelijkheden kiezen:
- Betaling 14 dagen na de factuurdatum. De redenering hierbij is dat de afnemer zo laat mogelijk wil betalen, maar nog net de korting wil incasseren. In dit geval moet €9.900 worden betaald.
- Betaling uiterlijk 30 dagen na de factuurdatum. We nemen aan dat Hestramij bv, wanneer de korting toch al misgelopen is, zich houdt aan de uiterlijke betaaldatum. In deze situatie moet zij €10.000 betalen.

Beide mogelijkheden geven we op een tijdas weer (zie figuur).

Kosten ontvangen leverancierskrediet

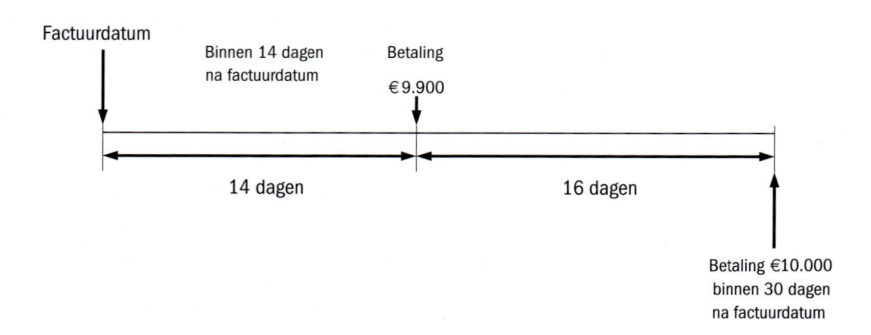

Uit de figuur blijkt dat €100 meer betaald moet worden in het geval de afnemer 16 dagen later betaalt. De afnemer heeft ook de mogelijkheid €9.900 op te nemen ten laste van zijn rekening-courant om 14 dagen na de factuurdatum de rekening te voldoen. In feite is €100 beschikbaar om gedurende 16 dagen €9.900 te lenen van de bank. Hieruit kunnen we het interestpercentage op jaarbasis berekenen:

$$\text{Interestkosten per jaar} = \frac{€100}{4} \times 360 = €2.250$$

$$\text{Interestpercentage per jaar} = \frac{\text{Interestkosten}}{\text{Geleende bedrag}} \times 100\% = \frac{€2.250}{€9.900} \times 100\%$$

$$= 22{,}73\% \text{ per jaar}$$

Het percentage van 22,73% geeft de kosten van het leverancierskrediet weer.
Deze kosten vergelijken we met de kosten van het rekening-courantkrediet: 12 × 1,% = 18% per jaar.
Bij deze gegevens gaat de voorkeur uit naar de financiering door rekening-courantkrediet.
Dit houdt in dat Hestramij bv 14 dagen na de factuurdatum €9.900 opneemt ten laste van haar rekening-courant om daarmee de factuur te betalen.

ZELFTOETS 2.14
Onderneming Krediet kan goederen op rekening inkopen. De leverancier van de goederen hanteert de volgende betalingscondities: betaling uiterlijk binnen 36 dagen. Bij betaling binnen 16 dagen mag het factuurbedrag met een ½% worden verlaagd. Stel 1 jaar = 365 dagen.
Bereken de kosten van het leverancierskrediet (uitdrukken in een percentage).

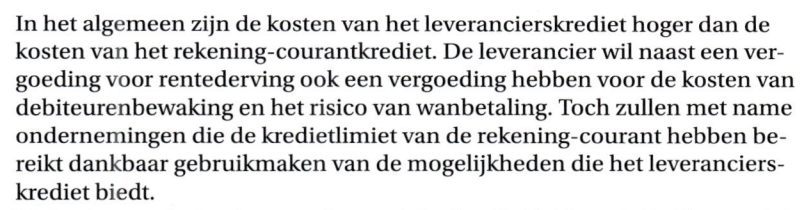

In het algemeen zijn de kosten van het leverancierskrediet hoger dan de kosten van het rekening-courantkrediet. De leverancier wil naast een vergoeding voor rentederving ook een vergoeding hebben voor de kosten van debiteurenbewaking en het risico van wanbetaling. Toch zullen met name ondernemingen die de kredietlimiet van de rekening-courant hebben bereikt dankbaar gebruikmaken van de mogelijkheden die het leverancierskrediet biedt.
De kosten van het ontvangen leverancierskrediet leiden niet tot hogere interestkosten (daarom noemen we het niet-rentedragend vreemd vermogen) maar tot een hogere inkoopprijs van de ingekochte goederen.

Kosten leverancierskrediet

2.8 Beoordeling van het financieel plan

Uit de investeringsbegroting blijkt het totaalbedrag dat een onderneming nodig heeft om haar activiteiten uit te kunnen voeren. De onderneming zal ervoor moeten zorgen dat het voldoende eigen en/of vreemd vermogen kan aantrekken om de gewenste investeringen te kunnen verrichten. De levensvatbaarheid van een onderneming blijkt met name uit de winst- en verliesrekening. Tijdelijke verliezen hoeven voor een onderneming geen onoverkomelijk probleem te zijn als op langere termijn maar winsten worden behaald. Op korte termijn is het belangrijk dat een onderneming op tijd haar rekeningen kan betalen.
Een liquiditeitsbegroting geeft daar inzicht in.
Ook de kwaliteiten van de ondernemers (zoals vakbekwaamheid en leiderschap) spelen een belangrijke rol bij het oordeel van de verschaffers van vreemd vermogen. Zowel financiële als niet-financiële aspecten zullen een rol spelen bij de uiteindelijke beslissing over het aangevraagde bankkrediet.
In hoofdstuk 4 gaan we nader in op de wijze waarop we de financiële positie van een onderneming kunnen beoordelen.

Samenvatting

Als het idee om een eigen onderneming te beginnen concrete vormen aanneemt, wordt het tijd om een financieel plan op te stellen. Het financieel plan bestaat uit een investeringsbegroting, een financieringsplan, een begrote beginbalans, een begrote winst- en verliesrekening en een begrote eindbalans.

In de investeringsbegroting leggen we nauwkeurig vast welke activa nodig zijn en voor welke bedragen deze kunnen worden aangeschaft. Het totaal van de investeringsbegroting komt overeen met de debetzijde van de openingsbalans. Het totaal van de debetzijde is tevens het bedrag dat moet worden gefinancierd. De financiering kan bestaan uit vermogen dat door de eigenaren beschikbaar wordt gesteld (eigen vermogen) of uit vermogen dat van derden afkomstig is (vreemd vermogen).

De verstrekkers van vreemd vermogen (dat zijn vaak banken) beoordelen de financiële positie van de startende onderneming op basis van het financieel plan. Bij deze beoordeling zullen ze onder andere aandacht besteden aan de winstgevendheid en liquiditeit van de onderneming. De winstgevendheid is af te leiden uit de begrote winst- en verliesrekening. Een liquiditeitsbegroting geeft inzicht in de verwachte geldontvangsten en verwachte gelduitgaven. Daaruit blijkt in welke periode liquiditeitsproblemen kunnen ontstaan en in welke periode er een overschot aan liquide middelen wordt verwacht.

Ook de kwaliteiten van de ondernemers (zoals vakbekwaamheid en leiderschap) spelen een belangrijke rol bij het oordeel van de verschaffers van vreemd vermogen. Zowel financiële als niet-financiële aspecten zullen een rol spelen bij de uiteindelijke beslissing over het gevraagde krediet.

Begrippenlijst

Activa	De bezittingen van een organisatie (onderneming).
Afschrijven	Het in de administratie tot uitdrukking brengen van de waardedaling van (vaste) activa.
Balans	Overzicht van de activa, het eigen vermogen en het vreemd vermogen op een bepaald moment.
Begrote winst- en verliesrekening	Begroting van de verwachte opbrengsten en verwachte kosten gedurende een bepaalde toekomstige periode.
Boekwaarde	De waarde van activa zoals die uit de boekhouding (de balans) blijkt.
Brutowinst	Het verschil tussen de omzet en de inkoopwaarde van de omzet.
Crediteuren	Schulden aan leveranciers van handelsgoederen die op rekening hebben geleverd. Zij worden ook wel handelscrediteuren genoemd.
Debiteuren	Vorderingen op afnemers die op rekening hebben gekocht.
Directeur-grootaandeelhouder (dga)	Een directeur van een bv die tevens een groot gedeelte van de aandelen bezit van de bv waaraan hij of zij leidinggeeft.
Ebit	Earnings before interest and taxes. Omzet min alle kosten met uitzondering van interestkosten.
Ebitda	Earnings before interest, taxes, depreciation and amortization. Omzet min alle kosten met uitzondering van: interestkosten, afschrijvingen op materiële vaste activa en afschrijvingen op immateriële vaste activa.
Eigen vermogen	Vermogen dat permanent ter beschikking staat van de onderneming. De omvang van het eigen vermogen = waarde van de activa – omvang van het vreemd vermogen.
Financieel plan	Begrote begin- en eindbalans, begrote winst- en verliesrekening en liquiditeitsbegroting van een onderneming.

Financieringsplan	Overzicht van de verschillende vormen van vermogen die (moeten) worden aangetrokken voor de financiering van investeringen.
Goodwill	Het bedrag dat bij een bedrijfsovername aan de vorige eigenaar wordt betaald als vergoeding voor de goede naam en vaste klantenkring.
Gouden balansregel	De som van het eigen en vreemd vermogen op lange termijn moet groter dan of gelijk aan de som van de vaste activa en het vaste gedeelte van de vlottende activa zijn.
Hypothecaire lening	Een lening waarbij onroerend goed als zekerheid is gegeven aan de geldverstrekker.
Immateriële vaste activa	Niet-tastbare activa die meer dan een productieproces meegaan ('je kunt er niet tegenaan schoppen', zoals goodwill en octrooirechten).
Investeringsbegroting	Overzicht van de activa die nodig zijn om een onderneming te beginnen of uit te breiden met vermelding van de bedragen waarvoor deze activa kunnen worden aangeschaft.
Kredietplafond	Het bedrag dat maximaal geleend mag worden op een rekening-courantkrediet.
Leverancierskrediet	Krediet dat door de leverancier wordt verstrekt door aan afnemers op rekening te verkopen.
Liquide middelen	De som van de hoeveelheid geld in kas + tegoed op de rekening-courant − schuld op de rekening-courant.
Liquiditeit	De mate waarin een onderneming in staat is aan haar direct opeisbare verplichtingen te voldoen.
Liquiditeitsbegroting	Begroting van de verwachte geldontvangsten en verwachte genduitgaven gedurende een bepaalde toekomstige periode.
Matching	De juiste dingen met elkaar vergelijken / aan elkaar koppelen. Dat betekent onder meer dat de opbrengsten en de kosten betrekking moeten hebben op dezelfde hoeveelheden en dezelfde periode.
Materiële vaste activa	Tastbare activa die meer dan een productieproces meegaan ('je kunt ertegenaan schoppen', zoals machines en inventaris).
Niet-handelscrediteuren	Schulden op korte termijn die *niet* het gevolg zijn van de inkoop van handelsgoederen, zoals de nog te betalen nota's van energiebedrijven en schulden als gevolg van verrichte onderhoudswerkzaamheden.
Niet-rentedragend vreemd vermogen	Vreemd vermogen waarover geen interest betaald hoeft te worden zoals crediteuren en niet-handelscrediteuren.

Openingsbalans	Overzicht van de bezittingen, het eigen en vreemd vermogen van een startende onderneming.
Passiva	De schulden en het eigen vermogen van een organisatie (onderneming).
Privéonttrekking	Het bedrag dat de eigenaar (van een eenmanszaak of vof) voor privéverbruik aan de onderneming heeft onttrokken.
Privéstorting	Het bedrag dat de eigenaar (van een eenmanszaak of vof) vanuit zijn privévermogen aan de onderneming beschikbaar heeft gesteld.
Productiemiddelen	Goederen en/of diensten die een organisatie nodig heeft om een product of dienst voort te brengen.
Rekening-courantkrediet	Een betaalrekening bij een bank, waarop de onderneming rood mag staan tot een vooraf overeengekomen kredietplafond.
Rentedragend vreemd vermogen	Vreemd vermogen waarover interest betaald moet worden zoals een hypothecaire lening of rekening-courantkrediet.
Vaste activa	Activa die meer dan één productieproces meegaan. Activa die niet binnen één jaar in liquide middelen omgezet kunnen worden.
Vermogensbehoefte	Het bedrag dat nodig is om de activa van een onderneming te kunnen aanschaffen.
Vlottende activa	Activa die slechts één productieproces meegaan. Liquide middelen of activa die binnen één jaar in liquide middelen kunnen worden omgezet.
Voorfinanciering btw	Het bedrag dat een onderneming aan btw heeft betaald en dat van de belastingdienst kan worden teruggevorderd.
Vreemd vermogen	Vermogen dat tijdelijk aan een onderneming ter beschikking is gesteld.
Winst- en verliesrekening	Overzicht van de opbrengsten en kosten gedurende een bepaalde periode.
Winstreserve	Het totaal van in het verleden ingehouden winsten.

Meerkeuzevragen

2.1 Een investeringsbegroting is een begroting van
a de verwachte geldontvangsten en verwachte gelduitgaven gedurende een bepaalde toekomstige periode.
b de verwachte opbrengsten en verwachte kosten gedurende een bepaalde toekomstige periode.
c de waarde van de activa die nodig zijn om een eigen onderneming te kunnen beginnen.
d de waarde van de activa en een begroting van het eigen en vreemd vermogen van een onderneming.

2.2 Vlottende activa zijn activa die
a meer dan één productieproces meegaan.
b binnen één jaar in liquide middelen kunnen worden omgezet.
c niet binnen één jaar in liquide middelen kunnen worden omgezet.
d nooit (ook niet voor een gedeelte) tot een vermogensbehoefte op lange termijn leiden.

2.3 Voorfinanciering btw
a is de btw die een onderneming aan haar toeleveranciers heeft betaald en die van de belastingdienst kan worden teruggevorderd.
b is de btw die een onderneming van haar afnemers heeft ontvangen en die aan de belastingdienst moet worden betaald.
c vormt kosten voor de onderneming.
d komt niet voor op de investeringsbegroting.

2.4 Een voorbeeld van vaste activa is
a liquide middelen.
b debiteuren.
c grondstoffen.
d inventaris.

2.5 Een voorbeeld van vlottende activa is
a gebouwen.
b voorraad eindproducten.
c machines.
d goodwill.

2.6 Een voorbeeld van vreemd vermogen op lange termijn is
a rekening-courantkrediet.
b een hypothecaire lening.
c crediteuren.
d nog te betalen btw.

2.7 Onder de voorraad liquide middelen verstaan we
a uitsluitend de voorraad kasgeld.
b de voorraad kasgeld + het positieve saldo van de rekening-courant.
c het beginsaldo liquide middelen + geldontvangsten.
d de voorraad kasgeld + het saldo (positief of negatief) van de rekening-courant.

2.8 Op een liquiditeitsbegroting komen voor
a de verwachte geldontvangsten en verwachte gelduitgaven gedurende een bepaalde toekomstige periode inclusief btw.
b de verwachte geldontvangsten en verwachte gelduitgaven gedurende een bepaalde toekomstige periode exclusief btw.
c de verschillende vormen van eigen en vreemd vermogen die worden aangetrokken.
d de productiemiddelen die de onderneming heeft gehuurd (geleasd).

2.9 Een begrote winst- en verliesrekening is een begroting van
a de verwachte geldontvangsten en verwachte gelduitgaven gedurende een bepaalde toekomstige periode.
b de verwachte opbrengsten en verwachte kosten gedurende een bepaalde toekomstige periode.
c de waarde van de activa die nodig zijn om een eigen onderneming te kunnen beginnen.
d de waarde van de activa en van het eigen en vreemd vermogen van een onderneming.

2.10 Welke van de volgende posten komt voor op een begrote winst- en verliesrekening?
a Afschrijvingen.
b Aflossing van vreemd vermogen.
c Een privéonttrekking door een van de eigenaren.
d De btw die over inkopen is betaald.

2.11 De ebit (het bedrijfsresultaat) is:
a omzet min de inkoopwaarde van de omzet.
b omzet min alle kosten.
c de winst of het verlies van een onderneming.
d omzet min alle kosten met uitzondering van interestkosten.

2.12 Afschrijvingen leiden tot
a een gelduitgave.
b een toename van de vermogensbehoefte.
c een afname van de boekwaarde van de activa.
d een toename van de boekwaarde van de activa.

2.13 Er is aan de gouden balansregel voldaan als
a de som van het eigen vermogen en vreemd vermogen op lange termijn groter is dan of gelijk aan de som van de vaste activa en het vaste gedeelte van de vlottende activa.
b de som van de vaste activa en het vaste gedeelte van de vlottende activa groter is dan de som van het eigen en vreemd vermogen op lange termijn.
c de som van het eigen vermogen en vreemd vermogen groter is dan de som van de vaste activa en het vaste gedeelte van de vlottende activa.
d het eigen vermogen groter is dan de waarde van de vaste activa.

2.14 Een investeringsbegroting is een begroting van
a de verwachte geldontvangsten en verwachte gelduitgaven gedurende een bepaalde toekomstige periode.
b de verwachte opbrengsten en verwachte kosten gedurende een bepaalde toekomstige periode.
c de waarde van de activa die nodig zijn om een eigen onderneming te kunnen beginnen.
d de waarde van de activa en van het eigen en vreemd vermogen van een onderneming.

2.15 Van een onderneming is per 12 december 2014 het volgende gegeven: de hoeveelheid kasgeld = €760, de schuld op de rekening-courant bij de ING-bank = €300 en het tegoed op de rekening-courant bij de SNS Bank = €200. De voorraad liquide middelen van deze onderneming op 12 december 2014 bedraagt
a €660.
b €760.
c €860.
d €960.

2.16 De primaire uitgaande geldstromen in verband met grondstoffen worden als kosten geboekt op het moment dat:
a de grondstoffen worden ingekocht (de grondstoffen zijn ontvangen en betaald).
b de grondstoffen worden verwerkt in het eindproduct en het eindproduct op voorraad wordt gelegd.
c het eindproduct, waarvoor de grondstoffen zijn gebruikt, wordt verkocht.

2.17 Om de ebit te berekenen worden op de omzet de volgende kosten in mindering gebracht:
a kosten in verband met de variabele activa.
b alle kosten met uitzondering van interestkosten.
c kosten in verband met de variabele en vaste activa en interestkosten.

2.18 Een bedrijf koopt goederen in voor €145.200 per jaar (inclusief 21% btw) en ontvangt twee maanden leverancierskrediet. De inkopen zijn gelijkmatig over het jaar gespreid. Dit leidt tot de volgende post op de balans:
a debiteuren voor een bedrag van €20.000.
b crediteuren voor een bedrag van €20.000.
c debiteuren voor een bedrag van €24.200.
d crediteuren voor een bedrag van €24.200.

2.19 Een bedrijf verkoopt goederen voor €428.400 per jaar (inclusief 19% btw) en geeft aan zijn afnemers één maand leverancierskrediet. De verkopen zijn gelijkmatig over het jaar gespreid. Dit leidt tot de volgende post op de balans:
a debiteuren voor een bedrag van €35.700.
b crediteuren voor een bedrag van €35.700.
c debiteuren voor een bedrag van €30.000.
d crediteuren voor een bedrag van €30.000.

2.20 Een bedrijf levert goederen onder de volgende betalingsvoorwaarden: uiterlijk betalen binnen 1½ maand. Bij betaling binnen een ½ maand wordt 1% korting op het factuurbedrag verleend. De kosten van het ontvangen leverancierskrediet bedragen op jaarbasis
a 8%.
b 8,08%.
c 12%.
d 12,12%.

2.21 Een onderneming verwacht in het derde kwartaal van een bepaald jaar een overschot aan liquide middelen. Een mogelijke besteding van dit verwachte overschot aan liquide middelen is
a de afschrijvingen op vaste activa verschuiven van het vierde kwartaal naar het derde kwartaal.
b de beoogde aflossing op een lening vervroegen (van het vierde kwartaal naar het derde kwartaal).
c grondstoffen in het derde kwartaal op rekening inkopen in plaats van à contant.

2.22 Een bank die aan haar cliënten een hypothecaire lening verstrekt van €300.000 zal dit bedrag op haar balans opnemen onder
a vaste activa.
b vlottende activa.
c vreemd vermogen op lange termijn.

2.23 De volgende balans is gegeven (de posten staan in willekeurige volgorde, maar wel aan de juiste kant van de balans):

Balans per 1 januari 2014 (× €1.000)

Kas	16	Hypothecaire lening	350
Inventaris	65	Aandelenvermogen	250
Gebouwen	600	Crediteuren	19
Debiteuren	22	Te betalen interest	5
Voorraden	36	Winstreserve	275
Machines	230	Rekening-courant	46
Vooruitbetaalde huur (3 maanden)	15	Te betalen belastingen	39
Totaal	984	Totaal	984

Welke van de volgende stellingen is juist?
a De vlottende activa bedragen in totaal €89.000 en liquide middelen €16.000.
b De vaste activa bedragen in totaal €895.000 en liquide middelen – €30.000.
c Het vreemd vermogen op lange termijn bedraagt €396.000.

2.24 Van een onderneming zijn de volgende omzetgegevens bekend:

	Derde kwartaal 2014	Vierde kwartaal 2014
Omzet	€360.000	€450.000

De verkopen op rekening bedragen 10% van de omzet. De omzet binnen ieder kwartaal is gelijkmatig verdeeld. Aan afnemers die op rekening kopen wordt één maand krediet verstrekt.
In *oktober 2014* wordt van *Debiteuren* ontvangen:
a €12.000.
b €15.000.
c €24.000.
d €27.000.

2.25 Onderneming Quatro in Druten verkoopt exclusieve meubelen. In het eerste kwartaal van 2015 bedraagt de totale omzet €200.000 (in januari €50.000, in februari €60.000 en in maart €90.000). Van de verkopen is 80% op rekening en 20% à contant.
De inkoopwaarde van de verkopen bedraagt 60% van de omzet.
De inkoop van de meubelen geschiedt één maand voor de verkoop.
De leveranciers staan een krediettermijn van twee maanden toe, die Quatro volledig gebruikt. Quatro staat aan haar klanten een krediettermijn van één maand toe. De omzetbelasting (btw) blijft buiten beschouwing.

Voor de maand *februari 2015* zijn de kosten van de omzet:
a €30.000.
b €36.000.
c €42.840.
d €54.000.

2.26 In onderneming Bergsport bedraagt de brutowinst 20% van de inkoopwaarde van de verkochte goederen. De verwachte omzet in de eerste zes maanden van een jaar is als volgt:

Januari	€84.000	April	€48.000
Februari	€96.000	Mei	€60.000
Maart	€90.000	Juni	€72.000

Verdere gegevens:
- 80% van de omzet is op rekening, de rest wordt contant verkocht.
- Alle inkopen zijn op rekening.
- Bergsport ontvangt van haar leveranciers drie maanden krediet en geeft aan haar afnemers twee maanden krediet.
- De artikelen worden gemiddeld twee maanden voor de verkoop ingekocht en ontvangen.
- We houden geen rekening met btw.

Welk bedrag verwacht onderneming Bergsport in *juni* van dat jaar te ontvangen als gevolg van de verkopen?
a €86.400
b €62.400
c €52.800
d €44.000

2.27 In onderneming Bergsport bedraagt de brutowinst 20% van de inkoopwaarde van de verkochte goederen. De verwachte omzet in de eerste zes maanden van een jaar is als volgt:

Januari	€84.000	April	€48.000
Februari	€96.000	Mei	€60.000
Maart	€90.000	Juni	€72.000

Verdere gegevens:
- 80% van de omzet is op rekening, de rest wordt contant verkocht.
- Alle inkopen zijn op rekening.
- Bergsport ontvangt van haar leveranciers drie maanden krediet en geeft aan haar afnemers twee maanden krediet.
- De artikelen worden gemiddeld twee maanden voor de verkoop ingekocht en ontvangen.
- We houden geen rekening met btw.

Hoeveel wordt er in *maart* van dat jaar aan *Crediteuren* betaald?
a €40.000
b €70.000
c €75.000
d €80.000

Vraagstukken

V 2.1 Van eenmanszaak Exclusief is het volgende gegeven:
Het eigen vermogen op 1 januari 2014 bedraagt €620.000. Over 2014 heeft Exclusief een winst behaald van €220.000 en heeft de eigenaar €80.000 voor privédoeleinden aan de onderneming onttrokken. Er hebben in 2014 geen privéstortingen plaatsgevonden. In 2014 is €30.000 op de vaste activa afgeschreven en is op de hypothecaire lening €40.000 afgelost.

Bereken de omvang van het eigen vermogen van Exclusief op 31 december 2014.

V 2.2 Van onderneming 'De Gouden Hoek' is hierna de debetzijde van de balans gegeven.

Activa	Balans 'De Gouden Hoek' per 1 januari 2015 (in euro's)			Passiva
Vaste activa:				
Grond	130.000		Eigen vermogen:	....
Gebouwen	400.000			
Inventaris	60.000			
		590.000	Vreemd vermogen:	
Vlottende activa:			Lange termijn:	....
Voorraden	120.000		Korte termijn:	....
Debiteuren	80.000			
Kas	2.000			
		202.000		
Totaal activa		792.000	Totaal vermogen	792.000

Geef een overzicht van de balans creditzijde.
Verdeel het totale vermogen over eigen en vreemd vermogen, waarbij het vreemd vermogen nader wordt onderverdeeld in korte en lange termijn. Het bedrag dat vastligt in de vlottende activa daalt nooit beneden €100.000. Er moet voldaan worden aan de gouden balansregel.

V 2.3 Handelsonderneming Morgan bv, die handelt in kantoormeubelen, heeft het afgelopen jaar een omzet van €1.600.000 (exclusief btw) gerealiseerd. De inkoopwaarde van de kantoormeubelen bedraagt 40% van de omzet exclusief btw.

Naast de inkoopwaarde van de artikelen is er nog een aantal kosten, zoals: loonkosten €600.000, huisvestingskosten €22.000, administratiekosten €14.000, interestkosten €12.000 en afschrijvingskosten €15.000.
De vennootschapsbelasting bedraagt 25%.

a Bereken de brutowinst.
b Bereken de ebit (het bedrijfsresultaat).
c Bereken het resultaat na aftrek van vennootschapsbelasting.

V 2.4 In een onderneming vinden in maart 2015 uitsluitend de volgende transacties (financiële feiten) plaats:
- Goederen ingekocht voor €60.000. De goederen zijn ontvangen en per kas betaald.
- Vanuit privé €600 in de kas van de onderneming gestort.
- Een partij goederen verkocht voor €100.000. De koper heeft het verkoopbedrag per kas betaald. De inkoopwaarde van deze goederen bedraagt €70.000. De goederen zijn afgeleverd.
- De huur van het bedrijfspand over maart 2015 (€2.000) betaald ten laste van de rekening-courant.
- Voor het huishouden van de eigenaar €900 uit de voorraad goederen van de onderneming genomen.
- Van een debiteur €1.200 ontvangen per kas.
- Uit de kas de nota van het energiebedrijf over maart 2015 (€530) betaald.
- Een bedrag van €300 uit de kas opgenomen en op de rekening-courant bij de bank gestort.

a Bereken de winst over maart 2015.
b Bereken de verandering in het eigen vermogen gedurende maart 2015. Door welke oorzaken is het eigen vermogen veranderd (met vermelding van de bedragen)?
c Bereken de verandering in de liquide middelen gedurende maart 2015. Door welke oorzaken is de hoeveelheid liquide middelen veranderd (met vermelding van de bedragen)?

V 2.5 Bij handelsonderneming Eurotrade bv vinden in april 2015 uitsluitend de volgende transacties (financiële feiten) plaats:
- Goederen ingekocht voor €300.000. De goederen zijn ontvangen en per bank (rekening-courant) betaald.
- Een partij goederen verkocht voor €600.000. De inkoopwaarde van deze goederen bedraagt €410.000. De goederen zijn afgeleverd en het verkoopbedrag is door de afnemer op de rekening-courant gestort.
- Van een debiteur €14.000 ontvangen per bank.
- Bij de bank een bedrag van €1.000 opgenomen ten laste van de rekening-courant en dit bedrag in de kas van de bv gestort.
- Aan een crediteur €10.000 betaald ten laste van de rekening-courant.
- In april 2015 aan brutolonen €80.000 uitbetaald. Over dit bedrag is in dezelfde maand ook 30% sociale lasten betaald. Beide bedragen zijn betaald ten laste van de rekening-courant.
- Het vakantiegeld bedraagt 8,04% van het bruto *jaarloon* en wordt in de maand juni van ieder jaar uitbetaald.
- De huur van het bedrijfspand over april 2015 (€3.000) betaald ten laste van de rekening-courant.

- De interestkosten over april 2015 (€400) betaald ten laste van de rekening-courant.

a Bereken de brutowinst op de in april 2015 verkochte goederen.
b Bereken de winst voor belastingen over april 2015.
c Bereken de verandering in de liquide middelen gedurende april 2015.

V 2.6 Bij onderneming Retorade bv vinden in februari 2015 uitsluitend de volgende transacties (financiële feiten) plaats:
- Goederen ingekocht voor €670.000. De goederen zijn ontvangen en per bank (rekening-courant) betaald.
- Een partij goederen verkocht voor €1.000.000. De inkoopwaarde van deze goederen bedraagt €600.000. De goederen zijn afgeleverd en het verkoopbedrag is door de afnemer op de rekening-courant gestort.
- Van debiteuren €210.000 ontvangen per bank (rekening-courant).
- Het vreemd vermogen over de maand februari 2015 bedraagt gemiddeld €1.000.000, waarover 6% interest per jaar moet worden betaald. De interest wordt iedere maand betaald ten laste van de rekening-courant. Aan het einde van ieder jaar wordt €100.000 afgelost.
- Een bedrag van €3.000 uit de kas opgenomen en op de rekening-courant bij de bank gestort.
- Aan crediteuren €240.000 betaald ten laste van de rekening-courant.
- Aan brutolonen is over februari 2015 €200.000 uitbetaald. Over dit bedrag is in dezelfde maand ook 30% sociale lasten betaald. Beide bedragen zijn betaald ten laste van de rekening-courant.
- De huur van het bedrijfspand over februari 2015 (€5.000) betaald ten laste van de rekening-courant.
- Uit de kas de nota van het energiebedrijf over februari 2015 (€940) betaald.
- Op de vaste activa wordt maandelijks €20.000 afgeschreven.
- Het vakantiegeld bedraagt 8,04% van het bruto *jaarloon* en wordt in de maand juni van ieder jaar uitbetaald.

Bereken voor februari 2015:
a de brutowinst op de verkochte goederen.
b de ebitda.
c de ebit (het bedrijfsresultaat).
d de winst of het verlies voor aftrek van vennootschapsbelasting.
e de mutatie in de liquide middelen.

V 2.7 Bij handelsonderneming Santa Pod bv vinden in januari 2015 uitsluitend de volgende transacties (financiële feiten) plaats:
1 Handelsgoederen ingekocht voor €620.000. De goederen zijn ontvangen en per bank (rekening-courant) betaald.
2 Een partij goederen verkocht voor €900.000. De inkoopwaarde van deze goederen bedraagt €700.000. De goederen zijn afgeleverd en het verkoopbedrag is door de afnemer op de rekening-courant gestort.
3 Van een debiteur €40.000 ontvangen per bank (rekening-courant).
4 Het vreemd vermogen over de maand januari 2015 bedraagt gemiddeld €240.000, waarover 8% interest per jaar moet worden betaald. De interest wordt ieder maand betaald ten laste van de rekening-courant.
5 Op het vreemd vermogen lange termijn (banklening) wordt aan het einde van januari 2015 €20.000 afgelost ten laste van de rekening-courant.

6 Vaste activa (inventaris) aangeschaft voor €80.000. Deze activa zijn ontvangen en betaald ten laste van de rekening-courant.
7 Een bedrag van €4.000 uit de kas opgenomen en op de rekening-courant bij de bank gestort.
8 De nota van de energiemaatschappij over januari 2015 (€2.000) betaald ten laste van de rekening-courant.
9 Aan een crediteur €35.000 betaald ten laste van de rekening-courant.
10 De huur van het bedrijfspand over januari 2015 (€10.000) betaald ten laste van de rekening-courant.
11 Aan brutolonen €100.000 uitbetaald. Over dit bedrag is in dezelfde maand ook 30% sociale lasten betaald. Beide bedragen zijn betaald ten laste van de rekening-courant.
12 Het vakantiegeld bedraagt 8,04% van het brutojaarloon en wordt in de maand juni van ieder jaar uitbetaald ten laste van de rekening-courant.
13 Op de vaste activa (inventaris) wordt maandelijks €15.000 afgeschreven.

Op de rekening-courant vinden in januari 2015 geen andere mutaties plaats dan die in deze opgave zijn vermeld.

Bereken voor januari 2015:
a de brutowinst op de verkochte goederen.
b de ebitda.
c de ebit (het bedrijfsresultaat).
d de winst of het verlies voor aftrek van vennootschapsbelasting.
e de mutatie in de liquide middelen.

V 2.8 Van onderneming Santa Pod bv uit opgave V 2.7 is de balans per 1 januari 2015 gegeven.

Debet		Balans Santa Pod bv per 1 januari 2015 (in euro's)		Credit
Vaste activa:			Eigen vermogen:	500.000
Inventaris	260.000			
Vlottende activa:			Vreemd vermogen:	
Handelsgoederen	300.000		Lange termijn	
Debiteuren	140.000		Banklening	- 100.000
Kas	90.000			
			Korte termijn:	
			Crediteuren	- 30.000
		530.000	Rekening-courant	- 160.000
Totaal activa		790.000	Totaal vermogen	790.000

a Welke gevolgen hebben de financiële feiten die in opgave V 2.7 staan vermeld voor de bovenstaande balans? Gebruik voor de beantwoording van deze opgave het schema op de volgende pagina. Opbrengsten en kosten worden rechtstreeks ten gunste of ten laste van het eigen vermogen geboekt.
b Controleer of het eigen vermogen is veranderd met het bedrag dat als antwoord op opgave V 2.7 d is gegeven. Zie eventueel het antwoord op deze vraag achter in het boek.

Financieel feit	Naam van de balanspost	Mutaties (+ of −) aan de debetzijde van de balans	Mutaties (+ of −) aan de creditzijde van de balans
Voorbeeld	Voorraad goederen	− € 800	
	Kas	+ € 800	
	Debiteuren	− € 1.000	
	Rekening-courant		− € 1.000
1			
2			
3			
4			
5			
6			
7			
8			
9			
10			
11			
12			
13			
14			

V 2.9 Van onderneming Euroline bv is de balans per 1 januari 2015 gegeven.

Debet	Balans Euroline bv per 1 januari 2015 (in euro's)		Credit
Vaste activa:		Eigen vermogen:	900.000
Machines	700.000		
Vlottende activa:		Vreemd vermogen:	
Voorraad goederen	380.000	Lange termijn (banklening)	230.000
Debiteuren	120.000		
Kas	100.000		
		Korte termijn:	
		Crediteuren	90.000
		Rekening-courant	80.000
	600.000		
Totaal activa	1.300.000	Totaal vermogen	1.300.000

Bij Euroline bv vinden in januari 2015 uitsluitend de volgende transacties (financiële feiten) plaats:
1 Goederen ingekocht voor €500.000. De goederen zijn ontvangen en per bank (rekening-courant) betaald.
2 Een partij goederen verkocht voor €820.000. De inkoopwaarde van deze goederen bedraagt €620.000. De goederen zijn afgeleverd en het verkoopbedrag is door de afnemer op de rekening-courant gestort.
3 Van een debiteur €60.000 ontvangen per bank (rekening-courant).

4 Het vreemd vermogen over de maand januari 2015 bedraagt gemiddeld €300.000, waarover 7½% interest per jaar moet worden betaald. De interest wordt iedere maand betaald ten laste van de rekening-courant.
5 Op het vreemd vermogen lange termijn (banklening) wordt aan het einde van januari 2015 €20.000 afgelost ten laste van de rekening-courant.
6 Vaste activa (machines) aangeschaft voor €100.000. Deze activa zijn ontvangen en betaald ten laste van de rekening-courant.
7 Aan portiekosten is €300 betaald ten laste van de rekening-courant.
8 Een bedrag van €8.000 van de rekening-courant bij de bank gehaald en in de kas gestort.
9 Aan een crediteur €40.000 betaald ten laste van de rekening-courant.
10 Aan brutolonen is €30.000 uitbetaald.
11 Over het brutoloon is in dezelfde maand ook 30% sociale lasten betaald. Beide bedragen zijn betaald ten laste van de rekening-courant.
12 Het vakantiegeld bedraagt 8,04% van het brutojaarloon en wordt in de maand juni van ieder jaar uitbetaald ten laste van de rekening-courant.
13 Op de vaste activa (machines) wordt maandelijks €10.000 afgeschreven.
14 Goederen in het magazijn hebben waterschade opgelopen en zijn vernietigd. De inkoopwaarde van deze goederen bedraagt €22.000. De schade wordt niet door een verzekering gedekt.

Op de rekening-courant vinden in januari 2015 geen andere mutaties plaats dan die in deze opgave zijn vermeld.

a Welke gevolgen hebben de financiële feiten voor de bovenstaande balans? Gebruik voor de beantwoording van deze opgave het volgende schema. Opbrengsten en kosten worden rechtstreeks ten gunste van of ten laste van het eigen vermogen geboekt.

Financieel feit	Naam van de balanspost	Mutaties (+ of −) aan de debetzijde van de balans	Mutaties (+ of −) aan de creditzijde van de balans
Voorbeeld	Voorraad goederen	− € 2.000	
	Kas	+ € 2.000	
	Debiteuren	+ € 10.000	
	Rekening-courant		+ € 10.000
1			
2			
3			
4			
5			
6			
7			
8			
9			
10			
11			
12			
13			
14			

b Bereken de winst of het verlies over januari 2015.
c Bereken de mutatie in de liquide middelen gedurende januari 2015.

V 2.10 Albert en Hein willen een levensmiddelenzaak beginnen met de rechtsvorm van vennootschap onder firma (vof). Het winkelpand dat ze op het oog hebben, kunnen ze kopen voor €400.000. Voor de inrichting hebben ze €150.000 nodig. Ze willen voor €120.000 levensmiddelen aanschaffen. De leveranciers van de levensmiddelen eisen dat 60% van hun levering direct wordt betaald en zijn bereid voor de rest leverancierskrediet te verstrekken.
De bank is bereid voor de financiering van het winkelpand een langlopende hypothecaire lening te verstrekken van 70% van de aankoopwaarde.
De rente op deze lening bedraagt 7%. Voor de financiering van de volledige inventaris (€150.000) kan een banklening op lange termijn worden opgenomen tegen een rente van 8%. Daarnaast krijgt de onderneming de beschikking over een rekening-courantkrediet tot maximaal €100.000.
De rente op de rekening-courant bedraagt 15%. Albert en Hein stellen ieder €75.000 in de vorm van eigen vermogen aan de vof beschikbaar. Ze willen dat de vennootschap steeds €2.000 in kas heeft.

Stel de openingsbalans van deze vennootschap onder firma op, waarbij de vof een zo laag mogelijk saldo op de rekening-courant heeft.

V 2.11 Onderneming 'De Zilveren Raaf' in Delft verkoopt exclusief zilveren bestek. In het eerste kwartaal van 2015 bedraagt de totale omzet €179.000 (in januari €35.700, in februari €83.800 en in maart €59.500).
Van de verkopen is 80% op rekening en 20% wordt contant verkocht.
De inkoopwaarde van de verkopen bedraagt 60% van de omzet. De inkoop van het bestek geschiedt twee maanden voor de verkoop. De leveranciers staan een krediettermijn van één maand toe, die 'De Zilveren Raaf' volledig gebruikt.
'De Zilveren Raaf' verleent aan haar afnemers een krediettermijn van één maand over de verkopen. Met omzetbelasting (btw) houden we geen rekening.

a Bereken de geldontvangsten in februari 2015.
b Bereken de gelduitgaven in februari 2015.
c Bereken het saldo van de balanspost Debiteuren per 31 maart 2015.
d Bereken het saldo van de balanspost Crediteuren per 31 december 2015.

*V 2.12 Een student (met Italiaanse ouders) wil tijdens de Vierdaagse van Nijmegen iets bijverdienen om zijn vakantie te kunnen betalen. Hij besluit ijs te gaan verkopen en maakt de volgende schattingen:
- aantal deelnemers aan de Vierdaagse: gemiddeld 40.000 per dag (dit gemiddelde is berekend over 4 dagen);
- 2% van het aantal deelnemers wil dagelijks bij hem 1 ijsje kopen;
- prijs van een ijsje = €2;
- huur van een ijswagen tijdens de Vierdaagse: €200 (contant vooruit te betalen in de week die voorafgaat aan de Vierdaagse);
- inkoopprijs van een ijsje = €0,50 euro (per kas te betalen).

Met btw houden we geen rekening.
Alle geldontvangsten en gelduitgaven lopen via de kas.

a Bereken het resultaat dat de student tijdens de Vierdaagse van Nijmegen verwacht te behalen.

In de week voorafgaand aan de Vierdaagse blijkt dat de weersverwachting ideaal is. Hij besluit om 5.000 ijsjes in te slaan. Hij leent bij de bank €3.000.
Tijdens de Vierdaagse verkoopt hij 4.700 ijsjes.

b Bereken de verandering in de hoeveelheid kasgeld *in de week die voorafgaat* aan de Vierdaagse.
c Bereken de verandering in de hoeveelheid kasgeld *tijdens de Vierdaagse* (die plaatsvindt van dinsdag tot en met vrijdag).
d Bereken het resultaat over de periode 'start van bedrijf' tot en met het einde van de Vierdaagse.
e Stel de balans op aan het einde van de Vierdaagse.

In de week na de Vierdaagse verkoopt hij de overgebleven ijsjes aan zijn broertje voor €0,20 euro per stuk en lost hij zijn lening bij de bank af. Op dat moment moet hij ook €30 rente betalen.

f Bereken de verandering in de hoeveelheid kasgeld in de week na de Vierdaagse.
g Bereken het resultaat dat wordt behaald in de week na de Vierdaagse.
h Stel de balans op nadat alle voorgaande transacties zijn afgewikkeld.

*V 2.13 Handelsonderneming Daimler bv is gespecialiseerd in de verkoop van gereedschappen en verkoopt alleen op rekening. De afnemers mogen twee maanden nadat ze de goederen hebben gekocht en ontvangen, betalen. Alle afnemers (die onder de naam Debiteuren op de balans staan) maken van de toegestane kredietermijn van twee maanden volledig gebruik.

Overzicht van de verkopen per maand (in euro's)

Maand	Verkopen op rekening	Maand	Verkopen op rekening
November 2014	56.000	Juni 2015	82.000
December 2014	64.000	Juli 2015	84.000
Januari 2015	52.000	Augustus 2015	65.000
Februari 2015	66.000	September 2015	75.000
Maart 2015	70.000	Oktober 2015	90.000
April 2015	74.000	November 2015	63.000
Mei 2015	68.000	December 2015	78.000

Met btw houden we geen rekening.

a Bereken de geldontvangsten van debiteuren voor het eerste, tweede, derde en vierde kwartaal van het jaar 2015.
b Bereken het bedrag dat op 31 december 2015 van debiteuren is te vorderen.
c Op welk financieel overzicht wordt de vordering op Debiteuren per 31 december 2015 vermeld?
d Toon door een berekening aan dat het verschil tussen de omzet in het tweede kwartaal en de geldontvangsten in het tweede kwartaal van 2015 €14.000 bedraagt.

*V 2.14 Een groothandel in wijnen verwacht voor de komende negen maanden de volgende omzetten (in euro's):

Maand	Omzet	Maand	Omzet	Maand	Omzet
Januari	220.000	April	260.000	Juli	320.000
Februari	200.000	Mei	230.000	Augustus	360.000
Maart	240.000	Juni	280.000	September	300.000

De verkopen worden voor 20% contant betaald en de rest wordt op rekening verkocht. Alle afnemers die op rekening kopen, maken gebruik van de toegestane krediettermijn van één maand (ze betalen in de maand die volgt op de maand waarin de omzet wordt gerealiseerd).
Met btw houden we geen rekening.

a Bereken voor ieder van de maanden april, mei en juni afzonderlijk de geldontvangsten in verband met de verkoop van wijn.
b Bereken de omvang van de vordering op debiteuren aan het einde van de maand juni.

*V 2.15 Piet Gazelle is op 1 januari 2015 in Dieren met een eigen fietsenzaak gestart onder de naam Veluwezoom. Piet is al in 2014 begonnen met de voorbereidingen voor de nieuwe zaak. Het volgende is bekend over de samenstelling van de bedrijfsmiddelen van fietsenzaak Veluwezoom en de wijze waarop die zijn gefinancierd:

- Inventaris. De toonbank, stellingen, kassa en dergelijke vereisen een investering van €30.000. Bij oplevering (dat was op 15 december 2014) is 90% van dit bedrag betaald en met de leveranciers van de inventaris is overeengekomen dat de resterende 10% in het eerste kwartaal van 2015 wordt betaald.
- Bedrijfspand. Er wordt een bedrijfspand gekocht voor €400.000. De bijkomende kosten, zoals notaris- en makelaarskosten, bedragen 10% van de aanschafwaarde. Het bedrijfspand is bij de overdracht, op 1 november 2014, betaald. De aankoopsom (inclusief 10% bijkomende kosten) is voor 70% gefinancierd door middel van een hypothecaire lening. De lening moet in 10 jaar worden afgelost met 10 gelijke jaarlijkse bedragen, voor het eerst op 1 november 2015. De interest op de hypothecaire lening bedraagt 6% per jaar en wordt ieder jaar (achteraf) op 1 november betaald, voor het eerst op 1 november 2015.
- Voorraad onderdelen. De waarde van de voorraad onderdelen bedraagt €20.000. Dit bedrag is in december 2014 contant betaald.
- Voorraad fietsen. Op 1 januari 2015 is de samenstelling van het assortiment fietsen als volgt:

Soort fiets	Aantal	Inkoopprijs per stuk
Kinderfietsen	10	€ 250
Damesfietsen	22	€ 400
Herenfietsen	18	€ 420
E-bikes	6	€ 1.200

Met de leveranciers van de fietsen is afgesproken dat bij aflevering (dat was in de tweede helft van december 2014) 40% van de inkoopwaarde contant wordt betaald. De overige 60% moet in januari 2015 worden betaald.
- In 2014 wordt niet op bedrijfsmiddelen afgeschreven.
- Piet Gazelle heeft eind 2014 €150.000 eigen vermogen aan zijn fietsenzaak beschikbaar gesteld.
- De bank heeft een rekening-courantkrediet toegezegd, waarvoor het kredietmaximum €200.000 bedraagt. De rekening-courant dient als sluitpost bij de financiering van de onderneming.
- De hoeveelheid kasgeld bedraagt minimaal €2.000. Overtollig kasgeld wordt gebruikt om het rekening-courantkrediet af te lossen. Dus de voorraad kasgeld is steeds €2.000.

Met btw houden we in deze opgave geen rekening.

Stel voor Veluwezoom de beginbalans per 1 januari 2015 op. Houd daarbij de volgende indeling aan:

Debet	Balans Veluwezoom per 1 januari 2015 (in euro's)		Credit
Vaste activa:	....	Eigen vermogen:	....
	....		
Vlottende activa:	....	Vreemd vermogen lange termijn:	....
	....		
		Vreemd vermogen korte termijn:	....
	....		
	....		....
Totaal activa	....	Totaal vermogen	....

V 2.16 Bram Bikker heeft onlangs een commerciële opleiding voor de automobielbranche afgerond. Hij wil een eigen zaak beginnen, die gespecialiseerd is in de verkoop van auto-onderdelen en accessoires aan doe-het-zelvers en garagebedrijven. Hij heeft een pandje te koop zien staan, dat hem wel geschikt lijkt voor zijn nieuwe zaak. Bij het pand is voldoende parkeerruimte beschikbaar en het ligt niet ver buiten het centrum. De naam van de nieuwe zaak wordt Bram's Speed en Design Shop.

Bram heeft een notitieblok gepakt en opgeschreven wat hij allemaal nodig denkt te hebben om zijn nieuwe zaak te kunnen beginnen. Hoewel het handschrift van Bram niet altijd even goed te lezen is, zijn we er toch in geslaagd alle noodzakelijke activa op een rijtje te zetten. Hierna vind je daarvan een opsomming (in willekeurige volgorde):
Aankoopwaarde van het pand €300.000, bijkomende aankoopkosten 10% van de aankoopwaarde.
20 uitlaten à €30 per stuk, 8 schokdempers à €23 per stuk, 50 spuitbussen (autolak) à €5 per stuk. Diverse overige onderdelen en accessoires voor een totaalwaarde van €10.000, 20 stellingen à €35 per stuk, computer met software en printer €3.000, 4 deurmatten met opdruk à €50 per stuk, kosten verbouwing pand €20.000, kantoormeubilair en telefoons €4.000, kassa €3.000, advertenties in verband met opening €300, opening van de zaak €1.500, beveiligingsinstallatie €2.000, balie €2.500, voorraad kasgeld €1.000, nieuw plafond €6.000. De leveranciers van de onderdelen hebben nog €11.900 te vorderen (Crediteuren).
Alle genoemde investeringen zijn exclusief btw. Over alle investeringen (met uitzondering van de aanschafwaarde van het pand en de voorraad kasgeld) moet 19% btw worden betaald (voorfinanciering btw).

De vader van Bram zit aardig in de slappe was en heeft tot op heden €90.000 op de spaarrekening van Bram gestort. Zijn spaartegoed mag hij gebruiken voor de financiering van zijn onderneming. Daarnaast trekt Bram verschillende vormen van vreemd vermogen aan. We veronderstellen dat het kredietplafond op de rekening-courant €30.000 bedraagt.

    a Stel de investeringsbegroting op.
    b Op welke wijze kan worden voorzien in het ontbrekende vermogen? Geef daarbij duidelijk aan voor welke vorm van vermogen is gekozen en voor welk bedrag. Geef een motivatie bij de gemaakte keuzes.

c Geef de openingsbalans van Bram's Speed en Design Shop weer.

Denk daarbij ook aan de indeling van de balans, waarbij ook rekening wordt gehouden met het verschil in looptijden van de verschillende activa en met de gouden balansregel.

V 2.17 De debiteurenadministratie van onderneming Boekhorst bv maakt regelmatig een overzicht van de bedragen die de onderneming van haar debiteuren ontvangt. Van alle verkopen vindt 40% op rekening plaats, waarbij de afnemers een krediet van één maand ontvangen. Alle debiteuren maken daarvan volledig gebruik.
De resterende 60% van de verkopen wordt contant betaald.

We geven een overzicht van de verkopen per maand (in euro's).
Met btw houden we geen rekening.

Maand	Verkopen	Maand	Verkopen
Oktober 2014	214.200		
November 2014	238.000	Juni 2015	321.300
December 2014	285.600	Juli 2015	368.900
Januari 2015	297.500	Augustus 2015	392.700
Februari 2015	249.900	September 2015	404.600
Maart 2015	226.100	Oktober 2015	440.300
April 2015	357.000	November 2015	416.500
Mei 2015	345.100	December 2015	380.800

Binnen iedere maand vinden de verkopen gelijkmatig plaats.

a Bereken voor het eerste, tweede, derde en vierde kwartaal van 2015 afzonderlijk de geldontvangsten in verband met de verkopen (som van de contante verkopen en geldontvangsten van debiteuren).
b Bereken het saldo Debiteuren per 31 december 2015.
c Bereken het totaal van de geldontvangsten in 2015.
d Bereken de omvang van de 'Opbrengst verkopen' over het jaar 2015.
e Geef een verklaring voor het verschil tussen de omvang van de 'Opbrengst verkopen' over 2015 en de geldontvangsten over 2015. (Waarom zijn beide posten niet aan elkaar gelijk?)

V 2.18 Handelsonderneming Eurotrading vof is eigendom van vader (Piet) en zoon (Klaas) Winters en levert haar artikelen aan klanten verspreid over geheel Europa. Op de balans van Eurotrading vof komen per 1 januari 2015 de volgende posten voor:

Debet	Balans Eurotrading vof per 1 januari 2015 (in euro's)			Credit
Vaste activa:		Eigen vermogen:		
Gebouw en terreinen	300.000	Gestort door eigenaren	200.000	
Goodwill	20.000	Winstreserve	80.000	
Bedrijfsauto's	60.000	Privé Piet Winters	0	
Inventaris	40.000	Privé Klaas Winters	0	
Voorraad hulpmiddelen	14.000			280.000
	434.000	Vreemd vermogen:		
Vlottende activa:		Lange termijn (banklening)		130.000
Voorraad goederen	12.000			
Debiteuren	6.000			
Te vorderen btw	9.500	Korte termijn:		
Kas	1.200	Crediteuren	4.000	
		Te betalen btw	5.700	
		Rekening-courant	43.000	
	28.700			52.700
Totaal activa	462.700	Totaal vermogen		462.700

Over het jaar 2015 wordt een omzet (exclusief btw) verwacht van €2.000.000. De brutowinst bedraagt 40% van de omzet. Verder is gegeven:
- Over de banklening moet 6% interest worden betaald. Aan het einde van 2015 moet €10.000 op de banklening worden afgelost.
- Over het rekening-courantkrediet moet 10% interest worden betaald. We veronderstellen dat het rekening-courantkrediet over 2015 gemiddeld €40.000 bedraagt.
- De brutosalarissen (exclusief sociale lasten) bedragen €30.000 per maand.
De sociale lasten bedragen 30% van het brutosalaris.
- Voor de afschrijvingen houden we de volgende percentages per jaar aan (alle percentages worden berekend over de boekwaarde van de activa per 1 januari 2015):
  Gebouwen en terreinen: 2%
  Goodwill: 50%
  Bedrijfsauto's: 20%
  Inventaris: 12,5%
  Hulpmiddelen: 25%
- Piet Winters neemt voor privédoeleinden per maand €3.000 uit de zaak, terwijl dat bedrag voor Klaas Winters €2.000 bedraagt.

    a Stel de begrote winst- en verliesrekening voor Eurotrading vof over 2015 op. Laat in deze begroting duidelijk zien hoeveel de brutowinst, de ebit (het bedrijfsresultaat) en het resultaat voor belastingen bedragen.
    b Welke redenen kunnen Piet en Klaas Winters hebben gehad om te kiezen voor een vof? (Wat zijn de voordelen van een vof?)
    c Wat zijn de nadelen van een vof?

*V 2.19 De omzet van handelsonderneming Seasons bv is afhankelijk van de seizoenen en bedraagt ieder jaar €600.000 exclusief 21% btw. Alle verkopen vinden op rekening plaats, waarbij de afnemers een krediet van twee maanden ont-

vangen. Alle debiteuren maken daarvan volledig gebruik. Over de omzet is 21% btw verschuldigd.
De verdeling van de omzet over dit en vorig jaar is in de volgende tabel weergegeven:

Eerste kwartaal		Tweede kwartaal		Derde kwartaal		Vierde kwartaal	
Januari	10%	April	4%	Juli	1%	Oktober	16%
Februari	6%	Mei	3%	Augustus	7%	November	18%
Maart	5%	Juni	2%	September	8%	December	20%

a Bereken voor het eerste, tweede, derde en vierde kwartaal afzonderlijk de geldontvangsten van debiteuren.
b Noem drie factoren die van invloed zijn op de hoogte van de balanspost Debiteuren aan het einde van het jaar.

V 2.20 De afdeling Administratie van onderneming Currentio bv maakt regelmatig een overzicht van de bedragen die de onderneming aan haar leveranciers moet betalen. Van alle inkopen vindt 70% op rekening plaats, waarbij de leveranciers een kredietermijn van twee maanden toestaan. Currentio bv maakt daarvan volledig gebruik.
De resterende 30% van de inkopen wordt contant betaald.

We geven een overzicht van de inkopen per maand (bedragen in euro's). Met btw houden we geen rekening.

Maand	Inkopen	Maand	Inkopen
Oktober 2014	83.300		
November 2014	71.400	Juni 2015	178.500
December 2014	95.200	Juli 2015	249.900
Januari 2015	119.000	Augustus 2015	154.700
Februari 2015	107.100	September 2015	130.900
Maart 2015	166.600	Oktober 2015	83.300
April 2015	238.000	November 2015	190.400
Mei 2015	214.200	December 2015	226.100

Binnen iedere maand vinden de inkopen gelijkmatig plaats.

a Bereken voor het eerste, tweede, derde en vierde kwartaal van 2015 afzonderlijk de gelduitgaven in verband met de inkopen (som van de gelduitgaven in verband met contante inkopen en gelduitgaven in verband met de inkopen op rekening).
b Bereken het bedrag dat op 31 december 2015 verschuldigd is aan crediteuren.

V 2.21 Groothandel Heconad bv maakt voor ieder jaar een liquiditeitsbegroting die per kwartaal is gespecificeerd. Alle verkopen worden achteraf in rekening gebracht en betaald. De financieel directeur van Heconad bv heeft de volgende gegevens verzameld, die deels op schattingen zijn gebaseerd. Btw laten we buiten beschouwing.

Verwachte ontvangsten van debiteuren:
Eerste kwartaal   €451.000
Tweede kwartaal   €385.000
Derde kwartaal   €322.000
Vierde kwartaal   €377.000

Verwachte betalingen aan crediteuren:
Eerste kwartaal   €354.000
Tweede kwartaal   €295.000
Derde kwartaal   €222.000
Vierde kwartaal   €282.000

Iedere maand wordt €12.000 aan brutolonen uitbetaald. Daarnaast wordt maandelijks 32% sociale lasten over de brutolonen betaald.
Het vakantiegeld bedraagt 7,5% van het brutoloon en wordt in de maand mei uitbetaald.
In mei wordt €68.000 vennootschapsbelasting betaald, terwijl in juli €60.000 winst wordt uitgekeerd.
In maart wordt een vrachtauto aangeschaft voor €70.000, waarvan 70% in maart wordt betaald en de rest in april. Iedere maand wordt op de vrachtauto €800 afgeschreven.
Iedere maand wordt €4.000 afgelost op het vreemd vermogen, terwijl maandelijks €500 interest wordt betaald.
De overige bedrijfskosten bedragen €3.000 per maand en worden maandelijks betaald.
Aan het begin van het jaar bedraagt het kassaldo €100.000, terwijl op dat moment het rekening-courantkrediet nihil is.
Met de bank is een kredietplafond voor het rekening-courantkrediet afgesproken van €40.000. Het kassaldo moet aan het begin van het tweede, derde en vierde kwartaal precies €10.000 bedragen. Een eventueel tekort of overschot in kas wordt verrekend via het rekening-courantkrediet.
Met btw houden we in deze opgave geen rekening.

a Stel de liquiditeitsbegroting op over een jaar (per kwartaal gespecificeerd).
b In welk kwartaal zouden er liquiditeitsproblemen kunnen optreden? Geef daarvoor een verklaring en mogelijke oplossingen.

*V 2.22 Elektriciteitsmaatschappij Strijbosch bv maakt voor ieder jaar een liquiditeitsbegroting die per kwartaal is gespecificeerd. Strijbosch bv brengt het verbruik van elektriciteit achteraf aan de afnemers in rekening. De energie wordt deels door Strijbosch bv ingekocht, maar er wordt ook energie in eigen beheer opgewekt. De financieel directeur van Strijbosch bv heeft de volgende gegevens verzameld, die deels op schattingen berusten. Btw laten we in deze opgave buiten beschouwing.

Verwachte ontvangsten van debiteuren:
Eerste kwartaal   €584.000
Tweede kwartaal   €623.000
Derde kwartaal   €650.000
Vierde kwartaal   €620.000

Verwachte betalingen aan crediteuren en leveranciers van energie:
Eerste kwartaal   €260.000
Tweede kwartaal   €215.000
Derde kwartaal   €202.000
Vierde kwartaal   €279.000

Iedere maand wordt €30.000 aan brutolonen uitbetaald. Daarnaast wordt maandelijks 35% sociale lasten over de brutolonen betaald. Met ingang van 1 juli wordt een algemene loonsverhoging van 2% toegepast.
Het vakantiegeld bedraagt 8% van het brutoloon (op basis van het loonniveau op 1 januari van ieder jaar) en wordt in de maand juni uitbetaald.
In maart wordt €90.000 vennootschapsbelasting betaald, terwijl in augustus €180.000 winst wordt uitgekeerd.
In maart wordt een transformator aangeschaft voor €500.000, waarvan 60% in maart wordt betaald en de rest in september, nadat de transformator is geïnstalleerd. Iedere maand wordt op de transformator en overige vaste activa €40.000 afgeschreven.
Ieder kwartaal wordt €60.000 afgelost op het vreemd vermogen, terwijl maandelijks €1.400 interest wordt betaald.
De overige bedrijfskosten bedragen €12.000 per maand en worden maandelijks betaald.
Aan het begin van het jaar bedraagt het kassaldo €20.000, terwijl het rekening-courantkrediet op dat moment nihil is. Met de bank is een kredietplafond voor het rekening-courantkrediet afgesproken van €250.000.
Het kassaldo moet aan het begin van het tweede, derde en vierde kwartaal exact €20.000 bedragen. Eventuele tekorten of overschotten in kas worden verrekend via het rekening-courantkrediet.

a Stel de liquiditeitsbegroting op over een jaar (per kwartaal specificeren).
b In welke kwartalen zouden er liquiditeitsproblemen kunnen optreden? Hoe denk je deze liquiditeitsproblemen op te lossen?

**V 2.23 Handelsonderneming Planovorm bv maakt voor ieder jaar een begrote winst- en verliesrekening die per kwartaal is gespecificeerd. De financieel manager van Planovorm bv heeft voor komend jaar de volgende gegevens verzameld, die deels op schattingen zijn gebaseerd.

Geschatte contante verkopen (omzet):
Eerste kwartaal   €320.000
Tweede kwartaal   €260.000
Derde kwartaal   €230.000
Vierde kwartaal   €270.000

(Deze gegevens gelden ook voor vorig jaar.)

Geschatte contante inkopen:
Eerste kwartaal   €182.000
Tweede kwartaal   €161.000
Derde kwartaal   €189.000
Vierde kwartaal   €224.000
(Deze gegevens gelden ook voor vorig jaar.)

De brutowinst bedraagt 30% van de omzet. Iedere maand wordt €9.000 aan brutolonen uitbetaald. Daarnaast wordt maandelijks 30% sociale lasten over de brutolonen betaald.
Het vakantiegeld bedraagt 8% van het brutoloon en wordt in de maand juni uitbetaald.
Iedere maand wordt op de inventaris €700 afgeschreven.
Iedere maand wordt €200 interest betaald en €1.000 op het vreemd vermogen afgelost.
De overige bedrijfskosten bedragen €10.000 per maand.
Aan het begin van het jaar is het kassaldo €10.000, terwijl de schuld op het rekening-courantkrediet op dat moment €90.000 bedraagt. Het plafond voor de rekening-courantlening is €100.000.
Het kassaldo moet aan het begin van ieder kwartaal precies €10.000 bedragen. Een eventueel kastekort wordt aangevuld ten laste van het rekening-courantkrediet, een eventueel kasoverschot wordt overgeboekt ten gunste van het rekening-courantkrediet.
Met btw houden we in deze opgave geen rekening.

a Stel de begrote winst- en verliesrekening op over een jaar, die per kwartaal is gespecificeerd.
b Stel de liquiditeitsbegroting op over een jaar, die per kwartaal is gespecificeerd.

V 2.24 Een bedrijf levert goederen onder de volgende betalingsvoorwaarden: uiterlijk betalen binnen 2 maanden. Bij betaling binnen een ½ maand wordt 2% korting op het factuurbedrag verleend.
De in te kopen goederen zouden ook gefinancierd kunnen worden met een rekening-courantkrediet. De onderneming heeft de mogelijkheid extra rekening-courantkrediet op te nemen. De daaraan verbonden kosten zijn 1½% per maand.
Om een keuze uit beide mogelijkheden te kunnen maken, vergelijken we de kosten van het leverancierskrediet met de kosten van het rekening-courantkrediet.
We veronderstellen: 1 maand = 30 dagen, 1 jaar = 360 dagen.

a Bereken de kosten van het ontvangen leverancierskrediet (in procenten per maand).
b Welke financieringswijze heeft uit kostenoverwegingen de voorkeur: leverancierskrediet of rekening-courantkrediet? Motiveer je antwoord.
c Wat bedoelen we met niet-rentedragend vreemd vermogen?
d Geef twee voorbeelden van niet-rentedragend en twee voorbeelden van rentedragend vreemd vermogen.

© Noordhoff Uitgevers bv

3
Financiële feiten, balans en winst- en verliesrekening

3.1 Goederen- en geldstromen
3.2 Belasting toegevoegde waarde (btw)
3.3 Opbrengsten
3.4 Geldontvangsten die niet tot opbrengsten leiden
3.5 Kosten
3.6 Voorzieningen en onderhoudskosten
3.7 Gelduitgaven die niet tot kosten leiden
3.8 Opbrengsten, kosten en winst- en verliesrekening

In dit hoofdstuk bespreken we de gevolgen van een aantal financiële feiten voor de balans en de winst- en verliesrekening. Financiële feiten zijn gebeurtenissen die van invloed zijn op de bezittingen en de schulden en op het eigen vermogen van een organisatie. Daarbij besteden we aandacht aan begrippen zoals opbrengsten, kosten en liquide middelen.
Bij het bespreken van deze begrippen leggen we in een aantal gevallen een verband met het goederen- en geldstromenschema zoals we dat in hoofdstuk 1 hebben toegelicht.

3.1 Goederen- en geldstromen

Binnen een organisatie worden allerlei beslissingen genomen. Een gedeelte van deze beslissingen heeft financiële gevolgen. Om een beter inzicht te krijgen in de beslissingen binnen een organisatie en de financiële gevolgen daarvan, sluiten we aan bij het primaire proces van een organisatie. Daaruit blijkt wat er in een organisatie gebeurt. De goederen- en geldstromen hebben we voor het eerst in hoofdstuk 1 besproken en herhalen we in figuur 3.1 nu met de overheid erbij.

Goederen- en geldstromen

FIGUUR 3.1 Goederen- en geldstromen van een organisatie met vermogensmarkt en overheid

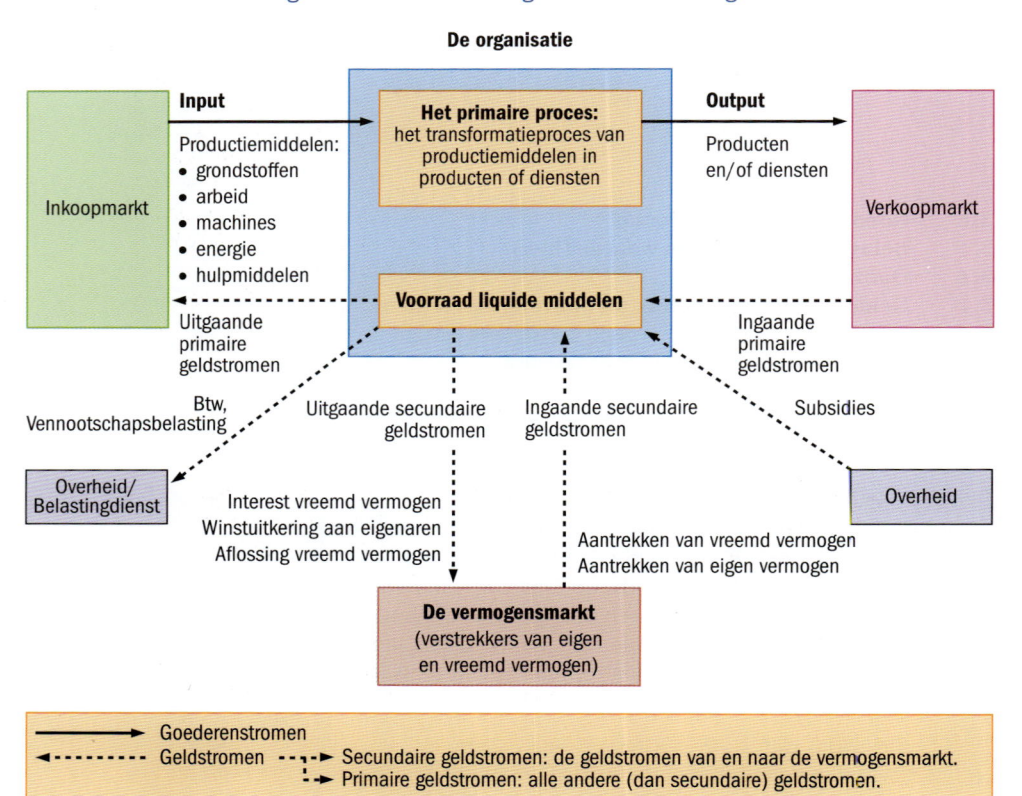

De organisatie

Input — Productiemiddelen:
- grondstoffen
- arbeid
- machines
- energie
- hulpmiddelen

Inkoopmarkt

Het primaire proces: het transformatieproces van productiemiddelen in producten of diensten

Output — Producten en/of diensten

Verkoopmarkt

Voorraad liquide middelen

Uitgaande primaire geldstromen
Ingaande primaire geldstromen

Btw, Vennootschapsbelasting → Overheid/Belastingdienst
Uitgaande secundaire geldstromen
Ingaande secundaire geldstromen
Subsidies ← Overheid

Interest vreemd vermogen
Winstuitkering aan eigenaren
Aflossing vreemd vermogen

Aantrekken van vreemd vermogen
Aantrekken van eigen vermogen

De vermogensmarkt (verstrekkers van eigen en vreemd vermogen)

Legenda:
— Goederenstromen
- - - Geldstromen
-·-·- Secundaire geldstromen: de geldstromen van en naar de vermogensmarkt.
·→ Primaire geldstromen: alle andere (dan secundaire) geldstromen.

BRON: HET FINANCIEELE DAGBLAD, 19 AUGUSTUS 2014

Schade van sancties geschat op €6,7 mrd

Ulko Jonker
Brussel

De sancties die Rusland heeft ingesteld tegen agrarische producten uit de EU, bezorgen de Europese economie op jaarbasis een schade die oploopt tot 6,7 mrd. Daarmee zijn 130.000 banen gemoeid, zo stellen deskundigen van ING in een studie die later deze week verschijnt.
In het onderzoek is niet alleen gekeken naar de directe schade voor de export van onder meer groente, vlees en zuivel, die vorig jaar €5,2 mrd bedroeg. Ook de gevolgen voor de prijzen, de tussenhandel en de transportsector zijn meegenomen. ING houdt er rekening mee dat de schade nog veel groter uitvalt als ook wordt gekeken naar de gevolgen voor de export naar Oekraïne.

Vorige week meldde ING al dat 10.000 banen in Nederland op de tocht staan door de escalatie van de sancties, die door de EU werd ingezet na het neerhalen van vlucht MH17 boven Oost-Oekraïne. Nederland exporteerde vorig jaar voor €526 mln aan goederen die nu onder het embargo vallen, naar Rusland. ING schat de directe en indirecte waarde op €937 mln. De Europese Commissie stelde gisteren €125 mln ter beschikking om bederfelijke tuinbouwproducten, waaronder tomaten, komkommers, paprika's, appels en peren, uit de markt te nemen en zo de prijs te ondersteunen. De EU financiert daarmee de helft van de kosten. De andere helft is voor rekening van de tuinders die hun producten moeten weggeven of vernietigen, of moeten afzien van oogsten.
[...]

> **TOELICHTING**
> Er gaan grote sommen geld van bedrijven en particulieren naar de overheid in de vorm van belastingen. Maar in sommige gevallen ontvangen bedrijven ook geld van de overheid in de vorm van subsidies of schadevergoedingen.

Financiële feiten hangen samen met de goederen- en geldstromen van een organisatie. Ze leiden tot wijzigingen in de balansposten en/of tot opbrengsten en kosten. Opbrengsten en kosten geven we op overzichtelijke wijze weer in een winst- en verliesrekening.

Financiële feiten

We geven enkele voorbeelden van financiële feiten:
- De contante inkoop en ontvangst van grondstoffen. Dit leidt tot een toename van de voorraad grondstoffen en een afname van de hoeveelheid liquide middelen. Deze transactie leidt uitsluitend tot wijzigingen in de bezittingen op de balans.
- Het gebruik van vaste activa voor het primaire proces. Dit leidt tot een waardedaling van de vaste activa. Deze waardedaling wordt onder de naam Afschrijvingskosten op de winst- en verliesrekening opgenomen. Hierdoor nemen de waarde van de activa aan de debetzijde van de balans en het eigen vermogen aan de creditzijde van de balans af.
- De contante verkoop en de afgifte van handelsgoederen. Hierdoor neemt de hoeveelheid kasgeld (balans debet) toe en neemt het eigen vermogen (balans credit) toe. Er is immers sprake van opbrengsten als gevolg van

het primaire proces. De afgifte van de goederen leidt tot een daling van de voorraad goederen (daling van de voorraad goederen aan de debetzijde van de balans) én tot een afname van het eigen vermogen aan de creditzijde van de balans. Het eigen vermogen neemt af doordat er productiemiddelen worden opgeofferd.

Financiële administratie

In de financiële administratie volgen we de goederenstroom vanaf het moment van inkoop tot en met het moment van verkoop (het logistieke proces wordt op de voet gevolgd). De verschillende fasen die een product tijdens dit logistieke proces doormaakt, worden door middel van allerlei bonnen vastgelegd. Ondernemingen die goederen inkopen, krijgen daarvan een *inkoopfactuur*. Op de inkoopfactuur staan vermeld de leverancier, de datum, de omschrijving van de goederen, het aantal en de prijs. Deze gegevens worden in de financiële administratie vastgelegd. Op het moment dat de ingekochte goederen in het magazijn worden opgeslagen, wordt er een *magazijnontvangstbon* uitgeschreven. Deze bon wordt naar de financiële administratie gestuurd en daar verwerkt.

De gegevens van de inkoopfactuur en de magazijnontvangstbon worden met elkaar vergeleken. Een *magazijnafgiftebon* wordt opgesteld op het moment dat de grondstoffen van het grondstoffenmagazijn naar de productieafdeling gaan. Wanneer de eindproducten gereed zijn, wordt daarvan een *bon-gereed-product* opgesteld en worden de goederen naar het magazijn gereed product gestuurd. Daarvan wordt een *magazijnontvangstbon* gemaakt. Bij de verkoop van goederen wordt er een *verkoopfactuur* opgesteld. Op het moment dat de verkochte eindproducten het magazijn verlaten, wordt een *magazijnafgiftebon* opgesteld. De gegevens die op de verschillende bonnen staan vermeld, worden in de financiële administratie vastgelegd.

In figuur 3.2 geven we schematisch de administratieve vastleggingen van de logistieke processen binnen een productiebedrijf weer.

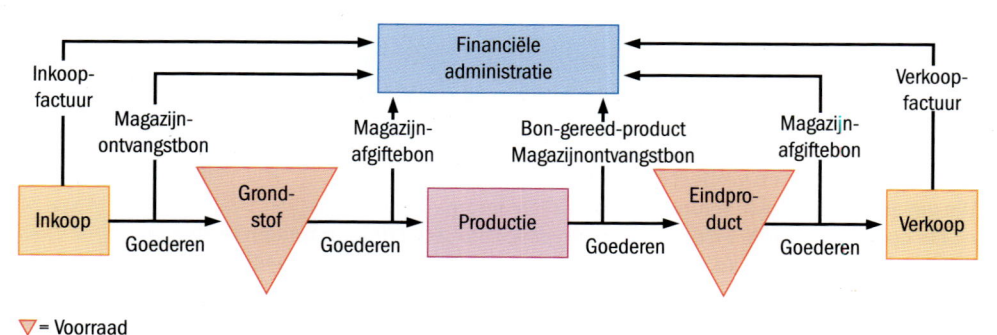

FIGUUR 3.2 Relatie financiële administratie en logistieke processen

In de financiële administratie volgen we de goederenstromen in een organisatie op de voet. Voor handelsondernemingen kunnen we vergelijkbare figuren opstellen. Daarin ontbreken dan echter de onderdelen productie en voorraad grondstoffen.

3.2 Belasting toegevoegde waarde (btw)

Een onderneming die waarde toevoegt aan een product of dienst kan op grond van fiscale wetgeving verplicht zijn over de toegevoegde waarde belasting in rekening te brengen aan de afnemer van de dienst of het product. Deze belasting noemen we belasting toegevoegde waarde (btw).
Een onderneming voegt bijvoorbeeld waarde toe door goederen te verplaatsen (denk aan transportondernemingen), goederen te bewerken (denk aan een bakker die uit meel enzovoort brood maakt) of goederen in andere hoeveelheden aanbiedt (denk aan een sigarenwinkel die sigaren inkoopt bij de groothandel en ze verkoopt aan de consument).
Het verschil tussen de verkoopprijs (exclusief btw) en de inkoopprijs (exclusief btw) is de toegevoegde waarde.
De btw die de ondernemer aan zijn leverancier betaalt, kan hij terugvorderen van de fiscus. De btw die de ondernemer aan zijn klanten in rekening brengt, moet hij aan de fiscus afdragen.
Sommige prestaties, zoals diensten van medici en het geven van onderwijs, zijn vrijgesteld van btw. Daarnaast kennen we het nultarief (0%-tarief), het algemeen tarief (21%) en het verlaagd tarief (6%). Het nultarief komt voor bij de import en export van goederen. Voor goederen die voorzien in een primaire levensbehoefte, zoals brood, vlees en groenten, geldt het verlaagd tarief van 6%. Voor duurzame producten (zoals auto's en tv's), 'luxe' levensmiddelen, waaronder alcoholhoudende dranken, en de meeste dienstverlening geldt het algemene tarief van 21%.
We geven een voorbeeld waarbij de administratieve verwerking van btw een rol speelt.

Belasting toegevoegde waarde

Verkoopprijs
Inkoopprijs

VOORBEELD 3.1

Contante in- en verkoop

Een onderneming koopt een bepaald artikel à contant in voor €302,50 (inclusief 21% btw) en neemt het op in haar magazijnvoorraad (financieel feit 1). Daarna wordt het artikel contant verkocht voor €423,50 inclusief 21% btw en direct afgeleverd (financieel feit 2).

Gevraagd
a Welke mutaties treden er op in de balans naar aanleiding van:
 - financieel feit 1, de contante inkoop en ontvangst van het artikel;
 - financieel feit 2, de contante verkoop en aflevering van het artikel?
b Bereken het resultaat dat over deze transactie (a1 en a2) is behaald.
c Toon door een berekening aan dat de onderneming per saldo de btw over de door haar toegevoegde waarde aan de overheid moet afdragen.

Uitwerking
a1 Opbouw van de inkoopfactuur:
Inkoopwaarde exclusief 21% btw → = 100%
Btw = 21 % ─────────────── = 21% +
Inkoopwaarde inclusief 21% btw = €302,50 = 121% ──→ 1% = €2,50

Inkoopwaarde artikel   = 100% = 100 × €2,50 = € 250,00
Btw   = 21% = 21 × €2,50 = € 52,50 +
Inkoopwaarde inclusief 21% btw   € 302,50

Hierna geven we in een aantal situaties de gevolgen van financiële feiten voor de balans weer. Veranderingen in de creditzijde van de balans geven we uiterst rechts weer, veranderingen in de debetzijde van de balans links daarvan.

We vermelden daarbij of een balanspost toe- (+) of afneemt (−). Let er daarbij dat:
- veranderingen aan dezelfde kant van de balans elkaar kunnen compenseren waardoor er geen verandering in het balanstotaal optreedt (plussen en minnen aan dezelfde kant van de balans heffen elkaar op);
- het totaal van de veranderingen in de debetzijde van de balans gelijk moet zijn aan het totaal van de veranderingen in de creditzijde, waardoor de balans in evenwicht blijft.

Balansmutaties naar aanleiding van financieel feit 1:

	Balans debet	Balans credit
Voorraad goederen	€250,00 (+)	
Te vorderen btw (*)	€ 52,50 (+)	
Kas	€302,50 (−)	

* De aan de leverancier betaalde btw kan van de fiscus worden teruggevorderd en zijn geen kosten voor de onderneming die de goederen heeft ingekocht. De van de fiscus terug te ontvangen btw is een vordering op de fiscus en komt onder 'Te vorderen btw' aan de debetzijde van de balans te staan (deze vordering behoort tot de vlottende activa).

a2 Opbouw van de verkoopfactuur:
Verkoopwaarde exclusief 21% btw = 100%
Btw = 21% = 21%
Verkoopwaarde inclusief 21% btw = €423,50 = 121% → 1% = €3,50

Opbrengst van de verkopen = 100% = 100 × €3,50 = € 350,00
Btw = 21% = 21 × €3,50 = € 73,50 +
Verkoopwaarde inclusief 21% btw = € 423,50

Van de verkoop per kas wordt een kasbon gemaakt en van de afgifte van de goederen een magazijnafgiftebon. Op basis van deze bonnen worden de volgende boekingen gemaakt.

Balansmutaties naar aanleiding van de kasbon (ontvangst verkoopprijs):

	Balans debet	Balans credit
Kas	€423,50 (+)	
Eigen vermogen		€350,00 (+)
Te betalen btw (**)		€ 73,50 (+)

** De van de afnemer ontvangen btw moet aan de fiscus worden afgedragen en is geen opbrengst voor de onderneming die de goederen heeft verkocht. De aan de fiscus af te dragen btw is een schuld aan de fiscus en komt onder 'Te betalen btw' aan de creditzijde van de balans te staan en behoort tot het vreemd vermogen op korte termijn.

Balansmutaties naar aanleiding van de magazijnafgiftebon (afgifte van de goederen):

	Balans debet	Balans credit
Voorraad goederen	€250,00 (–)	
Eigen vermogen		€250,00 (–)

b De winst bedraagt €350 (omzet) – €250 (inkoopwaarde van de omzet) = €100. De opbrengsten (€350) verhogen het eigen vermogen, de kosten (€250) verlagen het eigen vermogen. De toename van het eigen vermogen = €350 – €250 = €100 = winst.
c Per saldo moet €73,50 – €52,50 = €21,00 aan de belastingdienst worden betaald. Dit bedrag is gelijk aan 0,21 × (€350 – €250) = 21% over de door deze onderneming toegevoegde waarde (€100).

Conclusies:
1 De voorraden worden gewaardeerd tegen inkoopprijzen exclusief btw.
2 De ontvangen btw is geen opbrengst, de betaalde btw geen kosten.

We benadrukken dat de btw die ondernemingen aan hun leveranciers betalen, geen kosten zijn en dat de btw die ondernemingen van hun leveranciers ontvangen, geen opbrengsten zijn. Wat de btw betreft vervult de onderneming in feite een kassiersfunctie voor de belastingdienst.

Kassiersfunctie

ZELFTOETS 3.1
Een onderneming koopt een machine voor €2.662 inclusief 21% btw.
Bereken de inkoopwaarde van deze machine exclusief btw.

ZELFTOETS 3.2
a Een onderneming heeft over het afgelopen kwartaal voor €30.250 (inclusief 21% btw) ingekocht en voor €36.300 (inclusief 21% btw) verkocht. Bereken het bedrag dat over het afgelopen kwartaal in verband met btw per saldo aan de overheid moet worden betaald of van de overheid wordt terugontvangen.
b Een onderneming heeft over het afgelopen kwartaal voor €72.600 (inclusief 21% btw) ingekocht en voor €48.400 (inclusief 21% btw) verkocht. Bereken het bedrag dat over het afgelopen kwartaal in verband met btw per saldo aan de overheid moet worden betaald of van de overheid wordt terugontvangen.

3.3 Opbrengsten

Organisaties leveren prestaties aan hun klanten/afnemers. Deze prestaties kunnen de vorm hebben van een (tastbaar) product of een dienst. Organisaties die naar winst streven, hebben in het algemeen te maken met concurrenten. Zij bieden hun producten/diensten aan op een verkoopmarkt. De ingaande geldstromen van een organisatie in verband met een geleverde dienst of product leiden vroeg of laat tot opbrengsten. Deze geldontvangsten zijn een vergoeding voor de door de verkopende onderneming geleverde prestaties.

Geldontvangsten

In bepaalde situaties betaalt de afnemer het aankoopbedrag voordat de goederen/diensten geleverd worden. Dit is bijvoorbeeld het geval in de woningbouw. Zo moet iemand die een eigen huis laat bouwen al bedragen betalen voordat er een schop in de grond is gezet. Daarentegen wordt bij een verbouwing de aannemer pas betaald nadat de verbouwing gereed is. Het moment van de geldontvangst is eenduidig af te leiden uit het kasboek of de bankafschriften. De vraag is echter of de geldontvangst ook een opbrengst is voor het moment (de periode) waarin de geldontvangst plaatsvindt. In de bedrijfseconomie rekenen we de geldontvangsten toe aan de periode waarin de (productieve) prestaties worden geleverd. De geldontvangst of het gedeelte ervan dat aan een bepaalde periode is toegerekend, noemen we opbrengsten.

Opbrengsten

Aan de hand van een aantal voorbeelden lichten we het verband tussen geldontvangsten en opbrengsten toe (zie voorbeeld 3.2 tot en met 3.6).

VOORBEELD 3.2

Vooruitontvangen bedragen en opbrengsten

Een onderneming laat door een aannemingsbedrijf een bedrijfspand bouwen. We veronderstellen dat de aanneemovereenkomst op 1 november van dit jaar is gesloten voor een totale bouwsom van €300.000. Voorafgaand aan iedere bouwfase moet een gedeelte van de totale bouwsom worden betaald. Belangrijke fasen bij de bouw van een pand zijn: het tekenen van de aanneemovereenkomst, het leggen van de fundering, het bereiken van de eerste verdieping, het bereiken van het hoogste punt van het gebouw en de oplevering van het pand. Bij het tekenen van de aanneemovereenkomst moet 10% van de totale bouwsom (10% × €300.000 = €30.000) door de opdrachtgever aan de aannemer vooruit worden betaald. Vier maanden na het sluiten van de aanneemovereenkomst eindigt de eerste bouwfase, die wordt afgesloten met het storten van de fundering. Als de fundering is gestort, moet 25% van de totale aanneemsom (25% × €300.000 = €75.000) worden betaald als voorschot op de volgende bouwfase die drie maanden duurt en wordt afgesloten door het bereiken van de eerste verdieping. We veronderstellen dat de productieve prestaties binnen iedere bouwfase gelijkmatig plaatsvinden. Het aannemingsbedrijf stelt *per maand* een winst- en verliesrekening op.

We veronderstellen dat de opdrachtgever alle betalingen verricht ten gunste van de rekening-courant van het aannemingsbedrijf.

Gevraagd
Aan welke perioden moeten de geldontvangsten van €30.000 en €75.000 worden toegerekend?

Omdat het aannemingsbedrijf een winst- en verliesrekening per maand opstelt, worden ook de opbrengsten en kosten per maand vastgesteld.
In de volgende uitwerking verdelen we de geldontvangsten gelijkmatig over de duur van de afzonderlijke bouwfasen, omdat de productieve prestaties ook gelijkmatig tijdens de afzonderlijke bouwfasen worden geleverd. De geldontvangsten die aan een bepaalde periode zijn toegerekend, zijn opbrengsten voor de betreffende periode.

Uitwerking (vanuit het gezichtspunt van de aannemer)

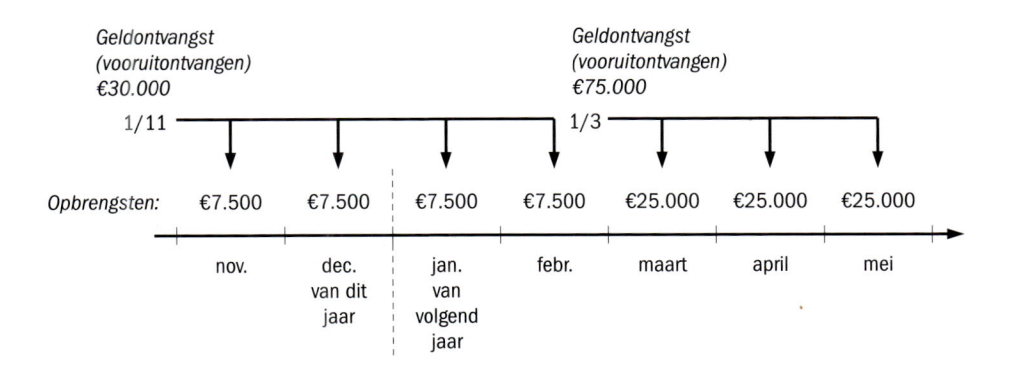

	Geldontvangst (vooruitontvangen) €30.000				Geldontvangst (vooruitontvangen) €75.000		
	1/11				1/3		
Opbrengsten:	€7.500	€7.500	€7.500	€7.500	€25.000	€25.000	€25.000
	nov.	dec. van dit jaar	jan. van volgend jaar	febr.	maart	april	mei

De geldontvangst op 1 november rekenen we toe aan de maanden november tot en met februari (dus verdeeld over vier maanden) waardoor de opbrengst in deze maanden €7.500 per maand bedraagt. De geldontvangst op 1 maart rekenen we toe aan de maanden maart, april en mei (dus verdeeld over drie maanden) waardoor de opbrengst per maand €25.000 bedraagt. Opbrengsten verhogen het eigen vermogen van de onderneming.

We geven hierna de gevolgen van de voorgaande financiële feiten voor de balans weer.

Op de balans van *het aannemingsbedrijf* treden de volgende mutaties op:

Per 1 november:	Balans debet	Balans credit
Vooruitontvangen bedragen		€30.000 (+)
Rekening-courant		€30.000 (−)
Voor de maanden november tot en met februari (per maand):		
Vooruitontvangen bedragen		€ 7.500 (−)
Eigen vermogen		€ 7.500 (+)
Per 1 maart:		
Vooruitontvangen bedragen		€75.000 (+)
Rekening-courant		€75.000 (−)
Voor de maanden maart tot en met mei (per maand):		
Vooruitontvangen bedragen		€25.000 (−)
Eigen vermogen		€25.000 (+)

Conclusies:
1 De vooruitontvangen bedragen (zonder dat er werkzaamheden zijn verricht) kunnen we zien als een verplichting (schuld) van het aannemingsbedrijf aan de opdrachtgever om nog prestaties te leveren. Dat komt op de balans aan de creditzijde te staan onder de naam 'Vooruitontvangen bedragen'.
2 De opbrengsten (die leiden tot een toename van het eigen vermogen) boeken we op het moment dat de werkzaamheden waarvoor de betalingen zijn verricht, ook daadwerkelijk zijn uitgevoerd.
3 De geldontvangsten op 1 november en 1 maart leiden niet direct tot opbrengsten.
4 Na verwerking van de financiële feiten blijft de balans in evenwicht, want bij ieder financieel feit wordt er evenveel gedebiteerd als gecrediteerd.

VOORBEELD 3.3

Contante verkoop, btw en winst op verkoop

Onderneming Hedoma verkoopt in de maand mei van dit jaar goederen à contant (per kas) voor €121.000 (inclusief 21% btw). Het totaalbedrag is als volgt tot stand gekomen:

Factuurbedrag exclusief btw = € 100.000
21% btw   €   21.000 +
Factuurbedrag inclusief btw   € 121.000

De betreffende goederen, met een inkoopwaarde van €80.000 (exclusief btw), zijn in de maand mei afgeleverd.

Op de balans van Hedoma treden de volgende mutaties op:

Van de verkoop van de goederen:	Balans debet	Balans credit
Kas	€121.000 (+)	
Eigen vermogen		€100.000 (+)
Te betalen btw		€ 21.000 (+)

Van de afgifte van de goederen:		
Voorraad goederen	€ 80.000 (−)	
Eigen vermogen		€ 80.000 (−)

Conclusies:
1 De aan de afnemer in rekening gebrachte btw leidt niet tot een opbrengst, omdat deze btw aan de belastingdienst moet worden afgedragen. De post Te betalen btw op de balans geeft dat weer.
2 Het factuurbedrag *exclusief btw* leidt tot opbrengsten.
3 De winst op de transactie bedraagt €100.000 − €80.000 = €20.000. Het eigen vermogen is met dat bedrag toegenomen.
4 Om van winst te kunnen spreken, moet er een productieve prestatie (in het primaire proces) worden geleverd. Goederen en/of diensten moeten voor een hogere prijs worden verkocht dan de kosten die met het leveren van het product en/of de dienst gepaard gaan.
5 De omvang van de winst wordt berekend door de opbrengsten te verminderen met de kosten (dit noemen we winstberekening).

VOORBEELD 3.4

Verkoop op rekening, geldontvangst achteraf

Onderneming Flyer verkoopt in de maand *mei* van dit jaar goederen op rekening voor €169.400 inclusief 21% btw. De afnemer betaalt zijn rekening in de maand *juni* (hij stort dit bedrag op de rekening-courant van Flyer). Het totaalbedrag is als volgt tot stand gekomen:

Factuurbedrag exclusief btw = € 140.000
21% btw   € 29.400 +
Factuurbedrag inclusief btw   € 169.400

De betreffende goederen, met een inkoopwaarde van €100.000 (exclusief btw), zijn in de maand mei afgeleverd.

Op de balans van Flyer treden in de *maand mei* de volgende mutaties op:

Van de verkoop van de goederen:	Balans debet	Balans credit
Debiteuren	€169.400 (+)	
Eigen vermogen		€140.000 (+)
Te betalen btw		€ 29.400 (+)

Van de afgifte van de goederen:		
Voorraad goederen	€100.000 (−)	
Eigen vermogen		€100.000 (−)

Op de balans van Flyer treden in de *maand juni* de volgende mutaties op:

	Balans debet	Balans credit
Debiteuren	€169.400 (–)	
Rekening-courant		€169.400 (–)

Conclusies:
1 De aan de afnemer in rekening gebrachte btw leidt niet tot een opbrengst, omdat deze btw aan de belastingdienst moet worden afgedragen. De post 'Te betalen btw' op de balans (een schuld) geeft dat weer.
2 Het factuurbedrag *exclusief btw* wordt als opbrengsten geboekt op het moment dat de factuur en de goederen zijn verzonden, ook al heeft de afnemer nog niet betaald.
3 De winst op de transactie boeken we op het moment dat de factuur en de goederen zijn verzonden en bedraagt €140.000 – €100.000 = €40.000 (de geldontvangst komt later). Het eigen vermogen is met dit bedrag toegenomen.
4 Op het moment dat het factuurbedrag wordt ontvangen, worden geen opbrengsten geboekt. Dat is al gebeurd op het moment waarop de factuur en de goederen zijn verzonden.

VOORBEELD 3.5

Het afsluiten van een lening en interestbetaling

Onderneming Westeraam leent met ingang van 1 januari 2015 van de bank €200.000. Dit bedrag wordt per kas ontvangen. De interest bedraagt 1% per maand en wordt aan het einde van iedere maand door de onderneming betaald ten laste van haar rekening-courant. De interestkosten per maand bedragen: 0,1 × €200.000 = €2.000.
De lening heeft een looptijd van tien jaar. Aan het einde van ieder jaar moet de onderneming €20.000 aflossen. De onderneming betaalt de aflossing contant (per kas).

Op de balans van Westeraam treden op 1 januari 2015 de volgende mutaties op:

	Balans debet	Balans credit
Kas	€200.000 (+)	
Lening bank		€200.000 (+)

Op de balans van Westeraam treden gedurende het jaar 2015 aan het einde van iedere maand de volgende mutaties op (in verband met de betaling van de interestkosten):

	Balans debet	Balans credit
Eigen vermogen	€ 2.000 (–)	
Rekening-courant		€ 2.000 (+)

Op de balans van Westeraam treden aan het einde van ieder jaar de volgende mutaties op (in verband met de aflossing van de lening):

Kas	€ 20.000 (–)
Lening bank		€ 20.000 (–)

Conclusies:
1 De geldontvangst in verband met het opnemen van een lening, hier op 1 januari 2015, is geen opbrengst (het eigen vermogen neemt hierdoor niet toe, het vreemd vermogen neemt wel toe).
2 De gelduitgaven in verband met de betaling van interest over vreemd vermogen, hier aan het einde van iedere maand, leiden tot kosten (het eigen vermogen neemt hierdoor af).
3 De gelduitgaven in verband met de aflossing van een lening, hier aan het einde van ieder jaar, zijn geen kosten (het eigen vermogen neemt hierdoor niet af, het vreemd vermogen wel).

VOORBEELD 3.6

Spaarrekening en interestopbrengsten

Onderneming Overvecht stort met ingang van 1 januari 2015 een bedrag van €100.000 op een depositorekening (spaarrekening) die de onderneming aanhoudt bij de plaatselijke bank. Dit bedrag wordt per kas betaald. De te ontvangen interest bedraagt ½% per maand en wordt aan het einde van iedere maand door de bank op de rekening-courant van de onderneming gestort. De interestontvangsten per maand zijn: 0,005 × €100.000 = €500.

Op de balans van Overvecht treden op 1 januari 2015 de volgende mutaties op:

	Balans debet	Balans credit
Kas	€100.000 (–)	
Deposito bank	€100.000 (+)	

Op de balans van Overvecht treden gedurende het jaar 2015 aan het einde van iedere maand de volgende mutaties op (in verband met de ontvangst van de interest):
Eigen vermogen	€ 500 (+)
Rekening-courant	€ 500 (–)

Conclusies:
1 De gelduitgave in verband met de storting op de depositorekening, op 1 januari 2015, is geen kostenpost (het eigen vermogen neemt hierdoor niet af).
2 De geldontvangsten in verband met de interest, aan het einde van iedere maand, leiden tot opbrengsten (het eigen vermogen neemt hierdoor toe).

We geven de volgende omschrijving van opbrengsten.

> Opbrengsten houden verband met geldontvangsten (in verleden, heden of toekomst) die het gevolg zijn van:
> - de levering van een dienst of product of
> - de interest over *aan derden verstrekte* leningen of over spaartegoeden.

Opbrengsten

Tot de opbrengsten behoren niet de geldontvangsten in verband met het opnemen van vreemd vermogen en/of eigen vermogen en ook niet de btw die een onderneming van haar afnemers ontvangt. Om van opbrengsten te kunnen spreken moet er (in het algemeen) een prestatie worden geleverd in de vorm van het verkopen van een goed en/of dienst **(transactie met de verkoopmarkt) of vermogen aan de vermogensmarkt beschikbaar worden gesteld**.

3.4 Geldontvangsten die niet tot opbrengsten leiden

Bij de bespreking van opbrengsten in de vorige paragraaf zijn we al enkele geldontvangsten tegengekomen, die niet tot opbrengsten leiden.
We herhalen deze in het kort:
- de van afnemers ontvangen btw;
- geldontvangst in verband met opgenomen vreemd vermogen.

In voorbeeld 3.7 bespreken we nog een aantal geldstromen die niet tot opbrengsten of kosten leiden.

VOORBEELD 3.7

Uitgifte van aandelen en winstuitkering

Onderneming Haverkamp met de rechtsvorm van naamloze vennootschap (nv) trekt eigen vermogen aan door het uitgeven van nieuwe aandelen. In totaal worden 100.000 nieuwe aandelen uitgegeven, waarvoor de koper €100 per aandeel moet betalen. De totale geldontvangst als gevolg van de emissie bedraagt €10.000.000. De kopers storten dit bedrag op de rekening-courant van de nv. De nv gebruikt de geldontvangst als gevolg van de aandelenemissie om een nieuw bedrijfspand te kopen voor €9.000.000. Het restant van de geldontvangsten uit de emissie blijft op de rekening-courant staan. De nv keert aan het einde van het jaar aan haar aandeelhouders €250.000 winst uit ten laste van haar rekening-courant. De winst die een nv of bv aan haar aandeelhouders uitkeert, noemen we dividend.

Door de emissie van aandelen treden de volgende mutaties op bij Haverkamp nv:

	Balans debet	Balans credit
Eigen vermogen		€10.000.000 (+)
Rekening-courant		€10.000.000 (−)

Door de aankoop van het gebouw treden de volgende mutaties op bij Haverkamp nv:

Gebouwen	€9.000.000 (+)	
Rekening-courant		€ 9.000.000 (+)

Door de dividendbetaling treden de volgende mutaties op bij Haverkamp nv:

Eigen vermogen		€ 250.000 (−)
Rekening-courant		€ 250.000 (+)

Conclusies:
1 Door de geldontvangst in verband met de uitgifte van aandelen neemt het eigen vermogen toe, maar het is geen opbrengst. Er wordt immers geen productieve prestatie geleverd.
2 De aankoop van het gebouw is een gelduitgave, die nog niet direct tot kosten leidt. Het eigen vermogen neemt door dit financiële feit niet af.
3 De betaling van dividend is een gelduitgave, waardoor het eigen vermogen afneemt maar de dividendbetaling leidt niet tot kosten.
Dividend is een winstuitkering (winstbestemming) en behoort tot de secundaire geldstromen (staat niet rechtstreeks in verband met het primaire proces).

ZELFTOETS 3.3
Een onderneming heeft in de maand juni voor €96.800 (inclusief 21% btw) à contant verkocht en voor €60.500 (inclusief 21% btw) op rekening verkocht. De goederen zijn afgeleverd en hebben een totale inkoopwaarde van €70.000 (van de contante verkopen en de verkopen op rekening samen). De afnemers die op rekening hebben gekocht, betalen per bank in de maand die volgt op de maand waarin de verkoop heeft plaatsgevonden.
a Welke mutaties treden er op in de balans als gevolg van de verkopen à contant en op rekening en van de aflevering van de goederen in de maand juni? Vermeld daarbij om *welke balanspost* het gaat, aan *welke zijde* van de balans deze post staat en vermeld met *welk bedrag* de betreffende balanspost *toe- of afneemt*.
b Welk bedrag wordt in de maand juni ontvangen en hoe groot is de opbrengst in die maand? Verklaar het verschil tussen beide bedragen.
c Welk bedrag wordt in de maand juli ontvangen en hoe groot is de opbrengst in die maand? Verklaar het verschil tussen beide bedragen.

ZELFTOETS 3.4
a Geef een voorbeeld van opbrengsten die in *dezelfde periode* tot geldontvangsten leiden.
b Geef een voorbeeld van opbrengsten die *niet in dezelfde periode* tot geldontvangsten leiden.
c Geef twee voorbeelden van geldontvangsten die *nooit* tot opbrengsten leiden.

Opbrengsten ontstaan op het moment dat aan de verkoopmarkt een prestatie wordt geleverd (de levering van een goed of dienst). De ingaande primaire geldstromen die daarvan het gevolg zijn, leiden tot opbrengsten.
Secundaire ingaande geldstromen zoals het opnemen van een lening en het aantrekken van eigen vermogen leiden niet tot opbrengsten. Dit geldt ook voor privéstortingen door de eigenaren van een eenmanszaak of vof en voor de van afnemers ontvangen btw.

3.5 Kosten

Om producten en/of diensten te kunnen maken en leveren, moet een organisatie de beschikking hebben over productiemiddelen. Deze productiemiddelen betrekt de organisatie van de *inkoopmarkt* (ingaande goederenstroom) waarvoor een geldelijke vergoeding betaald moet worden (uitgaande primaire geldstroom). Een organisatie kan de beschikking over productiemiddelen krijgen door deze aan te schaffen of te huren. Aangekochte productiemiddelen zijn het eigendom van de onderneming en komen op de balans aan de debetzijde te staan.

Kosten Het gebruik van productiemiddelen in het primaire proces leidt tot kosten. Kosten kunnen ook ontstaan doordat vreemd vermogen aan de organisatie beschikbaar is gesteld (interestkosten).

Aan de hand van een aantal voorbeelden lichten we het verband tussen gelduitgaven en kosten toe.

VOORBEELD 3.8

Loonkosten

Een onderneming betaalt ieder jaar €100.000 uit aan lonen. Voor de productiefactor arbeid geldt dat de werknemers in de regel hun loon ontvangen in de maand waarin ze gewerkt hebben. Dat betekent dat de gelduitgaven in verband met betaalde lonen ook direct als kosten worden geboekt. Stel dat over het loon door de werkgever 30% sociale lasten moet worden betaald (werkgeversaandeel sociale lasten). De jaarlijkse gelduitgaven voor lonen bedragen €100.000 en de gelduitgaven in verband met het werkgeversaandeel sociale lasten zijn €30.000 per jaar. Het voorgaande geven we in de volgende figuur weer.

Loonkosten

	Gelduitgaven				
Lonen:	€100.000	€100.000	€100.000	€100.000	€100.000
Sociale lasten:	€0.000	€30.000	€30.000	€30.000	€30.000
	jaar 1	jaar 2	jaar 3	jaar 4	jaar 5
Loonkosten:	€130.000	€130.000	€130.000	€130.000	€130.000

We moeten ons steeds afvragen ten laste van welke periode een bepaalde gelduitgave moet worden gebracht. In welke periode wordt gebruikgemaakt van de productiemiddelen waarvoor de gelduitgaven zijn verricht? De gelduitgaven worden aan een periode toegerekend in verhouding tot het gebruik dat in een bepaalde periode van het betreffende productiemiddel wordt gemaakt. De aan een bepaalde periode toegerekende gelduitgaven zijn kosten voor die periode.

We lichten dit toe in voorbeeld 3.9 dat betrekking heeft op de *inkoop en het verbruik* van goederen.

VOORBEELD 3.9

Inkoop en verbruik van handelsgoederen

Een handelsonderneming heeft aan het begin van het jaar een voorraad goederen van €30.000. Tijdens een bepaald jaar vinden de volgende financiële feiten plaats:

Financieel feit 1   Per kas is voor €100.000 (inkoopwaarde) aan goederen ingekocht.
Financieel feit 2a   Per kas is voor €113.000 (verkoopwaarde) aan goederen verkocht.
Financieel feit 2b   De inkoopwaarde van de verkochte en inmiddels afgeleverde goederen bedraagt €80.000.

In dit voorbeeld houden we met btw geen rekening.

Gevraagd
Welke mutaties treden er op in de balans door de financiële feiten 1, 2a en 2b?

Uitwerking
Financieel feit 1 leidt tot de volgende balansmutaties:

	Balans debet	Balans credit
Voorraad goederen	€100.000 (+)	
Kas	€100.000 (−)	

Financieel feit 2a leidt tot de volgende balansmutaties.
Van de contante verkoop wordt geboekt:

Kas	€113.000 (+)	
Eigen vermogen		€113.000 (+)

Financieel feit 2b leidt tot de volgende balansmutaties.
Van de aflevering van de goederen wordt geboekt:

Voorraad goederen	€ 80.000 (−)	
Eigen vermogen		€ 80.000 (−)

Conclusies:
1 De voorraad kasgeld is gestegen met €113.000 − €100.000 = €13.000.
2 De voorraad goederen is gestegen met €100.000 − €80.000 = €20.000.
3 De winst op deze transactie bedraagt €113.000 − €80.000 = €33.000.
4 De toename van kasgeld = €113.000 − €100.000 = €13.000.
   De winst van €33.000 leidt in deze periode niet tot een evenredige toename van het kasgeld omdat €20.000 is gebruikt om de voorraad goederen uit te breiden. Immers €33.000 (winst) − €20.000 (voorraadtoename) = €13.000.
5 Het eigen vermogen is gestegen met €33.000 (= winst over de betreffende periode).

In de voorbeelden 3.10 en 3.11 bespreken we de gevolgen van de aanschaf en het bezit van vaste activa voor de balans en de kosten van een onderneming.

VOORBEELD 3.10

Aanschaf en betaling vaste activa

Banketbakkerij De Koning koopt op 2 januari 2015 een machine voor €7.260 inclusief 21% btw (financieel feit 1). De rekening wordt op 15 januari 2015 betaald ten laste van de rekening-courant bij de bank (financieel feit 2).

Gevraagd
Welke gevolgen hebben deze financiële feiten voor de balans van banketbakkerij De Koning?

Uitwerking
Op de nota van de machine staat de aankoopwaarde van de machine en de btw die over de aankoopwaarde moet worden betaald. Als we uitgaan van 21% btw kunnen we de volgende berekening maken:

Aankoopwaarde   100%
Btw 21% over de aankoopwaarde =   21%   +
Factuurbedrag inclusief btw   121% = €7.260   ⟶   1% = €60

De aankoopwaarde exclusief btw = 100% = 100 × €60 = €6.000
Btw 21% over €6.000 =   €1.260 +
Factuur inclusief btw   €7.260

De betaalde btw kan De Koning van de belastingdienst terugvorderen.

Door financieel feit 1 treden op de balans per 2 januari 2015 de volgende mutaties op:

	Balans debet	Balans credit
Machines	€6.000 (+)	
Te vorderen btw	€1.260 (+)	
Crediteuren		€7.260 (+)

Conclusies:
1 De aanschaf van de machine leidt tot een toename van de bezittingen en schulden, maar nog niet direct tot kosten.
2 De machine wordt op de balans gewaardeerd tegen de inkoopwaarde exclusief btw.
3 Op de balans debetzijde wordt evenveel bijgeboekt als op de balans creditzijde. De balans blijft in evenwicht (in balans).

VERVOLG VOORBEELD 3.10
Door financieel feit 2 (De Koning betaalt ten laste van haar rekening-courant de factuur ad €7.260 aan de leverancier van de machine) treden op de balans per 15 januari 2015 de volgende mutaties op:

	Balans debet	Balans credit
Crediteuren		€7.260 (–)
Rekening-courant		€7.260 (+)

Conclusies:
1 Door de betaling van de factuur van voorbeeld 3.10 nemen de voorraad liquide middelen en de schulden ieder af met €7.260. De voorraad liquide middelen definiëren we hierbij als volgt: liquide middelen = kassaldo + saldo op de rekening-courant.
2 Op het moment dat de gelduitgave (betaling) wordt verricht, worden er nog geen kosten geboekt. Er heeft nog geen opoffering ten behoeve van het primaire proces plaatsgevonden.

VOORBEELD 3.11
Afschrijving op vaste activa

De aankoop van de machine uit voorbeeld 3.10 leidt tot een toename van de bezitting Machines met €6.000, maar op dat moment nog niet tot kosten. In de toekomst zal de machine minder waard worden door het gebruik dat ervan wordt gemaakt, maar ook doordat de machine ouder wordt. We veronderstellen dat de machine vijf jaar meegaat, waarna zij een restwaarde heeft van €1.000. Het in de financiële administratie vastleggen van de waardedaling van vaste activa noemen we afschrijven. Op de machine wordt met gelijke bedragen per jaar afgeschreven.

Gevraagd
a Bereken de afschrijvingskosten per jaar.
b Bereken het bedrag waarvoor de machine op 31 december 2015 op de balans van De Koning zal staan.

Uitwerking
a

$$\text{Afschrijvingen per jaar} = \frac{\text{Aanschafwaarde} - \text{restwaarde}}{\text{Termijn waarover wordt afgeschreven}} = \frac{€6.000 - €1.000}{€5} = €1.000$$

Door het gebruik van de machine in het primaire proces, maar ook door het verloop van de tijd (de machine wordt ouder) neemt de waarde van de machine af. De waardedaling bedraagt €1.000 per jaar en leidt tot afschrijvingskosten van €1.000 per jaar.

b De waarde waarvoor de activa op de balans staan, noemen we de boekwaarde. De boekwaarde van de machine op 31 december 2015 is gelijk aan de aanschafprijs minus de afschrijving in het eerste jaar = €6.000 – €1.000 = €5.000.

Op de balans treden door de waardedaling (en afschrijvingskosten) de volgende mutaties op:

	Balans debet	Balans credit
Machines (waardedaling)	€1.000 (–)	
Eigen vermogen (afschrijvingskosten)		€1.000 (–)

Conclusies:
1 Afschrijvingskosten (waardeverminderingen van activa) leiden tot een vermindering van het eigen vermogen.
2 Afschrijvingen zijn kosten, maar leiden niet tot een gelduitgave in de periode waarin de afschrijvingen worden geboekt.
3 De over de machine betaalde btw leidt niet tot kosten, omdat deze btw van de fiscus wordt teruggevorderd.

We geven de relatie tussen gelduitgaven, geldontvangsten en afschrijvingskosten in figuur 3.3 schematisch weer.

FIGUUR 3.3 Afschrijvingskosten

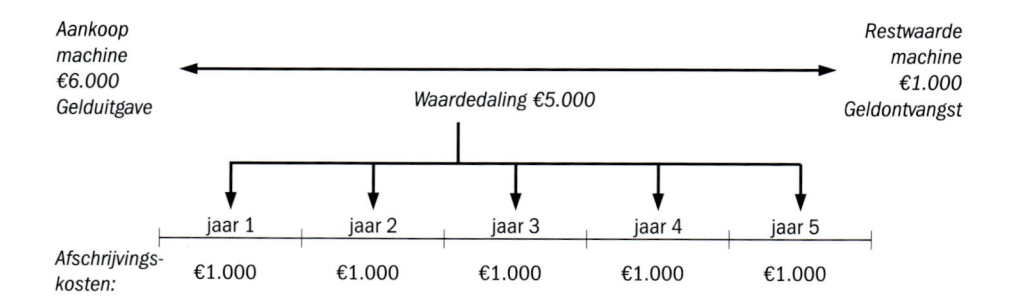

Aankoop machine €6.000 Gelduitgave

Waardedaling €5.000

Restwaarde machine €1.000 Geldontvangst

Afschrijvingskosten:
jaar 1	jaar 2	jaar 3	jaar 4	jaar 5
€1.000	€1.000	€1.000	€1.000	€1.000

Vooruitbetaalde bedragen

Vooruitbetaalde bedragen

Ondernemingen kunnen zich bij een verzekeringsmaatschappij onder meer verzekeren tegen brandschade. De verzekeringspremie moet door de ondernemingen vooruit aan de verzekeringsmaatschappij worden betaald. Leidt de *betaling* van de verzekeringspremie tot eenzelfde bedrag aan *verzekeringskosten* in de periode waarin de premie wordt betaald? Het antwoord op deze vraag geven we in voorbeeld 3.12.

VOORBEELD 3.12

Vooruitbetaalde verzekeringspremies

De eigenaar van installatiebedrijf Technoservice bv heeft zijn panden verzekerd tegen de financiële gevolgen van brandschade. Op 1 april 2014 is €1.200 betaald voor de periode 1 april 2014 tot 1 april 2015 (€100 per maand) en op 1 april 2015 is €1.320 betaald voor de periode 1 april 2015 tot 1 april 2016 (€110 per maand).

Gevraagd
a Welke balansmutaties treden op naar aanleiding van de betaling van de verzekeringspremies op 1 april 2014 en op 1 april 2015?
b Bereken het bedrag dat Technoservice bv in haar winst- en verliesrekening over 2015 opneemt in verband met de kosten van de brandverzekering (verzekeringskosten).
c Bereken het bedrag dat op 1 januari 2016 nog aan verzekeringspremies is vooruitbetaald.

Uitwerking
a De betaling op 1 april 2014 heeft betrekking op het daaropvolgende jaar. De vooruitbetaalde verzekeringspremie nemen we op onder de vlottende activa. Je zou het kunnen zien als een vordering op de verzekeringsmaatschappij. Als de brandverzekering direct weer zou worden opgezegd, kan het bedrag weer (gedeeltelijk) van de verzekeringsmaatschappij worden teruggevorderd.

In de balans van Technoservice bv treden de volgende mutaties op:

	Balans debet	Balans credit
Op 1 april 2014		
Vooruitbetaalde bedragen	€1.200 (+)	
Rekening-courant		€1.200 (+)
Op 1 april 2015		
Vooruitbetaalde bedragen	€1.320 (+)	
Rekening-courant		€1.320 (+)

Conclusie: de betaling van de nota van de verzekeringsmaatschappij leidt niet direct tot kosten (het eigen vermogen is niet veranderd).

b Om de hoogte van de verzekeringskosten over 2015 vast te stellen, moeten we de gelduitgaven aan een bepaalde periode toerekenen. De vraag is: welk gedeelte van de betaalde verzekeringspremies moet aan het jaar 2015 worden toegerekend? We geven dat in de volgende figuur weer.

Verband tussen gelduitgaven en kosten (brandverzekering Technoservice bv)

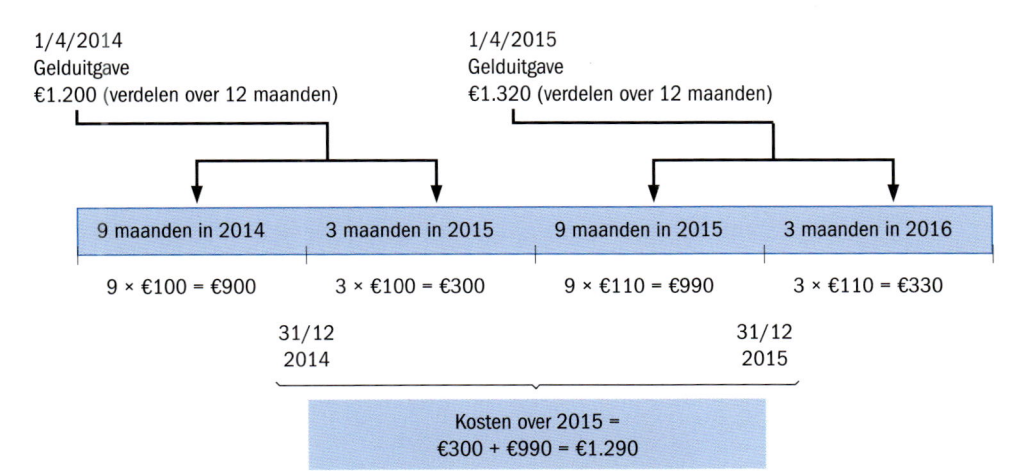

1/4/2014
Gelduitgave
€1.200 (verdelen over 12 maanden)

1/4/2015
Gelduitgave
€1.320 (verdelen over 12 maanden)

9 maanden in 2014	3 maanden in 2015	9 maanden in 2015	3 maanden in 2016
9 × €100 = €900	3 × €100 = €300	9 × €110 = €990	3 × €110 = €330

31/12 2014

31/12 2015

Kosten over 2015 =
€300 + €990 = €1.290

We nemen aan dat Technoservice bv de verzekeringskosten over het gehele jaar 2015 boekt op 31 december 2015.
Op de balans treden dan op 31 december 2015 de volgende mutaties op:

	Balans debet	Balans credit
Vooruitbetaalde bedragen	€1.290 (–)	
Eigen vermogen		€1.290 (–)

c Op 1 januari 2016 is nog drie maanden premie vooruitbetaald = 3 × €110 = €330.

Conclusies:
1 De gelduitgaven in verband met de verzekeringspremie komen ten laste van de periode waarop de verzekering betrekking heeft.
2 De verzekeringskosten over 2015 in voorbeeld 3.12 bedragen €1.290 en verlagen het eigen vermogen.
3 Op 31 december 2015 is er geen gelduitgave, maar worden er wel kosten geboekt.
4 De gelduitgaven in een bepaalde periode hoeven niet gelijk te zijn aan de kosten in diezelfde periode.

Incidenteel verlies

De uitkering door een verzekeringsmaatschappij kan afwijken van de werkelijke schade. Als het uitgekeerde bedrag lager is dan de in werkelijkheid geleden schade, ontstaat er een incidenteel verlies. Dat lichten we in het volgende voorbeeld toe.

VOORBEELD 3.13

Schade en uitkering door verzekeringsmaatschappij

Eenmanszaak De Woeste Hoeve heeft een stormschade aan het bedrijfspand opgelopen van €20.000 (financieel feit 1).
De onderneming is verzekerd tegen stormschade, maar heeft een eigen risico van €1.000. De verzekeringsmaatschappij heeft €19.000 overgeboekt op de rekening-courant van De Woeste Hoeve (financieel feit 2).
De schade door de storm is nog niet hersteld.

Welke mutaties treden er in de balans van De Woeste Hoeve op naar aanleiding van financieel feit 1 en 2?

	Balans debet	Balans credit
Financieel feit 1:		
Gebouwen	€20.000 (–)	
Eigen vermogen		€20.000 (–)
Financieel feit 2:		
Rekening-courant	€19.000 (–)	
Eigen vermogen		€19.000 (+)

Conclusie: de stormschade aan het pand leidt tot €1.000 kosten (incidenteel verlies).

De kosten van een organisatie hangen in de meeste gevallen samen met het primaire proces en worden afgeleid van de primaire geldstromen.
Er is echter ook een secundaire geldstroom die tot kosten leidt en dat is de betaling van interest over het opgenomen vreemd vermogen. Dat lichten we toe in voorbeeld 3.14.

VOORBEELD 3.14

Interestkosten vreemd vermogen

Alreco bv heeft een rekening-courantkrediet opgenomen bij de plaatselijke bank. De bank brengt de interestkosten voor het rekening-courantkrediet over 2015 (€2.600) aan Alreco bv in rekening. Dit bedrag wordt door de bank op 31 december 2015 ten laste van de rekening-courant van Alreco bv geboekt.

Op de balans van Alreco bv treden hierdoor op 31 december 2015 de volgende mutaties op:

	Balans debet	Balans credit
Eigen vermogen		€2.600 (−)
Rekening-courant		€2.600 (+)

Conclusie: de gelduitgaven in verband met de betaling van interest over vreemd vermogen leiden tot kosten (het eigen vermogen neemt hierdoor af).

3.6 Voorzieningen en onderhoudskosten

Op een balans geeft een organisatie weer, welke bezittingen (activa) ze heeft en wat haar schulden zijn. Het verschil tussen de bezittingen (activa) en de schulden (vreemd vermogen) is het eigen vermogen. Een van de kenmerken van schulden is dat ze in de toekomst tot gelduitgaven zullen leiden. Een organisatie die een lening opneemt, zal deze schuld aan de creditzijde van de balans opnemen. De omvang van de schuld geeft in feite de omvang van de aflossingen weer die in de toekomst betaald moeten worden (toekomstige gelduitgaven).

Ook een voorziening rekenen we tot het vreemd vermogen van een organisatie. Aan de hand van voorbeeld 3.15 lichten we toe wat een voorziening is en hoe die ontstaat.

Voorziening

VOORBEELD 3.15

Voorzieningen

Hogeschool Gooiland heeft onlangs een nieuw schoolgebouw in gebruik genomen. Hoewel het een nieuw pand betreft, weten we dat er na verloop van tijd onderhoud verricht zal moeten worden. We nemen het schilderwerk als voorbeeld. Hoewel het schoolgebouw bij oplevering van het pand uitstekend in de verf zit, weet men nu al dat over ongeveer vijf jaar er weer een grote schilderbeurt nodig zal zijn. De kosten van deze schilderbeurt (die onder het groot onderhoud vallen) worden geschat op €30.000.

Gevraagd
a Op welk moment moeten we deze in de toekomst te verwachten gelduitgave van €30.000 als kosten aanmerken en hoe moeten we de verplichting (tot een toekomstige betaling van €30.000) in verband met groot onderhoud op de balans tot uitdrukking brengen?
b We zijn nu vijf jaar verder en het schilderwerk is inmiddels verricht. De nota van de schilder bedraagt €28.800 en is betaald ten laste van het rekening-courantkrediet. Welke mutaties treden naar aanleiding hiervan op in de balans?

Uitwerking
Ad a
In de bedrijfseconomie stellen we ons op het standpunt dat de verplichting in verband met het (in de toekomst) te verrichten groot onderhoud geleidelijk ontstaat. Ieder jaar gaat het schilderwerk verder achteruit en groeit de verplichting in verband met groot onderhoud. Deze verplichting komt (naast andere verplichtingen zoals bankleningen) aan de creditzijde van de balans te staan met bijvoorbeeld de naam 'Voorziening groot onderhoud'. In de balans moeten deze verplichtingen en de kosten die daarmee samenhangen tot uitdrukking komen. We doen dit door *elk jaar* €6.000 aan onderhoudskosten te boeken en door de verplichting in verband met groot onderhoud, de balanspost Voorziening groot onderhoud, met €6.000 te laten groeien.
Op de balans treden de volgende mutaties op:

	Balans debet	Balans credit
Voorziening groot onderhoud		€6.000 (+)
Eigen vermogen		€6.000 (−)

Deze mutaties hebben tot gevolg dat ieder jaar €6.000 als kosten ten laste van resultaat wordt gebracht (het eigen vermogen neemt met dit bedrag af) en dat de verplichting in verband met groot onderhoud ieder jaar met €6.000 toeneemt (het vreemd vermogen neemt toe). Hierdoor slaan we twee vliegen in een klap: de kosten worden op een juiste wijze over de jaren verdeeld en de verplichting in verband met groot onderhoud wordt juist weergegeven.

Nadat we dit vijf keer hebben gedaan, staat op de balans aan de creditzijde onder de naam 'Voorziening groot onderhoud' een verplichting van totaal €30.000 (5 × €6.000). Hierdoor komt de *toekomstige* gelduitgave in verband met groot onderhoud niet alleen ten laste van het jaar waarin het onderhoud daadwerkelijk wordt verricht en de nota ervan wordt betaald.

Ad b
Naar aanleiding van de betaling van de nota van het schildersbedrijf treden in het begin van het zesde jaar op de balans de volgende mutaties op:

	Balans debet	Balans credit
Rekening-courant		€28.800 (+)
Voorziening groot onderhoud		€28.800 (−)

De meevaller van €1.200 (€30.000 − €28.800) blijft op de rekening Voorziening groot onderhoud staan en wordt in de toekomst mogelijk gebruikt om tegenvallers op te vangen. Als de verwachte gelduitgaven voor groot onderhoud redelijk worden ingeschat, zullen op de lange termijn de tegenvallers en meevallers ongeveer tegen elkaar wegvallen.

Door de voorgaande boekingen te maken, hebben we een toekomstige (verwachte) gelduitgave van €30.000 verdeeld over de jaren waarin de met de voorziening samenhangende verplichting ontstaat. Het aan ieder jaar toegerekende bedrag noemen we kosten. We geven dit in figuur 3.4 weer.

FIGUUR 3.4 Toekomstige gelduitgave en kosten

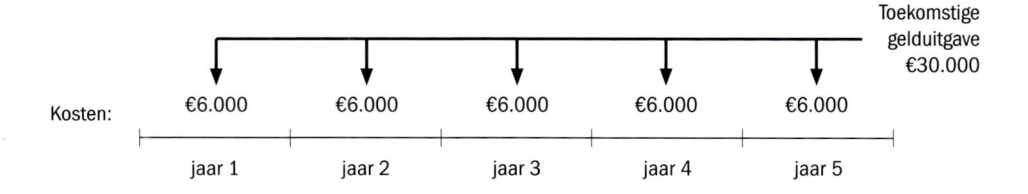

Kosten:	€6.000	€6.000	€6.000	€6.000	€6.000	Toekomstige gelduitgave €30.000
	jaar 1	jaar 2	jaar 3	jaar 4	jaar 5	

Ook in de volgende voorbeelden (3.16 tot en met 3.19) staat het verband tussen gelduitgaven en kosten op de voorgrond.

Voorbeeld 3.16 heeft betrekking op de kosten in verband met de productiefactor arbeid.

VOORBEELD 3.16

Loonkosten

Van onderneming Atalanta bv is de volgende balans beschikbaar.

Activa	Balans Atalanta bv per 1 december 2014 (in euro's)		Passiva		
Vaste activa:		120.000	Eigen vermogen:		
Grond	600.000		Aandelenvermogen		400.000
Gebouwen	80.000		Winstreserve		370.000
Vervoermiddelen	38.000				
Inventaris		838.000	Vreemd vermogen:		
			Lange termijn		
Vlottende activa:			Banklening		390.000
Voorraad goederen	397.700				
Debiteuren	160.000		Korte termijn:		
Te vorderen btw	2.300		Crediteuren	118.000	
Kas	1.400		Te betalen sociale lasten	12.600	
		561.400	Te betalen vakantiegeld	41.800	
			Te betalen btw	7.400	
			Rekening-courant	59.600	239.400
Totaal activa		1.399.400	Totaal vermogen		1.399.400

Atalanta bv kent aan haar werknemers vakantiegeld toe. In mei van ieder jaar wordt achteraf vakantiegeld uitbetaald. Het vakantiegeld bedraagt 8% van de brutolonen die in de twaalf maanden die voorafgaan aan de betaling van het vakantiegeld zijn betaald (dus op 31 mei van 2014 is het vakantiegeld uitbetaald over de periode 1 juni 2013 tot en met 31 mei 2014).
In 2014 is iedere maand €28.000 aan brutolonen uitbetaald en voor 2015 bedraagt dat bedrag €30.000. Deze betalingen vinden plaats per rekening-courant. De onderneming moet ook het werkgeversaandeel sociale lasten betalen over het brutoloon. De sociale lasten, die 30% bedragen van het uitbetaalde brutoloon, worden betaald in de maand na de maand waarin het brutoloon is uitbetaald. Deze betalingen vinden plaats per rekening-courant.

Gevraagd
a Geef aan welke balansposten (met vermelding van de relevante bedragen) er veranderen in de maand december 2014 op de balans van Atalanta bv naar aanleiding van:
 1 de betaling van de brutolonen;
 2 de kosten in verband met vakantiegeld;
 3 de kosten in verband met de sociale lasten (werkgeversaandeel sociale lasten);
 4 de betaling van de sociale lasten.
b Bereken de kosten in verband met vakantiegeld over het jaar 2015 en de betaling van het vakantiegeld op 31 mei 2015.
c Bereken de kosten in verband met sociale lasten over geheel 2015 en de betaling in verband met sociale lasten in geheel 2015.
d Bereken welke bedragen op 31 december 2014 op de balans van Atalanta bv komen te staan bij:
 1 Te betalen sociale lasten;
 2 Te betalen vakantiegeld.

Uitwerking
a 1 Betaling brutoloon

	Balans debet	Balans credit
Eigen vermogen		€28.000 (–)
Rekening-courant		€28.000 (+)

 2 Kosten in verband met vakantiegeld over *december* 2014 bedragen: 0,08 × €28.000 = €2.240

	Balans debet	Balans credit
Eigen vermogen		€ 2.240 (–)
Te betalen vakantiegeld		€ 2.240 (+)

 3 De kosten in verband met sociale lasten over *december* 2014 bedragen: 0,3 × €28.000 = €8.400

	Balans debet	Balans credit
Eigen vermogen		€ 8.400 (–)
Te betalen sociale lasten		€ 8.400 (+)

 4 De betaling van de sociale lasten (over *november* 2014 = 0,3 × €28.000 = €8.400)

	Balans debet	Balans credit
Rekening-courant		€ 8.400 (+)
Te betalen sociale lasten		€ 8.400 (–)

b Kosten in verband met vakantiegeld over het jaar 2015 =
8% × (12 × €30.000) = €28.800.
De betaling van het vakantiegeld op 31 mei 2015 =
8% × (7 × €28.000 + 5 × €30.000) = €27.680
c Kosten in verband met het werkgeversaandeel sociale lasten over het jaar 2015 = 30% × (12 × €30.000) = €108.000.
De betaling in verband met deze sociale lasten in het jaar 2015 =
30% × (1 × €28.000 + 11 × €30.000) = €107.400.
d Op 31 december 2014 komt op de balans van Atalanta bv te staan bij:
1 Te betalen sociale lasten: 0,3 × €28.000 = €8.400;
2 Te betalen vakantiegeld: 7 × 0,08 × €28.000 = €15.680.

Conclusie: de gelduitgaven in een bepaalde periode hoeven niet gelijk te zijn aan de kosten in diezelfde periode.

We geven de volgende omschrijving van kosten.

> Kosten houden verband met gelduitgaven (in verleden, heden of toekomst) die het gevolg zijn van:
> - de aankoop en/of huur van productiemiddelen of
> - diensten die door derden worden geleverd (bijvoorbeeld verzekeringen) of
> - de interest over vreemd vermogen of
> - het verrichten van arbeid door werknemers of uitzendkrachten.

Kosten

ZELFTOETS 3.5

Een onderneming heeft onlangs haar pand opnieuw laten schilderen. De gelduitgaven voor deze schilderbeurt waren €30.000, die volledig ten laste van de rekening Voorziening groot onderhoud zijn gebracht. Na deze boeking is het saldo op de rekening Voorziening groot onderhoud nihil (de gelduitgave was precies gelijk aan de geschatte schilderkosten). Men verwacht dat over vijf jaar het pand opnieuw geschilderd zal moeten worden en dat de kosten van het schilderen dan gestegen zijn naar €35.000.

a Bereken het bedrag dat jaarlijks aan onderhoudskosten in verband met het schilderwerk zal worden geboekt.
b Geef de mutaties die optreden in de balans naar aanleiding van het boeken van de *jaarlijkse* onderhoudskosten.
c Bereken het bedrag dat aan het einde van het derde jaar (gerekend vanaf nu) op de balans staat onder de naam 'Voorziening groot onderhoud'.

BRON: HET FINANCIEELE DAGBLAD, 1 AUGUSTUS 2014

Voormalig Fortis treft voorziening van €130 mln na arrest Fortis Effect

Amsterdam Ageas, de rechtsopvolger van de Fortis Holding, treft een voorziening van €130 mln die ten laste wordt gebracht van de winst in het eerste halfjaar, na een voor het bedrijf negatief vonnis in een zaak van voormalige beleggers. Ageas kondigde bovendien aan in cassatie te gaan.
Woensdag vonniste het Gerechtshof Amsterdam dat het oude Fortis begin oktober 2008 'misleidende' mededelingen heeft gedaan door aan klanten en potentiële beleggers te zeggen dat het bedrijf door de ingreep van Nederland, België en Luxemburg er sterk voor stond. Enkele dagen later bleek er een nieuwe reddingspoging nodig te zijn.
De zaak was aangespannen door Fortis Effect, opgericht door advocaat Adriaan de Gier. Die had Fortis en de Nederlandse overheid aangeklaagd op diverse punten. De Staat is volledig vrijgesproken en ook Fortis won op enkele belangrijke punten, waaronder het principiële punt dat voor de ontmanteling van het concern geen aandeelhoudersvergadering nodig was. Maar voor misleidende informatie is het bedrijf wel veroordeeld. De hoogte van de schadevergoeding is nog niet bepaald. De Gier heeft eerder aangegeven €200 mln te claimen, en inmiddels zouden meer mensen zich aanmelden bij Fortis Effect.
Ageas is op een voorziening van €130 mln uitgekomen 'op basis van algemeen gebruikte methoden en assumpties'. De koers van Ageas stond na het bericht onder druk.

TOELICHTING
In dit artikel gaat het om een eenmalige boeking van kosten. Ageas verwacht in de toekomst ongeveer €130 mln te moeten uitkeren aan schadevergoedingen. Dit bedrag wordt nu al als kosten geboekt en komt ten laste van het resultaat in het eerste halfjaar van 2014. Op de balans komt onder het vreemd vermogen een verplichting te staan van €130 mln onder bijvoorbeeld de naam 'Nog uit te keren schadevergoedingen'.

3.7 Gelduitgaven die niet tot kosten leiden

In het voorgaande hebben we steeds een verband gelegd tussen gelduitgaven en kosten. We durven de stelling aan: zonder gelduitgaven zijn er geen kosten. Dit wil echter niet zeggen dat alle gelduitgaven tot kosten leiden. In de voorbeelden 3.10 en 3.11 zijn we bijvoorbeeld een situatie tegengekomen waarin gelduitgaven niet tot kosten leiden: de btw die is betaald bij de aanschaf van de machine (gelduitgave) leidt niet tot kosten, omdat de betaalde btw van de belastingdienst wordt terugontvangen.

De aflossing van vreemd vermogen is een ander voorbeeld van gelduitgaven die niet tot kosten leiden. We lichten dat in voorbeeld 3.17 toe.   *Aflossing*

VOORBEELD 3.17
Aflossing vreemd vermogen

Een onderneming betaalt uit haar kas €3.000 aan de bank als aflossing op een banklening.

Gevraagd
Welke mutaties treden er door dit financiële feit op in de balans?

Uitwerking

	Balans debet	Balans credit
Kas	€3.000 (–)	
Banklening		€3.000 (–)

Conclusies:
1 De voorraad liquide middelen en de schulden (vreemd vermogen) nemen in voorbeeld 3.17 ieder af met €3.000.
2 De betaling van de aflossing leidt niet tot kosten (geen afname van het eigen vermogen).

In deze paragraaf over gelduitgaven die niet tot kosten leiden, bespreken we ook de begrippen winstbepaling en winstbestemming.
Met winstbepaling bedoelen we het vaststellen van de hoogte van de winst of het verlies. De winst bepalen we door de opbrengsten gedurende een bepaalde periode te verminderen met de kosten gedurende diezelfde periode.   *Winstbepaling*

Winstbestemming

Als de opbrengsten hoger zijn dan de kosten maakt de organisatie winst, als de opbrengsten kleiner zijn dan de kosten leidt de organisatie verlies. Als er winst wordt gemaakt, doet zich de vraag voor hoe deze winst over de verschillende belanghebbenden wordt verdeeld. We spreken dan van winstbestemming.

Een onderneming kan de winst volledig uitkeren, maar kan ook besluiten slechts een gedeelte van de winst uit te betalen aan de eigenaren.

De winstuitkering aan de aandeelhouders van een bv of nv noemen we dividend. De aan de eigenaren uitgekeerde winst (een gelduitgave) is geen kostenpost. Zie ook de voorbeelden 3.18 en 3.19.

VOORBEELD 3.18

Winstuitkering

Een onderneming met de rechtsvorm van besloten vennootschap keert €30.000 winst uit aan haar aandeelhouders ten laste van haar voorraad kasgeld.

Gevraagd
Welke mutaties treden er door dit financiële feit op in de balans?

Uitwerking

	Balans debet	Balans credit
Kas	€30.000 (−)	
Eigen vermogen (winstreserve)		€30.000 (−)

Conclusies:
1 De voorraad liquide middelen en het eigen vermogen (winstreserve) in voorbeeld 3.18 nemen ieder af met €30.000.
2 De betaling van dividend (winstuitkering) leidt niet tot kosten.

VOORBEELD 3.19

Privéonttrekkingen bij eenmanszaak en vof

De eigenaar van een eenmanszaak neemt in de maand mei *voor privédoeleinden*: €300 uit de kas van zijn bedrijf (financieel feit 1) en goederen met een inkoopwaarde van €1.000 uit het magazijn van zijn onderneming (financieel feit 2).

Gevraagd
Welke mutaties treden er door deze financiële feiten op in de balans van de eenmanszaak?

Uitwerking

	Balans debet	Balans credit
Financieel feit 1:		
Kas	€ 300 (−)	
Eigen vermogen		€ 300 (−)

Financieel feit 2:
Voorraad goederen €1.000 (−)
Eigen vermogen €1.000 (−)

Conclusie: priveonttrekkingen leiden tot een afname van het eigen vermogen, maar niet tot kosten. De relatie met het primaire proces ontbreekt immers.

ZELFTOETS 3.6
a Geef twee voorbeelden van kosten die in dezelfde periode tot gelduitgaven leiden.
b Geef twee voorbeelden van kosten die *niet in dezelfde periode* tot gelduitgaven leiden.
c Geef vier voorbeelden van gelduitgaven die *niet* tot kosten leiden.

In de regel hangen kosten samen met de activiteiten in het primaire proces en houden ze verband met de uitgaande geldstromen. Er is echter ook een aantal uitzonderingen op deze regel. Secundaire uitgaande geldstromen, zoals het aflossen van een lening en de betaling van dividend, leiden niet tot kosten. Dit geldt ook voor privéonttrekkingen. **Kosten**

Kosten worden geboekt op *het moment* dat er productiemiddelen worden opgeofferd. Maar op welk moment is er sprake van opoffering van productiemiddelen? We geven enkele voorbeelden: **Opoffering productiemiddelen**
1 de afgifte van goederen/producten aan afnemers (op de verkoopmarkt);
2 de bijzondere waardevermindering van activa als gevolg van bijvoorbeeld brandschade (incidenteel verlies);
3 de waardevermindering van vaste activa (afschrijvingskosten);
4 de betaling van loon aan de werknemers.

We geven ook enkele voorbeelden waarin geen sprake is van opoffering van productiemiddelen en dus ook niet van kosten:
1 De inkoop van goederen die op voorraad worden gelegd (geld wordt omgezet in goederen maar de omvang van de activa verandert hierdoor niet).
2 De afgifte van grondstoffen/halffabricaten voor het productieproces. Grondstoffen worden omgezet in halffabricaten, die weer worden omgezet in eindproducten. De ene vorm van voorraad wordt omgezet in een andere vorm van voorraad, maar de omvang van de activa verandert niet. Er wordt geen eindproduct afgeleverd.
3 De aflossing van vreemd vermogen. Dit financiële feit houdt immers geen rechtstreeks verband met het primaire proces.

Om vast te stellen of er sprake is van opbrengsten en kosten moet worden vastgesteld of door een bepaald financieel feit de omvang van het eigen vermogen verandert.

Als het financieel feit leidt tot een toename van het eigen vermogen, is er in veel gevallen sprake van opbrengsten. Er zijn echter ook uitzonderingen, zoals privéstortingen bij een eenmanszaak of vof. **Opbrengsten**

Als het financieel feit leidt tot een afname van het eigen vermogen, is er in veel gevallen sprake van kosten. Er zijn echter ook uitzonderingen, zoals privéonttrekkingen bij een eenmanszaak of vof.

ZELFTOETS 3.7
Noem een aantal financiële feiten die tot een:
a toename van het eigen vermogen leiden, maar niet tot opbrengsten;
b afname van het eigen vermogen leiden, maar niet tot kosten.

3.8 Opbrengsten, kosten en winst- en verliesrekening

Bij de meeste organisaties vinden dagelijks veel financiële feiten plaats. Het is niet praktisch om voor ieder afzonderlijk financieel feit de gevolgen voor de balans en voor het eigen vermogen weer te geven door steeds de balans aan te passen. Grotere organisaties hebben een afdeling Financiële administratie die ervoor zorgt dat allerlei financiële feiten efficiënt worden vastgelegd en verwerkt. Dat gebeurt bovendien op een zodanige wijze dat daaruit belangrijke financiële informatie kan worden verkregen. Zo worden alle afschrijvingen op de verschillende vaste activa samengevoegd tot een kostenpost Afschrijvingskosten. Ook de interestkosten in verband met de verschillende leningen worden samengevoegd tot een post Interestkosten en alle kosten voor gas, water en licht worden samengevoegd tot de post Energiekosten. En zo kunnen we nog een tijdje doorgaan.
In plaats van direct de gevolgen van een financieel feit voor het eigen vermogen vast te leggen, brengen we in de praktijk alle kosten en opbrengsten eerst samen op een winst- en verliesrekening.

Boekhoudkundige verwerking van financiële feiten
Als het aantal transacties toeneemt, wordt per balanspost een aparte rekening bijgehouden waarop de mutaties worden vastgelegd. Bijvoorbeeld een aparte rekening Voorraad goederen, Kas, Te betalen btw, Te vorderen btw en Eigen vermogen. Bij het boeken van de mutaties op deze rekeningen moeten we bepaalde regels in acht nemen, die we hierna weergeven.

Boekingsregels

Boekingsregels:
- Als een balanspost *toeneemt*, het bedrag op de betreffende rekening aan *dezelfde kant* plaatsen als de kant waar het op de balans staat.
- Als een balanspost *afneemt*, het bedrag op de betreffende rekening aan de *andere kant* plaatsen als de kant waar het op de balans staat.

Bij de boekhoudkundige verwerking van financiële feiten moeten we steeds de balans in het achterhoofd houden.

Bijvoorbeeld:
- Kas neemt toe met €500. Kas staat debet op de balans, dus €500 debet op de rekening Kas zetten.
- De voorraad goederen neemt af met €200. Voorraad goederen staat debet op de balans, dus €200 credit op de rekening Voorraad goederen zetten.
- Het eigen vermogen neemt toe met €1.000. Eigen vermogen staat credit op de balans, dus €1.000 credit op de rekening Eigen vermogen zetten.

VOORBEELD 3.20

We passen deze boekingsregels nu toe op voorbeeld 3.1. De daarin genoemde financiële feiten herhalen we en we voegen daar een derde financieel feit aan toe.

Feit 1: Contante inkoop van goederen voor €302,50 (waarvan €52,50 btw).
De goederen zijn ontvangen.

Feit 2: a Contante verkoop van de goederen (genoemd bij feit 1) voor €423,50 (waarvan €73,50 btw).
b De goederen zijn afgeleverd.

Feit 3: Voor €20 postzegels gekocht en dit bedrag per kas betaald. Dit bedrag wordt direct als kosten geboekt.

Gevraagd
Geef de boekhoudkundige verwerking van deze financiële feiten.

Uitwerking

Voorraad goederen					Eigen vermogen			
(1)	€ 250	(2b)	€ 250	(2b)	€ 250	(2a)	€ 350
				(3)	€ 20		

Te vorderen btw					Te betalen btw		
(1)	€ 52,50					(2a)	€ 73,50

Kas			
(2a)	€ 423,50	(1)	€ 302,50
		(3)	€ 20

Merk op dat er steeds (per financieel feit) evenveel aan de debetzijde van de rekeningen wordt geboekt als aan de creditzijde. De balans blijft dan in evenwicht.

Winst- en verliesrekening

In de praktijk zal het eigen vermogen door veel oorzaken kunnen veranderen. Om overzicht te houden over de oorzaken waardoor het eigen vermogen verandert, wordt per opbrengstcategorie en per kostenpost een aparte rekening bijgehouden. Zo zullen de kosten van de postzegels uit het vorige voorbeeld op de rekening Portikosten worden geboekt. En de inkoopwaarde van de verkochte goederen op de rekening Kosten van de omzet. De opbrengst van de verkochte goederen komt op de rekening Opbrengst verkopen te staan.

De totalen van deze rekeningen worden dan samengebracht op een winst- en verliesrekening. De winst- en verliesrekening kunnen we weergeven in de vorm van een debetzijde en een creditzijde. De opbrengsten komen aan de creditzijde van de winst- en verliesrekening te staan, de kosten aan de debetzijde.

Bedenk dat het eigen vermogen (E.V.) aan de creditzijde van de balans staat. We krijgen daarom de volgende indeling van de winst- en verliesrekening.

Door kosten neemt E.V. af: bedrag aan de debetkant plaatsen

Door opbrengsten neemt E.V. toe: bedrag aan de creditkant plaatsen

Winst- en verliesrekening	
Kosten	Opbrengsten

Voor het voorgaande voorbeeld krijgen we dan:

Winst- en verliesrekening (in euro's)			
Kosten van de omzet	250	Opbrengsten (omzet)	350
Portikosten	20		
Totaal kosten	270		

Het verschil tussen opbrengsten en kosten is winst, die in dit voorbeeld €350 – €270 = €80 bedraagt. Deze winst leidt tot een toename van het eigen vermogen met €80. Uit de winst- en verliesrekening kunnen we afleiden door welke oorzaken het eigen vermogen is veranderd. Een winst- en verliesrekening is vooral van belang als het aantal transacties groot is.

ZELFTOETS 3.8
Waarom worden opbrengsten aan de creditzijde en kosten aan de debetzijde van de winst- en verliesrekening geplaatst?

Alternatieve opstelling
We kunnen de winst of het verlies ook berekenen door in plaats van de bedragen naast elkaar te zetten (debet- en creditzijde) de bedragen onder elkaar te zetten. We krijgen dan de volgende opstelling:

Opbrengsten		€ 350
Kosten:		
– kosten van de omzet	€ 250	
– portikosten	€ 20 +	
Totale kosten		€ 270 –
Winst (winstbepaling)		€ 80

Als de opbrengsten groter zijn dan de kosten maakt de onderneming winst. Het gedeelte van de winst dat wordt ingehouden (niet wordt uitgekeerd) leidt tot een toename van het eigen vermogen. Als de opbrengsten kleiner zijn dan de kosten lijdt de onderneming verlies. Een verlies leidt tot een afname van het eigen vermogen. In voorbeeld 3.21 geven we de relatie tussen de balans en de winst- en verliesrekening weer.

VOORBEELD 3.21
Balans en winst- en verliesrekening

Balans per 1 januari 2015 (in euro's)

Vaste activa	500.000	Eigen vermogen	480.000
Vlottende activa m.u.v. Kas	240.000	Vreemd vermogen	320.000
Kas	60.000		
	800.000		800.000

Op de winst- en verliesrekening worden alle opbrengsten en kosten samengebracht.

Winst- en verliesrekening over 2015 (in euro's)

Opbrengst verkopen (omzet)		600.000	
Kosten van de omzet:			
• Grondstofkosten	240.000		
• Loonkosten	80.000		
• Huurkosten	40.000		
• Afschrijvingskosten vaste activa	25.000		
• Interestkosten	15.000 +		
Totale kosten van de omzet		400.000 −	
Winst		200.000	(winstbepaling)

Winstbepaling

Winstbestemming:
Van de winst is €120.000 uitgekeerd en €80.000 ingehouden.

Winstbestemming

Voor de eenvoud veronderstellen we dat:
- er geen belastingen worden geheven;
- alle transacties volledig zijn afgewikkeld;
- er in de overige balansposten gedurende 2015 geen wijzigingen zijn opgetreden.

De balans na winstverdeling ziet er dan als volgt uit:

Balans per 31 december 2015 (in euro's)

Vaste activa (1)	475.000	Eigen vermogen	560.000
Vlottende activa m.u.v. Kas	240.000	Vreemd vermogen	320.000
Kas	165.000		
	880.000		880.000

(1) Boekwaarde vaste activa aan het einde van het jaar =
Boekwaarde begin van het jaar − afschrijvingen = €500.000 − €25.000 =
€475.000.

Het eigen vermogen is toegenomen met €80.000 (= ingehouden winst). De hoeveelheid kasgeld is toegenomen met ingehouden winst, vermeerderd met het bedrag van de afschrijvingen. Via de verkoop van producten is een compensatie ontvangen voor de waardedaling van de vaste activa. Deze geldelijke vergoeding leidt tot een toename van de hoeveelheid kasgeld (zolang het niet wordt gebruikt voor nieuwe investeringen, zoals hier het geval is).

Het eindsaldo van de Kas kunnen we in dit voorbeeld als volgt berekenen:

Beginsaldo Kas		€ 60.000
Winst	€ 200.000	
Uitgekeerde winst	€ 120.000 −	
Winstinhouding		€ 80.000
Vrijgekomen afschrijvingen		€ 25.000 +
Eindsaldo Kas		€165.000

Bij het vastleggen van financiële gegevens en het bepalen van het financiële resultaat is het belangrijk dat we een onderscheid maken tussen:
a opbrengsten en kosten (die komen op de *winst- en verliesrekening* te staan en leiden tot een verandering in het eigen vermogen);
b geldontvangsten en gelduitgaven (die leiden tot een mutatie in de voorraad *liquide middelen*);
c bezittingen, schulden en eigen vermogen (die in de vorm van een *balans* worden weergegeven).

Deze onderwerpen staan ook centraal bij zelftoets 3.9 en voorbeeld 3.22.

ZELFTOETS 3.9
Tijdens de studie heb je al iets geleerd over bedrijfseconomie en bedrijfsadministratie. Bovendien kun je goed overweg met verschillende computerprogramma's (zoals Excel, Word en boekhoudprogramma's). Onlangs heb je besloten een eigen bedrijfje op te richten, dat zich toelegt op het vastleggen van financiële gegevens voor bedrijven. Bedrijven leveren bij jou de gegevens aan en jij zorgt ervoor dat deze gegevens volgens de regels der kunst (we bedoelen hiermee de kennis die je in de voorgaande hoofdstukken hebt opgedaan) worden vastgelegd.
Je bedrijf draagt de naam ADVB (Administratieve Dienstverlening Voor Bedrijven) en je besluit €12.000 eigen vermogen aan je bedrijf beschikbaar te stellen. Van deze €12.000 gebruik je €10.000 om kantoormeubilair, computers, een printer enzovoort te kopen. Je koopt bovendien papier, printerinkt, ordners enzovoort voor €800. De overige €1.200 houd je in liquide vorm (als kasgeld) aan.

In de eerste maand van het bestaan van je bedrijf heb je al aardig wat klanten gehad.
Je hebt ze in totaal €1.400 in rekening gebracht (met btw houden we in deze zelftoets geen rekening). Dit bedrag hebben ze contant betaald.

Voor deze opdrachten heb je €80 aan papier en printerinkt enzovoort gebruikt. De verbruikte materialen heb je weer aangevuld, waarvoor je €80 contant hebt betaald.

Bovendien heb je €30 aan energiekosten over deze maand contant betaald.

a Stel de openingsbalans van ADVB op aan het begin van de eerste maand.
b Geef de geldontvangsten en de gelduitgaven gedurende de eerste maand overzichtelijk weer.
c Bereken het resultaat over de eerste maand.
d Stel de nieuwe balans van ADVB aan het einde van de eerste maand op.

In voorbeeld 3.22 bespreken we een aantal financiële feiten en lichten we toe wat de gevolgen zijn voor de opbrengsten en kosten, de geldontvangsten en gelduitgaven en de bezittingen, de schulden en het eigen vermogen.

VOORBEELD 3.22

Financiële feiten en gevolgen

Bakkerij Haafkens bv is op 1 januari van dit jaar van start gegaan en heeft over het eerste kwartaal van dit jaar een winst voor belasting behaald van €5.000.
In april van dit jaar hebben zich de volgende financiële feiten voorgedaan:
1 Op 1 april van dit jaar heeft de bakkerij een nieuwe deegmachine aangeschaft voor €72.000 (zie de volgende balans).
2 De machine wordt in 10 jaar tot nihil afgeschreven met gelijke bedragen per jaar.
3 De overige productiemiddelen en het bedrijfspand worden gehuurd voor €2.000 per maand. Dit bedrag wordt iedere maand per kas betaald.
4 Over de maand april van dit jaar heeft Bakkerij Haafkens bv een omzet behaald van €12.000 (4a) waarvan 20% op rekening is verkocht (4b) en de rest a contant (4c).
5 Voor deze omzet is €2.500 aan grondstoffen verbruikt.
6 Tevens is in april voor €2.000 aan grondstoffen op rekening ingekocht.
7 In april is €1.000 van een debiteur ontvangen.
8 De loonkosten bedragen €36.000 per jaar en worden maandelijks contant betaald.
9 De energiekosten zijn €4.440 per jaar. Deze kosten zijn gelijkmatig over het jaar verdeeld en worden ieder kwartaal achteraf ten laste van de rekening-courant betaald (betalingen op 31/3, 30/6, 30/9 en 31/12 van elk jaar). De energiekosten over een bepaalde maand die nog moeten worden betaald, worden op de rekening Nog te betalen bedragen geboekt.
10 Bakkerij Haafkens bv heeft op 1 april van dit jaar een eigen vermogen van €36.300, waarvan €33.000 is gestort door de eigenaar en €3.300 ingehouden winsten.
11 Het vreemd vermogen bestaat uit een lening o/g van €30.000 waarover 6% interest moet worden vergoed.
12 We veronderstellen dat in de maand april over het rekening-courantkrediet €30 interest moet worden betaald. De interest over de lening o/g en over het rekening-courantkrediet wordt iedere maand betaald ten laste van het rekening-courantkrediet.
13 De vennootschapsbelasting (Vpb) bedraagt 20% en wordt medio april van ieder jaar betaald.

Bakkerij Haafkens bv stelt per maand een balans en een winst- en verliesrekening op.

We geven de balans van Bakkerij Haafkens bv per 1 april van dit jaar.

Balans Bakkerij Haafkens bv per 1 april van dit jaar (in euro's)

Deegmachine	72.000	Eigen vermogen		
Voorraad grondstoffen	5.000	Gestort	33.000	
Debiteuren	2.000	Winstreserve	4.000	
Kas	1.000			37.000
		Vreemd vermogen		
		Lange termijn:		
		Lening o/g		30.000
		Korte termijn:		
		Crediteuren	8.000	
		Rekening-courant	4.000	
		Te betalen Vpb	1.000	
				13.000
Totaal activa	80.000	Totaal vermogen		80.000

Gevraagd
a Stel de winst- en verliesrekening over april op. Laat in de uitwerking ook duidelijk de ebit, het resultaat voor belastingen en het resultaat na belastingen over april zien.
b Over welke drie groepen (van belanghebbenden) wordt de ebit van Haafkens bv verdeeld en welk bedrag komt aan iedere groep afzonderlijk toe?
c Geef aan de hand van deze opgave voorbeelden van:
 • opbrengsten die in april tot geldontvangsten leiden;
 • opbrengsten die *niet* in april tot geldontvangsten leiden;
 • kosten die in april tot gelduitgaven leiden;
 • kosten die *niet* in april tot gelduitgaven leiden;
 • geldontvangsten die *niet* in april tot opbrengsten leiden.

Uitwerking
a
Winst- en verliesrekening over april (in euro's)
Opbrengst van de verkopen   12.000
Kosten van de verkopen (m.u.v. interestkosten):
 • Loonkosten   3.000
 • Huurkosten   2.000
 • Grondstofkosten   2.500
 • Afschrijvingskosten   600
 • Energiekosten   370
                                                                   8.470 −
Ebit   3.530
Interestkosten[1]   180 −

Resultaat voor belastingen (EBT)	3.350
Vennootschapsbelasting 20%	670 −
Resultaat na belasting (EAT)	**2.680**

¹ Interest lening o/g (feit 11): 0,06 × €30.000 × 1/12 =   150
  Interest rekening-courant (feit 12)   30 +
                                                          180

EBT = Earnings before taxes, EAT = Earnings after taxes.

b De ebit komt toe aan de verschaffers van het vreemd vermogen, aan de fiscus en aan de eigenaren.
   De verdeling van de ebit van Haafkens bv is als volgt:
   - Verschaffers van vreemd vermogen (ontvangen de interest) € 180
   - De fiscus (ontvangt vennootschapsbelasting)   €   670
   - De eigenaren (ontvangen de winstuitkering = dividend)   € 2.680 +
                                                      Ebit € 3.530

c
   - Opbrengsten die in april tot geldontvangsten leiden: contante verkopen €9.600 (punt 4: 80% × €12.000).
   - Opbrengsten die niet in april tot geldontvangsten leiden: verkopen op rekening €2.400 (punt 4: 20% × €12.000).
   - Kosten die in april tot gelduitgaven leiden: loonkosten €3.000 (punt 8), huurkosten €2.000 (punt 3) en interestkosten €180 (punten 11 en 12).
   - Kosten die *niet* in april tot gelduitgaven leiden: grondstofkosten €2.500 (punt 5), afschrijvingskosten €600 (punten 1 en 2), energiekosten €370 (punt 9).
   - Geldontvangsten die *niet* in april tot opbrengsten leiden: geldontvangst van debiteuren €1.000 (punt 7).

Samenvatting

Financiële feiten zijn gebeurtenissen binnen een organisatie die gevolgen hebben voor de bezittingen, de schulden en/of het eigen vermogen van een organisatie. We kunnen voor ieder afzonderlijk financieel feit de gevolgen voor de balans vastleggen. Voor grote organisaties waar veel financiële feiten plaatsvinden, is dat een omslachtige en onoverzichtelijke werkwijze. Zij zetten een administratief systeem (financiële administratie) op dat een efficiënte verwerking van financiële feiten mogelijk maakt. Op een winst- en verliesrekening worden de opbrengsten en de kosten gedurende een bepaalde periode weergegeven. Een winst leidt tot een toename van het eigen vermogen, een verlies tot een afname van het eigen vermogen.

Bij de omschrijving van de begrippen opbrengst en kosten sluiten we aan bij de geldstromen van een organisatie. We hebben over opbrengsten het volgende opgemerkt: opbrengsten houden verband met geldontvangsten (in verleden, heden of toekomst) die het gevolg zijn van:
- de levering van een dienst of product of
- de interest over *aan derden verstrekte* leningen.

Tot de opbrengsten behoren niet de geldontvangsten in verband met het opnemen van vreemd vermogen en/of eigen vermogen en ook niet de btw die een onderneming van haar afnemers ontvangt.

Over kosten hebben we het volgende gezegd: kosten houden verband met gelduitgaven (in verleden, heden of toekomst) die het gevolg zijn van:
- de aankoop en/of huur van productiemiddelen of
- diensten die door derden worden geleverd (bijvoorbeeld verzekeringen) of
- de interest over vreemd vermogen of
- het verrichten van arbeid door werknemers of uitzendkrachten.

Tot de kosten behoren niet de gelduitgaven in verband met aflossing van vreemd vermogen en de btw die aan leveranciers is betaald. Alleen in het geval de btw niet van de belastingdienst kan worden teruggevorderd, leidt de betaalde btw tot kosten.

Begrippenlijst

Aflossing	Het terugbetalen van opgenomen vreemd vermogen.
Afschrijven	Het in de financiële administratie vastleggen van de waardedaling van vaste activa.
Balans	Een overzicht (op een bepaald moment) van de bezittingen, de schulden en het eigen vermogen van een organisatie.
Bedrijfsresultaat	Omzet – alle kosten met uitzondering van interestkosten.
Belasting toegevoegde waarde (btw)	De belastingen op goederen en/of diensten die worden geleverd.
Btw	Belasting over de toegevoegde waarde op goederen en/of diensten die worden geleverd.
Crediteur	Een leverancier waaraan we nog een bedrag moeten betalen.
Debiteur	Een afnemer waarvan we nog een bedrag te vorderen hebben.
Dividend	De vergoeding voor het verstrekken van eigen vermogen.
Ebit	Omzet – alle kosten met uitzondering van interestkosten.
Financiële administratie (boekhouding)	Het op systematische wijze vastleggen van financiële feiten.
Financiële feiten	Gebeurtenissen die van invloed zijn op de bezittingen, de schulden en daardoor op het eigen vermogen van een organisatie.
Geldontvangst	Ingaande geldstroom die leidt tot een toename van de hoeveelheid liquide middelen.
Gelduitgave	Uitgaande geldstroom die leidt tot een afname van de hoeveelheid liquide middelen.
Incidenteel verlies	Het verlies dat geen gevolg is van de normale bedrijfsactiviteiten maar van een incidentele gebeurtenis.

Interest (rente)	De vergoeding voor het verstrekken van vreemd vermogen.
Kosten	Gelduitgaven in verleden, heden of toekomst die toegerekend worden aan een bepaalde periode. Hierbij gaat het alleen om gelduitgaven in verband met de *inkoop van productiemiddelen* en in verband met de *te betalen interest over het vreemd vermogen*. Tot de kosten behoren niet de gelduitgaven in verband met aflossing van vreemd vermogen en de btw die aan leveranciers is betaald.
Liquide middelen	Het totaal van de geldmiddelen in kas en het saldo op de rekening-courant.
Matching	De juiste dingen met elkaar vergelijken / aan elkaar koppelen. Dat betekent onder meer dat de opbrengsten en de kosten betrekking moeten hebben op dezelfde hoeveelheden en dezelfde periode.
Opbrengsten	Geldontvangsten in verleden, heden of toekomst die toegerekend worden aan een bepaalde periode. Hierbij gaat het alleen om geldontvangsten in verband met de *levering van goederen en/of diensten* en in verband met de *te ontvangen interest over het aan derden beschikbaar gestelde vreemd vermogen*. Tot de opbrengsten behoren niet de geldontvangsten in verband met het opnemen van vreemd vermogen en/of eigen vermogen en ook niet de btw die een onderneming van haar afnemers ontvangt.
Opoffering van productiemiddelen	Productiemiddelen die de organisatie verlaten en/of in waarde dalen.
Primaire geldstromen	Geldstromen in verband met het primaire proces. Alle geldstromen met uitzondering van de geldstromen van en naar de vermogensmarkt.
Primair proces	Het proces waarin productiemiddelen worden omgezet in producten en/of diensten.
Productiemiddelen	Middelen zoals grondstoffen, machines, arbeid en energie, waarover een onderneming moet beschikken om een product te maken of een dienst te leveren.
Secundaire geldstromen	Alle geldstromen van en naar de vermogensmarkt.
Vermogensmarkt	Het geheel van vraag naar en aanbod van (eigen en vreemd) vermogen.

Voorziening	Een toekomstige verplichting waarvan het moment van ontstaan en de omvang op dit moment niet precies kunnen worden vastgesteld, maar waarvan het moment van ontstaan en de omvang wel redelijk kunnen worden ingeschat.
Winstbepaling	Het bepalen van de omvang van de winst (of het verlies) door de opbrengsten te verminderen met de kosten.
Winstbestemming	De verdeling van de winst tussen belastingdienst, de eigenaren en ingehouden winsten.
Winst- en verliesrekening	Een overzicht van de opbrengsten en kosten gedurende een bepaalde periode.

Meerkeuzevragen

3.1 Een onderneming verkoopt in de maand mei van dit jaar voor €242 (inclusief 21% btw) op rekening. De afnemer betaalt dit bedrag in juni van dit jaar. De opbrengst (omzet) van de onderneming in de maand mei bedraagt
    a €242.
    b €200.
    c €0,00.

3.2 Een onderneming koopt en betaalt op 1 januari van dit jaar een auto voor de zaak voor €36.300 (inclusief 21% btw). Deze auto wordt in 5 jaar tot nihil afgeschreven met gelijke bedragen per jaar. De afschrijvingskosten in verband met deze auto bedragen voor dit jaar (het jaar waarin de auto wordt aangeschaft)
    a € 7.260.
    b € 6.000.
    c €36.300.

3.3 Handelsonderneming Males bv koopt een bepaalde partij goederen in voor €1.936 (inclusief 21% btw) en verkoopt deze partij voor €2.420 (inclusief 21% btw). De vennootschapsbelasting bedraagt 25%.
De bijdrage van deze transactie aan de ebit van Males bv is
    a €300.
    b €400.
    c €484.

3.4 Een onderneming verkoopt in de maand mei 2015 goederen voor €6.050 (inclusief 21% btw). De inkoopwaarde van de verkochte goederen bedraagt €3.630 (inclusief 21% btw). Van de afnemers betaalt 80% contant en de rest betaalt in de maand na de verkoop. De winstbijdrage door de verkopen in mei 2015 bedraagt
    a €2.420.
    b €2.000.
    c €1.600.

3.5 Een onderneming heeft een machine aangeschaft voor €242.000. De machine gaat 5 jaar mee, waarna zij voor een restwaarde van €24.200 kan worden verkocht. De afschrijvingen zijn ieder jaar gelijk. Alle genoemde bedragen zijn inclusief 21% btw.
De jaarlijkse afschrijvingskosten bedragen
    a €36.000.
    b €40.000.
    c €43.560.

3.6 Een onderneming betaalt ieder jaar op 1 februari en 1 augustus de premie voor de opstalverzekering voor de komende zes maanden vooruit ten laste van de rekening-courant. De volgende betalingen hebben plaatsgevonden op:
- 1 augustus 2013: €240;
- 1 februari 2014: €264;
- 1 augustus 2014: €312;
- 1 februari 2015: €360;
- 1 augustus 2015: €384.

De kosten in verband met deze verzekering bedragen voor het jaar 2014
a €504.
b €564.
c €576.

3.7 Een onderneming viert in december 2014 haar 25-jarig bestaan. Voor het voltallige personeel (met partners) wordt op 15 december 2014 een feestavond georganiseerd. De rekening voor dit feest wordt in januari 2015 ontvangen en op 28 januari 2015 betaald.
Voor deze onderneming is er in december 2014 sprake van
a kosten, maar geen gelduitgaven.
b gelduitgaven, maar geen kosten.
c kosten en gelduitgaven.

3.8 Een onderneming heeft al drie jaar een bepaald bedrag op de Voorziening groot onderhoud geboekt. Er zijn geen kosten ten laste van deze voorziening geboekt. Het saldo op de rekening Voorziening groot onderhoud
a is een kostenpost voor het lopende jaar.
b is een onderdeel van het eigen vermogen.
c is een onderdeel van het vreemd vermogen.

3.9 Een onderneming heeft in de loop van het jaar per kas voor een bedrag van €32.000 aan goederen ingekocht. Tijdens het jaar wordt voor een bedrag van €53.000 aan goederen per kas verkocht. De inkoopwaarde van de verkochte en inmiddels afgeleverde goederen bedraagt €30.000.
Daarnaast wordt op een lening €2.000 afgelost en wordt €500 interest betaald. Met btw houden we geen rekening.
De bijdrage aan de winst door deze financiële feiten bedraagt dit jaar
a €23.000.
b €22.500.
c €20.500.

3.10 Welke van de volgende stellingen is juist?
a Een inkoop op rekening leidt tot een mutatie in de balanspost Debiteuren.
b Een contante inkoop leidt tot een mutatie in de balanspost Crediteuren.
c Een verkoop op rekening leidt tot een mutatie in de balanspost Debiteuren.

3.11 Op 1 september 2015 verkoopt handelsonderneming 'De Zon bv' goederen aan firma Janssen voor €5.000. 'De Zon bv' heeft deze goederen ingekocht voor €3.000. Firma Janssen betaalt bij levering (op 1 september 2015) €1.000 contant. Het restant (€4.000) wordt twee weken later betaald.
Met btw houden we geen rekening.

Naar aanleiding van de financiële feiten op 1 september 2015 vinden op de balans van 'De Zon bv' de volgende mutaties plaats:
a De post Debiteuren neemt toe met €4.000 en de post Voorraad goederen neemt af met €3.000.
b De post Crediteuren neemt toe met €4.000 en de post Voorraad goederen neemt af met €3.000.
c De post Eigen vermogen neemt toe met €1.000 en de post Voorraad goederen neemt af met €5.000.

Vraagstukken

V 3.1 Een jonge ondernemer wil een eigen handel in gereedschappen beginnen in een gehuurd pand.
Hij heeft daarvoor een lijst gemaakt van zaken die hij nodig heeft om zijn handel te beginnen. We geven daarvan een overzicht. Alle bedragen zijn inclusief 21% btw met uitzondering van de hoeveelheid kasgeld.

Stellingen	€ 2.662
Voorraad gereedschappen	€ 6.776
Kantoormeubelen	€ 1.936
Verpakkingsmateriaal	€ 605
Kassa	€ 1.452
Kasgeld	€ 300 +
Totaal	€13.731

Geef een overzicht van de balans debetzijde, waarbij de 'Voorfinanciering btw' apart wordt vermeld. Verdeel de activa in vaste en vlottende activa.

V 3.2 Onderneming DeBoLed heeft in het vierde kwartaal van 2015 een omzet van €314.600 gerealiseerd. In diezelfde periode is voor €169.400 aan rekeningen ontvangen en betaald. In dit bedrag zijn *de inkoop van goederen* ter waarde van €145.200 en kosten voor €24.200 opgenomen. Alle tot nu toe genoemde bedragen zijn inclusief 21% btw. De in het vierde kwartaal betaalde rekeningen (met uitzondering van de inkoop van de goederen) hebben betrekking op uitsluitend het vierde kwartaal.
De inkoopwaarde van de *verkochte goederen* bedraagt €140.000 (exclusief btw). Met andere dan de genoemde kosten en opbrengsten houden we geen rekening.

a Bereken het bedrag dat DeBoLed over het vierde kwartaal per saldo aan de belastingdienst moet betalen in verband met btw.
b Bereken de voorraadmutatie in het vierde kwartaal.
c Bereken het resultaat dat DeBoLed in het vierde kwartaal 2015 heeft behaald.

V 3.3 Onderneming Last Minute bv ontvangt op oudejaarsdag 2014 een rekening van een onderhoudsbedrijf in verband met werkzaamheden die in het vierde kwartaal zijn verricht. De specificatie van de rekening is als volgt:

Verrichte werkzaamheden vierde kwartaal 2014	€800
21% btw	€ 168 +
Totaal	€968

De nota wordt op 15 januari 2015 betaald ten laste van de rekening-courant.
Op 31 januari 2015 wordt de in het vierde kwartaal 2014 betaalde btw (€168) van de fiscus terugontvangen per rekening-courant.
Op de balans van Last Minute bv komen onder meer de volgende posten voor (in willekeurige volgorde): Eigen vermogen, Rekening-courant, Nog te betalen bedragen, Te betalen btw, Te ontvangen btw, Voorraad goederen, Debiteuren, Kas en Crediteuren.
Geef bij de beantwoording van de volgende vragen duidelijk weer aan welke zijde van de balans de betreffende balanspost staat en of deze toe- of afneemt, met vermelding van het bedrag.

a Welke mutaties treden er in december 2014 op in de balans van Last Minute bv?
b Welke mutaties treden er op 15 januari 2015 op in de balans van Last Minute bv?
c Welke mutaties treden er op 31 januari 2015 op in de balans van Last Minute bv?

V 3.4 Een onderneming heeft in de maand april voor €169.400 (inclusief 21% btw) à contant verkocht (financieel feit 1) en voor €217.800 (inclusief 21% btw) op rekening verkocht (financieel feit 2). De goederen zijn afgeleverd (financieel feit 3) en hebben een totale inkoopwaarde (van de contante verkopen en de verkopen op rekening samen) van €200.000 (exclusief btw). De afnemers die op rekening hebben gekocht, betalen per bank in de maand die volgt op de maand van verkoop (financieel feit 4).
In mei worden er geen goederen gekocht of verkocht.
Op de balans van dit bedrijf komen onder meer de volgende posten voor (in willekeurige volgorde): Eigen vermogen, Rekening-courant, Nog te betalen bedragen, Te betalen btw, Te ontvangen btw, Voorraad goederen, Debiteuren, Kas en Crediteuren.
Geef bij de beantwoording van de volgende vragen duidelijk weer aan welke zijde van de balans de betreffende balanspost staat en of deze toe- of afneemt, met vermelding van het bedrag.

a Welke balansposten (*met vermelding van de relevante bedragen*) veranderen er op de balans van deze onderneming naar aanleiding van de financiële feiten 1 tot en met 4? De veranderingen per financieel feit weergeven.
b Welk bedrag wordt in de maand april ontvangen en hoe groot is de opbrengst in die maand? Verklaar het verschil tussen beide bedragen.
c Welk bedrag wordt in de maand mei ontvangen en hoe groot is de opbrengst in die maand? Verklaar het verschil tussen beide bedragen.

*V 3.5 Een onderneming koopt een bepaald artikel à contant in voor €847 (dit bedrag is inclusief 21% btw en wordt geboekt ten laste van de rekening-courant) en neemt het artikel op in haar magazijnvoorraad (financieel feit 1). Daarna wordt het artikel per kas verkocht voor €1.089 inclusief 21% btw (financieel feit 2) en direct afgeleverd (financieel feit 3).
Op de balans van dit bedrijf komen onder meer de volgende posten voor (in willekeurige volgorde): Eigen vermogen, Rekening-courant, Nog te betalen bedragen, Te betalen btw, Te ontvangen btw, Voorraad goederen, Debiteuren, Kas en Crediteuren. Opbrengsten en kosten worden direct verwerkt in het eigen vermogen (geen winst- en verliesrekening opstellen).

Geef bij de beantwoording van de volgende vragen duidelijk weer aan welke zijde van de balans de betreffende balanspost staat en of deze toe- of afneemt, met vermelding van het bedrag.

a Welke balansposten (*met vermelding van de relevante bedragen*) veranderen er op de balans van deze onderneming naar aanleiding van de financiële feiten 1 tot en met 3. De veranderingen per financieel feit weergeven.
b Bereken het resultaat dat over de transactie is behaald.
c Toon door een berekening aan dat de onderneming per saldo de btw over de door haar toegevoegde waarde aan de overheid moet afdragen.
d Geef aan de hand van de antwoorden op de voorgaande vragen voorbeelden van:
 • gelduitgaven die nu en in de toekomst niet tot kosten leiden;
 • gelduitgaven die niet direct tot kosten leiden;
 • geldontvangsten die nu en in de toekomst niet tot opbrengsten leiden.
e Tot welke veranderingen op de balans leidt financieel feit 1 en wat zijn de gevolgen voor het balanstotaal?

V 3.6 Onderneming Invest heeft precies vier jaar geleden een machine gekocht. De waardedaling van deze machine wordt gelijkmatig over de levensduur van de machine verdeeld (afschrijven met gelijke bedragen per jaar). De levensduur van de machine bedraagt tien jaar. De aanschafwaarde van de machine is €120.000, terwijl de restwaarde van de machine aan het einde van het tiende jaar €40.000 bedraagt. Met btw houden we geen rekening.

a Bereken het bedrag dat jaarlijks op deze machine wordt afgeschreven.
b Bereken de boekwaarde van de machine aan het einde van het vierde jaar.
c Leg uit welke invloed het in de boekhouding vastleggen van de waardedaling van de machine (afschrijven) heeft op de voorraad liquide middelen van de onderneming.

**V 3.7 Van onderneming Schoonderlocht met de rechtsvorm van eenmanszaak is de volgende balans gegeven.

Activa	Balans Schoonderlocht per 1 januari 2015 (in euro's)		Passiva
Vaste activa:	240.000	Eigen vermogen:	480.000
Grond	480.000		
Gebouwen	40.000	Vreemd vermogen:	
Inventaris		Lange termijn:	
	760.000	Hypothecaire lening	320.000
Vlottende activa:			
Voorraad goederen	140.000	Korte termijn:	
Debiteuren	80.000	Crediteuren	120.000
Kas	3.000	Rekening-courant	60.000
	223.000	Nog te betalen bedragen	3.000
			183.000
Totaal activa	983.000	Totaal vermogen	983.000

Bij deze onderneming hebben in januari 2015 zich de volgende financiële feiten voorgedaan (met btw houden we geen rekening):

Financieel feit 1	De eigenaar stort vanuit zijn privévermogen €2.000 in de kas van Schoonderlocht.
Financieel feit 2	De onderneming koopt voor €300 goederen en betaalt deze per kas. De goederen zijn ontvangen.
Financieel feit 3	De onderneming koopt voor €2.000 goederen op rekening. De goederen zijn ontvangen.
Financieel feit 4	De eigenaar onttrekt €1.500 aan zijn onderneming ten laste van de ingehouden winst. Dit bedrag is aan de kas onttrokken.
Financieel feit 5	De onderneming betaalt ten laste van de rekening-courant €500 rente. Deze rentekosten hebben uitsluitend betrekking op januari 2015.
Financieel feit 6	De onderneming verkoopt *op rekening* goederen met een inkoopwaarde van €18.000 voor €24.000. De goederen zijn afgeleverd.
Financieel feit 7	Op de gebouwen wordt in januari 2015 €1.000 afgeschreven.

a Stel de balans op per 31 januari 2015 na verwerking van financiële feiten 1 t/m 7. Neem de balans per 1 januari 2015 over en breng daarop de mutaties aan. Bepaal daarna de eindbedragen van de balansposten per 31 januari 2015.
b Bereken het resultaat van onderneming Schoonderlocht over januari 2015. Geef aan of het resultaat positief (winst) of negatief (verlies) is.
c 1 Met welk bedrag is het eigen vermogen gedaald of gestegen?
  2 Door welke oorzaken (met vermelding van de bedragen) wijkt de verandering in het eigen vermogen af van de omvang van het resultaat dat bij vraag **b** is berekend?

V 3.8 Slotboom bv is een bedrijf dat tuinmachines verkoopt en onderhoudt voor de professionele markt. De balans van Slotboom bv per 1 december 2014 is gedeeltelijk gegeven.

Activa **Balans Slotboom bv per 1 december 2014 (in euro's)** *Passiva*

Activa			Passiva		
Vaste activa:			Eigen vermogen:		1.180.000
Grond	240.000				
Gebouwen	860.000		Vreemd vermogen:		
Vervoermiddelen	120.000		Lange termijn:		
Inventaris	94.000		Hypothecaire lening		600.000
		1.314.000			
Vlottende activa:			Korte termijn:		
Voorraad goederen	513.000		Crediteuren	168.000	
Debiteuren	252.000		Te betalen vakantiegeld	19.200	
Te vorderen btw	23.500		Te betalen sociale lasten	12.000	
Vooruitbet. bedragen	1.220		Te betalen btw	37.000	
Kas	1.800		Te betalen rente	1.380	
			Rekening-courant	87.940	
		791.520			325.520
Totaal activa		2.105.520	Totaal vermogen		2.105.520

Aanvullende gegevens:
- In mei van ieder jaar wordt achteraf vakantiegeld uitbetaald. Het vakantiegeld bedraagt 8% van de brutolonen die in de twaalf maanden die voorafgaan aan de betaling van het vakantiegeld (dus op 31 mei 2014 is het vakantiegeld uitbetaald over de periode 1 juni 2013 tot en met 31 mei 2014). In 2014 is iedere maand €40.000 aan brutolonen uitbetaald en voor 2015 bedraagt dat bedrag €50.000 per maand. Deze betalingen vinden plaats per rekening-courant.
- Het werkgeversaandeel van de sociale lasten bedraagt 30% van het uitbetaalde brutoloon. De sociale lasten worden betaald in de maand na de maand waarin het brutoloon is uitbetaald. Deze betalingen vinden plaats per rekening-courant.
- Ieder jaar wordt op 1 april en 1 oktober de premie voor de opstalverzekering voor de komende zes maanden uit de kas vooruitbetaald. De volgende betalingen zijn van belang:
  - 1 oktober 2013 €180
  - 1 april 2014 €198
  - 1 oktober 2014 €210
  - 1 april 2015 €240 (verwacht).
- Op de hypothecaire lening wordt aan het einde van ieder jaar €20.000 afgelost. De rente op de hypothecaire lening bedraagt 10% per jaar. De interestkosten over december 2014 worden achteraf in de maand januari 2015 betaald ten laste van de rekening-courant.

a Bereken per 1 december 2014 de omvang van:
  1 het nettowerkkapitaal (Nettowerkkapitaal = vlottende activa - vreemd vermogen korte termijn);
  2 de liquide middelen;
  3 het nettowerkkapitaal exclusief liquide middelen.
b Geef aan welke balansposten (*met vermelding van de relevante bedragen*) er veranderen in de maand *december 2014* op de balans van Slotboom bv naar aanleiding van:
  1 de kosten in verband met vakantiegeld;
  2 de betaling van de brutolonen ten laste van de rekening-courant;
  3 de kosten in verband met het werkgeversaandeel sociale lasten;
  4 de betaling in december van het werkgeversaandeel sociale lasten;
  5 de kosten van de opstalverzekering;
  6 de aflossing op de hypothecaire lening aan het einde van het jaar 2014 ten laste van de rekening-courant;
  7 de interestkosten over de hypothecaire lening.
  Houd daarbij het volgende schema aan.

Financieel feit	Naam van de balanspost	Mutaties (+ of −) aan de debetzijde van de balans	Mutaties (+ of −) aan de creditzijde van de balans
Voorbeeld	Voorraad goederen Kas	− € 2.000 + € 2.000	
	Machines Rekening-courant	+ € 10.000	+ € 10.000
1			
2			
3			
4			
5			
6			
7			

    c Bereken de mutatie in de liquide middelen gedurende december 2014 (we houden alleen rekening met de financiële feiten die in deze opgave zijn vermeld).
    d Stel de balans op aan het einde van 2014 (we houden alleen rekening met de financiële feiten die in deze opgave zijn vermeld).

*V 3.9 Een oliesjeik laat een privéjacht bouwen voor een totale bouwsom van €6.000.000. De verkoopovereenkomst is op 1 oktober 2014 getekend. Voorafgaand aan iedere bouwfase moet een gedeelte van de totale bouwsom worden betaald. Belangrijke fasen bij de bouw van een schip zijn: het tekenen van de koopovereenkomst, het gereedkomen van het casco, het voltooien van het interieur en de machinekamer en de tewaterlating van het schip. Bij het tekenen van de koopovereenkomst moet 60% van de totale bouwsom door de opdrachtgever aan de scheepsbouwer vooruit worden betaald. Acht maanden na het sluiten van de koopovereenkomst eindigt de eerste bouwfase die wordt afgesloten met de oplevering van het casco. Als het casco gereed is, moet 30% van de totale aanneemsom worden betaald als voorschot op de volgende bouwfase, die vier maanden duurt en wordt afgesloten door de voltooiing van het interieur en de machinekamer. Bij de tewaterlating wordt de resterende 10% betaald. De tewaterlating is een maand na het gereedkomen van het interieur en de machinekamer. De scheepsbouwer stelt *per maand* een winst- en verliesrekening op.
We veronderstellen dat de oliesjeik alle betalingen verricht ten gunste van de rekening-courant van de scheepsbouwer.

    a Op welke momenten en welke bedragen moeten op die momenten door de oliesjeik worden betaald?
    b Bereken welk *bedrag per maand* als opbrengst in verband met de bouw van dit schip wordt geboekt voor de periode:
      1 oktober 2014 tot en met mei 2015;
      2 juni 2015 tot en met oktober 2015;
      3 november 2015.
    c Welke mutaties treden op in de balans van de scheepsbouwer naar aanleiding van de betalingen door de oliesjeik op:
      1 1 oktober 2014;
      2 1 juni 2015;
      3 1 november 2015.

Vermeld welke balansposten veranderen, aan welke zijde van de balans deze staan en met welk bedrag ze veranderen.
d Welke mutaties treden er (*per maand*) op in de balans van de scheepsbouwer in de maanden:
1 oktober 2014 tot en met mei 2015;
2 juni 2015 tot en met oktober 2015;
3 november 2015.
Vermeld welke balansposten veranderen, aan welke zijde van de balans deze staan en met welk *bedrag per maand* ze veranderen.

V 3.10 Van handelsonderneming Vitalis bv is de balans per 1 januari 2015 gegeven.

Balans Vitalis bv per 1 januari 2015 (in euro's)

Activa			Passiva		
Vaste activa:			Eigen vermogen:		670.000
Grond	180.000				
Gebouwen	780.000		Vreemd vermogen:		
Vervoermiddelen	90.000		Lange termijn:		
Inventaris	60.000		Hypothecaire lening	500.000	
		1.110.000	Banklening	200.000	
Vlottende activa:					700.000
Voorraad goederen	320.000		Korte termijn:		
Debiteuren	140.000		Crediteuren	80.000	
Te vorderen btw	10.000		Nog te betalen bedragen	30.000	
Kas	1.000		Te betalen btw	18.000	
			Rekening-courant	83.000	
		471.000			211.000
Totaal activa		1.581.000	Totaal vermogen		1.581.000

Vitalis bv verkoopt in de maand januari 2015 goederen op rekening voor €217.800 inclusief 21% btw. De afnemers betalen hun rekening in de maand februari (zij storten dit bedrag op de rekening-courant van Vitalis bv). De goederen die in januari 2015 zijn verkocht, hebben een inkoopwaarde van €100.000 (exclusief btw) en zijn in de maand januari 2015 afgeleverd. Maak bij de beantwoording van de volgende vragen – zo veel mogelijk – gebruik van de namen van de rekeningen zoals die op de balans staan. Vermeld daarbij aan welke zijde van de balans de betreffende balanspost staat en geef aan of die post toe- of afneemt.

a Bereken per 1 januari 2015 de omvang van:
1 het nettowerkkapitaal (Nettowerkkapitaal = vlottende activa – vreemd vermogen korte termijn);
2 de liquide middelen;
3 het nettowerkkapitaal exclusief liquide middelen.
b Welke balansposten (*met vermelding van de relevante bedragen*) veranderen er op de balans van Vitalis bv naar aanleiding van:
1 de verkopen *op rekening* in de maand januari 2015;
2 de afgifte van de goederen in de maand januari 2015;
3 de betaling van de rekeningen door de afnemers in de maand februari 2015.

c Bereken de mutatie in de liquide middelen nadat de afnemers hun rekeningen in februari 2015 hebben betaald (we houden alleen rekening met de financiële feiten die in deze opgave zijn vermeld).
d Bereken het resultaat dat Vitalis bv behaalt op de verkopen in de maand januari 2015.
e Leg uit wat het verband is tussen de omvang van het resultaat en de mutatie in het eigen vermogen.
f Geef een verklaring voor het feit dat de mutatie in de liquide middelen gedurende januari 2015 groter is dan de winst in januari 2015.
g Wat is het kenmerkende verschil tussen een hypothecaire lening en een (gewone) banklening?

*V 3.11 Van technisch installatiebedrijf Techno bv is de balans per 1 januari 2015 gegeven.

Balans Techno bv per 1 januari 2015 (in euro's)

Activa			Passiva	
Vaste activa:			Eigen vermogen:	730.000
Grond	210.000		Vreemd vermogen:	
Gebouwen	820.000		Lange termijn:	
Vervoermiddelen	80.000		Hypothecaire lening	700.000
Machines	70.000			
		1.180.000	Korte termijn:	
Vlottende activa:			Crediteuren	30.000
Voorraad goederen	240.000		Nog te betalen bedragen	10.000
Debiteuren	80.000		Te betalen btw	9.000
Te vorderen btw	22.000		Rekening-courant	46.000
Kas	3.000			
		345.000		95.000
Totaal activa		1.525.000	Totaal vermogen	1.525.000

Techno bv leent met ingang van 2 januari 2015 €100.000 van de bank. Dit bedrag wordt ten gunste van de rekening-courant gestort. In januari 2015 worden nieuwe machines met een inkoopwaarde van €121.000 (inclusief 21% btw) gekocht en betaald ten laste van de rekening-courant.
De interest over de nieuwe lening bedraagt ¾% per maand en wordt aan het einde van iedere maand door de onderneming betaald ten laste van haar rekening-courant. De lening heeft een looptijd van vijf jaar en komt onder de naam Banklening op de balans te staan. Aan het einde van ieder jaar moet de onderneming €20.000 op deze banklening aflossen. De aflossing wordt betaald ten laste van de rekening-courant.
Maak bij de beantwoording van de volgende vragen – zo veel mogelijk – gebruik van de namen van de rekeningen zoals die op de balans staan. Vermeld daarbij aan welke zijde van de balans de betreffende balanspost staat en geef aan of die post toe- of afneemt.

a Welke balansposten (*met vermelding van de relevante bedragen*) veranderen er op de balans van Techno bv naar aanleiding van:
 1 het opnemen van de banklening op 2 januari 2015;
 2 de aankoop en betaling van de nieuwe machines in de maand januari 2015;

3 de betaling van de interest in januari 2015 over de nieuwe banklening;
4 de aflossing aan het einde van het jaar 2015.
b Bereken de mutatie in de liquide middelen gedurende het jaar 2015 (we houden alleen rekening met de financiële feiten die in deze opgave zijn vermeld).
c Stel de balans op aan het einde van 2015 (we houden alleen rekening met de financiële feiten die in deze opgave zijn vermeld).

V3.12 Van onderneming Neproma bv is de balans per 1 januari 2015 gegeven.

Activa	Balans Neproma bv per 1 januari 2015 (in euro's)			Passiva
Vaste activa:			Eigen vermogen:	1.200.000
Grond	160.000			
Gebouwen	640.000		Vreemd vermogen:	
Machines	320.000		Lange termijn:	
Inventaris	122.000		Hypothecaire lening	300.000
		1.242.000		
Vlottende activa:	460.000		Korte termijn:	
Voorraad goederen	160.000		Crediteuren	180.000
Debiteuren	40.000		Nog te betalen bedragen	22.000
Te vorderen btw	20.000		Te betalen btw	68.000
Kas			Rekening-courant	152.000
		680.000		422.000
Totaal activa		1.922.000	Totaal vermogen	1.922.000

Op 3 januari 2015 koopt Neproma bv een nieuwe machine voor €48.400 inclusief 21% btw. De rekening wordt op 15 januari 2015 betaald ten laste van de rekening-courant bij de bank.
Neproma bv verkoopt in 2015 goederen op rekening voor €750.200 inclusief 21% btw. Negentig procent van dit bedrag wordt in 2015 ontvangen, de rest wordt in 2016 ontvangen. De debiteuren die op de balans per 1 januari 2015 staan, betalen allen in 2015. Er zijn geen contante verkopen. De goederen die in 2015 zijn verkocht, hebben een inkoopwaarde van €360.000 (exclusief btw) en zijn in 2015 afgeleverd.
In 2015 wordt voor €520.300 (inclusief 21% btw) goederen op rekening ingekocht. Tachtig procent van de inkopen op rekening in 2015 wordt in 2015 betaald. De crediteuren die op 1 januari 2015 op de balans staan, worden allen in 2015 betaald. Op de machines die op 1 januari 2015 in het bezit van Neproma bv zijn, wordt in 2015 €30.000 afgeschreven. De machine die op 3 januari 2015 is aangeschaft, wordt met gelijke bedragen per jaar afgeschreven. Deze machine heeft een levensduur van vijf jaar en een restwaarde van nihil.
Neproma bv heeft in 2015 een bedrag van €130.000 uitbetaald aan lonen (inclusief werkgeversaandeel sociale lasten). Alle betalingen en geldontvangsten lopen via rekening-courant.
We houden alleen rekening met de financiële feiten die in deze opgave zijn vermeld.
Maak bij de beantwoording van de volgende vragen – zo veel mogelijk – gebruik van de namen van de rekeningen zoals die op de balans staan.
Vermeld daarbij aan welke zijde van de balans de betreffende balanspost staat en geef aan of die post toe- of afneemt.

a Bereken per 1 januari 2015 de omvang van:
  1 het nettowerkkapitaal (nettowerkkapitaal = vlottende activa − vreemd vermogen korte termijn);
  2 de liquide middelen;
  3 het nettowerkkapitaal exclusief liquide middelen.
b Geef aan welke balansposten (*met vermelding van de relevante bedragen*) er veranderen op de balans van Neproma bv naar aanleiding van:
  1 de aanschaf van de nieuwe machine op 3 januari 2015;
  2 de afschrijving op de nieuwe machine;
  3 de afschrijving op de machines die op de balans van 1 januari 2015 staan;
  4 de inkoop en ontvangst van de in 2015 op rekening ingekochte goederen;
  5 de verkopen op rekening in 2015;
  6 de afgifte van de in 2015 verkochte goederen;
  7 de geldontvangsten van debiteuren;
  8 de gelduitgaven aan crediteuren;
  9 de gelduitgaven in verband met de betaling van de lonen en het werkgeversaandeel sociale lasten.
Houd daarbij het volgende schema aan.

Financieel feit	Naam van de balanspost	Mutaties (+ of −) aan de debetzijde van de balans	Mutaties (+ of −) aan de creditzijde van de balans
Voorbeeld	Voorraad goederen	− € 2.000	
	Kas	+ € 2.000	
	Machines	+ € 10.000	
	Rekening-courant		+ € 10.000
1			
2			
3			
4			
5			
6			
7			
8			
9			

c Bereken de mutatie in de liquide middelen gedurende het jaar 2015.
d Bereken het resultaat dat Neproma bv heeft behaald over 2015.
e Stel de balans op aan het einde van 2015 (we houden alleen rekening met de financiële feiten die in deze opgave zijn vermeld).

V 3.13 Een onderneming betaalt ieder jaar op 1 mei de brandverzekering van haar bedrijfspand voor een geheel jaar vooruit.
De specificatie van de jaarnota's is als volgt:

	1-5-2014		1-5-2015
Premie brandverzekering	€ 125,60		€ 131,80
Poliskosten	€ 2,77 +		€ 2,71
Totaal	€ 128,37		€ 134,51
Assurantiebelasting: 7,5% over €128,37 =	€ 9,63	7,5% over €134,51 =	€ 10,09
Totaal te betalen	€ 138,00		€ 144,60

Deze nota's zijn op 1 mei 2014 en 1 mei 2015 betaald ten laste van het rekening-courantkrediet.

a Geef aan welke balansmutaties optreden naar aanleiding van de betaling van de verzekeringspremie op:
  1 1 mei 2014;
  2 1 mei 2015.
b Bereken de kosten over 2015 in verband met de brandverzekering.
c Welke mutaties treden er op in de balans van deze onderneming naar aanleiding van de kosten van de brandverzekering over 2015?

V 3.14 Een onderneming betaalt ieder jaar op 1 april de huur van haar bedrijfspand voor een jaar vooruit ten laste van de rekening-courant. Op 1 april 2014 bedraagt de jaarhuur €60.000. De huurprijs wordt ieder jaar op 1 april met 3% verhoogd.
Op de balans staat onder meer de post Vooruitbetaalde huren.

a Bereken het bedrag dat op 1 april 2015 en 1 april 2016 aan huur moet worden betaald.
b Welke balansposten veranderen, aan welke zijde van de balans staan deze posten en met welk bedrag veranderen ze naar aanleiding van de betaling van de huur op:
  – 1 april 2014;
  – 1 april 2015.
c Bereken de huurkosten over het jaar 2015.
d Welke balansposten veranderen, aan welke zijde van de balans staan deze posten en met welk bedrag veranderen ze naar aanleiding van het boeken van de huurkosten over 2015?

V 3.15 Een onderneming betaalt ieder jaar op 1 juni het vakantiegeld over het voorafgaande jaar uit aan haar personeel. Het vakantiegeld per maand bedraagt 8,04% van het brutomaandloon. De onderneming heeft 15 medewerkers in dienst die in 2014 gemiddeld €3.000 brutosalaris (per maand per medewerker) hebben. De loonstijging voor 2015 (ingaande per 1 januari 2015) bedraagt 5%.
Op de balans staat onder meer de post Nog te betalen vakantiegeld. Kosten worden rechtstreeks ten laste van het eigen vermogen geboekt.

a Bereken het gemiddeld brutomaandsalaris van een medewerker in 2015.
b Bereken de kosten van het vakantiegeld per maand voor de maanden in:
  – 2014;
  – 2015.

c Welke balansposten veranderen (per maand weergeven), aan welke zijde van de balans staan deze posten en met welk bedrag veranderen ze naar aanleiding van het boeken van de kosten van het vakantiegeld voor een maand in:
- 2014;
- 2015.

d Welke balansposten veranderen, aan welke zijde van de balans staan deze posten en met welk bedrag veranderen ze naar aanleiding van uitbetaling van het vakantiegeld op 1 juni 2015? Deze betaling vindt plaats ten laste van de rekening-courant.

V 3.16 Regionaal dagblad 'De Ochtendzon' ontvangt het abonnementsgeld voor een halfjaar vooruit (halfjaarabonnementen). 'De Ochtendzon' is voor het eerst verschenen op 1 april 2014 en heeft op die datum uitsluitend 48.000 abonnees met een halfjaarabonnement. De abonnees betalen ten gunste van de rekening-courant. We veronderstellen dat het aantal abonnementen steeds gelijk is gebleven, zodat op 1 oktober 2014 weer 48.000 halfjaarabonnementen zijn afgesloten (enzovoort). De prijs voor een halfjaarabonnement bedraagt:
- per 1 oktober 2014 €120 per halfjaar;
- per 1 april 2015 €130 per halfjaar;
- per 1 oktober 2015 €150 per halfjaar.

Op de balans van het dagblad 'De Ochtendzon' komt onder meer de post Vooruitontvangen abonnementsgelden voor. Opbrengsten worden rechtstreeks ten gunste van het eigen vermogen geboekt.

a Welke balansposten veranderen bij 'De Ochtendzon', aan welke zijde van de balans staan deze posten en met welk bedrag veranderen ze naar aanleiding van de betaling door de abonnees van de halfjaarabonnementen per:
- 1 oktober 2014;
- 1 april 2015;
- 1 oktober 2015.

b Jaarlijks worden de opbrengsten uit abonnementsgelden per kalenderjaar vastgesteld.
Welke balansposten veranderen, aan welke zijde van de balans staan deze posten en met welk bedrag veranderen ze naar aanleiding van het boeken van de opbrengsten uit abonnementsgelden over het kalenderjaar 2015?

V 3.17 Van een onderneming is het volgende gegeven:

Balans per 1 januari 2015 (in euro's)

Vaste activa	500.000	Eigen vermogen	480.000
Vlottende activa m.u.v. Kas	240.000	Vreemd vermogen	320.000
Kas	60.000		
Totaal activa	800.000	Totaal vermogen	800.000

Op de volgende winst- en verliesrekening zijn alle opbrengsten en kosten van deze onderneming samengebracht.

Winst- en verliesrekening over 2015 (in euro's)

Opbrengst verkopen		600.000
Kosten van de verkopen:		
• Grondstofkosten	240.000	
• Loonkosten	80.000	
• Huurkosten	40.000	
• Afschrijvingskosten vaste activa	25.000	
• Interestkosten	15.000 +	
Totale kosten van de verkopen		400.000
Winst		200.000

Van de winst is €120.000 uitgekeerd en €80.000 ingehouden.

Voor de eenvoud veronderstellen we dat:
- er geen belastingen worden geheven;
- alle transacties volledig zijn afgewikkeld per kas (alles is betaald of ontvangen);
- de onderneming geen rekening-courantkrediet heeft.

De balans na winstverdeling ziet er als volgt uit:

Balans per 31 december 2015 (in euro's)

Vaste activa	475.000	Eigen vermogen	560.000
Vlottende activa m.u.v. Kas	240.000	Vreemd vermogen	320.000
Kas	165.000		
Totaal activa	880.000	Totaal vermogen	880.000

Licht met een berekening toe:
a de wijziging in het eigen vermogen;
b de mutatie in de voorraad kasgeld.

*V 3.18 Je hebt al een groot aantal jaren in loondienst bij een kledingzaak gewerkt en het nodige gespaard, zodat je nu €50.000 op je bankrekening hebt staan. Je besluit voor jezelf een kledingzaak te beginnen onder de naam Budgetjeans en een pandje te huren in je woonplaats. De huur van het winkelpand bedraagt €1.000 per maand. Van het gespaarde bedrag heb je €30.000 aan de onderneming als eigen vermogen beschikbaar gesteld. Je gaat alleen jeans verkopen van het merk Black Label.
Om te beginnen heb je 600 broeken ingekocht voor €30 per stuk. Deze broeken zijn per bank betaald. Daarnaast heb je stellingen, twee kassa's en andere winkelinrichting gekocht voor €10.000 en per bank betaald.
Deze activa staan onder de naam Inventaris op de openingsbalans, die we hierna weergeven.

Openingsbalans Budgetjeans per 1 januari 2015 (in euro's)

Inventaris	10.000	Eigen vermogen:	
Voorraad broeken	18.000	Gestort	30.000
Kas	2.000		
Totaal activa	30.000	Totaal vermogen	30.000

In januari 2015 vinden uitsluitend de volgende financiële feiten plaats:
1 Er worden 500 broeken per kas verkocht voor €75 per broek.
2 Er worden 700 nieuwe broeken ingekocht voor €30 per stuk. De inkopen worden direct per kas betaald.
3 Per kas wordt €4.000 aan lonen uitbetaald.
4 Per kas is €1.000 aan huur betaald.

Met btw houden we geen rekening.

a Hoeveel bedragen de geldontvangsten en de gelduitgaven gedurende januari 2015?
b Geef aan welke balansposten (met vermelding van de relevante bedragen) er veranderen op de balans van deze onderneming naar aanleiding van:
  1 financieel feit 1;
  2 financieel feit 2;
  3 financieel feit 3;
  4 financieel feit 4.
c Stel de verlies- en winstrekening over januari 2015 op.
d Stel de balans van Budgetjeans op per 31 januari 2015.
e Geef een verklaring (met vermelding van bedragen) voor het verschil tussen de verandering in het kasgeld en de winst over januari 2015.

V 3.19 Van onderneming Heconad bv is de volgende balans bekend.

Balans Heconad bv per 31 december 2014 (in euro's)

Activa			Passiva		
Vaste activa:			Eigen vermogen:		540.000
Grond	120.000				
Gebouwen	408.000		Vreemd vermogen:		
Machines	252.000		Lange termijn:		
Inventaris	90.000		Hypothecaire lening		400.000
		870.000			
Vlottende activa:					
Voorraad goederen	109.000		Korte termijn:		
Debiteuren	50.560		Crediteuren	12.600	
Vooruitbet. verz. premies	1.440		Nog te betalen interest	4.200	
Kas	4.000		Rekening-courant	78.200	
		165.000			95.000
Totaal activa		1.035.000	Totaal vermogen		1.035.000

De rekening-courant vervult de functie van sluitpost. Dat wil zeggen dat de omvang ervan wordt bepaald door het totaal van de activa te verminderen met alle balansposten aan de creditzijde van de balans, met uitzondering van de rekening-courant.

Heconad bv stelt *iedere maand* een winst- en verliesrekening op.

Aanvullende gegevens met betrekking tot:
Gebouwen
- Het gebouw is aangeschaft op 1 januari 2012 voor een bedrag van €480.000 en wordt jaarlijks afgeschreven met een vast percentage van de aanschafwaarde.
- Het afschrijvingspercentage is 5% van de aanschafwaarde.
- Op de balans wordt de boekwaarde van de gebouwen vermeld.

Verzekeringspremie
- De verzekeringspremie wordt ieder jaar op 1 mei en 1 november voor een halfjaar vooruitbetaald.
- Op 1 november 2014 is €1.800 vooruitbetaald, op 1 mei 2015 €2.160 en op 1 november 2015 €2.400.

Inkoop en verkoop
- We houden geen rekening met de btw.
- De inkopen en verkopen in 2015 zijn als volgt over de maanden verdeeld.

Maand	Verkopen (in euro's)	Inkopen (in euro's)
Januari	30.000	10.000
Februari	15.000	16.000
Maart	15.000	16.000
April	24.000	20.000
Mei	24.000	20.000
Juni	30.000	20.000
Juli	30.000	16.000
Augustus	30.000	16.000
September	24.000	16.000
Oktober	24.000	20.000
November	24.000	20.000
December	32.000	10.000

Debiteuren
- De omzet bij Heconad bv is iedere maand voor 80% op rekening en voor 20% contant.
- De debiteurentermijn bedraagt twee maanden en alle debiteuren maken hiervan volledig gebruik.

Crediteuren
- Alle inkopen zijn op rekening.
- De krediettermijn crediteuren bedraagt 1 maand en Heconad bv maakt hiervan volledig gebruik.

Winst- en verliesrekening
- De brutowinst bedraagt 60% van de inkoopwaarde van de goederen.

Nog te betalen interest
- De interest heeft uitsluitend betrekking op de 6% hypothecaire lening.
- De hypothecaire lening is op 1 februari 2012 afgesloten.

- De rente wordt jaarlijks achteraf betaald (voor het eerst op 1 februari 2013).
- Het is een aflossingsvrije hypotheek (pas op het einde van de looptijd wordt de hypotheek ineens afgelost, tijdens de looptijd geen aflossingen).

Bereken het bedrag dat per 31 december 2015 aan de debetzijde van de balans van Heconad bv bij:
a Gebouwen komt te staan.
b Vooruitbetaalde verzekeringspremies komt te staan.
c Debiteuren komt te staan.

Bereken het bedrag dat per 31 december 2015 aan de creditzijde van de balans van Heconad bv bij:
d Crediteuren moet staan.
e Nog te betalen interest komt te staan.
De volgende vragen hebben betrekking op de winst- en verliesrekening.

f Bereken de verzekeringskosten voor de maand december 2015.
g Bereken de brutowinst voor de maand december 2015.

V 3.20 Taxibedrijf Roadhopper heeft de beschikking over vijf Mercedessen die met een waarde van €150.000 op de balans per 1 maart 2015 staan onder de naam Vervoermiddelen. Roadhopper heeft voor de stalling van de taxi's een garage ter beschikking (in eigendom), waarin ook het onderhoud plaatsvindt. Voor het onderhoud zijn een hefbrug en allerlei garagegereedschap aangekocht, die onder de naam Inventaris op de balans staan. Er zijn acht taxichauffeurs in dienst, waarvan een aantal parttimers.
De activa en passiva van Roadhopper per 1 maart 2015 staan op de volgende balans.

Balans Roadhopper per 1 maart 2015 (in euro's)

Gebouwen	168.000	Eigen vermogen:	
Inventaris	9.000	Gestort	100.000
Vervoermiddelen	150.000	Winstreserve	231.000
Kas	4.000		
Totaal activa	331.000	Totaal vermogen	331.000

In maart 2015 vinden uitsluitend de volgende financiële feiten plaats:
1 De taxi's hebben deze maand in totaal 55.000 km met passagiers erin gereden. Per kilometer wordt €0,80 in rekening gebracht. Hiervan is 90% contant betaald, de overige 10% wordt in de maand april ontvangen.
2 In totaal is €4.000 aan benzinebonnen betaald voor de ritten die in maart zijn uitgevoerd.
3 Voor stalling en onderhoud van de taxi's (waaronder inkoop van onderdelen en kosten van verlichting en verwarming) is €1.500 per kas betaald.
4 Aan de taxichauffeurs is €16.000 uitbetaald aan loon over de maand maart.
5 Op de taxi's wordt per maand €2.000 afgeschreven, op inventaris €400 en op gebouwen €300 per maand.

Met btw houden we geen rekening.

a   Hoeveel bedragen de geldontvangsten en de gelduitgaven in maart 2015?
b   Stel de verlies- en winstrekening over maart 2015 op.
c   Stel de balans van Roadhopper op per 31 maart 2015.
d   Geef een verklaring (met vermelding van bedragen) voor het verschil tussen de verandering in de liquide middelen en de winst over maart 2015.

V 3.21   Van onderneming Laverda bv is op 1 januari van dit jaar het volgende gegeven:

Voorraad goederen	€ 123.000
Ingehouden winsten	€ 34.000
Gebouwen	€ 150.000
Kas	€ 8.000
6% lening o/g (looptijd meer dan één jaar)	€ 90.000
Crediteuren	€ 32.000
Gestort eigen vermogen	€ 220.000
Debiteuren	€ 35.000
Machines	€ 63.000
Rekening-courant (schuld)	€ 3.000

Over dit jaar zijn uitsluitend de volgende financiële feiten gegeven:
1   Op gebouwen is €3.000 afgeschreven.
2   Er is aan goederen voor €120.000 ingekocht en ontvangen. Deze goederen zijn op rekening gekocht.
3   Er is aan goederen voor €280.000 verkocht waarvan €180.000 op rekening. De verkochte goederen, die een inkoopwaarde van €150.000 hebben, zijn afgeleverd. De contante verkopen hebben per kas plaatsgevonden.
4   Debiteuren hebben €170.000 per kas betaald.
5   Op de machines wordt 10% van de aanschafwaarde afgeschreven. De aanschafwaarde van de machines bedraagt €80.000.
6   Aan crediteuren is €130.000 betaald ten laste van de rekening-courant.
7   De rekening van het energiebedrijf over dit jaar (€3.200) is per kas betaald.
8   Aan lonen is €75.000 per kas uitbetaald.
9   Op 31 december is over de 6% lening o/g €5.400 rente betaald.
10 Op 31 december is op de 6% lening o/g €10.000 afgelost ten laste van de rekening-courant.

De vennootschapsbelasting bedraagt 25%.
Met btw houden we geen rekening.
Opbrengsten en kosten worden geboekt op de rekening Ingehouden winsten.

a   Stel de balans van Laverda bv aan het begin van dit jaar op. Verdeel de balansposten in vaste activa, vlottende activa, eigen vermogen, vreemd vermogen op lange termijn en vreemd vermogen op korte termijn.
b   Welke mutaties treden er op de balans op naar aanleiding van de financiële feiten 1 tot en met 10? Aan welke zijde van de balans staan deze posten en met welk bedrag veranderen ze? Houd daarbij het volgende stramien aan.

Financieel feit	Naam van de balanspost	Mutaties (+ of −) aan de debetzijde van de balans	Mutaties (+ of −) aan de creditzijde van de balans
Voorbeeld	Voorraad goederen Kas	− € 2.000 + € 2.000	
	Machines Rekening-courant	+ € 10.000	+ € 10.000
1			
2			
3			
4			
5			
6			
7			
8			
9			
10			

    c Stel de balans van Laverda bv aan het einde van dit jaar op.
    d Bereken de ebit, het resultaat voor belasting en het resultaat na belasting.
    e Geef duidelijk aan welk aandeel (bedragen in euro's vermelden) de overheid, de eigenaren en de verschaffers van het vreemd vermogen opeisen van de ebit. (Hoe wordt de ebit verdeeld over deze drie groepen?)
    f Stel dat de 6% lening o/g €150.000 bedraagt en het gestort eigen vermogen €160.000. Bereken opnieuw hoe de ebit wordt verdeeld over de drie groepen: de overheid, de eigenaren en de verschaffers van het vreemd vermogen (bedragen in euro's vermelden).

**V 3.22 Handelsonderneming Office bv is een groothandel in kantoorartikelen die levert aan winkels in Nederland. De balans van deze onderneming luidt:

Balans Office bv per 1 januari van dit jaar (in euro's)

Gebouwen	200.000	Eigen vermogen		
Inventaris	34.000	Gestort	190.000	
Voorraad goederen	165.000	Winstreserve	52.000	
Debiteuren	45.000	Onverdeelde winst	0	
Kas	12.700			242.000
		Vreemd vermogen		
		Lange termijn:		
		Lening o/g		170.000
		Korte termijn:		
		Crediteuren	24.000	
		Rekening-courant	20.700	
		Te betalen Vpb[1]	0	
				44.700
Totaal activa	456.700	Totaal vermogen		456.700

1 Vpb = vennootschapsbelasting

In de maand januari vinden de volgende financiële transacties plaats:
1 Goederen ingekocht voor €142.800 en betaald ten laste van het rekening-courantkrediet. De goederen zijn ontvangen.
2 a Goederen verkocht voor €178.500, waarvan 90% op rekening en de overige 10% per kas is betaald.
  b De verkochte goederen met een inkoopwaarde van €110.000 zijn verzonden.
3 Afschrijving op inventaris €600 per maand.
4 Debiteuren hebben een bedrag van €150.000. Dit bedrag is ten gunste van de rekening-courant geboekt.
5 Over de maand januari is €22.000 aan lonen uitbetaald ten laste van het rekening-courantkrediet.
6 Op de gebouwen wordt per jaar €4.800 afgeschreven.
7 Interestkosten over januari (€850) betaald ten laste van het rekening-courantkrediet.

Bij de vragen **a** tot en met **c** houden we met vennootschapsbelasting geen rekening. Met btw houden we in het geheel geen rekening.

a Welke balansposten (*met vermelding van de relevante bedragen*) veranderen er op de balans van deze onderneming naar aanleiding van de financiële feiten 1 tot en met 7? Opbrengsten en kosten boeken we rechtstreeks op de rekening Onverdeelde winst. De veranderingen per financieel feit weergeven.

Financieel feit	Naam van de balanspost	Mutaties (+ of –) aan de debetzijde van de balans	Mutaties (+ of –) aan de creditzijde van de balans
Voorbeeld	Voorraad goederen	– € 2.000	
	Kas	+ € 2.000	
	Machines	+ € 10.000	
	Rekening-courant		+ € 10.000
1			
2			
3			
4			
5			
6			
7			

b Stel de winst- en verliesrekening op over de maand januari van dit jaar.
c Stel de balans op per 31 januari van dit jaar.

Bij de volgende vragen veronderstellen we dat de vennootschapsbelasting 25% bedraagt.

d Bereken de ebit, het resultaat voor belasting en het resultaat na belasting.
e Welke drie groepen maken aanspraak op de ebit en voor welk bedrag?

f Geef aan de hand van de antwoorden op de voorgaande vragen voorbeelden van:
- gelduitgaven die nu en in de toekomst niet tot kosten leiden;
- gelduitgaven die niet direct tot kosten leiden;
- geldontvangsten die nu en in de toekomst niet tot opbrengsten leiden;
- kosten die in januari niet tot gelduitgaven leiden.

V 3.23 Van handelsonderneming Airmax bv, die zich toelegt op de verkoop van wandelschoenen, is de volgende balans gegeven.

Balans Airmax bv per 1 januari van dit jaar (in euro's)

Inventaris	13.000	Eigen vermogen	
Voorraad goederen	32.000	Gestort	39.000
Debiteuren	16.000	Winstreserve	2.000
Te vorderen btw	1.900	Onverdeelde winst	0
Kas	2.600		41.000
		Vreemd vermogen	
		Lange termijn:	
		Lening o/g	10.000
		Korte termijn:	
		Crediteuren	8.020
		Rekening-courant	4.200
		Te betalen btw	2.280
		Te betalen vpb	0
			14.500
Totaal activa	65.500	Totaal vermogen	65.500

In de maand januari vinden de volgende financiële transacties plaats:
1 Goederen ingekocht op rekening voor €33.880 (inclusief 21% btw). De goederen zijn ontvangen.
2 *a* Goederen contant verkocht voor €43.560 (inclusief 21% btw).
   b De goederen met een inkoopwaarde van €22.000 exclusief btw zijn verzonden.
3 Afschrijving op inventaris €100 per maand.
4 Van Debiteuren €2.000 ontvangen per rekening-courant.
5 Lonen over de maand januari uitbetaald voor €3.000 ten laste van het rekening-courantkrediet.
6 Huur over de maand januari (€1.200) betaald ten laste van het rekening-courantkrediet.
7 Aan Crediteuren €30.000 betaald ten laste van het rekening-courantkrediet.
8 Interestkosten over januari (€80) betaald ten laste van het rekening-courantkrediet.

a Welke balansposten (*met vermelding van de relevante bedragen*) veranderen er op de balans van deze onderneming naar aanleiding van de financiële feiten 1 tot en met 8? Opbrengsten en kosten boeken we rechtstreeks op de rekening Onverdeelde winst. De veranderingen per financieel feit weergeven. Houd daarbij het volgende stramien aan.

Financieel feit	Naam van de balanspost	Mutaties (+ of –) aan de debetzijde van de balans	Mutaties (+ of –) aan de creditzijde van de balans
Voorbeeld	Voorraad goederen	– € 2.000	
	Kas	+ € 2.000	
	Machines	+ € 10.000	
	Rekening-courant		+ € 10.000
1			
2			
3			
4			
5			
6			
7			
8			

    b Bij deze vraag veronderstellen we dat over de winst 25% vennootschapsbelasting moet worden betaald.
       1 Bereken de ebit.
       2 Welke drie groepen maken aanspraak op het bedrijfsresultaat en voor welk bedrag?
    c Stel de balans per 31 januari van dit jaar op. De winst na vennootschapsbelasting komt op de balans onder de naam Onverdeelde winst te staan. De te betalen vennootschapsbelasting onder Te betalen Vpb.
    d Geef aan de hand van de antwoorden op de voorgaande vragen voorbeelden van:
- gelduitgaven die nu en in de toekomst niet tot kosten leiden;
- gelduitgaven die niet direct tot kosten leiden;
- geldontvangsten die nu en in de toekomst niet tot opbrengsten leiden;
- kosten die in januari niet tot gelduitgaven leiden.

*V 3.24 Een industriële onderneming heeft met de leverancier van haar machinepark een contract afgesloten op basis waarvan de machines iedere drie jaar aan een grondige revisie worden onderworpen. *De laatste revisie is precies een jaar geleden verricht.* Direct na de laatste revisie is in een onderhoudscontract vastgelegd dat de eerstvolgende revisie (over twee jaar vanaf nu) ongeveer €360.000 zal gaan kosten.
De kosten in verband met de revisie komen onder de naam Onderhoudskosten op de winst- en verliesrekening te staan. De onderhoudskosten worden aan het einde van iedere maand geboekt. De onderneming geeft haar verplichtingen in verband met in de toekomst te verrichten groot onderhoud op de balans weer onder de naam Voorziening groot onderhoud. Opbrengsten en kosten boeken we rechtstreeks op de rekening Onverdeelde winst.

    a Bereken de onderhoudskosten per maand.
    b Bereken de omvang van de balanspost Voorziening groot onderhoud een jaar nadat de laatste revisie heeft plaatsgevonden.

c Geef aan welke balansposten (*met vermelding van de relevante bedragen*) er veranderen op de balans van deze onderneming naar aanleiding van:
  1 de maandelijkse boeking van de onderhoudskosten;
  2 de betaling (aan het einde van het derde jaar) van de nota aan het bedrijf dat de revisie heeft verricht. Stel dat de nota in werkelijkheid (over twee jaar) €344.000 bedraagt. Dit bedrag wordt dan betaald ten laste van de rekening-courant.
d Behoort de balanspost Voorziening groot onderhoud tot het eigen of vreemd vermogen? Motiveer je antwoord.

*V 3.25 De gemeente Bos en Duin is verantwoordelijk voor het onderhoud aan de riolering binnen haar gemeente. Iedere vijf jaar wordt het gehele rioleringsstelsel aan een onderzoek onderworpen en worden zo nodig herstelreparaties verricht. Tot nu toe heeft de gemeente Bos en Duin deze kosten ten laste gebracht van de begroting van het jaar waarin de inspectie en het herstel van de riolering plaatsvonden. Er was geen Voorziening onderhoud riolering. De gemeente is tot het inzicht gekomen dat dit niet de juiste handelwijze is. Bos en Duin heeft besloten vanaf heden ieder jaar een bedrag als onderhoudskosten ten laste van de begroting te brengen en dit bedrag op een Voorziening onderhoud riolering te boeken. De kosten van de inspectie en het herstel van de riolering (die over vijf jaar uitgevoerd en betaald moeten worden) worden geschat op €50.000.
Opbrengsten en kosten boeken we rechtstreeks op de rekening Onverdeelde winst.

a Welke veranderingen treden er op in de balans van de gemeente Bos en Duin naar aanleiding van de jaarlijkse onderhoudskosten riolering? Geef bij de beantwoording van deze vraag duidelijk weer aan welke zijde van de balans de betreffende balanspost staat en of deze toe- of afneemt, met vermelding van het bedrag.
b Welk bedrag staat er op de rekening Voorziening onderhoud riolering aan het einde van jaar 5, vlak voordat het onderhoud plaatsvindt?
c Veronderstel dat aan het einde van het vijfde jaar de inspectie en het herstel inderdaad hebben plaatsgevonden en dat de kosten ervan €48.000 bedroegen. Dit bedrag is per kas betaald. Welke veranderingen treden er op in de balans van de gemeente Bos en Duin naar aanleiding van de betaling van de onderhoudskosten riolering (€48.000)?
Geef bij de beantwoording van deze vraag duidelijk weer aan welke zijde van de balans de betreffende balanspost staat en of deze toe- of afneemt, met vermelding van het bedrag.
d Behoort de Voorziening onderhoud riolering tot het eigen of vreemd vermogen? Motiveer je antwoord.

194

© Noordhoff Uitgevers bv

4
Beoordeling van de financiële situatie

4.1 Behoefte aan financiële informatie
4.2 Financiële overzichten Vivaldi bv
4.3 Rentabiliteit
4.4 Liquiditeit
4.5 Solvabiliteit
4.6 Activiteitskengetallen
4.7 Interne gebruikers van financiële informatie
4.8 Externe gebruikers van financiële informatie
4.9 Financieel verslag en wettelijke voorschriften
4.10 Beoordeling door de bank

Zowel voor de verstrekkers van eigen vermogen als voor de verstrekkers van vreemd vermogen is het belangrijk dat ze inzicht hebben in de financiële positie van de onderneming, waaraan zij vermogen beschikbaar hebben gesteld. Maar ook andere personen en instellingen, zoals werknemers, de overheid en werknemersorganisaties, kunnen interesse hebben in de financiële gegevens van een organisatie. De verstrekkers van vreemd vermogen (waaronder banken) zullen op andere aspecten de nadruk leggen dan de verstrekkers van eigen vermogen (zoals de aandeelhouders van een bv of nv). Voor werknemers is met name het voortbestaan van de organisatie belangrijk. De managers van een onderneming moeten bij het nemen van beslissingen rekening houden met deze verschillende belangen.
In dit hoofdstuk beoordelen we de financiële situatie van een organisatie vanuit verschillende invalshoeken. Zo besteden we aandacht aan de rentabiliteit, de liquiditeit en de solvabiliteit van een organisatie.
Maar ook activiteitskengetallen zijn belangrijk om de financiële prestaties en vooruitzichten van een organisatie te beoordelen. Belangrijke financiële overzichten op basis waarvan we de financiële positie kunnen beoordelen, zijn de balans, de winst- en verliesrekening en het kasstroomoverzicht.

4.1 Behoefte aan financiële informatie

In welke situaties is er behoefte aan financiële informatie? De vraag om financiële informatie kan afkomstig zijn van bestuurders en managers. Zij gebruiken deze informatie bij het nemen van beslissingen. Zo willen ze, voordat ze een beslissing nemen, weten wat de financiële gevolgen kunnen zijn van bepaalde besluiten. De financiële resultaten van een onderneming zijn niet alleen van belang voor de bestuurders van de onderneming. Ook buitenstaanders (externe belangstellenden), zoals de verschaffers van het eigen en vreemd vermogen, zijn geïnteresseerd in de financiële situatie van een onderneming. De verschaffer van vreemd vermogen kan op basis daarvan beoordelen of de onderneming in staat is de rente- en aflossingsverplichtingen na te komen. De verschaffer van eigen vermogen wil beoordelen of de winstgevendheid van de onderneming voldoende is om het door hem vereiste rendement te realiseren. In het bijzonder besteden we aandacht aan het oordeel van de bank over de financiële positie van Vivaldi bv, waarvan we de financiële overzichten hierna weergeven.

Stuurvariabelen

De financiële overzichten en de kengetallen die we op basis daarvan berekenen zijn stuurvariabelen. Daarmee bedoelen we dat ze kunnen worden gebruikt bij het besturen van de organisatie.

4.2 Financiële overzichten Vivaldi bv

We nemen de financiële overzichten van de industriële onderneming Vivaldi bv als uitgangspunt bij de bespreking van de financiële positie van een onderneming. Vivaldi bv bezit een fabriek die brood en banket maakt dat ze aan supermarkten verkoopt. De inkoop- en verkooptransacties vinden met name op rekening plaats. De dagelijkse leiding van Vivaldi bv is in handen van twee broers, die ieder 50% van de aandelen bezitten. Het salaris van de directeur-grootaandeelhouders (dga's) bedraagt €60.000 per dga.
De financiële overzichten op basis waarvan we de financiële positie van Vivaldi bv beoordelen zijn de balans, de winst- en verliesrekening en het kasstroomoverzicht.

4.2.1 Balans

Balans

Op een balans staan de bezittingen, het eigen vermogen en het vreemd vermogen van een organisatie (zie de volgende balans).

Activa			Balans Vivaldi bv (in euro's)			Passiva
	1-1-2015	31-12-2015		1-1-2015	31-12-2015	
Vaste activa:			Eigen vermogen:			
Grond	410.000	410.000	Gestort aandelenkapitaal	1.000.000	1.000.000	
Gebouwen (1)	1.600.000	1.560.000	Winstreserve (4)	504.000	696.000	
Machines (2)	600.000	830.000		**1.504.000**	**1.696.000**	
Inventaris (3)	120.000	90.000	Vreemd vermogen:			
	2.730.000	**2.890.000**	Lange termijn:			
Vlottende activa:			Hypothecaire lening (5)	**1.400.000**	**1.300.000**	
Voorraad grondstoffen	384.000	290.000				
Voorraad eindproducten	80.000	90.000	Korte termijn:			
Debiteuren	417.000	314.000	Crediteuren	540.000	442.000	
Kas	3.000	2.000	Nog te betalen bedragen	10.000	8.000	
			Nog te betalen belastingen	40.000	30.000	
			Rekening-courant	120.000	110.000	
	884.000	**696.000**		**710.000**	**590.000**	
Totaal activa	**3.614.000**	**3.586.000**	Totaal vermogen	**3.614.000**	**3.586.000**	

Toelichting
1. De gebouwen met een aanschafwaarde van €2.000.000 worden met gelijke bedragen per jaar afgeschreven. De economische levensduur van de gebouwen wordt op 50 jaar geschat, waarna de restwaarde nihil is. De jaarlijkse afschrijvingen op gebouwen bedraagt (€2.000.000 – €0) : 50 = €40.000 per jaar.
2. Op de machines is in 2015 €70.000 afgeschreven. Tevens zijn voor een bedrag van €300.000 nieuwe machines aangeschaft.
3. Op inventaris is €30.000 afgeschreven.
4. Er is €192.000 winst ingehouden (zie toename winstreserve).
5. Op de hypothecaire lening is €100.000 afgelost.

Op de balans van Vivaldi bv is het vreemd vermogen ingedeeld in lange en korte termijn. We kunnen het vreemd vermogen ook opsplitsen in rentedragend en niet-rentedragend vreemd vermogen. Over de balansposten Crediteuren, Nog te betalen bedragen en Nog te betalen belastingen worden geen rentekosten berekend en zij behoren tot het niet-rentedragende vreemd vermogen.

Rentedragend vreemd vermogen/niet-rentedragend vreemd vermogen

We krijgen dan de volgende indeling van het vreemde vermogen (in euro's):

	1-1-2015		31-12-2015	
Hypothecaire lening	1.400.000		1.300.000	
Rekening-courantkrediet	120.000		110.000	
Rentedragend vreemd vermogen		1.520.000		1.410.000
Crediteuren	540.000		442.000	
Nog te betalen bedragen	10.000		8.000	
Nog te betalen belastingen	40.000		30.000	
Niet-rentedragend vreemd vermogen		590.000		480.000
Totaal vreemd vermogen		2.110.000		1.890.000

Later in het hoofdstuk (subparagraaf 4.3.2) bespreken we een aantal situaties waarin het onderscheid in rentedragend en niet-rentedragend vreemd vermogen van belang is.

We kunnen de balans ook anders indelen dan hiervoor is gedaan. Bij de alternatieve indeling komen de begrippen nettowerkkapitaal en liquide middelen voor, die we hierna toelichten.

Bij het begrip nettowerkkapitaal leggen we een verband tussen de vlottende activa en het vreemd vermogen op korte termijn. Als een onderneming groeit zullen aan de debetzijde van de balans bijvoorbeeld de balansposten Voorraden en Debiteuren toenemen, maar ook de Crediteuren en Te betalen bedragen aan de creditzijde zullen stijgen. In de vermogensbehoefte die het gevolg is van een toename van de voorraden en debiteuren wordt (gedeeltelijk) voorzien door een toename van de crediteuren en te betalen bedragen. Als een onderneming groeit hoeft alleen extra vermogen aangetrokken te worden voor het verschil tussen de vlottende activa en het vreemd vermogen op korte termijn.

Nettowerkkapitaal

Dit verschil noemen we nettowerkkapitaal. Bij de berekening van het nettowerkkapitaal kunnen we de liquide middelen (kas + rekening-courant) buiten de berekening laten. We krijgen dan het nettowerkkapitaal (exclusief liquide middelen). De omvang van het nettowerkkapitaal (exclusief liquide middelen) hangt nauw samen met de omvang van de activiteiten in het primaire proces. Als de activiteiten toenemen, neemt ook het nettowerkkapitaal (exclusief liquide middelen) in een min of meer vaste verhouding toe.

De liquide middelen nemen een bijzondere positie in een onderneming in. Dit is de reden dat we de liquide middelen afzonderlijk op een balans (kunnen) vermelden. De omvang van de liquide middelen op de balans geeft de hoeveelheid geld weer, die op de balansdatum in een onderneming aanwezig is. De hoeveelheid geld verandert niet in een vaste verhouding tot de omvang van de bedrijfsactiviteiten.

We berekenen de omvang van het nettowerkkapitaal (exclusief liquide middelen) en de liquide middelen op basis van de balans van Vivaldi bv (bedragen in euro's).

	1-1-2015	31-12-2015
Vlottende activa (exclusief Kas):		
Voorraad grondstoffen	384.000	290.000
Voorraad eindproducten	80.000	90.000
Debiteuren	417.000 +	314.000 +
	881.000	694.000
Kort vreemd vermogen (exclusief rekening-courant):		
Crediteuren	540.000	442.000
Nog te betalen bedragen	10.000	8.000
Nog te betalen belastingen	40.000 +	30.000 +
	590.000 −	480.000 −
Nettowerkkapitaal (exclusief liquide middelen)	291.000	214.000

Onder liquide middelen verstaan we het kassaldo + het saldo van de rekening-courant.

Liquide middelen

	1-1-2015	31-12-2015
Kasgeld	€ 3.000 +	€ 2.000 +
Rekening-courant	€ 120.000 –	€ 110.000 –
Liquide middelen	€ 117.000 –	€ 108.000 –

Merk op dat de liquide middelen in 2015 zijn toegenomen met €9.000. Het *negatieve* saldo is €9.000 lager geworden.

We geven hierna de aangepaste opstelling van de balans van Vivaldi bv weer, waarbij we de begrippen nettowerkkapitaal (exclusief liquide middelen) en liquide middelen toepassen.

Activa	Balans Vivaldi bv (alternative indeling, in euro's)			Passiva	
	1-1-2015	31-12-2015		1-1-2015	31-12-2015
Vaste activa:			Eigen vermogen:		
Grond	410.000	410.000	Gestort aandelenkapitaal	1.000.000	1.000.000
Gebouwen (1)	1.600.000	1.560.000	Winstreserve (4)	504.000	696.000
Machines (2)	600.000	830.000		1.504.000	1.696.000
Inventaris (3)	120.000	90.000	Vreemd vermogen:		
	2.730.000	2.890.000	Lange termijn:		
			Hypothecaire lening (5)	1.400.000	1.300.000
Nettowerkkapitaal (excl. LM):	291.000	214.000			
Liquide middelen	117.000 (–)	108.000 (–)			
Totaal activa	2.904.000	2.996.000	Totaal vermogen	2.904.000	2.996.000

Bij de alternatieve balansopstelling komen aan de creditzijde van de balans alleen het eigen vermogen en het vreemd vermogen op lange termijn voor.

4.2.2 Winst- en verliesrekening

De eigenaren van Vivaldi bv hebben vermogen aan de onderneming beschikbaar gesteld met het doel winst te maken. De winst- en verliesrekening toont de resultaten die een onderneming gedurende het jaar heeft behaald en berekenen we door de omzet te verminderen met de kosten van de omzet.
We geven de winst- en verliesrekening van Vivaldi bv over 2015 hierna weer.

Winst- en verliesrekening

Winst-en verliesrekening Vivaldi bv over 2015 (in euro's)		
Omzet (opbrengst van de verkopen):		3.700.000
Kosten:		
Loon	900.000	
Sociale lasten	270.000	
Inkoopwaarde verbruikte grondstoffen	1.500.000	
Energiekosten (gas, water en licht)	300.000	
Onderhoud	200.000	
Afvalverwerking	7.000	
Telefoonkosten	1.200	
Onroerendezaakbelasting	2.800	
Lidmaatschappen	1.000	
Overige kosten	18.000	
Totale kosten met uitzondering van afschrijvingskosten en interestkosten		3.200.000
Ebitda		500.000
Afschrijvingskosten		140.000
Ebit		360.000
Interestkosten		120.000
Resultaat voor belastingen		240.000
Vennootschapsbelasting (20%)		48.000
Resultaat na belastingen		192.000

De winst na belasting wordt volledig ingehouden, waardoor de winstreserve stijgt van €504.000 naar €696.000.

4.2.3 Kasstroomoverzicht

Kasstroomoverzicht

Een belangrijk financieel overzicht naast de balans en de winst- en verliesrekening is het kasstroomoverzicht (KSO). Een kasstroomoverzicht laat zien door welke oorzaken er liquide middelen beschikbaar zijn gekomen en waaraan liquide middelen zijn besteed. Uiteindelijk kunnen we daaruit de mutatie in de liquide middelen gedurende een bepaalde periode afleiden. We kunnen een KSO opstellen volgens de directe en de indirecte methode. Dat bespreken we hierna. Ook gaan we kort in op het begroot kasstroomoverzicht.

Directe methode

In een kasstroomoverzicht volgens de directe methode geven we alle gelduitgaven en geldontvangsten gedurende een bepaalde periode weer. De bedragen in het KSO volgens de directe methode worden rechtstreeks overgenomen van de bankafschriften en de mutaties in het kasboek. Om een kasstroomoverzicht volgens de directe methode op te kunnen stellen, zijn interne bedrijfsgegevens nodig. Voorbeeld 4.1 is een voorbeeld van een KSO volgens de directe methode (beschikbaar gesteld door Vivaldi bv).

VOORBEELD 4.1

Kasstroomoverzicht (in euro's) van Vivaldi bv over 2015 (directe methode)

Geldontvangsten:		
Contante verkopen	418.000	
Ontvangen van debiteuren	3.300.000 +	
Totale geldontvangsten		3.718.000
Gelduitgaven:		
Betaalde lonen	900.000	
Betaalde sociale lasten	268.000	
Betaald aan leveranciers	1.420.000	
Aflossing hypothecaire lening	100.000	
Betaalde belastingen	58.000	
Betaalde interest	120.000	
Betaling aankoop machines	300.000	
Betaald aan energierekeningen	290.000	
Betaald aan onderhoud	208.000	
Overige gelduitgaven	45.000 +	
Totale gelduitgaven		3.709.000 +
Mutatie liquide middelen (toename)		9.000

Het KSO volgens de directe methode laat *niet* zien door welke factoren (welke bedrijfsbeslissingen) een wijziging in de voorraad liquide middelen is opgetreden. Het is slechts een 'samenvatting' van de belangrijkste geldstromen.

Indirecte methode

Het kasstroomoverzicht volgens de indirecte methode geeft op overzichtelijke wijze weer door welke oorzaken de hoeveelheid liquide middelen gedurende een bepaalde periode (meestal een jaar) is veranderd.
We kunnen uit het kasstroomoverzicht volgens de indirecte methode afleiden welke bedragen de onderneming aan bepaalde activa heeft besteed of heeft vrijgemaakt door activa te verkopen. Het geeft ook de geldstromen van en naar de vermogensmarkt weer. Uiteindelijk blijkt uit het KSO de verandering in de voorraad liquide middelen gedurende een bepaalde periode.
Bij het kasstroomoverzicht volgens de indirecte methode nemen we de ebit als vertrekpunt. We beginnen met een winstbegrip en werken geleidelijk toe naar de mutatie in de liquide middelen (vandaar de naam 'indirecte methode').
Op basis van de begin- en eindbalans en de winst- en verliesrekening van Vivaldi bv stellen we het kasstroomoverzicht volgens de indirecte methode op. Zie voorbeeld 4.2.

Indirecte methode

VOORBEELD 4.2
Kasstroomoverzicht (in euro's) Vivaldi bv over 2015 (indirecte methode)

Ebit na belasting = €360.000 × (1 − 0,2) =		288.000
Afschrijvingen op vaste activa		140.000 +
Kasstroom op winstbasis		428.000
Nettowerkkapitaal excl. liquide mid. begin 2015	291.000	
Nettowerkkapitaal excl. liquide mid. eind 2015	214.000 −	
Afname nettowerkkapitaal		77.000 +
Operationele kasstroom		505.000 +
Bruto-investeringen in machines		300.000 −
Vrije kasstroom		205.000 +
Geldstromen van en naar de vermogensmarkt:		
Aflossing hypothecaire lening	100.000 −	
Betaalde interest na belasting = €120.000 × (1 − 0,2) =	96.000 − +	
		196.000 −
Mutatie liquide middelen in 2015 (toename)		9.000 +

De afschrijvingen van €140.000 worden opgeteld bij de ebit na belasting. De afschrijvingskosten leiden tot een lagere ebit, maar omdat ze niet leiden tot een gelduitgave in 2015 worden de afschrijvingskosten bij de ebit na belastingen opgeteld om de mutatie in de liquide middelen te berekenen. Het KSO volgens de indirecte methode geeft op overzichtelijke wijze weer door welke bedrijfsbeslissingen de voorraad liquide middelen is veranderd en heeft daarom onze voorkeur.

Uit het KSO van Vivaldi bv blijkt bijvoorbeeld dat:
- de investering in machines tot een afname van de voorraad liquide middelen leidt van €300.000;
- een afname van het nettowerkkapitaal leidt tot een toename van de liquide middelen met €77.000;
- de aflossing van vreemd vermogen leidt tot een afname van de liquide middelen met €100.000;
- de betaling van interestkosten leidt tot minder liquide middelen. Omdat de interestkosten tot minder te betalen belastingen leiden van 0,2 × €120.000 bedraagt de afname van de liquide middelen per saldo €96.000.

Begroot kasstroomoverzicht
In het geval een onderneming van plan is grote investeringen te doen, zal de bruto-investering in vaste activa hoog zijn. Ook zal als gevolg daarvan waarschijnlijk de omvang van het nettowerkkapitaal aanzienlijk stijgen (doordat de activiteiten in het primaire proces zullen toenemen). Door deze oorzaken zal de hoeveelheid liquide middelen sterk afnemen. Uit het kasstroomoverzicht blijkt onder meer dat dan een forse geldontvangst van de vermogensmarkt nodig zal zijn (eigen en/of vreemd vermogen moet worden aangetrokken), om de voorraad liquide middelen niet te veel te laten

afnemen. De gevolgen van een voorgenomen investeringsproject en de geplande financiering van deze investeringen komen in een *begroot* kasstroomoverzicht tot uitdrukking.

Begroot kasstroomoverzicht

4.3 Rentabiliteit

Binnen ondernemingen wordt een groot aantal beslissingen genomen die gevolgen hebben voor de financiële positie van de onderneming. Managers zullen bij het nemen van beslissingen rekening moeten houden met de gevolgen ervan voor de winst- en verliesrekening en voor de balans. Zij zullen bij het onderbouwen van hun beslissingen onder andere gebruikmaken van begrote cijfers. Wat zijn de verwachte gevolgen van een prijsverlaging van een product voor de afzet van dat product en voor het resultaat? Wat zijn de verwachte effecten van een voorgenomen investering voor de balans en voor het resultaat? De leiding van de onderneming kan ook nadat de beslissing is genomen, berekenen wat de financiële gevolgen zijn. Ze doet dit op basis van de werkelijke cijfers.

Ook belangstellenden buiten de onderneming (bijvoorbeeld de bank en/of de aandeelhouders van een nv) zijn geïnteresseerd in de financiële positie van een onderneming. Zij moeten zich baseren op de winsten verliesrekening, de balans en het kasstroomoverzicht, die de onderneming na afloop van een bepaalde periode (bijvoorbeeld na afloop van een kwartaal of jaar) aan hen beschikbaar stelt. In het voorgaande hebben we summier toegelicht welke informatie een kasstroomoverzicht bevat. Hierna gaan we in op de informatie die we kunnen afleiden uit de balans en een winst- en verliesrekening. Daarbij leggen we ook een aantal verbanden tussen beide financiele overzichten. Met name de verdeling van de ebit komt aan de orde en de interpretatie van kengetallen.

4.3.1 Verdeling van de ebit

De volgorde die we bij het berekenen van de financiële resultaten van een onderneming aanhouden is niet toevallig. In eerste instantie brengen we op de opbrengsten (= omzet) *alle* kosten in mindering die direct of indirect te maken hebben met het primaire proces (*met uitzondering van de interestkosten*). Het verschil tussen de omzet en alle kosten (*met uitzondering van de interestkosten*) noemen we ebit.
Nadat we de ebit hebben berekend, vragen we ons af welke partijen (groeperingen, participanten) aanspraak maken op de ebit. Met andere woorden: onder welke groeperingen wordt de ebit verdeeld? Hierna veronderstellen we dat de onderneming de rechtsvorm van bv of nv heeft.

Op de ebit maken in eerste instantie de verschaffers van het vreemd vermogen aanspraak. Na aftrek van de interestkosten resteert de winst voor belasting, waarover de nv of bv vennootschapsbelasting moet betalen. Het bedrag dat overblijft na aftrek van vennootschapsbelasting is beschikbaar voor de aandeelhouders (vergoeding voor de verschaffers van het eigen vermogen). De earnings before interest and taxes (ebit) wordt bij een nv of bv als volgt verdeeld:

Verdeling ebit

1 de verschaffers van het vreemd vermogen (interestkosten);
2 de overheid (te betalen vennootschapsbelastingen);
3 de verschaffers van het eigen vermogen (winst na vennootschapsbelasting).

In figuur 4.1 geven we de verdeling van de ebit voor Vivaldi bv weer.

FIGUUR 4.1 Verdeling van de ebit

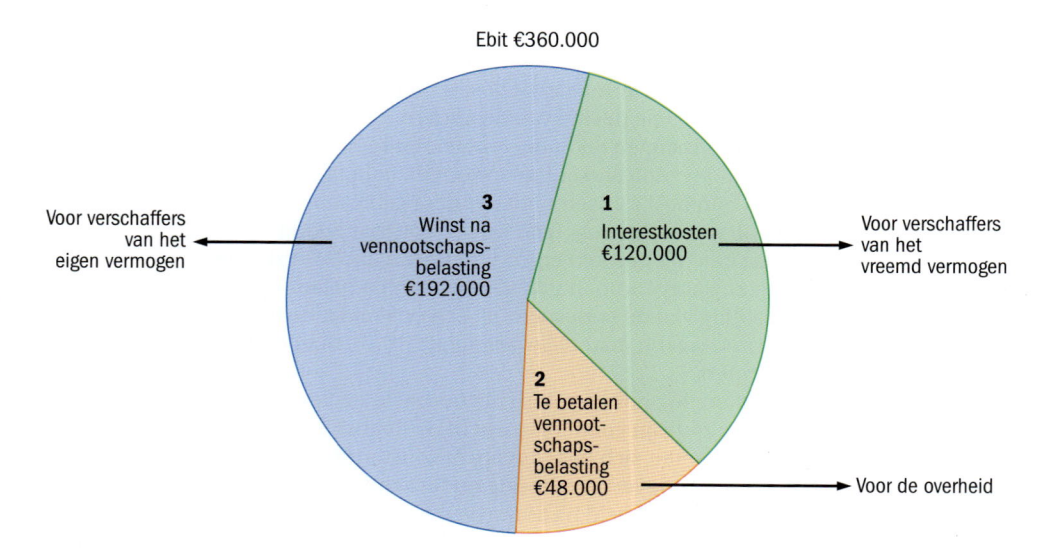

Ebit €360.000

- **1** Interestkosten €120.000 → Voor verschaffers van het vreemd vermogen
- **2** Te betalen vennootschapsbelasting €48.000 → Voor de overheid
- **3** Winst na vennootschapsbelasting €192.000 ← Voor verschaffers van het eigen vermogen

Uit de balans blijkt over hoeveel eigen en hoeveel vreemd vermogen een organisatie de beschikking heeft. Degenen die dit vermogen aan de organisatie beschikbaar hebben gesteld, zijn onder andere geïnteresseerd in de omvang van de vergoedingen die ze krijgen voor het beschikbaar stellen van vermogen. De genoten vergoedingen blijken uit de winst- en verliesrekening. We berekenen de rentabiliteit door de ontvangen vergoeding te delen door de omvang van het beschikbaar gestelde vermogen. In formule:

$$\text{Rentabiliteit} = \frac{\text{De ontvangen vergoeding (winst of verlies)}}{\text{Gemiddeld geïnvesteerd vermogen}} \times 100\%$$

Rentabiliteit

Voordat we de rentabiliteit voor de verschaffers van het eigen en totale vermogen bij een onderneming berekenen, behandelen we de rentabiliteitsberekeningen in de privésfeer. Daarbij houden we geen rekening met belastingen.

Rentabiliteitsberekeningen in de privésfeer
De rentabiliteitsberekeningen in de privésfeer bespreken we aan de hand van voorbeeld 4.3.

VOORBEELD 4.3

Rentabiliteitsberekeningen in de privésfeer

Stel dat je €100.000 hebt gespaard (misschien op dit moment moeilijk voor te stellen, maar wellicht lukt dat in de toekomst) en dat je dit bedrag gaat beleggen in aandelen. Aan het begin van 2015 koop je voor €100.000 aandelen, die je precies een jaar later voor €110.000 verkoopt.
Hoeveel bedraagt de door jou gerealiseerde rentabiliteit op deze belegging?

$$\text{Rentabiliteit} = \frac{€110.000 - €100.000}{€100.000} \times 100\% = 10\%$$

Stel dat je naast je eigen geld (eigen vermogen) nog eens €200.000 leent bij de bank (vreemd vermogen) tegen een rentepercentage van 6% per jaar. Nu ga je het totale bedrag van €300.000 (totaal vermogen) in het begin van 2015 beleggen in dezelfde aandelen als hiervoor. Precies een jaar later verkoop je dit pakket aandelen voor €330.000.
Hoeveel bedraagt nu de door jou gerealiseerde rentabiliteit over je eigen geld (€100.000)?
Om deze vraag te beantwoorden, maken we de volgende opstelling:

Waardestijging van de aandelen = €330.000 − €300.000 = €30.000
Betaalde interestkosten = 0,06 × €200.000 = €12.000 −
Zelf hou je over   €18.000

$$\text{Rentabiliteit totaal vermogen} = \frac{€330.000 - €300.000}{€300.000} \times 100\% = 10\%$$

$$\text{Kosten vreemd vermogen} = \frac{€12.000}{€200.000} \times 100\% = 6\%$$

$$\text{Rentabiliteit eigen vermogen} = \frac{€18.000}{€100.000} \times 100\% = 18\%$$

De rentabiliteit in voorbeeld 4.3 is gestegen van 10% naar 18%. In figuur 4.2 lichten we het voorgaande toe.
Daarin gebruiken we de volgende afkortingen:
R_{TV} = rentabiliteit totaal vermogen (10%)
K_{VV} = kosten vreemd vermogen (6%)
R_{EV} = rentabiliteit eigen vermogen (18%)

FIGUUR 4.2 Rentabiliteit op beleggingen

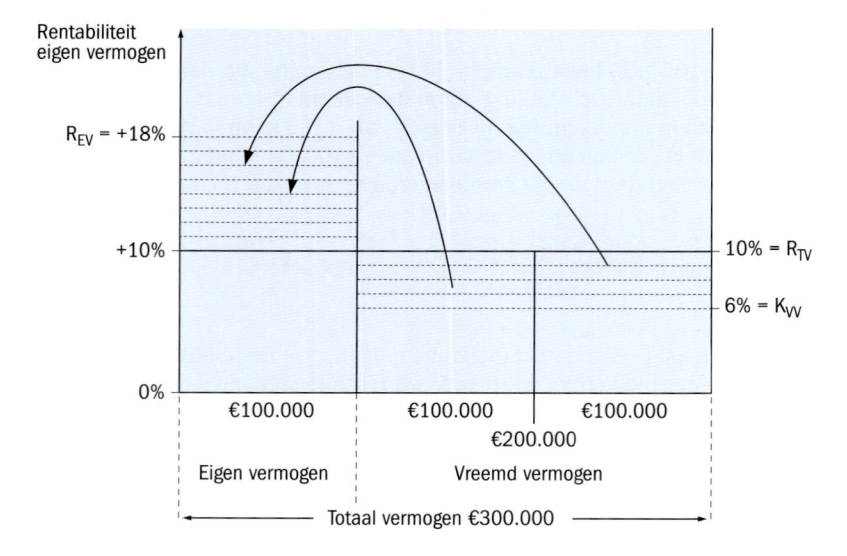

Door vreemd vermogen aan te trekken en dit te beleggen is de R_{EV} gestegen van 10% naar 18%. Maar het kan ook anders verlopen. Een bekende slogan is: 'In het verleden behaalde resultaten geven geen garantie voor de toekomst.' Daarmee wordt bedoeld dat de koersen van aandelen niet te voorspellen zijn en dat de rentabiliteiten onzeker zijn.

VERVOLG VOORBEELD 4.3

Rentabiliteitsberekeningen in de privésfeer

We veronderstellen dat een pakket aandelen dat aan het begin van het jaar is aangekocht voor €100.000 na precies een jaar kan worden verkocht voor €103.000. Voor deze gewijzigde situatie krijgen we dan de volgende resultaten:

$$\text{Rentabiliteit} = \frac{(€103.000 - €100.000)}{€100.000} \times 100\% = +3\% \, (R_{EV} = R_{TV}, \text{omdat ev = tv})$$

Voor de situatie waarin bij de bank €200.000 wordt geleend tegen 6% (K_{VV}) en het totale bedrag (€300.000) wordt belegd in aandelen, bedraagt nu de door jou gerealiseerde rentabiliteit over je eigen geld (R_{EV}) – 3%. Dit percentage berekenen we als volgt:

Waardestijging van de aandelen	= €309.000 – €300.000	= € 9.000
Betaalde interestkosten	= 0,06 × €200.000	= €12.000 –
Zelf schiet je erbij in		€ 3.000 –

$$\text{Rentabiliteit totaal vermogen} = \frac{(€309.000 - €300.000)}{€300.000} \times 100\% = 3\%$$

$$\text{Kosten vreemd vermogen} = \frac{€12.000}{€200.000} \times 100\% = 6\%$$

$$\text{Rentabiliteit eigen vermogen} = \frac{-€3.000}{€100.000} \times 100\% = -3\% \,(\text{REV})$$

De rentabiliteit van het eigen vermogen is gedaald van + 3% naar – 3%.
In figuur 4.3 lichten we het voorgaande toe.

FIGUUR 4.3 Rentabiliteit op beleggingen

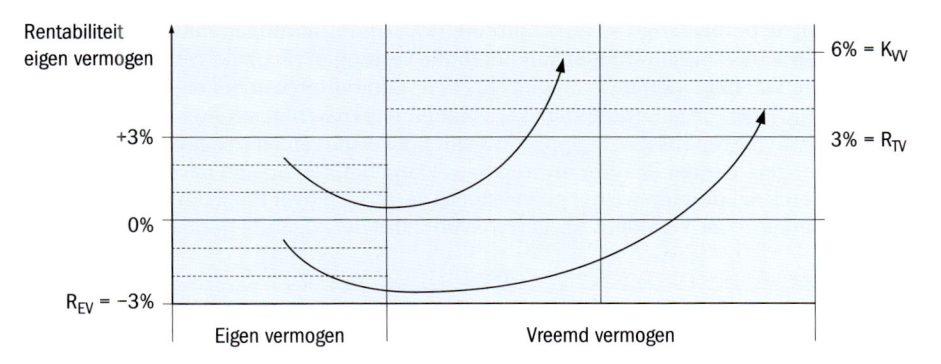

Op basis van de uitwerkingen van voorbeeld 4.3 kunnen we een paar conclusies trekken:
1 Door te beleggen met geleend geld kan de rentabiliteit die je over je eigen geld (eigen vermogen) behaalt sterk fluctueren.
2 Als de waarde van de aandelen daalt, kan de rentabiliteit over het totaal belegde vermogen ook negatief worden.
3 Het beleggen met geleend geld levert voor de belegger een hogere rentabiliteit op als de rentabiliteit op de belegging (R_{TV}) groter is dan de gemiddelde interestkosten van het vreemd vermogen (K_{VV}). Als de rentabiliteit op de belegging (R_{TV}) kleiner is dan de gemiddelde interestkosten van het vreemd vermogen (K_{VV}) gaat dat ten koste van de rentabiliteit die de belegger zelf realiseert (R_{EV}).

ZELFTOETS 4.1
We kunnen R_{EV} ook berekenen door gebruik te maken van de volgende formule:

$$R_{EV} = \left[R_{TV} + (R_{TV} - K_{VV}) \times \frac{VV}{EV} \right]$$

We veronderstellen dat een belegger €100.000 eigen geld heeft en €200.000 bij de bank leent tegen 6% (KVV = 0,06).

Bereken R_{EV} voor de situatie waarin:
a de rentabiliteit op de beleggingen 10% bedraagt ($R_{TV} = 0,10$);
b de rentabiliteit op de beleggingen 3% bedraagt ($R_{TV} = 0,03$).

Controleer of je uitkomsten op deze vragen overeenkomen met de R_{EV}'s zoals die in voorbeeld 4.3 zijn berekend.

Rentabiliteitsberekeningen bij een onderneming

Bij de berekening van de rentabiliteit van ondernemingen maken we ook onderscheid in rentabiliteit van het totale vermogen (R_{TV}), de gemiddelde kosten van het vreemd vermogen (K_{VV}) en rentabiliteit van het eigen vermogen (R_{EV}). Om deze rentabiliteitskengetallen te berekenen, moeten we een verband leggen tussen de opbrengst van het vermogen en het geïnvesteerd vermogen. Omdat de opbrengsten betrekking hebben op een periode (meestal een jaar) moeten we het geïnvesteerd vermogen over diezelfde periode berekenen. Voor Vivaldi bv krijgen we voor 2015 de volgende berekening:

Rentabiliteitskengetallen

	1-1-2015	31-12-2015	Gemiddeld gedurende het jaar:
Totaal vermogen	€3.614.000	€3.586.000	(€3.614.000 + €3.586.000) : 2 = €3.600.000
Vreemd vermogen	€2.110.000	€1.890.000	(€2.110.000 + €1.890.000) : 2 = €2.000.000
Eigen vermogen	€1.504.000	€1.696.000	(€1.504.000 + €1.696.000) : 2 = €1.600.000

Gemiddeld geïnvesteerd vermogen

Als we op deze wijze het gemiddeld (geïnvesteerd) vermogen berekenen, veronderstellen we dat de verandering in het vermogen gelijkmatig over het jaar ontstaat. In figuur 4.4 lichten we dat toe voor het totaal vermogen.

FIGUUR 4.4 Verloop van het (gemiddeld) totaal vermogen

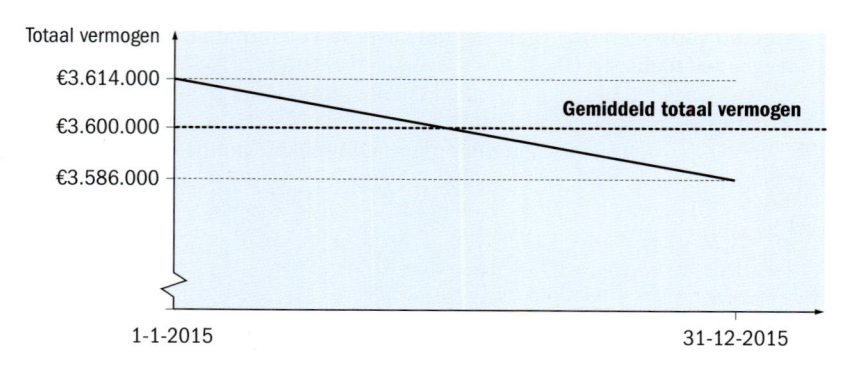

Als het vermogen gelijkmatig tijdens een periode verandert, mogen we het gemiddelde berekenen door de waarde aan het begin van de periode op te

tellen bij de waarde aan het einde van de periode en de som te delen door 2.
(€3.614.000 + €3.586.000): 2 = €3.600.000.
Om de rentabiliteit van het totale vermogen te berekenen, vergelijken we de omvang van de ebit met de omvang van het totale vermogen.
In formule:

$$\text{Rentabiliteit totaal vermogen } (R_{TV}) = \frac{\text{Ebit (positief of negatief)}}{\text{Gemiddeld totaal vermogen}} \times 100\%$$

Over het resultaat voor belasting (= ebit minus interestkosten) moet door de nv of bv vennootschapsbelasting worden betaald. Voor de aandeelhouders van de nv of bv is slechts het resultaat na aftrek van vennootschapsbelastingen beschikbaar. Daarom geldt:

$$\text{Rentabiliteit eigen vermogen } (R_{EV}) = \frac{\text{Resultaat na belasting}}{\text{Gemiddeld eigen vermogen}} \times 100\%$$

De gemiddelde kosten van het vreemd vermogen (K_{VV}) berekenen we door de interestkosten te delen door de omvang van het gemiddeld vreemd vermogen. In formule:

$$\text{Gemiddelde kosten vreemd vermogen } (K_{VV}) = \frac{\text{Interestkosten}}{\text{Gemiddeld vreemd vermogen}} \times 100\%$$

We lichten in voorbeeld 4.4 de berekening van de verschillende rentabiliteiten toe aan de hand van Vivaldi bv.

VOORBEELD 4.4

Berekening rentabiliteiten Vivaldi bv

Voordat we met de berekening van de verschillende rentabiliteiten beginnen, maken we voor Vivaldi bv het volgende overzicht:

Ontvangen vergoedingen:			Gemiddeld vermogen:
Ebit	€360.000	R_{TV}	€ 3.600.000 = totaal vermogen
Interestkosten	−120.000	K_{VV}	− 2.000.000 = vreemd vermogen −
Resultaat voor belastingen	€240.000		
Vennootschapsbelasting (20%)	−48.000		
Resultaat na belastingen	€192.000	R_{EV}	€ 1.600.000 = eigen vermogen

Gevraagd
Bereken:
a de rentabiliteit van het totale vermogen (R_{TV});
b de gemiddelde kosten van het vreemd vermogen (K_{VV});
c de rentabiliteit van het eigen vermogen voor belasting (R_{EV} voor belasting);
d de rentabiliteit van het eigen vermogen (R_{EV}).

Uitwerking
In de volgende tabel geven we de berekening van de rentabiliteiten weer.

a, b, c en d   Berekening van rentabiliteiten en gemiddelde kosten van het vreemd vermogen.

Gemiddeld vermogen	De beloning die daarbij hoort	Rentabiliteit = $\dfrac{\text{Resultaat}}{\text{Gemiddeld vermogen}} \times 100\%$
Totaal vermogen = €3.600.000	€360.000	$R_{TV} = \dfrac{€360.000}{€3.600.000} \times 100\% = 10\%$
Vreemd vermogen = €2.000.000	€120.000	$K_{VV} = \dfrac{€120.000}{€2.000.000} \times 100\% = 6\%$
Eigen vermogen = €1.600.000	Voor belasting: €240.000	$R_{EV} = \dfrac{€240.000}{€1.600.000} \times 100\% = 15\%$ voor belasting
Eigen vermogen = €1.600.000	Na belasting: €192.000	$R_{EV} = \dfrac{€192.000}{€1.600.000} \times 100\% = 12\%$

De hoogte van de rentabiliteit van het eigen vermogen is afhankelijk van de volgende factoren:
- de rentabiliteit van het totale vermogen (R_{TV});
- de gemiddelde kosten van het vreemd vermogen (K_{VV});
- de verhouding vreemd/eigen vermogen (VV/EV);
- de belastingquote (bij Vivaldi bv = 0,2).

Het verband tussen deze vier factoren en R_{EV} lichten we in figuur 4.5 toe.

BEOORDELING VAN DE FINANCIËLE SITUATIE

FIGUUR 4.5 Factoren die de rentabiliteit van het eigen vermogen bepalen

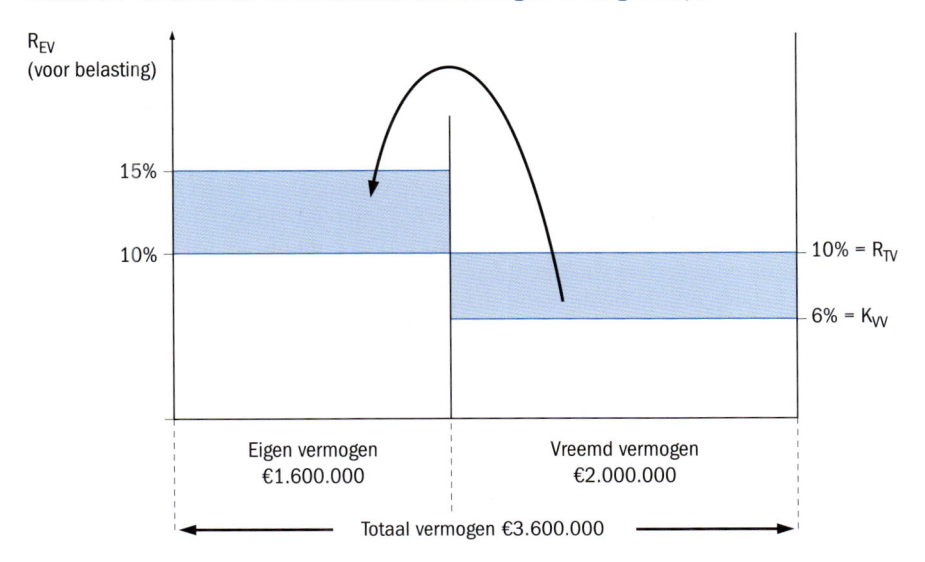

R_{EV} (voor belasting)

15%

10% — — — — — — — — — — — — — — 10% = R_{TV}

6% = K_{VV}

Eigen vermogen €1.600.000   Vreemd vermogen €2.000.000

Totaal vermogen €3.600.000

De oppervlakte van het gearceerde gebied bij het eigen vermogen is gelijk aan de oppervlakte van het gearceerde gebied bij het vreemd vermogen.

Toelichting bij figuur 4.5
- Over iedere euro die in Vivaldi bv is geïnvesteerd, wordt een rentabiliteit behaald van 10% (= R_{TV}).
- Over het vreemd vermogen hoeft 'slechts' 6% interest betaald te worden (= K_{VV}), terwijl ook met het aangetrokken vreemd vermogen een rentabiliteit wordt behaald van 10%. Dit betekent dat de onderneming 10% rendement behaalt en daarvan slechts 6% betaalt aan de verschaffers van het vreemd vermogen. De resterende 4% komt ten goede aan de verschaffers van het eigen vermogen.
- De extra rentabiliteit over het vreemd vermogen komt ten goede aan de rentabiliteit van het eigen vermogen. De rentabiliteit van het eigen vermogen (voor aftrek van belastingen) neemt daardoor toe van 10% naar 15%. De toename bedraagt 5/4 × 4%, omdat de verhouding VV/EV = 5/4 (= 2.000/1.600).
- R_{EV} (bij een nv en bv na aftrek van vennootschapsbelasting) = (1 − 0,2) × 15% = 12%.
De belastingquote (b) bedraagt in dit voorbeeld 0,2.

In voorbeeld 4.4 is R_{TV} groter dan K_{VV}. We spreken dan van een *positieve hefboomwerking*: de onderneming verdient aan iedere euro vreemd vermogen. In dit voorbeeld behaalt de onderneming een rentabiliteit van 10% over iedere euro vreemd vermogen en hoeft daarvan slechts 6% af te staan aan de verschaffers van het vreemd vermogen.
We kunnen de berekening van R_{EV} ook in een formule weergeven, die bij figuur 4.5 aansluit:

$$R_{EV} = (1-b)\left[R_{TV} + (R_{TV} - K_{VV}) \times \frac{VV}{EV}\right]$$

Positieve hefboomwerking

Op basis van de gegevens voor Vivaldi bv krijgen we:

$$R_{EV} = (1-0{,}2)\left[0{,}10+(0{,}10-0{,}06)\times\frac{5}{4}\right] =$$

$0{,}8\,[0{,}10 + 0{,}04 \times \frac{5}{4}] = 0{,}8\,[0{,}10 + 0{,}05] = 0{,}8 \times 0{,}15 = 0{,}12\;(12\%)$

Voor de verschaffers van het vreemd vermogen is het van belang vast te stellen of de organisatie waaraan het vreemd vermogen is verstrekt, in staat is het afgesproken interestpercentage (= K_{VV}) op te brengen. Dit zal in het algemeen geen probleem zijn zolang R_{TV} groter is dan K_{VV}.
Voor de verschaffers van het eigen vermogen is de hoogte van R_{TV} en K_{VV} van belang, omdat beide factoren mede de R_{EV} bepalen. Als R_{TV} groter is dan K_{VV} heeft dat een positief effect op de hoogte van R_{EV}.

Hefboomwerking vermogensstructuur

De mate waarin hefboomwerking van de vermogensstructuur optreedt, hangt af van de verhouding tussen het vreemd vermogen en het eigen vermogen (VV/EV). De hefboomwerking van de vermogensstructuur treedt op als $R_{TV} \neq K_{VV}$ en geven we weer met de formule:

$$(R_{TV} - K_{VV}) \times \frac{VV}{EV}$$

Er treedt een sterke hefboomwerking van de vermogensstructuur op als in een onderneming:
- veel vreemd vermogen is aangetrokken ten opzichte van het eigen vermogen; de hefboomfactor (VV/EV) is hoog;
- het verschil tussen R_{TV} en K_{VV} groot is.

Als R_{TV} hoger is dan K_{VV} wordt er 'winst' gemaakt op iedere euro vreemd vermogen. Deze 'winst op het vreemd vermogen' verhoogt de rentabiliteit voor de verschaffers van het eigen vermogen (R_{EV} stijgt). We spreken dan

Positieve hefboomwerking

van een *positieve hefboomwerking* van de vermogensstructuur.
Als R_{TV} lager is dan K_{VV} wordt er 'verlies' geleden over iedere euro vreemd vermogen. Dit 'verlies op het vreemd vermogen' verlaagt de rentabiliteit

Negatieve hefboomwerking

voor de verschaffers van het eigen vermogen (R_{EV} daalt). Dan spreken we van een *negatieve hefboomwerking* van de vermogensstructuur.

VERVOLG VOORBEELD 4.4
Financiering van een onderneming met relatief veel vreemd vermogen is geen probleem zolang R_{TV} groter is dan K_{VV}. Maar wat gebeurt er bijvoorbeeld met de R_{EV} van Vivaldi bv als:
- de hefboomfactor (= VV/EV) 4 bedraagt én
- R_{TV} = 3% en K_{VV} = 7%?

De belastingquote (b) = 0,2.

We krijgen in het geval van het vervolg van voorbeeld 4.4 de volgende berekening:

$$R_{EV} = (1-0,2) \times [0,03 + (0,03-0,07) \times 4] =$$

$$0,08 \times [0,03 - 0,04 \times 4] = 0,8 \times [0,03 - 0,16] = 0,8 \times [-0,13] = -0,104 \,(-10,4\%)$$

Nu is R_{TV} kleiner dan K_{VV} en teren de verschaffers van het eigen vermogen in op hun eigen vermogen.

Het volgende artikel gaat over de verliezen bij HEMA. Ondanks de opening van nieuwe winkels slaagt HEMA er niet in haar omzet te verhogen. Omdat HEMA ook meer vreemd vermogen heeft aangetrokken, zijn de rentekosten fors toegenomen. Een en ander heeft geleid tot een verlies, waardoor het eigen vermogen van HEMA afneemt. De eigenaren van HEMA zullen vroeg of laat (moeten) ingrijpen.

BRON: DE VOLKSKRANT, 2 AUGUSTUS 2014

Verliezen bij HEMA lopen op

Van onze verslaggever
Gerard Reijn

AMSTERDAM Het gaat steeds slechter met HEMA. De verliezen bij het winkelbedrijf lopen op en de omzet daalt, hoewel er steeds meer winkels worden geopend.

Het verlies in de drie maanden vóór 4 mei bedroeg 22,2 miljoen euro, tegen 7,4 miljoen in het jaar ervoor. Dat kwam voor een deel door hogere rentelasten (een stijging van bijna 5 miljoen euro). De belangrijkste verslechtering zit hem echter in het operationele resultaat, dat tot 11,7 miljoen euro halveerde. Oorzaak was een reorganisatie die 11 miljoen kostte.

De omzet daalde nauwelijks, (van 257 naar 256 miljoen euro), maar voor die omzet waren wel 25 extra winkels nodig. Het is voor het eerst dat HEMA kwartaalcijfers publiceert. Dat is het bedrijf verplicht, omdat het in juni obligatieleningen plaatste bij beleggers. Die leningen moeten de loodzware schuldenlast van HEMA verminderen.

De kwartaalcijfers geven ook voor het eerst gedetailleerd inzicht in de omzetverdeling naar land. Nederland is veruit de belangrijkste markt, met een omzet van 204 miljoen euro. België en Luxemburg doen samen 34 miljoen, Frankrijk 11 miljoen en Duitsland bijna 3 miljoen.

Het Financieele Dagblad meldt dat Machiel Lagerweij, een van de directeuren en beoogd opvolger van bestuursvoorzitter Ronald van Zetten, is opgestapt en vertrekt naar MS Mode.

HEMA is eigendom van investeringsmaatschappij Sun Capital. Het bedrijf opende onlangs winkels in Spanje en Engeland

---

Naarmate de omvang van het eigen vermogen (in relatie tot de omvang van het vreemd vermogen) groter is, is een onderneming beter in staat financieel moeilijke tijden door te komen en faillissement te voorkomen.

Een onderneming die op lange termijn wil blijven voortbestaan, zal ervoor moeten zorgen dat haar ebit een zodanige omvang heeft dat het toereikend is om:

- aan de verschaffers van het vreemd vermogen de vereiste interest te betalen;
- de verschuldigde belastingen te betalen;
- aan de verschaffers van het eigen vermogen de vereiste vergoeding te betalen.

ZELFTOETS 4.2
In de volgende tabel geven we de gevolgen weer van verschillende bedragen voor het vreemd vermogen en voor de interestpercentages.

Berekening van de ebit en de verdeling ervan

		Alternatief 1	Alternatief 2
Omzet		€ 1.370.000	€ 1.370.000
Kosten van het primaire proces	−	− 920.000	− 920.000
Ebit		€ 450.000	€ 450.000
Interestkosten	−	−	− ....
EBT (Earnings before taxes)		€	€ ....
Vennootschapsbelasting (25%)		−	− ....
EAT (Earnings after taxes)		€	€ ....

Afhankelijk van de omvang van het vreemd vermogen en het overeengekomen interestpercentage wordt de ebit anders verdeeld.
a Vul de tabel verder in waarbij we twee alternatieven vergelijken:
- alternatief 1: interestkosten 8%, omvang vreemd vermogen €3.000.000 (interestkosten €240.000);
- alternatief 2: interestkosten 9%, omvang vreemd vermogen €5.000.000 (interestkosten €450.000).

b Geef zowel voor alternatief 1 als voor alternatief 2 de verdeling van de ebit over de verschaffers van het vreemd vermogen, de overheid en de verschaffers van het eigen vermogen.

ZELFTOETS 4.3
Onderneming Fleetwood bv heeft zich gespecialiseerd in de productie en verkoop van kerstartikelen. De omzet bedraagt €2.000.000 terwijl van het primaire proces de volgende kosten zijn gegeven: kosten van grondstoffen en energie €320.000, kosten van arbeid €720.000, reclamekosten €130.000 en afschrijvingskosten €420.000.
Fleetwood bv heeft €3.z.000 vreemd vermogen aangetrokken tegen een interestvergoeding van 5%. De vennootschapsbelasting bedraagt 25%.

Bereken de ebit en bereken hoe de ebit wordt verdeeld over de drie groepen van belanghebbenden: de overheid (belastingdienst), de verschaffers van vreemd vermogen en de verschaffers van eigen vermogen (aandeelhouders).

ZELFTOETS 4.4
De opbrengsten die een onderneming realiseert, komen voort uit de vergoedingen die de afnemer aan de onderneming betaalt voor de eindproducten

of de diensten die de onderneming heeft geleverd. Bij de berekening van het resultaat houden we een min of meer vaste indeling aan:

1 Opbrengsten
2 Kosten van de omzet
  (m.u.v. interestkosten)
  ——————————————— –

3 Ebit
4 Interestkosten
  ——————————————— –

5 Resultaat voor belasting
6 Vennootschapsbelasting
  ——————————————— –

7 Resultaat na belasting

Verschillende groeperingen maken aanspraak op de verschillende onderdelen (1 tot en met 7) van voorgaande berekening.
Geef duidelijk aan wie (welke groep) aanspraak maakt op regel 1, regel 2, regel 3 enzovoort.

ZELFTOETS 4.5
Stel dat je €10.000 spaargeld hebt (= eigen vermogen) en dat je bij de bank €20.000 leent (= vreemd vermogen) tegen 8% (= K_{VV}).

Het totale beschikbare bedrag (= totaal vermogen) ga je beleggen en dat levert een rentabiliteit op van 10% (= R_{TV}). Belastingen laten we buiten beschouwing (belastingquote = 0).

a Bereken de totale opbrengst op je belegging (welk bedrag ontvang je per jaar?).
b Bereken het bedrag dat je jaarlijks aan interest moet betalen.
c Bereken welk bedrag je zelf jaarlijks overhoudt en deel dit door het gespaarde bedrag (= eigen vermogen). Je krijgt dan R_{EV}.
d Bereken R_{EV} met behulp van de formule:

$$R_{EV}(\text{voor belasting}) = R_{TV} + (R_{TV} - K_{VV}) \times \frac{VV}{EV}$$

Omdat we in deze zelftoets de belasting buiten beschouwing laten, berekenen we R_{EV} (voor belasting).

ZELFTOETS 4.6
a Bereken R_{EV} (voor belasting) als R_{TV} = 12%, K_{VV} = 7% en VV/EV = 3.
  Geef een verklaring voor de hoogte van R_{EV} (voor belasting).
b Bereken R_{EV} (voor belasting) als R_{TV} = 5%, K_{VV} = 7% en VV/EV = 3.
  Geef een verklaring voor de hoogte van R_{EV} (voor belasting).
c Bereken R_{EV} (voor belasting) als R_{TV} = 12%, K_{VV} = 7% en VV/EV = 0,5.
  Geef een verklaring voor de hoogte van R_{EV} (voor belasting).
d Bereken R_{EV} (voor belasting) als R_{TV} = 5%, K_{VV} = 7% en VV/EV = 0,5.
  Geef een verklaring voor de hoogte van R_{EV} (voor belasting).

4.3.2 Interpretatie van kengetallen

Interpretatie kengetallen

Bij kengetallen staat niet zozeer de wijze van berekenen voorop, maar gaat het vooral om de interpretatie ervan. Welke informatie kunnen we aan de kengetallen ontlenen? We moeten ervoor waken niet te snel conclusies te trekken. Om dit toe te lichten, besteden we aandacht aan de invloed van *niet-rentedragend vreemd vermogen* en de *rechtsvorm* op de kengetallen. Daarna gaan we kort in op de rentedekkingsfactor. Ten slotte zien we dat de financiële informatie van belang is voor het sturen van een organisatie.

Invloed van niet-rentedragend vreemd vermogen

Niet-rentedragend vreemd vermogen

Vreemd vermogen kunnen we verdelen in rentedragend en niet-rentedragend vreemd vermogen. De K_{VV} is het gemiddelde interestpercentage dat over het vreemd vermogen moet worden betaald. Een K_{VV} van 6% voor Vivaldi bv betekent dat Vivaldi bv gemiddeld €6 interest moet betalen over iedere €100 vreemd vermogen. Als we de K_{VV} berekenen op de wijze waarop we dat hiervoor hebben gedaan, valt K_{VV} in veel gevallen laag uit. Dat is zeker het geval als in een onderneming veel niet-rentedragend vreemd vermogen aanwezig is. Om de gemiddelde interestkosten te berekenen is het juister om onderscheid te maken tussen rentedragend en niet-rentedragend vreemd vermogen. Alleen het rentedragende vreemd vermogen leidt immers tot interestkosten.

Als we voor Vivaldi bv het vreemd vermogen verdelen over rentedragend en niet-rentedragend vreemd vermogen krijgen we de volgende indeling (bedragen in euro's):

	1-1-2015		31-12-2015		Gemiddeld
Hypothecaire lening	1.400.000		1.300.000		
Rekening-courantkrediet	120.000		110.000		
Rentedragend vreemd vermogen		1.520.000		1.410.000	1.465.000
Crediteuren	540.000				
Nog te betalen bedragen	10.000				
Nog te betalen belastingen	40.000				
Niet-rentedragend vreemd vermogen		590.000		480.000	535.000
Totaal vreemd vermogen		2.110.000		1.890.000	2.000.000

Interestkosten rentedragend vreemd vermogen

De berekening van de gemiddelde interestkosten van het *rentedragend* vreemd vermogen verloopt dan als volgt:

$$\text{Interestkosten }\textbf{rentedragend}\text{ vreemd vermogen} = \frac{\text{Interestkosten}}{\text{Gemiddeld rentedragend vreemd vermogen}} \times 100\%$$

$$\text{Interestkosten }\textbf{rentedragend}\text{ vreemd vermogen} = \frac{€120.000}{€1.465.000} \times 100\% = 8{,}19\%$$

Dit percentage is aanmerkelijk hoger dan de aanvankelijk berekende K_{VV} van 6%. De K_{VV} van 6% is echter een gemiddelde van het rentedragende en het niet-rentedragende vreemd vermogen.

Uit het feit dat bepaalde vormen van vreemd vermogen (zoals Crediteuren en Nog te betalen kosten) niet rentedragend zijn, mogen we niet de conclusie trekken dat deze vormen van vreemd vermogen kosteloos zijn. Ook aan vreemd vermogen dat door de leveranciers wordt verstrekt (de balanspost Crediteuren hangt daarmee samen), zijn kosten verbonden. Deze kosten zijn echter niet verwerkt in de post Interestkosten, maar in de inkoopwaarde van de goederen. Als een onderneming goederen op rekening inkoopt, loopt ze de korting in verband met contante betaling mis. Dit leidt tot een hogere inkoopprijs en op die wijze komen de kosten van het ontvangen leverancierskrediet tot uitdrukking.

Invloed van de rechtsvorm

Bij rechtsvormen die geen rechtspersoon zijn, zoals de eenmanszaak en de vennootschap onder firma (vof), kan de R_{EV} relatief hoog uitvallen in vergelijking met rechtsvormen die wel rechtspersoonlijkheid bezitten, zoals de bv en de nv. Bij een bv is er in veel gevallen sprake van directeuren-grootaandeelhouders (dga's). Dat betekent niet alleen dat de eigenaren leidinggeven aan de bv, maar ook dat ze in loondienst zijn bij hun bv. De salarissen van de dga's maken onderdeel uit van de loonkosten. Bij een eenmanszaak en vof zijn de eigenaren niet in loondienst bij de onderneming en krijgen ze ook geen vaste beloning in de vorm van salaris. De beloning voor het werk dat de eigenaren voor de eenmanszaak of de vof verrichten, is een aandeel in de winst. Deze beloning (de winst) komt echter niet als loonkosten op de winst- en verliesrekening te staan. Daardoor zijn de loonkosten op de winst- en verliesrekening voor de eenmanszaak of de vof relatief laag (in vergelijking met een soortgelijk bedrijf met de rechtsvorm van bv). Het resultaat voor belasting en de R_{EV} bij eenmanszaken en vof vallen daardoor hoog uit. We geven een toelichting op basis van de gegevens van Vivaldi bv. Als Vivaldi de rechtsvorm van eenmanszaak had gekozen, zouden de salariskosten (€60.000 per dga) en de daaraan gekoppelde sociale lasten (30%) komen te vervallen. Voor Vivaldi (dat nu geen bv meer is) krijgen we dan de winst- en verliesrekening over 2015 van voorbeeld 4.5.

Rechtsvormen

VOORBEELD 4.5

Winst- en verliesrekening Vivaldi (als eenmanszaak of vof) over 2015 (in euro's)

Omzet (opbrengst van de verkopen)   3.700.000

Kosten:
Loon:	900.000 - 120.000 =	780.000
Sociale lasten:	270.000 - 36.000 =	234.000
Inkoopwaarde verbruikte grondstoffen		1.500.000
Energiekosten (gas, water en licht)		300.000
Onderhoud		200.000
Afvalverwerking		7.000
Telefoonkosten		1.200
Onroerendezaakbelasting		2.800
Lidmaatschappen		1.000
Overige kosten		18.000

Totale kosten met uitzondering van afschrijvingskosten en interestkosten	3.044.000 (was 3.200.000)
Ebitda	656.000
Afschrijvingskosten	140.000
Ebit	516.000 (was 360.000)
Interestkosten	120.000
Resultaat voor belastingen	396.000 (was 240.000)

Berekening van rentabiliteiten

Vivaldi als bv	Vivaldi als eenmanszaak of vof
$R_{TV} = \dfrac{€360.000}{€3.600.000} \times 100\% = 10\%$	$R_{TV} = \dfrac{€516.000}{€3.600.000} \times 100\% = 14{,}33\%$
$R_{EV} = \dfrac{€240.000}{€1.600.000} \times 100\% = 15\%$ voor belasting	$R_{EV} = \dfrac{€396.000}{€1.600.000} \times 100\% = 24{,}75\%$ voor belasting

Voorbeeld 4.5 toont aan dat we niet kunnen volstaan met het louter uitrekenen van de hoogte van bepaalde kengetallen. We moeten ook onderzoeken wat de achterliggende oorzaken zijn. Dit is zeker het geval in situaties waarin we voor de kengetallen waarden krijgen die afwijken van de branchegemiddelden.

Bij de rentabiliteit kijken we naar de winst of het verlies per geïnvesteerde euro (totaal, vreemd of eigen vermogen). Het geeft een indruk van de winstgevendheid van de onderneming. Voordat we op basis van kengetallen conclusies trekken, moeten we goed letten op bijzondere omstandigheden. We moeten proberen de financiële situatie die achter de getallen schuilgaat, te onderkennen.

ZELFTOETS 4.7

a Bereken R_{EV} (voor belasting) als R_{TV} = 49,16% (0,4916), K_{VV} = 7,87% (0,078) en VV/EV = 0,5.
b Bereken R_{EV} (voor belasting) als R_{TV} = 49,16% (0,4916), K_{VV} = 7,87% (0,078) en VV/EV = 1,2.
c Bereken R_{EV} (voor belasting) als R_{TV} = 5% (0,05), K_{VV} = 7% (0,07) en VV/EV = 1,2
d Stel dat we twee geheel vergelijkbare bedrijven hebben. Het ene bedrijf heeft echter de rechtsvorm van vof (of eenmanszaak) en het andere bedrijf is een bv. Waarom is de R_{EV} van de vof (of de eenmanszaak) niet zonder meer te vergelijken met de R_{EV} van de bv?

ZELFTOETS 4.8
Van een onderneming is de volgende financiële informatie bekend.

Balans per 1 januari en 31 december 2015 (× €1.000)

	1-1-2015	31-12-2015		1-1-2015	31-12-2015
Vaste activa	800	1.100	Eigen vermogen	400	500
Vlottende activa	200	300	Vreemd vermogen	600	900
Totaal activa	1.000	1.400	Totaal vermogen	1.000	1.400

Winst- en verliesrekening over 2015:

Omzet	€1.000.000
Kosten van de omzet exclusief interestkosten	€ 874.000
Ebit	€ 126.000
Interestkosten	€ 45.000
Winst voor belasting	€ 81.000

a Bereken het gemiddeld:
- eigen vermogen;
- vreemd vermogen;
- totaal vermogen.

b Bereken R_{TV}, K_{VV} en R_{EV} (voor belasting).

c Bereken R_{EV} met behulp van de formule:

$$R_{EV}(\text{voor belasting}) = R_{TV} + (R_{TV} - K_{VV}) \times \frac{VV}{EV}$$

d Is er sprake van een positieve of een negatieve werking van de vermogensstructuur? Motiveer je antwoord.

Rentedekkingsfactor

Organisaties met relatief veel rentedragend vreemd vermogen krijgen te maken met hoge interestkosten. Uit de rentedekkingsfactor kunnen we afleiden of een onderneming in staat is de interestkosten terug te verdienen (te dekken). De rentedekkingsfactor is de verhouding tussen de ebit (het resultaat voor aftrek van interestkosten) en de hoogte van de interestkosten. In formule:

Rentedekkingsfactor

$$\text{Rentedekkingsfactor} = \frac{\text{Ebit}}{\text{Interestkosten}}$$

Een hoge rentedekkingsfactor wijst erop dat de ebit van de onderneming groot genoeg is om de interestkosten te dekken (terug te verdienen).

Sturen op basis van financiële informatie

De financiële administratie zorgt voor belangrijke informatie die kan worden gebruikt bij het besturen van organisaties. Zo geven de rentabiliteitspercentages (R_{TV} en R_{EV}) de winstgevendheid van de onderneming weer als percentage van het gemiddelde geïnvesteerde vermogen. Een hoog positief rentabiliteitspercentage wijst erop dat de winstgevendheid (uitgedrukt in een percentage van het gemiddeld geïnvesteerde vermogen) hoog is. Een negatief rentabiliteitspercentage betekent dat er verlies is geleden.

Er kan een situatie ontstaan waarin R_{TV} *onvoldoende* is om de rentekosten (K_{VV}) op te brengen en/of voor de eigenaren voldoende rentabiliteit (R_{EV}) te realiseren. De leiding van een organisatie moet dan maatregelen treffen om de financiële situatie te verbeteren. Dit kan ertoe leiden dat de kosten verlaagd moeten worden om op die wijze de ebit en daarmee R_{TV} te verbeteren. Het volgende artikel is daar een voorbeeld van.

BRON: DE VOLKSKRANT, 17 SEPTEMBER 2013

Philips voert kostenbesparingen op

Philips snijdt de komende jaren dieper in de kosten. De doelstelling van het lopende besparingsprogramma, dat loopt tot en met 2015, is opgevoerd van 1,1 naar 1,5 miljard euro. Dat maakte het elektronicaconcern dinsdag bekend.

Een deel van de extra besparingen zal worden behaald door banen te schrappen. Een getal wilde topman Frans van Houten niet noemen. 'Het zal voornamelijk via natuurlijk verloop gaan. We willen geen onnodige onrust veroorzaken', zei hij. Ruim een jaar geleden kondigde Philips een ontslagronde aan waarbij 2200 arbeidsplaatsen verdwenen.

Voor de jaren 2014 tot en met 2016 heeft Philips nieuwe financiële doelen vastgesteld. Bij een omzetgroei tussen de 4 en 6 procent op vergelijkbare basis moet de winstmarge op groepsniveau stijgen tot tussen de 11 en 12 procent. Het rendement op de investeringen moet boven de 14 procent uitkomen.

Alle drie de divisies moeten winstgevender worden, maar de sterkste verbetering voorziet Philips bij Consumer Lifestyle. Daar moet de marge tussen de 11 en 12 procent uitkomen (tegen 8 tot 10 procent in 2013). Voor Healthcare mikt Philips op een winstmarge tussen de 16 en 17 procent, die bij Lighting moet tussen de 9 en 11 procent uitkomen.

De nieuwe winstdoelen zijn een stapje voorwaarts ten opzichte van de ambities die Philips had uitgesproken voor de periode 2011-2013. Daarin werd uitgegaan van een winstmarge op groepsniveau van 10 tot 12 procent. Het rendementsdoel lag voor die periode tussen de 12 en 14 procent. Analisten hadden voor de komende jaren op ambitieuzere doelstellingen gerekend.

De leiding van een onderneming kan ook proberen de kosten van het vreemd vermogen (K_{VV}) te verlagen. Een verlaging van K_{VV} leidt er (bij een gelijkblijvende R_{TV}) toe dat de rentabiliteit van het eigen vermogen (R_{EV}) zal toenemen. Er komt immers een groter deel van het bedrijfsresultaat beschikbaar voor de verschaffers van het eigen vermogen.

Inzicht in de factoren die de hoogte van R_{TV}, K_{VV} en R_{EV} bepalen is daarom belangrijk voor de financiële besturing van organisaties.

Stuurvariabelen

De rentabiliteitspercentages zijn gegevens (variabelen) waar de bestuurders van een onderneming rekening mee houden bij het besturen van de onderneming. We noemen ze daarom ook wel stuurvariabelen. De waarden van de stuurvariabelen geven een indruk van de financiële situatie van de onderneming. Een andere naam voor stuurvariabelen is kengetallen: getallen die de specifieke (financiële) kenmerken van een onderneming weergeven. De begrippen stuurvariabelen en kengetallen gebruiken we door elkaar.

4.4 Liquiditeit

Om de liquiditeit te beoordelen vragen we ons af of een onderneming in staat is haar financiële verplichtingen *op tijd* na te komen. Een onderneming is *liquide* als zij *op ieder moment* in staat is (zonder dat financieel ongewenste maatregelen genomen moeten worden) aan haar betalingsverplichtingen te voldoen.

Liquiditeit

Tot de direct opeisbare verplichtingen (schulden op korte termijn) behoren onder andere de balansposten Crediteuren en Rekening-courantkrediet. De beste manier om vast te stellen of een onderneming in de toekomst haar betalingsverplichtingen kan nakomen, is het opstellen van een liquiditeitsbegroting. Maar daarvoor zijn interne bedrijfsgegevens nodig. Buitenstaanders zoals potentiële leveranciers en verstrekkers van vreemd vermogen beschikken daar niet over en willen zich toch een oordeel vormen over de liquiditeit van een onderneming. Zij doen dit op basis van gegevens die door de onderneming beschikbaar zijn gesteld. Deze informatie heeft meestal de vorm van een winst- en verliesrekening en een balans. Op basis van deze gegevens berekenen we kengetallen (verhoudingsgetallen), die een indruk geven van de mate van liquiditeit van de onderneming. De kengetallen die we in het kader van de liquiditeit bespreken zijn de current ratio en de quick ratio.

4.4.1 Current ratio

Om de liquiditeit van een onderneming te beoordelen, vergelijken we de omvang van de vlottende activa met de omvang van de vlottende passiva (= vreemd vermogen op korte termijn). Deze verhouding noemen we current ratio. In formule:

Current ratio

$$\text{Current ratio} = \frac{\text{Vlottende activa}}{\text{Vreemd vermogen op korte termijn}}$$

De gedachte achter dit kengetal is dat de vlottende activa (zoals voorraden en debiteuren) op korte termijn in geld kunnen worden omgezet en dat de daaruit vrijgekomen gelden kunnen worden gebruikt om de verschaffers van het vreemd vermogen op korte termijn (zoals crediteuren en nog te betalen kosten) te betalen.

De current ratio berekenen we op basis van balansgegevens (gegevens die gelden voor een bepaald moment). Voor Vivaldi bv krijgen we dan de volgende waarden voor de current ratio:

per 1 januari 2015: $\dfrac{€884.000}{€710.000} = 1,25$

per 31 december 2015: $\dfrac{€696.000}{€590.000} = 1,18$

Een current ratio lager dan 1 betekent dat de onderneming op korte termijn *waarschijnlijk* meer gelduitgaven heeft dan ze aan liquide middelen op korte termijn beschikbaar krijgt. Dit hoeft echter niet direct tot problemen te leiden. Tot het kort vreemd vermogen behoort ook het rekening-courantkrediet. Dit krediet kan door de bank op korte termijn worden opgeëist, maar dat zal ze onder normale omstandigheden niet doen. Integendeel, zolang het kredietmaximum van het rekening-courantkrediet nog niet is bereikt, zal de bank toestaan dat meer vreemd vermogen in de vorm van rekening-courantkrediet wordt opgenomen.

Dit extra vreemd vermogen kan de onderneming bijvoorbeeld gebruiken om haar crediteuren te betalen. De current ratio wordt daardoor niet beter, maar de onderneming kan wel aan haar betalingsverplichting tegenover de crediteuren voldoen. Als op een later tijdstip weer liquide middelen beschikbaar komen, kan het rekening-courantkrediet weer (gedeeltelijk) worden afgelost.

4.4.2 Quick ratio

Bij de berekening van de current ratio nemen we aan dat de voorraden op korte termijn in liquide middelen kunnen worden omgezet en kunnen worden gebruikt voor het betalen van de schulden op korte termijn. Het kan echter voorkomen dat de voorraden niet courant zijn en dat het nog geruime tijd (misschien wel meer dan een jaar) duurt voordat de voorraden kunnen worden verkocht en in liquide middelen kunnen worden omgezet. In dat geval is het beter de voorraden buiten beschouwing te laten bij het beoordelen van de liquiditeit van een onderneming. We gaan dan uit van de quick ratio, die we als volgt berekenen:

$$\text{Quick ratio} = \frac{\text{Vlottende activa} - \text{voorraden}}{\text{Vreemd vermogen op korte termijn}}$$

De quick ratio voor Vivaldi bv bedraagt:

Op 1-1-2015

$$\frac{€884.000 - (€384.000 + €80.000)}{€710.000} = \frac{€420.000}{€710.000} = 0,59$$

Op 31-12-2015

$$\frac{€696.000 - (€290.000 + €90.000)}{€590.000} = \frac{€316.000}{€590.000} = 0,54$$

De quick ratio ligt ruim onder 1. In deze situatie kunnen er liquiditeitsproblemen ontstaan als de onderneming inderdaad niet in staat is de voorraden op korte termijn te verkopen en in liquide middelen om te zetten.

4.5 Solvabiliteit

De verschaffers van vreemd vermogen (zoals banken) kijken vooral naar de rentabiliteit van het totale vermogen en de rentedekkingsfactor als ze willen weten of de onderneming in staat is haar renteverplichtingen na te komen. Daarnaast willen banken, maar ook leveranciers beoordelen of een onderneming in staat is haar schulden af te lossen. Het volledig kunnen aflossen van de schulden is vooral aan de orde als de onderneming ophoudt te bestaan (als de onderneming wordt geliquideerd). In dat geval worden alle activa verkocht en uit de opbrengst wordt het vreemd vermogen afgelost. Wat daarna resteert, komt toe aan de eigenaren.

Een onderneming is solvabel als ze in staat is (in geval van liquidatie) al haar schulden af te lossen. Ondernemingen met relatief weinig vreemd vermogen zijn beter in staat hun schulden af te lossen dan ondernemingen met relatief veel vreemd vermogen. Om de solvabiliteit van een onderneming te beoordelen, berekenen we de verhouding tussen de omvang van het vreemd vermogen en de omvang van het totaal vermogen. Deze verhouding noemen we de debt ratio.

Solvabiliteit

Debt ratio

In formule:

$$\text{Debt ratio} = \frac{\text{Vreemd vermogen}}{\text{Totaal vermogen}}$$

Een hoge debt ratio wijst erop dat de onderneming relatief veel vreemd vermogen heeft. De debt ratio berekenen we op basis van de gegevens uit de balans. We delen de waarde van het vreemd vermogen door de totale waarde van de activa (= totaal vermogen). Een onderneming met een debt ratio van 1 is in principe solvabel. Op basis van de balansgegevens is dat inderdaad het geval: bij een debt ratio van 1 geldt dat de totale waarde van de activa gelijk is aan het totale vreemd vermogen.

Het is echter nog maar de vraag of in geval van liquidatie de activa inderdaad het bedrag opbrengen waarvoor ze op de balans staan. De liquidatiewaarde van de activa is bij een gedwongen verkoop vaak (veel) lager dan de waarde waarvoor ze op de balans staan. De waarde die bij een gedwongen verkoop wordt gerealiseerd, noemen we ook wel executiewaarde.

Executiewaarde

Een debt ratio van 1 is daarom nog geen garantie dat het vreemd vermogen volledig kan worden afgelost uit de opbrengst van de activa.

Naarmate de debt ratio van een onderneming dichter bij 0 ligt, zal een onderneming beter in staat zijn in geval van liquidatie haar schulden (op lange en korte termijn) af te lossen. Een lage waarde voor de debt ratio betekent dat de onderneming relatief weinig vreemd vermogen en dus een gunstige solvabiliteit heeft.

De mate van solvabiliteit kunnen we ook weergeven door de omvang van het eigen vermogen uit te drukken als percentage van het totale vermogen. Dit noemen we het solvabiliteitspercentage dat we als volgt berekenen:

Solvabiliteitspercentage

$$\text{Solvabiliteitspercentage} = \frac{\text{Eigen vermogen}}{\text{Totaal vermogen}} \times 100\%$$

We berekenen op basis van de balans van Vivaldi bv de debt ratio en het solvabiliteitspercentage:

Berekening van debt ratio en solvabiliteitspercentage

	Debt ratio	Solvabiliteitspercentage
1-1-2015	$\dfrac{€1.400.000 + €710.000}{€3.614.000} = 0,5838$	$\dfrac{€1.504.000}{€3.614.000} \times 100\% = 41,62$
31-12-2015	$\dfrac{€1.300.000 + €590.000}{€3.586.000} = 0,5270$	$\dfrac{€1.696.000}{€3.586.000} \times 100\% = 47,30$

Uit deze kengetallen blijkt dat Vivaldi bv voor meer dan de helft met vreemd vermogen is gefinancierd.
Dit hoeft geen probleem te zijn zolang de winstgevendheid van de onderneming maar voldoende is. In tijden dat het met bedrijven in financieel opzicht slechter gaat, krijgt de solvabiliteit meer aandacht.

Kredietcrisis

Vooral financiële instellingen (banken) kwamen in de jaren 2008 en 2009 in grote financiële moeilijkheden. In die periode heerste de kredietcrisis.
Een van de werkzaamheden van banken is het verstrekken van hypothecaire leningen aan huiseigenaren. Met name in de Verenigde Staten van Amerika was een groot gedeelte van de huiseigenaren niet in staat de aflossings- en renteverplichtingen aan banken in verband met hun hypotheek na te komen. Gelijktijdig raakten de huizenprijzen in de Verenigde Staten in een vrije val (met waardedalingen rond de 50%). Huizen die gedwongen werden verkocht, omdat de huiseigenaren hun financiële verplichtingen niet nakwamen, brachten daardoor in veel gevallen minder op dan de schuld die ze aan de bank hadden.
Dit had tot gevolg dat banken grote bedragen op deze vorderingen moesten afboeken ten koste van hun eigen vermogen. Om de gevolgen van deze afboekingen toe te lichten geven we een voorbeeld van een balans van het fictieve bankbedrijf Polderland.

Balans bankbedrijf

Balans Bank Polderland (in euro's)

Grond en gebouwen	20.000.000	Eigen vermogen	15.000.000
Vorderingen i.v.m. verstrekte leningen	70.000.000	Vreemd vermogen	85.000.000
Kas	10.000.000		
Totaal activa	100.000.000	Totaal vermogen	100.000.000

Op deze balans staan vorderingen in verband met verstrekte leningen (bijvoorbeeld op huiseigenaren) met een omvang van €70.000.000.
Stel dat hiervan een bedrag van €20.000.000 moet worden afgeboekt. Welke gevolgen heeft deze afboeking voor de balans en voor het eigen vermogen?

Door deze afboeking dalen de vorderingen (aan de debetzijde van de balans) en het eigen vermogen (aan de creditzijde van de balans) ieder met €20.000.000. We krijgen dan de volgende situatie:

Balans Bank Polderland (na afboeking, in euro's)

Grond en gebouwen	20.000.000	Eigen vermogen	5.000.000 –
Vorderingen i.v.m.		Vreemd vermogen	85.000.000
verstrekte leningen	50.000.000		
Kas	10.000.000		
Totaal activa	80.000.000	Totaal vermogen	80.000.000

Op papier is de bank Polderland failliet. Dit dreigde in 2008 en 2009 ook met een aantal grote banken te gebeuren. Banken hebben in die tijd een beroep op de overheid gedaan om faillissement te voorkomen. Overheden hebben inderdaad miljarden euro's beschikbaar gesteld.

De solvabiliteit van een organisatie kan ook worden weergegeven door de verhouding vreemd vermogen / eigen vermogen of de verhouding eigen vermogen / totaal vermogen. Voor het eerste verhoudingsgetal geldt hoe *lager* hoe beter de solvabiliteit, voor het laatste kengetal geldt het omgekeerde: hoe *hoger* het kengetal hoe beter de solvabiliteit. Om een kengetal goed te kunnen interpreteren, moet men goed weten wat erachter schuilgaat. Financiële problemen komen vaak niet alleen. Aanhoudende verliezen leiden ertoe dat het eigen vermogen afneemt en het vreemd vermogen (zeker verhoudingsgewijs) toeneemt. Ook Air France KLM heeft blijkbaar te veel schulden en probeert deze terug te dringen. Daarnaast worden ook andere maatregelen overwogen om het resultaat van Air France KLM te verbeteren. Dat blijkt uit het volgende artikel.

BRON: DE TELEGRAAF, 4 JUNI 2014

Schuldsanering gaat te traag

DOHA — **Air France KLM behaalt de doelstelling om de nettoschuld nog dit jaar terug te dringen naar €4,5 miljard niet. In 2015 moet deze schuldreductie wel worden bereikt, heeft topman De Juniac gisteren in Doha gezegd. Eind 2013 had de luchtvaartmaatschappij een nettoschuld van €5,3 miljard.**

door PAUL ELDERING

Na 2015 zal Air France KLM doorgaan met de afbouw van de schulden. 'We gaan verder schulden afbouwen om financieel op orde te zijn', aldus De Juniac in de Qatarese hoofdstad, waar de wereldtop uit de luchtvaart aanwezig is vanwege een vergadering van de overkoepelende organisatie IATA.
Blijvende besparingen en efficiënter werken zijn ook volgens KLM-baas Camiel Eurlings noodzakelijk om de concurrentie af te troeven. 'Elke activiteit van KLM en Air France nemen we onder de loep om de resultaten te verbeteren', zo zei hij in Doha.
De vakbonden in zowel Frankrijk als Nederland zijn zeer kritisch op de nieuwe maatregelen. Uiterlijk in september komt Air France KLM met de opvolger van Transform 2015,

waarin ook de schulddoelstelling stond geformuleerd. Eerder deze week maakte De Telegraaf bekend dat in het opvolgingsprogramma nog eens een miljard euro extra aan kostenbesparingen staat. Nog dit jaar moet Air France KLM volgens De Juniac drieduizend banen schrappen, vooral aan Franse kant. 'Of we het personeel daarna meer moeten inkrimpen, hangt af van de houding van de bonden. Ik sluit niks uit.'
Ook Eurlings wil dit najaar weer met de vakbonden om de tafel 'om voortgaande stappen te zetten'. In Europa moet Air France KLM fors ingrijpen om de prijsvechters het hoofd te bieden en het vrachtvervoer gaat op de schop. Of dat betekent dat het doek voor de verliesgevende vrachtdochter Martinair definitief valt, wilde Eurlings gisteren niet bevestigen. In 2011 staakte KLM al het passagiersvervoer van Martinair.
[...]

Een slechte solvabiliteit gaat problemen opleveren als ook de rentabiliteit van de onderneming ongunstig is of zelfs negatief wordt. In het laatste geval lijdt de onderneming verlies. De verschaffers van vreemd vermogen zullen zich afvragen of de onderneming haar verplichtingen kan nakomen. Om de solvabiliteit te verbeteren kunnen ondernemingen met relatief veel vreemd vermogen genoodzaakt zijn een deel van hun activiteiten te verkopen. De opbrengst ervan gebruiken ze dan om schulden af te lossen. Dit leidt tot een betere solvabiliteit en een lager bedrag aan te betalen interest.

ZELFTOETS 4.9
Van een onderneming is de volgende balans gegeven.

Balans (× €1.000)

Vaste activa:			Eigen vermogen		240
Gebouwen	500				
Machines	300				
		800	Vreemd vermogen:		
Vlottende activa:			Lange termijn:		600
Voorraden	240		Korte termijn:		
Debiteuren	120		Crediteuren	300	
Kas	80		Rekening-courant	100	
		440			400
Totaal activa		1.240	Totaal vermogen		1.240

Het kredietplafond van de rekening-courant bedraagt €160.000.

a Voor deze onderneming moet je onder andere op basis van kengetallen een oordeel geven over:
  • de liquiditeit;
  • de solvabiliteit.
b Kun je op basis van de berekende kengetallen garanderen dat deze onderneming solvabel en/of liquide is? Motiveer je antwoord.

ZELFTOETS 4.10

Van onderneming Bato bv is de volgende balans gegeven.

Balans van Bato bv per 1 januari 2015 (in euro's)

Vaste activa:		Eigen vermogen:	
Gebouwen	350.000	Aandelenvermogen	400.000
Machines	650.000	Winstreserve	200.000
Vlottende activa:		Vreemd vermogen:	
Voorraden	250.000	Lange termijn:	
Debiteuren	125.000	Banklening	100.000
Kas	105.000	Korte termijn:	
		Crediteuren	530.000
		Rekening-courant	250.000
Totaal activa	1.480.000	Totaal vermogen	1.480.000

a Geef je oordeel over de solvabiliteit en de liquiditeit van Bato bv. Motiveer je antwoord.
b Welke maatregelen stel je voor om zowel de solvabiliteit als de liquiditeit van Bato bv te verbeteren? Motiveer je antwoord.

In voorbeeld 4.6 schenken we aan de hand van onderneming Mille Miglia bv aandacht aan de liquiditeit, de solvabiliteit en de gouden balansregel.

VOORBEELD 4.6

Liquiditeit, solvabiliteit en gouden balansregel bij Mille Miglia bv

Van onderneming Mille Miglia bv is de volgende balans gegeven.

Balans van Mille Miglia bv per 31 december 2014 (in euro's)

Vaste activa:		Eigen vermogen:	
Gebouwen	1.200.000	Aandelenvermogen	1.000.000
Machines	800.000	Winstreserve	500.000
Vlottende activa:		Vreemd vermogen:	
Voorraden	500.000	Lange termijn:	
Debiteuren	300.000	Banklening	900.000
Kas	200.000	Korte termijn:	
		Crediteuren	450.000
		Rekening-courant	150.000
Totaal activa	3.000.000	Totaal vermogen	3.000.000

De directie van Mille Miglia bv heeft op 15 december 2014 een nieuwe machine gekocht.
Uit het contract dat op 15 december 2014 is getekend, blijkt dat:
- de aankoopprijs €2.000.000 bedraagt;
- de afleverdatum van de machine 31 maart 2015 is. Op deze datum wordt tevens de aankoopfactuur van de machine ontvangen;
- de aankoopsom op 30 juni 2015 moet zijn betaald.

Gevraagd
a Bereken de current ratio en quick ratio van Mille Miglia bv per 31 december 2014.
b Zijn er in de nabije toekomst (bijvoorbeeld in het jaar 2015) liquiditeitsproblemen bij Mille Miglia bv te verwachten? Geven de current ratio en quick ratio per 31 december 2014 daarvoor al een signaal af?
c Geef je oordeel over de financiële positie van Mille Miglia bv per 31 maart 2015.
Besteed daarbij aandacht aan de liquiditeit, de solvabiliteit en de gouden balansregel.
d Welke maatregelen kunnen worden getroffen om de financiële positie van Mille Miglia bv per 31 maart 2015 te verbeteren?

Uitwerking
a De current ratio per 31 december 2014:

$$\frac{€\,500.000 + €\,300.000 + €\,200.000}{€\,450.000 + €\,150.000} = \frac{€\,1.000.000}{€\,600.000} = 1,67$$

De quick ratio per 31 december 2014:

$$\frac{€\,500.000 + €\,300.000 + €\,200.000}{€\,450.000 + €\,150.000} = \frac{€\,500.000}{€\,600.000} = 0,83$$

b De current ratio per 31 december 2014 ligt ruim boven de 1 en de quick ratio is bijna 1. Als de voorraden courant zijn, zou men de conclusie kunnen trekken dat het wel goed zit met de liquiditeit van Mille Miglia bv.
Dat is waarschijnlijk wel het geval voor het moment 31 december 2014, maar hoe is de ontwikkeling van de liquiditeit na dat tijdstip?
Als we de balans opmaken per 31 maart 2015 krijgen we een geheel andere situatie. Hierbij veronderstellen we dat de schuld aan de leverancier van de machine wordt opgenomen onder de post Crediteuren en dat er in de overige balansposten geen veranderingen optreden.
Door de ontvangst van de machine en de ontvangst van de factuur neemt zowel de balanspost Machines als de balanspost Crediteuren toe met €2.000.000. We krijgen dan de volgende balans per 31 maart 2015 als we veronderstellen dat in de overige balansposten geen veranderingen optreden.

Balans van Mille Miglia bv per 31 maart 2015 (in euro's)

Vaste activa:		Eigen vermogen:	
Gebouwen	1.200.000	Aandelenvermogen	1.000.000
Machines	2.800.000	Winstreserve	500.000
Vlottende activa:		Vreemd vermogen:	
Voorraden	500.000	Lange termijn:	
Debiteuren	300.000	Banklening	900.000
Kas	200.000	Korte termijn:	
		Crediteuren	2.450.000
		Rekening-courant	150.000
Totaal activa	5.000.000	Totaal vermogen	5.000.000

We berekenen nu opnieuw de current ratio voor Mille Miglia bv, nu per 31 maart 2015:

$$\frac{€\,500.000 + €\,300.000 + €\,200.000}{€\,2.450.000 + €\,150.000} = \frac{€\,1.000.000}{€\,2.600.000} = 0{,}38$$

Hoewel de current ratio op 31 december 2014 nog 1,67 bedroeg, bedraagt hij op 31 maart 2015 nog slechts 0,38. Uit dit voorbeeld blijkt dat een kengetal dat op een bepaald moment wordt berekend (zoals hier de current ratio) niet veel zegt over de toekomst. We moeten daarom oppassen met het (snel) trekken van conclusies aan de hand van kengetallen. Vaak is meer informatie nodig om een gefundeerd oordeel te kunnen vellen.

c We kijken nog eens nader naar de balans van Mille Miglia bv per 31 maart 2015.
Niet alleen de liquiditeit laat te wensen over, maar ook de solvabiliteit zoals blijkt uit de berekening van de debt ratio per 31 maart 2015.

Debt ratio: $\dfrac{€\,900.000 + €\,2.450.000 + €\,150.000}{€\,5.000.000} = 0{,}7$

Een debt ratio van 0,7 betekent dat 70% van het totaal vermogen uit vreemd vermogen bestaat. Dat is aan de hoge kant, maar niet ongebruikelijk (in Nederland).

Er is echter nog een aspect dat we op basis van de balans per 31 maart 2015 willen belichten. Dat heeft te maken met de gouden balansregel. Deze regel houdt in (zie ook hoofdstuk 2) dat vaste activa moeten worden gefinancierd met eigen vermogen en/of vreemd vermogen op lange termijn. Aan deze regel is voldaan als de som van het eigen en vreemd vermogen op lange termijn gelijk is aan of groter is dan de waarde van de vaste activa + het vaste gedeelte van de vlottende activa. Voor de balans van Mille Miglia bv per 31 maart 2015 geldt:

- Vaste activa = €1.200.000 + €2.800.000 = €4.000.000
- Vast gedeelte van de vlottende activa: stel in totaal € 250.000 +
  €4.250.000

- Som eigen vermogen en vreemd vermogen op lange termijn
  = €1.000.000 + €500.000 + €900.000 = €2.400.000.

Conclusie: er wordt in de verste verte niet voldaan aan de gouden balansregel.

d Hoe lossen we de problemen van Mille Miglia bv (slechte liquiditeit, matige solvabiliteit en het niet voldoen aan de gouden balansregel) op?
De oplossing ligt in het aantrekken van extra eigen vermogen en eventueel extra vreemd vermogen op lange termijn om de aankoop van de nieuwe machine te financieren. We nemen aan dat dit inderdaad gebeurt en dat op 30 juni 2015 €1.350.000 aandelenvermogen wordt aangetrokken en dat de banklening op lange termijn met €650.000 wordt verhoogd. Het nieuw aangetrokken eigen en vreemd vermogen gebruikt Mille Miglia bv om op 30 juni 2015 de schuld in verband met de machine (die in de balanspost Crediteuren is opgenomen) te betalen. Door deze financiële transacties neemt de balanspost Aandelenvermogen toe met €1.350.000, de Banklening neemt toe met €650.000 en Crediteuren neemt af met €2.000.000.
We krijgen dan de volgende balans per 30 juni 2015 (als er voor de rest geen transacties hebben plaatsgevonden, hetgeen we veronderstellen).

Balans van Mille Miglia bv per 30 juni 2015 (in euro's)

Vaste activa:		Eigen vermogen:	
Gebouwen	1.200.000	Aandelenvermogen	2.350.000
Machines	2.800.000	Winstreserve	500.000
Vlottende activa:		Vreemd vermogen:	
Voorraden	500.000	Lange termijn:	
Debiteuren	300.000	Banklening	1.550.000
Kas	200.000	Korte termijn:	
		Crediteuren	450.000
		Rekening-courant	150.000
Totaal activa	5.000.000	Totaal vermogen	5.000.000

We berekenen nu opnieuw de current ratio en debt ratio voor Mille Miglia bv per 30 juni 2015:

$$\text{Current ratio} = \frac{€500.000 + €300.000 + €200.000}{€450.000 + €150.000} = \frac{€1.000.000}{€600.000} = 1{,}67$$

$$\text{Debt ratio:} \frac{€1.550.000 + €450.000 + €150.000}{€5.000.000} = 0{,}43$$

In vergelijking met de situatie per 31 maart 2015 zijn de current ratio en debt ratio veel gunstiger.
Bovendien is nu ook voldaan aan de gouden balansregel, zoals blijkt uit de volgende berekening:

- Vaste activa = €1.200.000 + €2.800.000 = €4.000.000
- Vast gedeelte van de vlottende activa (stel) € 250.000 +
  €4.250.000

- Som eigen vermogen en vreemd vermogen op lange termijn
  = €2.350.000 + €500.000 + €1.550.000 = €4.400.000.

Voorbeeld 4.6 toont aan dat kengetallen die we op basis van de balans berekenen, slechts de situatie op dat moment weergeven. Ze geven onvoldoende informatie over de toekomstige financiële positie van de onderneming. Daarvoor zijn aanvullende gegevens noodzakelijk over verplichtingen die niet uit de balans blijken. Daartoe behoren verplichtingen die voortvloeien uit reeds afgesloten contracten, waaronder leaseverplichtingen.

4.6 Activiteitskengetallen

Het management van een organisatie zal ernaar streven de doelstelling van de organisatie te bereiken met opoffering van zo min mogelijk productiemiddelen. Activiteitskengetallen kunnen we gebruiken om de efficiency van de bedrijfsvoering te beoordelen. Zo zal een inefficiënt voorraadbeheer tot relatief (ten opzichte van de omzet) hoge voorraden leiden. Het kengetal dat hierin inzicht geeft is de omzetsnelheid van de voorraden. In formule:

Activiteitskengetallen

Omzetsnelheid voorraden

$$\text{Omzetsnelheid van de voorraden} = \frac{\text{Jaaromzet in verkoopprijzen (exclusief btw)}}{\text{Gemiddelde voorraad gedurende het jaar}}$$

De voorraad waarderen we (meestal) tegen *inkoopprijzen*. Dan zou in de teller van de voorgaande formule ook de *inkoopwaarde* van de omzet moeten worden opgenomen. In de praktijk gebruiken we echter zowel voor de berekening van de omzetsnelheid van de voorraden als voor de berekening van de brutowinstmarge de *omzet in verkoopprijzen*.

Op basis van de omzetsnelheid van de voorraad kunnen we berekenen hoelang de goederen op voorraad liggen. Dat doen we met behulp van de formule:

Opslagduur voorraden

Opslagduur voorraden

opslagduur van de voorraad (in jaren) =

$$\frac{1}{\text{Omzetsnelheid van de voorraden}} = \frac{\text{Gemiddelde voorraad gedurende het jaar}}{\text{Jaaromzet in verkoopprijzen (excl. btw)}}$$

Een hoge omzetsnelheid leidt tot een korte opslagduur van de voorraden, wat erop wijst dat de organisatie met een relatief kleine voorraad een bepaalde omzet kan realiseren. Een hoge omzetsnelheid leidt tot relatief lage investeringen in de voorraden. Bovendien neemt daardoor het risico van bederf of uit de mode raken af.

Gemiddelde krediettermijn debiteuren/ crediteuren

De efficiency van het debiteuren- en crediteurenbeleid geven we weer door de gemiddelde krediettermijn van debiteuren en de gemiddelde krediettermijn van crediteuren:

$$\text{Gemiddelde krediettermijn van debiteuren (van het verleende leverancierskrediet)} = \frac{\text{Gemiddeld debiteurensaldo}}{\text{Verkopen op rekening}} \times 365 \text{ dagen}$$

$$\text{Gemiddelde krediettermijn van crediteuren (van het ontvangen leverancierskrediet)} = \frac{\text{Gemiddeld crediteurensaldo}}{\text{Inkopen op rekening}} \times 365 \text{ dagen}$$

Een hoge omzetsnelheid van de voorraden en een lage gemiddelde krediettermijn van debiteuren leiden tot relatief lage investeringen in de balansposten Voorraden en Debiteuren. Hierdoor kan een bepaalde omzet met een relatief laag totaal vermogen worden gerealiseerd. Het kengetal dat een verband legt tussen de hoogte van de omzet en het totaal geïnvesteerde vermogen is de omloopsnelheid van het totaal vermogen:

$$\text{Omloopsnelheid van het totaal vermogen} = \frac{\text{Omzet in verkoopprijzen exclusief btw}}{\text{Gemiddeld totaal vermogen}}$$

Een hoge omloopsnelheid van het totaal vermogen wijst erop dat een bepaalde omzet met een relatief laag totaal vermogen is gerealiseerd.
Dit heeft een positieve invloed op de rentabiliteit van het eigen vermogen (R_{EV}) zoals blijkt uit de volgende relatie:

$$R_{EV} = \frac{\text{Resultaat na belasting}}{\text{Omzet exclusief btw}} \times \frac{\text{Omzet exclusief btw}}{\text{Gemiddeld totaal vermogen}} \times \frac{\text{Gemiddeld totaal vermogen}}{\text{Gemiddeld eigen vermogen}}$$

$$R_{EV} = \text{Nettowinstmarge} \times \text{Omloopsnelheid van het totaal vermogen} \times \frac{\text{Gemiddeld totaal vermogen}}{\text{Gemiddeld eigen vermogen}}$$

Uit de laatste vergelijking blijkt dat de R_{EV} toeneemt als de omloopsnelheid van het totaal vermogen toeneemt, als de andere factoren gelijk blijven.

In voorbeeld 4.7 berekenen we de activiteitskengetallen voor Vivaldi bv.

VOORBEELD 4.7

Activiteitskengetallen Vivaldi bv

$$\text{Omzetsnelheid van de voorraden} = \frac{\text{Omzet in verkoopprijzen exclusief btw} = €3.700.000}{\text{Gemiddelde voorraad} = (€464.000 + €380.000) : 2 = €422.000} = 8,77$$

$$\text{Opslagduur van de voorraad (in mnd)} = \frac{\text{Gemiddelde voorraad gedurende het jaar}}{\text{Jaaromzet in verkoopprijzen (excl. btw)}}$$

$$= \frac{€422.000}{€3.700.000} \times 12 = 1,4 \text{ mnd}$$

We veronderstellen dat 90% van de omzet van Vivaldi bv op rekening wordt verkocht en dat over de omzet 6% btw in rekening wordt gebracht.

Gemiddelde krediettermijn van debiteuren (van het verleende leveranciers-krediet):

$$= \frac{\text{Gemiddeld debiteurensaldo}}{\text{Verkopen op rekening (inclusief 6\% btw)}} \times 365 \text{ dagen} =$$

$$\frac{(€417.000 + €314.000) : 2}{0,9 \times €3.700.000 \times 1,06} = \frac{€365.500}{€3.529.800} \times 365 = 37,8 \text{ dagen}$$

De vordering op debiteuren is inclusief btw, daarom moeten de verkopen op rekening ook inclusief btw worden berekend.

We veronderstellen dat in 2015 voor €1.300.000 (exclusief btw) is ingekocht, waarvan 80% op rekening. Over de inkoopwaarde moet 6% btw worden betaald.

Gemiddelde krediettermijn van crediteuren (van het ontvangen leveranciers-krediet):

$$= \frac{\text{Gemiddeld crediteurensaldo}}{\text{Inkopen op rekening}} \times 365 \text{ dagen} =$$

$$\frac{(€540.000 + €442.000) : 2}{0,8 \times €1.300.000 \times 1,06} = \frac{€491.000}{€1.102.400} \times 365 = 162,6 \text{ dagen}$$

De schulden aan crediteuren is inclusief btw, daarom moeten de inkopen op rekening ook inclusief btw worden berekend. Het duurt gemiddeld meer dan vijf maanden voordat Vivaldi bv haar rekeningen aan de leveranciers betaalt.

Vivaldi bv kunnen we daarom aanmerken als een trage betaler. De leveranciers zullen dit compenseren door aan Vivaldi bv een relatief hoge prijs in rekening te brengen.

Omloopsnelheid van het totaal vermogen =

$$\frac{\text{Omzet in verkoopprijzen excl. btw}}{\text{Gemiddeld totaal vermogen}} = \frac{€\,3.700.000}{€\,3.600.000} = 1{,}03$$

De rentabiliteit van het eigen vermogen kunnen we ook berekenen door gebruik te maken van activiteitskengetallen. Met andere woorden: activiteitskengetallen zijn van invloed op de hoogte van R_{EV}.

$$R_{EV} = \frac{\text{Resultaat na belasting}}{\text{Omzet exclusief btw}} \times \frac{\text{Omzet exclusief btw}}{\text{Gemiddeld totaal vermogen}} \times \frac{\text{Gemiddeld totaal vermogen}}{\text{Gemiddeld eigen vermogen}}$$

Voor Vivaldi bv geldt:

$$R_{EV} = \frac{€\,192.000}{€\,3.700.000} \times \frac{€\,3.700.000}{€\,3.600.000} \times \frac{€\,3.600.000}{€\,1.600.000} = 0{,}051892 \times 1{,}03 \times 2{,}25 = 0{,}12\ (12\%)$$

Branchevergelijking

De hoogte van de kengetallen zal ook van branche tot branche verschillen. Zo zal in de horeca de post Debiteuren relatief laag zijn, omdat de meeste gasten contant betalen. Dit leidt ertoe dat in de horeca de current ratio relatief laag zal zijn. Handelsondernemingen verkopen daarentegen veel op rekening en hebben een groot bedrag onder de debiteuren uitstaan, wat tot een hoge current ratio kan leiden. Voor een goede beoordeling van kengetallen is een vergelijking met de kengetallen van vergelijkbare ondernemingen uit dezelfde branche noodzakelijk.

4.7 Interne gebruikers van financiële informatie

Externe belangstellenden

Managers en bestuurders van grote ondernemingen weten dat ze aan het einde van ieder boekjaar verantwoording moeten afleggen aan de externe belangstellenden, zoals aandeelhouders en de verstrekkers van vreemd vermogen. De verantwoording over het gevoerde (financiële) beleid leggen ze onder meer af door het publiceren van de balans en de winst- en verliesrekening van de onderneming waaraan ze leidinggeven. Ze zullen daarom bij hun beslissingen rekening houden met de gevolgen ervan voor deze financiële overzichten. Ze weten immers dat ze door de externe belangstellenden onder meer op basis daarvan zullen worden beoordeeld. Deze financiële overzichten en de kengetallen die daaruit kunnen worden afgeleid, zijn voor de bestuurders belangrijke stuurinstrumenten. De rentabiliteitskengetallen zoals R_{EV}, R_{TV} en K_{VV} geven een indruk van de winstgevendheid van de onderneming.
De debt ratio geeft een indicatie van de solvabiliteit en de current ratio en quick ratio geven een indruk van de mate van liquiditeit van de onderneming.

De bestuurders van een onderneming kunnen we vergelijken met de piloot van een vliegtuig. De piloot let bij het besturen van zijn vliegtuig op allerlei metertjes die informatie geven over de voorraad brandstof, de vliegsnelheid, de vlieghoogte, de windrichting enzovoort. De kengetallen (zoals R_{EV}, R_{TV}, K_{VV}, de current ratio en debt ratio) vervullen voor de bestuurders van een onderneming dezelfde functie als de metertjes in de cockpit van een vliegtuig voor de piloot.

Bestuurders

Naast deze financiële gegevens die ook voor de buitenstaanders beschikbaar zijn, gebruiken managers (bestuurders) nog andere stuurinstrumenten. Zo kan een onderneming voor intern gebruik een liquiditeitsbegroting opstellen. Op basis daarvan kan men vaststellen in welke periode mogelijk een tekort aan liquide middelen dreigt. Men kan dan tijdig maatregelen treffen om verwachte liquiditeitstekorten op te lossen. Voor een eventueel liquiditeitsoverschot kan tijdig naar een goede beleggingsmogelijkheid worden gezocht.

De cockpit van een onderneming

Er zijn ook kengetallen en stuurinstrumenten die we niet bespreken omdat ze buiten het kader van dit boek vallen. Hierbij kunnen we bijvoorbeeld denken aan maatstaven die de tevredenheid van de klanten en het personeel of de levertijd en kwaliteit van de producten meten.

Bestuurders (managers) zullen proberen van tevoren na te gaan wat de financiële gevolgen van hun beslissingen zijn voor de liquiditeit, de solvabiliteit en de rentabiliteit. Daarbij spelen de kosten en opbrengsten die het gevolg zijn van een bepaalde beslissing een rol. Wat zijn de kosten per product? Welke hoeveelheden kunnen worden verkocht en tegen welke verkoopprijs? Hoeveel producten moeten er worden verkocht om alle kosten te dekken? Deze onderwerpen stellen we in hoofdstuk 5 aan de orde.

Iedere organisatie is vrij op welke wijze ze de informatieverstrekking aan managers binnen de eigen organisatie regelt. De informatie die echter grote(re) ondernemingen aan externe gebruikers moeten verstrekken is echter aan bepaalde wettelijke regels gebonden. In de volgende paragraaf gaan we daarop in.

4.8 Externe gebruikers van financiële informatie

De externe gebruikers moeten hun informatie halen uit de financiële gegevens die over of door de onderneming worden gepubliceerd. De mate waarin de onderneming financiële informatie moet publiceren, hangt af van haar omvang. We bespreken eerst enkele kenmerken van kleine ondernemingen en daarna die van grote ondernemingen. Ook gaan we nader in op het afleggen van verantwoording door ondernemingen.

4.8.1 Kleine ondernemingen

Verschaffers van vreemd vermogen

Belangrijke externe betrokkenen bij kleine ondernemingen zijn de verschaffers van het vreemd vermogen. Tot deze groep behoren onder andere de leveranciers die op rekening aan de onderneming hebben geleverd en de banken. De leveranciers die op rekening aan de onderneming leveren, willen inzicht hebben in de kredietwaardigheid van de onderneming. Vaak hebben ze al jaren een relatie met de onderneming. Op grond daarvan kunnen ze vaststellen of de afnemer aan wie zij in het verleden op rekening hebben geleverd, zijn rekeningen op tijd heeft betaald. Het betaalgedrag van de afnemer zal mede van invloed zijn op de bereidheid om in de toekomst aan deze afnemer weer op rekening te verkopen.
Kleine ondernemingen verstrekken in beperkte mate informatie aan externe belangstellenden.
Als een kleine onderneming gebruikmaakt van bankleningen zal de bank na afloop of tijdens het boekjaar een kopie van de balans en de winst- en verliesrekening willen ontvangen. De bank zal gegevens daaruit gebruiken om de financiële positie van de onderneming te beoordelen.
Bij kleine ondernemingen die vaak de rechtsvorm hebben van een eenmanszaak, vof of bv, is er geen duidelijke scheiding tussen leiding en eigendom. Dit leidt ertoe dat bijvoorbeeld een dga bij een bv niet apart geïnformeerd hoeft te worden omdat hij als leidinggevende weet wat er in zijn onderneming, waarvan hij aandeelhouder is, speelt.

4.8.2 Grote ondernemingen

Aandeelhouders
Raad van Bestuur

Bij grote ondernemingen met de rechtsvorm van nv is er een duidelijke scheiding tussen het eigendom en het bestuur (de leiding) van de onderneming. Bij een nv zijn de aandeelhouders de eigenaren van de onderneming en is de Raad van Bestuur belast met de leiding. Grote ondernemingen zijn wettelijk verplicht de externe betrokkenen, waartoe ook de aandeelhouders behoren, regelmatig te informeren over de financiële gang van zaken. Grote ondernemingen brengen jaarlijks een verslag (jaarverslag) uit waarin ze informatie verschaffen over hun activiteiten en over de financiële resultaten over het afgesloten boekjaar. Dit jaarverslag bevat voor een gedeelte informatie die door de onderneming vrijwillig wordt verschaft en daarnaast informatie die de onderneming op grond van wettelijke voorschriften verplicht is te verstrekken.

De wettelijk verplichte informatie is ondergebracht in het financieel verslag, dat deel uitmaakt van het jaarverslag. De inhoud van een jaarverslag bestaat uit de volgende onderdelen:

a Informatie die de onderneming vrijwillig verstrekt. Hiertoe behoren onder andere gegevens over de producten, de afzetmarkten en de effecten van de productie voor het milieu.

b Het financieel verslag. Hierop zijn wettelijke voorschriften van toepassing.

Financieel verslag

Jaarverslag

4.8.3 Verantwoording afleggen

De directie van een naamloze vennootschap zal periodiek (meestal eens per jaar) verantwoording moeten afleggen aan de aandeelhouders tijdens de algemene vergadering van aandeelhouders (ava). De aandeelhouders van een nv zijn de eigenaren van de nv. Zij hebben het bestuur van de nv overgedragen aan de Raad van Bestuur. De aandeelhouders wensen op de hoogte gehouden te worden van de (financiële) prestaties van de onderneming, zodat zij kunnen beoordelen in welke mate de gestelde doelen zijn gerealiseerd. Mede door het opstellen en publiceren van het jaarverslag legt de Raad van Bestuur aan de aandeelhouders verantwoording af over het door hem gevoerde beleid. De Raad van Bestuur geeft tijdens de ava tevens een mondelinge toelichting op de cijfers in het jaarverslag.

Algemene vergadering van aandeelhouders

Op basis van de balans en de winst- en verliesrekening kunnen de externe belangstellenden onder andere de kengetallen met betrekking tot de rentabiliteit, de solvabiliteit en de liquiditeit berekenen, zoals we die in de vorige paragrafen hebben besproken. Mede op grond van deze kengetallen kan men zich een beeld vormen van de financiële situatie van de onderneming. Daarnaast kunnen de externe belangstellenden financiële informatie afleiden uit de website van de betreffende onderneming, uit de financiële pers en uit interviews en persconferenties die door de bestuurders van (grote) ondernemingen worden gegeven.

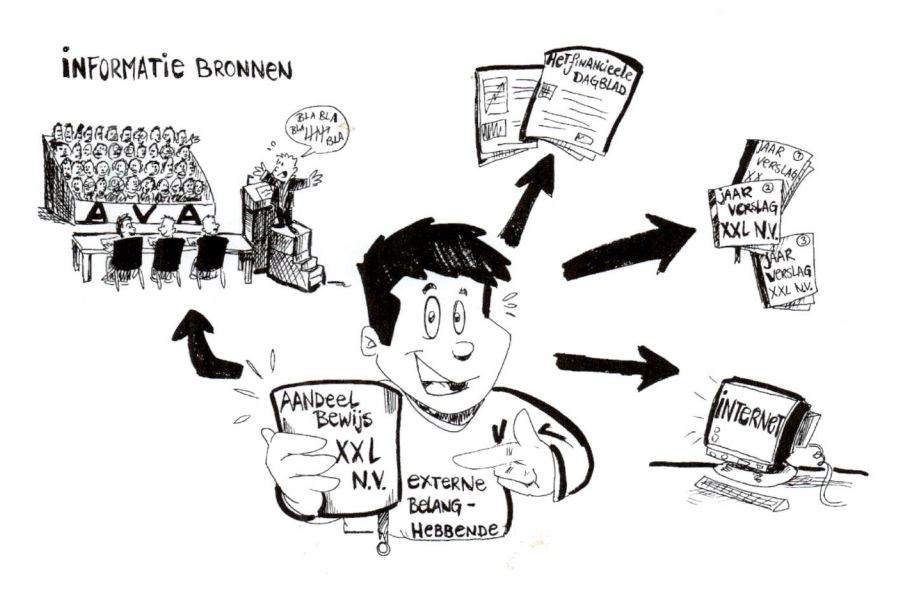

De aandeelhouders moeten erop kunnen vertrouwen dat de informatie die aan hen in de vorm van het jaarverslag wordt verstrekt, volledig en betrouwbaar is en dat het jaarverslag tijdig openbaar wordt gemaakt. Zij moeten hun oordeel over de financiële situatie van de onderneming immers mede op deze gegevens baseren. Op grond daarvan beslissen ze het aandeel aan te houden, te verkopen of juist aan te kopen.

Als de Autoriteit Financiële Markten (AFM) van mening is dat de jaarrekening niet in overeenstemming is met de voorschriften, kan zij aanbevelingen geven voor verbeteringen. Belanghebbenden kunnen bij de AFM ook melding maken van vermeende onjuistheden in een jaarrekening. De AFM zal de klachten onderzoeken en eventueel besluiten de zaak voor de rechter te brengen, zoals uit het volgende artikel blijkt.

BRON: NRC HANDELSBLAD, 10 DECEMBER 2012

Imtech vervalste jaarrekening van dochterbedrijf

door **Teri van der Heijden**
Binnenland Economie

De koers van het aandeel Imtech is vanochtend hard onderuit gegaan na de gerechtelijke vaststelling dat de technisch dienstverlener over 2009 een valse jaarrekening van dochterbedrijf Ventilex heeft opgesteld.

Het gerechtshof Arnhem heeft, naar vanochtend bekend werd, vorige week vonnis gewezen in een zaak tussen Imtech en een ontslagen directeur van dochtermaatschappij Ventilex. Volgens het hof heeft Imtech in dat conflict 'willens en wetens' een valse jaarrekening opgesteld van Ventilex, opdat de ontslagen directeur geen aanspraak zou maken op een bonus.

Imtech zou de nettowinst van 2,5 miljoen euro over 2009 hebben omgezet in een nettoverlies van 2,4 miljoen. Accountantkantoor KPMG heeft die aldus vervalste jaarrekening goedgekeurd. Het hof gaat er in zijn arrest van uit dat 'de rol van de bestuurders van Imtech en ook die van KPMG door politie en justitie nauwgezet zal worden onderzocht'.

Imtech gaat in cassatie

Imtech ontkent in een vanochtend op een aandeelhoudersvergadering verspreide reactie 'ten stelligste' dat de jaarrekening is vervalst. Volgens het bedrijf uit Gouda is het verschil tussen de twee jaarrekeningen te verklaren door 'gebeurtenissen' die bij het verwerken van de eerste interne jaarrekening nog niet bekend waren. Het bedrijf gaat in cassatie.

De uitspraak volgt na een juridische strijd tussen Imtech en de oud-directeur van dochteronderneming Ventilex, Henk Dijkman. In 2009 ontsloeg Imtech Dijkman, die na zijn ontslag een nieuw bedrijf begon en een groot deel van het personeel van Ventilex meenam.

Dijkman vindt dat hij nog recht heeft op een winstuitkering over het jaar 2009, maar uit de jaarrekening blijkt dat Ventilex in dat jaar een verlies van 2,38 miljoen maakte. Uit een ouder intern jaarverslag van Ventilex bleek juist dat het bedrijf bijna 2,5 miljoen euro winst had gemaakt.

> **TOELICHTING**
> De Autoriteit Financiële Markten (AFM) ziet er onder meer op toe dat de informatie die beursgenoteerde ondernemingen verstrekken in overeenstemming is met de wettelijke voorschriften. Als dat niet het geval is, kunnen de betreffende ondernemingen gedwongen worden dit alsnog te doen.

Autoriteit Financiële Markten

ZELFTOETS 4.11
a Waarom maken we een verschil tussen kleine en grote ondernemingen als het gaat om de hoeveelheid financiële informatie die zij aan externe belangstellenden moeten verstrekken?
b Welke informatie verstrekken ondernemingen aan externe belangstellenden?
  Maak bij de beantwoording van deze vraag onderscheid in kleine en grote ondernemingen.
c Noem enkele voorbeelden van interne gebruikers van financiële informatie.
d Noem enkele voorbeelden van externe gebruikers van financiële informatie.

Met behulp van de verschillende informatiebronnen (jaarverslag, internet, informatie uit dagbladen en tv-programma's) kunnen externe belangstellenden bij grote ondernemingen (nv's) zich een beeld vormen van de financiële situatie van de onderneming. Zo kan een belegger op grond van de gepubliceerde informatie beslissen of hij een bepaald aandeel koopt, verkoopt of aanhoudt. Maar ook de werknemers, de vakverenigingen als vertegenwoordigers van de werknemers, de overheid, de banken en anderen zijn geïnteresseerd in de financiële gang van zaken bij een nv. In het algemeen kunnen we stellen dat naarmate een onderneming groter is de informatiebehoeften van externe belangstellenden toenemen. Daarom zijn er duidelijke voorschriften over de hoeveelheid financiële informatie die grote ondernemingen aan buitenstaanders (externen) moeten verstrekken. Deze informatie is opgenomen in het financieel verslag waarvoor we de wettelijke voorschriften in paragraaf 4.9 bespreken.

4.9 Financieel verslag en wettelijke voorschriften

De wettelijke voorschriften die gelden voor de informatieverstrekking aan externe belangstellenden zijn opgenomen in Boek 2, titel 9 van het Burgerlijk Wetboek. De wet is *onder andere* op de volgende rechtspersonen van toepassing:
- de naamloze vennootschap (nv);
- de besloten vennootschap met beperkte aansprakelijkheid (bv).

De wettelijke voorschriften hebben betrekking op de financiële gegevens van de onderneming, die *voor iedere belangstellende* beschikbaar moeten zijn. De onderneming legt deze gegevens vast in een financieel verslag. De inhoud, de vorm, de frequentie en de wijze van publicatie van deze financiële informatie worden door de wet globaal voorgeschreven.
Het financieel verslag maakt deel uit van het jaarverslag.

Het financieel verslag bestaat uit:
1 het bestuursverslag;
2 de jaarrekening;
3 de overige gegevens.

Ad 1 Bestuursverslag

Bestuursverslag

In het bestuursverslag geeft het bestuur van de onderneming (de Raad van Bestuur / de directie) onder andere zijn visie op het afgelopen verslagjaar. Hierin besteedt de Raad van Bestuur onder andere aandacht aan de omvang en aard van de investeringen, de financiering van de onderneming, de samenstelling van het personeelsbestand, de uitgaven voor research en de omstandigheden waarvan de ontwikkeling van de omzet en het financiële resultaat afhankelijk zijn. Voor een juiste beoordeling van de financiële positie van een onderneming spelen naast ontwikkelingen in het verleden ook de toekomstverwachtingen een belangrijke rol. Daarom eist de wet dat het bestuur in zijn verslag ook de verwachtingen voor het komende verslagjaar beschrijft. Deze verwachtingen worden weergegeven in de zogenoemde toekomstparagraaf. Het bestuur vermeldt daarin welke ontwikkelingen binnen de onderneming en op de markt, die van invloed (kunnen) zijn op de hoogte van de omzet en de winst in het komende verslagjaar, worden verwacht. Vooral voor een belegger zijn de toekomstverwachtingen belangrijk. Mede op grond van deze informatie kan hij zich een beeld vormen van de verwachte rentabiliteit (winsten) op beleggingen in aandelen van de onderneming.

Toekomstparagraaf

Ad 2 Jaarrekening

Jaarrekening

De jaarrekening bestaat uit de volgende financiële overzichten:
- de balans;
- de winst- en verliesrekening;
- de toelichting op de balans en de winst- en verliesrekening.

Deze overzichten geven inzicht in de financiële positie en de resultaten van de onderneming over het afgelopen boekjaar. Aan de financiële overzichten stellen we de eis dat ze begrijpelijk, betrouwbaar en vergelijkbaar zijn en dat ze relevante informatie bevatten. Deze eisen zijn belangrijk omdat de externe gebruikers van deze financiële overzichten hun beslissingen op deze informatie baseren.

Ad 3 Overige gegevens

Accountantsverklaring

Onder de *overige gegevens* wordt onder andere de accountantsverklaring opgenomen. De accountant heeft tot taak *de juistheid, tijdigheid en volledigheid* van de verstrekte informatie te controleren. Op grond van wettelijke voorschriften moeten bepaalde financiële overzichten, die bestemd zijn voor externe gebruikers, worden gecontroleerd door een externe accountant. Een externe accountant is niet in dienst van de organisatie waarvan hij de jaarrekening controleert. Externe accountants kunnen onderling samenwerkingsverbanden aangaan (accountantskantoren vormen) of als zelfstandig gevestigd accountant hun functie uitoefenen. De externe accountant legt zijn bevindingen vast in een accountantsverklaring, die onder de overige gegevens in het jaarverslag wordt opgenomen.

Externe accountant

ZELFTOETS 4.12

a Op welke ondernemingsvormen is Boek 2, titel 9 van het Burgerlijk Wetboek onder andere van toepassing?
b Waarom is Boek 2, titel 9 van het Burgerlijk Wetboek niet van toepassing op een eenmanszaak of een vennootschap onder firma?
c Waarom heeft de wetgever richtlijnen opgesteld ten aanzien van de financiële informatie die bij vraag a bedoelde rechtspersonen moeten verstrekken?
d Wat is de rol van de externe accountant?

We vatten de inhoud van een jaarverslag in figuur 4.6 samen.

FIGUUR 4.6 Inhoud jaarverslag

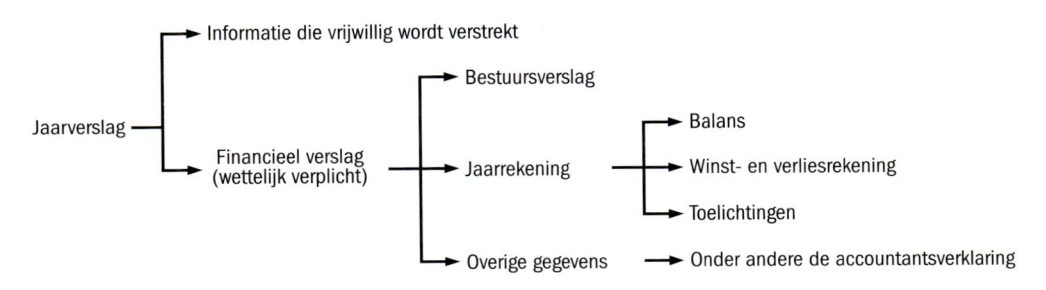

Jaarverslag
- Informatie die vrijwillig wordt verstrekt
- Financieel verslag (wettelijk verplicht)
  - Bestuursverslag
  - Jaarrekening
    - Balans
    - Winst- en verliesrekening
    - Toelichtingen
  - Overige gegevens → Onder andere de accountantsverklaring

De ondernemingen waarvoor Boek 2, titel 9 van het Burgerlijk Wetboek geldt, zijn verplicht de jaarrekening geheel of gedeeltelijk openbaar te maken (te publiceren).
De wet stelt aan grote rechtspersonen (die meestal de rechtsvorm van nv hebben) hogere eisen ten aanzien van de te publiceren financiële gegevens dan aan kleinere rechtspersonen (dat zijn meestal bv's). Bij kleine bv's is er in het algemeen geen scheiding tussen leiding en eigendom, zoals dat ook het geval is bij een eenmanszaak en vennootschap onder firma. Bij kleine bv's komt het vaak voor dat de directeur een groot deel van de aandelen van de bv bezit. We spreken dan van een directeur-grootaandeelhouder. De aandelen van een bv kunnen ook in handen zijn van familieleden of bekenden die niet bij de leiding zijn betrokken. Ook zij zullen op gezette tijden informatie willen hebben, maar die informatievoorziening gaat minder ver dan bij een grote nv.
Bij een kleine bv weten de bestuurders wie de aandeelhouders zijn. De aandeelhouders van een bv kunnen ook rechtstreeks in besloten kring worden geïnformeerd. Omdat het maatschappelijk belang bij kleine rechtspersonen kleiner is dan bij grote rechtspersonen, heeft de wet voor kleine rechtspersonen minder vergaande eisen gesteld aan de financiële informatie die zij moeten verstrekken.

Banken die een omvangrijk bedrag in de vorm van vreemd vermogen aan een onderneming ter beschikking hebben gesteld, stellen de eis dat zij op de hoogte worden gehouden van de financiële situatie van de onderneming. De informatie die aan de bank wordt verstrekt, kan uitgebreider zijn dan de wettelijk verplichte informatie. De frequentie van deze informatieverschaffing wordt in onderling overleg vastgesteld en dat kan per maand, per kwartaal, per halfjaar of per jaar zijn.

Banken

De informatie die door de onderneming wordt verstrekt, heeft meestal de vorm van een winst- en verliesrekening en een balans. Naarmate de inbreng van de bank in het totaal vermogen groter is, kan de bank aanvullende eisen stellen. Op basis van deze door de onderneming te verstrekken informatie kan de bank beoordelen of de onderneming in staat zal zijn haar aflossings- en renteverplichtingen na te komen.

4.10 Beoordeling door de bank

Bij het beoordelen van de levensvatbaarheid van een onderneming speelt een groot aantal factoren een rol. We zullen ons beperken tot de belangrijkste factoren en daarbij vooral de financiële kant van de zaak belichten. We laten Taco de Waal van de Rabobank aan het woord. Hij beoordeelt de financiële positie van Vivaldi bv.

'Voor een bank is het belangrijk dat de onderneming nu en in de toekomst in staat is de aflossing en interest over de financieringen te betalen. Om dit te beoordelen is met name de winstgevendheid belangrijk. Op basis van de ebit en operationele kasstroom wordt bepaald of de onderneming in staat is de interest en aflossingen op te brengen.

Maar ondernemingen moeten ook investeringen verrichten om hun concurrentiepositie te behouden of te verbeteren. Een (begroot) kasstroomoverzicht is een goed instrument om te beoordelen of een onderneming (ook in de toekomst) in staat is haar betalingsverplichtingen na te komen en de noodzakelijke investeringen te financieren.

Vivaldi bv heeft in 2015 een kasstroom op winstbasis van €428.000 gerealiseerd, terwijl daarnaast nog eens €77.000 is vrijgekomen door een verlaging van het nettowerkkapitaal. In totaal is een operationele kasstroom van €505.000 beschikbaar gekomen die net voldoende is om de noodzakelijke investeringen (€300.000) en de aflossingsverplichtingen (€100.000) en de interest (€96.000, na aftrek van belastingen) te betalen.

De rentabiliteit van Vivaldi bv is redelijk. De R_{TV} (10%) is hoger dan de gemiddelde rentekosten van het rentedragend vreemd vermogen (8,19%). Mocht de ebit in de toekomst echter dalen en de gemiddelde rentekosten stijgen, kan er een situatie ontstaan waarbij R_{TV} kleiner wordt dan K_{VV}.

De liquiditeit van Vivaldi bv is matig. De current ratio is weliswaar hoger dan 1, maar de vlottende activa bestaan voor een groot deel uit voorraden. De quick ratio komt daardoor ruim onder de 1 uit.

Bij de beoordeling van de financiële situatie kijken we ook naar de omvang van het eigen vermogen ten opzichte van het totaal vermogen. Het eigen vermogen van Vivaldi bv bedraagt op 31 december 2015 iets minder dan 50% van het totaal vermogen. Dat is een redelijke buffer om eventuele verliezen op te vangen. De solvabiliteit van Vivaldi bv kunnen we als redelijk kwalificeren.

Bij de activiteitskengetallen verdienen de gemiddelde krediettermijn van crediteuren en de opslagduur van de voorraden bijzondere aandacht. Beide zijn aan de hoge kant voor dit type bedrijf. Door de krediettermijn van crediteuren te beperken, kunnen lagere inkoopprijzen worden gerealiseerd waardoor de ebit stijgt. Een opslagduur van 1,4 maanden voor grondstoffen voor brood en banket lijkt aan de hoge kant, omdat het bederfelijke waar

betreft. Dit kan ertoe leiden dat de kwaliteit van de grondstoffen afneemt en ze vernietigd moeten worden. Ook nemen de opslagkosten toe.
Samenvattend kunnen we concluderen dat de financiële positie van Vivaldi bv redelijk is. De bank zal echter geen enkel risico willen lopen en zekerheden vragen. Dat is bijvoorbeeld gedaan voor de hypothecaire lening. Voor deze lening heeft Vivaldi bv onroerend goed (grond en bedrijfspanden) als zekerheid gesteld. De bank kan ook de vordering op debiteuren en de voorraden als zekerheid eisen voor het verstrekte rekening-courantkrediet. In dat geval worden de vorderingen op debiteuren en de voorraden overgedragen aan de bank. We spreken dan van cessie van de debiteuren en de voorraden. Deze vormen van zekerheid geven weer extra mogelijkheden om vreemd vermogen aan te trekken.'

Cessie

Naast deze tastbare zekerheden die als onderpand dienen, kunnen de financiers (banken) met de onderneming een reeks afspraken maken.
Deze afspraken kunnen de volgende eisen inhouden:
- Het eigen vermogen mag niet onder een bepaald niveau komen.
- In een bepaald jaar mag niet meer dan een bepaald bedrag worden geïnvesteerd.
- De financiële kengetallen moeten aan bepaalde door de bank te stellen waarden voldoen.

Deze afspraken hebben tot doel de belangen van de bank te beschermen.

ZELFTOETS 4.13
Deel je de mening van de manager kredietrisicomanagement zakelijke relaties van de Rabobank (Taco de Waal) of zou je nog andere argumenten bij je beoordeling betrekken?

Samenvatting

De directie van een onderneming (bij een nv noemen we dat de Raad van Bestuur) heeft tot taak leiding te geven aan de onderneming. Leidinggeven betekent dat de directie de onderneming zodanig aanstuurt, dat de doelstellingen van de onderneming worden gerealiseerd. De vraag rijst dan: welke informatie gebruikt de directie om de onderneming aan te sturen? Wat zijn de stuurinstrumenten? Op basis van gegevens uit de balans en winst- en verliesrekening kunnen we ons een oordeel vormen over de rentabiliteit, liquiditeit, solvabiliteit en de mate van efficiency van een onderneming. De balans, de winst- en verliesrekening en de kengetallen die daaruit kunnen worden afgeleid, zijn belangrijke stuurinstrumenten. Bij (grote) rechtspersonen kunnen ook externe belangstellenden zich op basis van de gepubliceerde jaarrekening een oordeel vormen over de rentabiliteit, liquiditeit en solvabiliteit van de onderneming. De rentabiliteit geeft de winstgevendheid van de onderneming weer en de liquiditeit de mate waarin de onderneming in staat is op korte termijn aan haar betalingsverplichtingen te voldoen. De solvabiliteit drukt uit in welke mate de onderneming is gefinancierd met vreemd vermogen. Dit is met name van belang bij de liquidatie van een onderneming, maar ook bij het aantrekken van extra eigen of vreemd vermogen. De verschaffers van vreemd vermogen zullen zich afvragen of de onderneming in staat is de rente- en aflossingsverplichtingen na te komen. Voor hen is de rentedekkingsfactor een belangrijk kengetal. De verschaffer van eigen vermogen vraagt zich af of de vereiste rentabiliteit over het eigen vermogen, na aftrek van interestkosten en belastingen, behaald kan worden. De rentabiliteit van het eigen vermogen (R_{EV}) blijkt af te hangen van de rentabiliteit van het totaal vermogen (R_{TV}), de kosten van het vreemd vermogen (K_{VV}) en de verhouding vreemd vermogen/eigen vermogen (VV/EV).

De financiële stuurinformatie is zowel bedoeld voor de managers binnen de onderneming (interne gebruikers) als voor belangstellenden buiten de onderneming (externe gebruikers). Daarbij geldt dat de stuurinformatie waarover de interne gebruikers beschikken omvangrijker is dan de stuurinformatie waarover de externe gebruikers kunnen beschikken. In alle gevallen geldt echter dat de informatie volledig, tijdig en betrouwbaar moet zijn. Als daar niet aan voldaan is, kunnen uit de beschikbare informatie foutieve conclusies worden getrokken.

Begrippenlijst

Accountantsverklaring	Een verklaring van een externe accountant waarin hij of zij zijn/haar oordeel geeft over (de kwaliteit van) de jaarrekening.
Algemene vergadering van aandeelhouders	Een vergadering waarin het bestuur van een nv of bv verantwoording aan de aandeelhouders aflegt over het in het afgelopen jaar gevoerde beleid en waarin tevens de resultaten van zijn beleid worden toegelicht.
Balans	Een overzicht van de bezittingen (activa) en het vreemd en eigen vermogen van een organisatie op een bepaald moment.
Bedrijfsresultaat	Omzet minus alle kosten met uitzondering van de interestkosten (ebit).
Bestuursverslag	Onderdeel van het jaarverslag, waarin de Raad van Bestuur in algemene bewoordingen verantwoording aflegt over het in het afgelopen jaar gevoerde beleid, en zijn verwachtingen uitspreekt over het komende jaar.
Branchevergelijking	Vergelijking van de (financiële) prestaties van een onderneming met de (financiële) resultaten van een vergelijkbare onderneming uit de branche of met branchegemiddelden.
Cessie	De overdracht van de eigendom van voorraden en/of debiteuren aan de bank als zekerheidstelling voor de door de bank verleende kredieten.
Current ratio	Kengetal dat de mate van liquiditeit weergeeft (vlottende activa : kort vreemd vermogen).
Debt ratio	Kengetal dat de mate van solvabiliteit weergeeft (vreemd vermogen : totaal vermogen).
Directeur-grootaandeelhouder (dga)	Een directeur van een bv die tevens een groot gedeelte van de aandelen bezit van de bv waaraan hij/zij leiding geeft.
Ebit	Earnings before interest and taxes. Omzet min alle kosten met uitzondering van interestkosten (bedrijfsresultaat).

Ebitda	Earnings before interest, taxes, depreciation and amortization. Omzet min alle kosten met uitzondering van: interestkosten, afschrijvingen op materiële vaste activa en afschrijvingen op immateriële vaste activa.
Executiewaarde	Het bedrag dat een bezitting opbrengt bij een gedwongen verkoop (bijvoorbeeld bij een faillissement).
Externe belangstellende	Een persoon buiten de onderneming, die belangstelling heeft voor de financiële resultaten van de onderneming (bijvoorbeeld een aandeelhouder).
Financieel verslag	Onderdeel van het jaarverslag. Het financieel verslag bestaat uit het bestuursverslag, de jaarrekening en de overige gegevens.
Gemiddelde kosten van het vreemd vermogen (K_{VV})	Interestkosten : gemiddeld vreemd vermogen.
Gemiddelde krediettermijn debiteuren (in dagen)	De tijd die gemiddeld verstrijkt tussen het moment van de verkopen op rekening en betaling door de debiteur = (gemiddeld debiteurensaldo : verkopen op rekening) × 365 dagen.
Gemiddelde krediettermijn crediteuren (in dagen)	De tijd die gemiddeld verstrijkt tussen het moment van de inkopen op rekening en de betaling aan de crediteur = (gemiddeld crediteurensaldo : inkopen op rekening) × 365 dagen.
Gouden balansregel	Een (financierings)regel die voorschrijft dat de som van eigen vermogen en vreemd vermogen op lange termijn gelijk moet zijn aan of groter moet zijn dan de som van de waarde van de vaste activa en het vaste gedeelte van de vlottende activa.
Hefboomfactor	De verhouding vreemd vermogen : eigen vermogen.
Hefboomwerking van de vermogensstructuur	Het overhevelen van de 'extra' rentabiliteit op het vreemd vermogen naar de rentabiliteit van het eigen vermogen. Treedt op als $R_{TV} \neq K_{VV}$.
Jaarrekening	Onderdeel van het jaarverslag, waarin zijn opgenomen de balans, de winst en verliesrekening en de toelichtingen daarop.
Jaarverslag	Een verslag dat de Raad van Bestuur jaarlijks opstelt en waarin onder andere zijn opgenomen een algemene beschrijving van de bedrijfsactiviteiten, de balans, de winst- en verliesrekening en de toelichtingen daarop.
Kasstroomoverzicht	Een overzicht waaruit blijkt door welke oorzaken er een mutatie is opgetreden in de voorraad liquide middelen gedurende een bepaalde periode.

Kostenvoet vreemd vermogen (K_{VV})	Interestkosten : gemiddeld vreemd vermogen.
Liquidatiewaarde	De waarde van de activa in het geval de onderneming haar activiteiten staakt.
Liquide middelen	Het totaal van het saldo in Kas en het positieve of negatieve saldo op de rekening-courant.
Liquiditeit	De mate waarin een onderneming in staat is aan haar direct opeisbare verplichtingen te voldoen.
Nettowerkkapitaal	Vlottende activa minus kort vreemd vermogen.
Nettowinstmarge	Resultaat (na vennootschapsbelasting) : omzet.
Omloopsnelheid van het totaal vermogen	Het aantal malen dat het totaal geïnvesteerde vermogen per jaar wordt omgezet = omzet in verkoopprijzen : het gemiddeld totaal vermogen.
Omzetsnelheid van de voorraden	Het aantal malen dat de voorraad per jaar wordt omgezet = jaaromzet in verkoopprijzen : gemiddelde voorraad.
Opslagduur van de voorraad	De duur dat de goederen op voorraad liggen = 1 : omzetsnelheid van de voorraden = gemiddelde voorraad : jaaromzet in verkoopprijzen.
Quick ratio	Kengetal dat de mate van liquiditeit weergeeft. De quick ratio = (vlottende activa − voorraden) : kort vreemd vermogen.
Raad van Bestuur	Bestuurders van een nv of bv, die belast zijn met de dagelijkse leiding.
Raad van Commissarissen	Toezichthouders die belast zijn met het toezicht op de Raad van Bestuur van de nv of bv.
Rentabiliteit	De winstgevendheid van een onderneming uitgedrukt in een percentage van het gemiddeld vermogen.
Rentabiliteit eigen vermogen (R_{EV})	Resultaat na belasting : gemiddeld eigen vermogen.
Rentabiliteit totaal vermogen (R_{TV})	Ebit : gemiddeld totaal vermogen.
Rentedekkingsfactor	Ebit : interestkosten.
Solvabiliteit	De mate waarin een onderneming in staat is haar verplichtingen na te komen en haar schulden af te lossen.
Solvabiliteitspercentage	Het gedeelte van het totaal vermogen dat behoort tot het eigen vermogen = (eigen vermogen : totaal vermogen) × 100%.

Stuurinformatie	Informatie die de bestuurders van een organisatie gebruiken bij het nemen van beslissingen (bij het besturen van de organisatie). Behalve de stuurvariabelen (financiële kengetallen) rekenen we daartoe ook de gegevens over kosten, over de kwaliteit van de producten en over de klanttevredenheid.
Stuurvariabelen	Kengetallen die bestuurders binnen een onderneming gebruiken bij het nemen van beslissingen en bij het achteraf beoordelen (evalueren) van de resultaten van de genomen beslissingen.
Winst- en verliesrekening	Overzicht van de opbrengsten en kosten gedurende een bepaalde periode.

Meerkeuzevragen

4.1 De ebit wordt verdeeld onder
a de verschaffers van het vreemd en eigen vermogen.
b de werknemers, het management en de verschaffers van het vreemd en eigen vermogen.
c de overheid (belastingen) en de verschaffers van het vreemd en eigen vermogen.
d de overheid (belastingen) en de verschaffers van het vreemd vermogen.

4.2 Onder de ebit verstaan we
a de omzet min alle kosten.
b de omzet min alle kosten met uitzondering van de interestkosten.
c de winst of het verlies na belastingen.
d de omzet min de variabele kosten van de omzet.

4.3 Van een onderneming met de rechtsvorm van bv zijn de volgende gegevens bekend:

Winst- en verliesrekening over het jaar 2015:

Omzet	€ 400.000
Kosten van de omzet (exclusief interestkosten)	− 316.800 −
Ebit	€ 83.200
Interestkosten	− 13.200 −
Winst voor belastingen	€ 70.000
Vennootschapsbelasting	− 17.500 −
Winst na belastingen	€ 52.500

Balans per 1 januari en 31 december 2015 (× €1.000)

	1-1-2015	31-12-2015		1-1-2015	31-12-2015
Vaste activa	300	500	Eigen vermogen	400	440
Vlottende activa	220	300	Vreemd vermogen	120	360
Totaal activa	520	800	Totaal vermogen	520	800

De rentabiliteit van het totale vermogen (R_{TV}) van deze onderneming over 2015 bedraagt
a 16%.
b 12,61%.
c 10,61%.
d 5,45%.

4.4 De financiële hefboomwerking werkt ten gunste van de onderneming als
  a het eigen vermogen groter is dan het vreemd vermogen.
  b R_{TV} kleiner is dan K_{VV}.
  c R_{TV} groter is dan K_{VV}.
  d de verhouding VV/EV groter is dan 1.

4.5

Balans Mozart bv per 1 januari 2015 (in euro's)

Activa			Passiva		
Vaste activa:			Eigen vermogen:		
Grond	360.000		Gestort aandelenkapitaal	800.000	
Gebouwen	1.420.000		Winstreserve	620.000	
Machines	460.000				
Inventaris	220.000				1.420.000
		2.460.000	Vreemd vermogen:		
			Lange termijn:		
Vlottende activa:			Hypothecaire lening		1.240.000
Voorraad grondstoffen	146.000				
Voorraad eindproducten	240.000		Korte termijn:		
			Crediteuren	220.000	
Debiteuren	268.000		Nog te betalen bedragen	80.000	
Kas	8.000		Nog te betalen belastingen	90.000	
			Rekening-courant	72.000	
		662.000			462.000
Totaal activa		**3.122.000**	Totaal vermogen		**3.122.000**

Op 1 januari 2015 bedragen de liquide middelen en het rentedragend vreemd vermogen respectievelijk:
  a − €64.000 en €1.312.000.
  b + €8.000 en €1.312.000.
  c + €200.000 en €1.630.000.
  d + €662.000 en €1.630.000.

4.6 Van een onderneming is de volgende balans gegeven:

Balans per 1 januari 2015 (× €1.000)

Activa			Passiva		
Vaste activa		300	Eigen vermogen		400
Vlottende activa:			Vreemd vermogen:		
Voorraden	80		Lange termijn	80	
Debiteuren	90		Korte termijn	40	
Kas	50				120
	220				
Totaal activa		520	Totaal vermogen		520

De debt ratio voor deze onderneming per 1 januari 2015 is (afgerond)
a 0,77.
b 0,23.
c 0,30.
d 5,5.

4.7 Van een onderneming is gegeven $R_{TV} = 0,13$, $K_{VV} = 0,07$, EV = €300.000, VV = €100.000. De rentabiliteit van het eigen vermogen (voor belasting) bedraagt
a 15% (0,15).
b 31% (0,31).
c 14,5% (0,145).
d 17,5% (0,175).

4.8 De volgorde bij de verdeling van de ebit bij een bv of nv is:
a 1e aandeelhouders, 2e verschaffers van het vreemd vermogen, 3e belastingen.
b 1e verschaffers van het vreemd vermogen, 2e belastingen, 3e aandeelhouders.
c 1e verschaffers van het vreemd vermogen, 2e aandeelhouders, 3e belastingen.

4.9 Van een onderneming is de volgende balans gegeven:

Balans (gemiddelden over 2015 × €1.000)

Vaste activa		800	Eigen vermogen		600
Vlottende activa:			Vreemd vermogen:		
Voorraden	430		Hypothecaire lening	400	
Debiteuren	220		Banklening	60	
Kas	30		Crediteuren	200	
			Nog te betalen kosten	80	
		680	Rekening-courant	140	
					880
Totaal activa		1.480	Totaal vermogen		1.480

Winst- en verliesrekening over 2015 (gedeeltelijk):

Ebitda	€400.000
Afschrijvingskosten	€ 120.000 −
Ebit	€280.000
Interestkosten	€ 60.000 −
Resultaat voor belastingen	€220.000
Vennootschapsbelasting (25%)	€ 55.000 −
Resultaat na belastingen	€ 165.000

Over het jaar 2015 bedraagt R_{TV} en de kosten van het rentedragend vreemd vermogen respectievelijk
a 11,1% en 13%
b 14,9% en 6,8%
c 18,9% en 10,0%

4.10 Van een onderneming is de volgende balans gegeven.

Balans per 1 januari 2015 (× €1.000)

Vaste activa		400	Eigen vermogen	500
Vlottende activa:			Vreemd vermogen:	
Voorraden	120		Lange termijn	140
Debiteuren	110		Korte termijn	60
Kas	70			
		300		200
Totaal activa		700	Totaal vermogen	700

De current ratio en de quick ratio voor deze onderneming per 1 januari 2015 zijn:
a current ratio = 3   quick ratio = 5.
b current ratio = 0,2   quick ratio = 2,5.
c current ratio = 5   quick ratio = 3.
d current ratio = 2,5   quick ratio = 0,2.

4.11 Een onderneming heeft een totaal vermogen van €600.000, dat bestaat uit €400.000 eigen vermogen en €200.000 vreemd vermogen. Deze onderneming besluit een gedeelte van de winst van dit jaar niet uit te keren maar te gebruiken om het vreemd vermogen met €50.000 te verlagen (af te lossen). Als we veronderstellen dat alle overige omstandigheden niet veranderen, dan leidt deze aflossing van vreemd vermogen tot
a een verslechtering van de solvabiliteit.
b een verbetering van de solvabiliteit.
c een verslechtering van de rentabiliteit van het totale vermogen.
d een verslechtering van de liquiditeit.

4.12 Van een onderneming is de volgende balans gegeven.

Balans per 1 januari 2015 (× €1.000)

Vaste activa		500	Eigen vermogen	400
Vlottende activa:			Vreemd vermogen:	
Voorraden	120		Lange termijn	140
Debiteuren	80		Korte termijn	200
Kas	40			
		240		340
Totaal activa		740	Totaal vermogen	740

Het solvabiliteitspercentage van deze onderneming bedraagt (afgerond)
a 46%.
b 54%.
c 118%.
d 185%.

4.13

Activa	Balans Portfolio bv (na winstverdeling, in euro's)				Passiva
	1-1-2015	31-12-2015		1-1-2015	
Vaste activa:			Eigen vermogen:		
Grond	620.000	620.000	Gestort aandelenkapitaal	1.800.000	1.800.000
Gebouwen	2.400.000	2.200.000	Winstreserve	206.000	286.000
Machines	800.000	760.000		**2.006.000**	**2.086.000**
Inventaris	160.000	120.000	Vreemd vermogen:		
	3.980.000	3.700.000	Lange termijn:		
Vlottende activa:			Hypothecaire lening	2.000.000	1.700.000
Voorraad grondstoffen	180.000	190.000			
Voorraad eindproducten	240.000	290.000	Korte termijn: Crediteuren		
Debiteuren	120.000	140.000	Nog te betalen bedragen	90.000	96.000
Kas	20.000	18.000		110.000	190.000
			Nog te betalen belastingen	140.000	130.000
			Rekening-courant	194.000	136.000
	560.000	638.000		534.000	552.000
Totaal activa	**4.540.000**	**4.338.000**	Totaal vermogen	**4.540.000**	**4.338.000**

We veronderstellen dat alle wijzigingen in de balans gelijkmatig tijdens het jaar hebben plaatsgevonden.

Winst- en verliesrekening Portfolio bv over 2015 (in euro's)

Omzet (opbrengst van de verkopen)	4.200.000
Kosten:	
Loon	1.000.000
Sociale lasten	300.000
Inkoopwaarde verbruikte grondstoffen	1.600.000
Energiekosten (gas, water en licht)	360.000
Onderhoud	240.000
Afvalverwerking	12.000
Telefoonkosten	3.400
Onroerendezaakbelasting	3.800
Abonnementen	2.400
Overige kosten	18.400
Totale kosten met uitzondering van afschrijvingskosten en interestkosten	3.540.000
Ebitda	660.000

Winst- en verliesrekening Portfolio bv over 2015 (in euro's) (vervolg)

Ebitda	660.000
Afschrijvingskosten	160.000 -
Ebit	500.000
Interestkosten	140.000 -
Resultaat voor belastingen	360.000
Vennootschapsbelasting (25%)	90.000 -
Resultaat na belastingen	270.000
Dividenduitkering	190.000 -
Winstinhouding	80.000

Over het jaar 2015 bedragen de rentedekkingsfactor en de omzetsnelheid van de voorraad eindproducten respectievelijk:
a 4,71 en 7,92.
b 2,57 en 22,70.
c 3,57 en 15,85.
d 0,28 en 4,95.

4.14 Het jaarverslag van een nv bestaat uit
a informatie die vrijwillig wordt verstrekt en het wettelijk verplichte financieel verslag.
b het bestuursverslag, de jaarrekening en de overige gegevens.
c de balans, de winst- en verliesrekening en de toelichtingen daarop.

4.15 Het geheel van balans, winst- en verliesrekening en de toelichtingen op de balans en winst- en verliesrekening noemen we
a de jaarrekening.
b het bestuursverslag.
c het financieel verslag.
d het jaarverslag.

Vraagstukken

V 4.1

BRON: *HET FINANCIEELE DAGBLAD*, 26 JANUARI 2009

Duizenden uitzendkrachten en gedetacheerden in financiële sector verliezen hun baan

Bank snoeit in extern personeel

Prisco Battes en Johan Leupen Amsterdam

Banken gaan duizenden externe medewerkers de wacht aanzeggen om kosten te sparen. Vooral in het bestand van uitzendkrachten en gedetacheerden wordt gesnoeid. Dit zeggen bankiers en automatiseerders. De afvloeiing komt bovenop de duizenden aangekondigde ontslagen als gevolg van de geplande fusie van ABN Amro en Fortis.
'Grofweg de helft van de externen loopt het risico te worden weggestuurd', zegt vakbondsbestuurder Robert Schuurman van De Unie. Banken en verzekeraars hebben naar schatting tienduizend externe krachten in dienst. De meeste werken in de automatisering en administratieve ondersteuning.
'Financiële instellingen proberen allemaal 10% tot 15% op hun kosten te besparen', zegt een consultant. 'Een belangrijk deel moet komen van het terugschroeven van tijdelijk personeel en het stopzetten van projecten.'
Automatiseerders als Capgemini, Logica en Ordina en detacheerders BruneI ICT en Pecoma zien hun markt in hoog tempo veranderen. 'Er worden dramatische kostenbesparingen doorgevoerd', zegt Logica-ceo Andy Green.
'Klanten stellen belachelijke eisen, zoals een korting van 15% op onze vaste tarieven', zegt directeur Gerjan Maazenier van BruneI ICT.
IT'ers die zes maanden geleden niet waren aan te slepen zijn nu werkloos.
'Bijna alle automatiseerders hebben meer dan 10% bankzitters', zegt Mazenier.
Banken zeggen niet hoeveel externen moeten vertrekken. 'We kijken naar de kosten', aldus een zegsman van ING.
Binnen ABN Amro wordt ook gewerkt aan besparingen. 'We kunnen pas besluiten als het nieuwe management bijeen is dat de integratie met Fortis gaat leiden', zegt een bron.
Financiële instellingen weten vaak zelf niet hoeveel externen ze in dienst hebben. Volgens De Unie hebben de meeste banken en verzekeraars een 'flexibele schil' van 10% a 15%. Het totaal aantal vaste medewerkers wordt door belangenvereniging Holland Financial Centre geschat op 300.000.
Bankiers houden er rekening mee dat ook eigen personeelsleden worden getroffen. 'Als een bank herstructureringen aankondigt, dan zegt de ondernemingsraad meteen dat het eigen personeel moet worden beschermd door externen naar huis te sturen', meent Hans Westerhuis, voorzitter van de Europese ondernemingsraad van ABN Amro. 'Maar veel projecten kunnen niet worden stopgezet.'

Green van Logica benadrukt dat veel dienstverlening onmisbaar is. Hij verwacht zelfs meer werk te krijgen als gevolg van de sanering.
Westerhuis denkt dat het vaste personeel zich schrap moet zetten. 'Ik wil geen onheilsprofeet zijn, maar wij gaan de economische neergang voelen.' Bij de fusie van ABN Amro en Fortis staan tot nu toe 7.800 vaste banen op het spel.

a Wat is het verschil tussen een gedetacheerde en een uitzendkracht?
b Wat is het voordeel voor ondernemingen als ze gebruikmaken van een uitzendkracht of een gedetacheerde in plaats van medewerkers in vaste dienst?
c Wat is het nadeel voor ondernemingen als ze gebruikmaken van een uitzendkracht of een gedetacheerde in plaats van medewerkers in vaste dienst?
d Welke gevolgen heeft het gebruikmaken van uitzendkrachten of gedetacheerden voor de kostenstructuur?

V 4.2 Zijlstra bv te Joure heeft zich gespecialiseerd in het bouwen van zeiljachten. In 2014 zijn zeilboten voor een totale waarde van €800.000 op rekening verkocht. Hiervan heeft 80% zijn rekening in 2014 betaald, de resterende 20% wordt in 2015 ontvangen. Bovendien is in 2014 voor €200.000 contant verkocht. Voor de zeilboten die in 2014 zijn verkocht, zijn de volgende kosten gemaakt:
- materiaalkosten €200.000
- loonkosten €300.000
- kosten van energie (gas, water, licht) € 50.000
- huisvestingskosten € 40.000
- advertentiekosten € 5.000
- afschrijvingskosten machines € 12.000

De vennootschapsbelasting bedraagt 25%. Bovendien is gegeven dat de onderneming €1.200.000 vreemd vermogen heeft aangetrokken tegen een interestvergoeding van 5% per jaar.

a Bereken de ebit, het resultaat voor belasting en het resultaat na belasting over het jaar 2014.
b Geef duidelijk aan welk aandeel (bedragen in euro's vermelden) de overheid, de eigenaren en de verschaffers van het vreemd vermogen opeisen van het bedrijfsresultaat. (Hoe wordt de ebit verdeeld over deze drie groepen?)
c Stel dat het vreemd vermogen €1.500.000 bedraagt en dat daarover 6% interest moet worden betaald. Bereken opnieuw hoe de ebit wordt verdeeld over de drie groepen: de overheid, de eigenaren en de verschaffers van het vreemd vermogen (bedragen in euro's vermelden).

V 4.3 Van een onderneming zijn over 2015 de volgende gegevens bekend.

Ebit	€600.000
Interestkosten	€200.000
Resultaat voor belastingen	€400.000
Vennootschapsbelasting (25%)	€100.000
Resultaat na belastingen	€300.000

Het gemiddeld eigen vermogen bedraagt €2.000.000 en het gemiddeld vreemd vermogen is €2.500.000.

Bereken:

a de rentabiliteit van het totale vermogen (R_{TV});
b de gemiddelde kosten van het vreemd vermogen (K_{VV});
c de rentabiliteit van het eigen vermogen voor belasting (R_{EV} voor belasting);
d de rentabiliteit van het eigen vermogen (R_{EV});
e de rentabiliteit van het eigen vermogen (R_{EV}) met behulp van de formule

$$R_{EV} = (1-b) \times \left[R_{TV} + (R_{TV} - K_{VV}) \times \frac{VV}{EV} \right]$$

f Wat bedoelen we met: de rentabiliteit van het vreemd vermogen? Voor wie is het een rentabiliteit (opbrengst)?

*V 4.4 Van onderneming Rentomax bv zijn de begin- en eindbalans van 2015 en de winst- en verliesrekening over 2015 gegeven.

Balans Rentomax bv per 1 januari 2015 (in euro's)

Vaste activa	1.508.000	Eigen vermogen	378.000
Vlottende activa	500.000	Vreemd vermogen lang	1.080.000
		Vreemd vermogen kort	550.000
Totaal activa	2.008.000	Totaal vermogen	2.008.000

De waarde van de voorraad handelsgoederen op 1 januari 2015 (onderdeel van de vlottende activa) bedraagt €400.000.

Hierna is een voorlopige opstelling van de balans van Rentomax bv per 31 december 2015 gegeven. De balansposten staan weliswaar aan de goede kant van de balans, maar niet in de juiste volgorde.

Debet	Balans Rentomax bv per 31 december 2015 (in euro's)		Credit
Voorraad handelsgoederen	420.000	Crediteuren	140.000
		Banklening (o/g)	300.000
Kas	12.000	Rekening-courant	295.000
Machines	280.000	Aandelenvermogen	350.000
Grond	400.000	Hypothecaire lening	760.000
Debiteuren	80.000	Nog te betalen kosten	75.000
Gebouwen	800.000	Winstreserve	72.000
Totaal activa	1.992.000	Totaal vermogen	1.992.000

De banklening o/g (o/g = opgenomen geld) en de hypothecaire lening hebben een resterende looptijd van vijf jaar.

De resultaten van Rentomax bv blijken uit de winst- en verliesrekening over 2015 (in euro's):

Netto-omzet (Opbrengst verkopen)	760.000	
Inkoopwaarde van de omzet	429.400	
Brutowinst		330.600
Overige kosten (met uitzondering van interestkosten en afschrijvingen):		
Lonen en salarissen	81.000	
Sociale lasten	24.000	
Huisvestingskosten	20.400	
Autokosten (met name leasekosten)	11.200	
Verkoopkosten	8.000	
Algemene kosten	6.000	
		150.600
Ebitda		180.000
Afschrijvingskosten:		
• Gebouwen	24.000	
• Machines	30.000	
		54.000
Ebit		126.000
Interestkosten		46.000
Fiscaal resultaat		80.000
Vennootschapsbelasting 24%		19.200
Fiscaal resultaat na belasting		60.800

a Deel de balansposten per 31 december 2015 opnieuw in en houd daarbij de volgende indeling aan.

Debet	Balans Rentomax bv per 31 december 2015	Credit
Vaste activa:	Eigen vermogen:	
	Vreemd vermogen lang:	
Vlottende activa:	Vreemd vermogen kort:	
Totaal activa	Totaal vermogen	

b Bereken de current ratio en quick ratio op 1 januari 2015 en 31 december 2015.
c 1 Welke conclusies kun je trekken op basis van de antwoorden op vraag b?
  2 Welke twee bezwaren kun je aanvoeren tegen de beoordeling van de liquiditeit op basis van kengetallen? Wat is het alternatief?
d Bereken de debt ratio en het solvabiliteitspercentage per 1 januari 2015 en per 31 december 2015.

e Beoordeel op basis van deze kengetallen de ontwikkeling van de solvabiliteit in 2015.
f Bereken de rentabiliteit over het totaal vermogen (RTV) voor het jaar 2015.
g Bereken de gemiddelde interestkosten (KVV) van Rentomax bv over 2015.
h Welke conclusies kun je trekken uit de vergelijking van de antwoorden op de vragen f en g?
i 1 Bereken de rentabiliteit van het eigen vermogen (REV) over 2015 op *twee manieren*.
   2 Wat bedoelen we met de hefboomwerking van de vermogensstructuur? Leg ook uit welke rol de verhouding VV/EV daarbij speelt.
j 1 Bereken de rentedekkingsfactor (in twee decimalen nauwkeurig).
   2 Welke conclusie kun je trekken op basis van je antwoord op vraag j1?

*V 4.5 Hierna is de samenstelling van de debetzijde van de balans van Ratio bv gegeven.

Debet	Balans Ratio bv per 31 december 2015 (in euro's)		Credit
Vaste activa:		Eigen vermogen:	
Grond	200.000		
Gebouwen	600.000	Vreemd vermogen lang:	
Inventaris	400.000	Hypothecaire lening	....
		Banklening (o/g)	....
	1.200.000		
Vlottende activa:			....
Voorraad handelsgoederen	160.000	Vreemd vermogen kort:	
Debiteuren	126.000	Nog te betalen kosten	....
Kas	14.000	Crediteuren	....
		Rekening-courant	....
	300.000		
			....
Totaal activa	1.500.000	Totaal vermogen	....

a Stel de financiering van Ratio bv (creditzijde van de balans) zodanig samen dat wordt voldaan aan de volgende voorwaarden:
1 de bedragen aan de creditzijde zijn realistisch (zouden in de praktijk voor kunnen komen);
2 de current ratio bedraagt minimaal 2;
3 de quick ratio bedraagt minimaal 1;
4 de debt ratio bedraagt maximaal 0,6;
5 de balans voldoet aan de gouden balansregel (stel dat de vaste kern van de vlottende activa = €100.000).
b Waarom is het belangrijk dat wordt voldaan aan de gouden balansregel?
c Welke twee bezwaren kun je aanvoeren tegen de beoordeling van de liquiditeit op basis van de current en quick ratio?

**V 4.6 Onderneming Minerva nv is fabrikant van grasmaaiers. Aan het jaarverslag van Minerva nv hebben we de volgende gegevens ontleend:

Winst- en verliesrekening over het jaar 2015:

Omzet	€2.400.000
Kosten van de omzet (exclusief interestkosten)	€1.984.000
Ebit	€ 416.000
Interestkosten	€ 120.600
Winst voor belastingen	€ 295.400
Vennootschapsbelasting 25%	€ 73.850
Winst na belastingen	€ 221.550

Balans Minerva nv per 1 januari en 31 december 2015 (× €1.000)

	1-1-2015	31-12-2015		1-1-2015	31-12-2015
Vaste activa:	3.600	4.200	Eigen vermogen:		
			Aandelenvermogen 1.000		1.000
			Winstreserve 700		1.000
Vlottende activa:				1.700	2.000
Voorraden	600	760			
Debiteuren	500	550	Vreemd vermogen:		
Kas	100	90	Lange termijn:		
			Hypothecaire lening 1.000		1.220
	1.200	1.400	Korte termijn:		
			Crediteuren 1.780		2.040
			Nog te bet. kosten 240		240
			Rekening-courant 80		100
				2.100	2.380
Totaal activa	4.800	5.600	Totaal vermogen	4.800	5.600

a Uit welke onderdelen is een jaarrekening opgebouwd?
b Waarom is een naamloze vennootschap wettelijk verplicht haar financiële overzichten (zoals de balans en winst- en verliesrekening) te publiceren?
c Wie zijn de gebruikers van de financiële informatie die in de jaarrekening is opgenomen?
d Waarom gaat men bij het berekenen van de rentabiliteit van een onderneming uit van het gemiddeld vermogen?
e Bereken de rentabiliteit van het totale vermogen (R_{TV}).
f Bereken de gemiddelde interestkosten van het vreemd vermogen (K_{VV}), in twee decimalen nauwkeurig.
g Bereken de rentabiliteit van het eigen vermogen voor belasting (R_{EV} voor belasting), in twee decimalen nauwkeurig.
h Bereken de rentabiliteit van het eigen vermogen na belasting (R_{EV}), in twee decimalen nauwkeurig.
i Welke factoren bepalen de hoogte van R_{EV}?
j Is er bij Minerva nv sprake van een positieve of een negatieve hefboomwerking van de vermogensstructuur? Motiveer je antwoord.
k Bereken de omvang van het gemiddelde rentedragende vreemd vermogen.
l Bereken de gemiddelde interestkosten van het *rentedragende* vreemd vermogen, in twee decimalen nauwkeurig.
m Is de winstgevendheid van Minerva nv voldoende om de gemiddelde interestkosten van het *rentedragende* vreemd vermogen te dekken? Motiveer je antwoord.
n Bereken de omvang van de liquide middelen per 1 januari 2015 en per 31 december 2015.

V 4.7 Aan het jaarverslag van Boplan hebben we de volgende financiële informatie ontleend:

Winst- en verliesrekening over het jaar 2015 (in euro's)

Omzet		20.000.000
Grondstofkosten	10.980.000	
Loonkosten	6.000.000	
Afschrijvingskosten	500.000	
Overige kosten	1.400.000 +	
Totale kosten (exclusief interestkosten)		18.880.000 −
Ebit		1.120.000
Interestkosten		234.000 −
Winst voor belastingen		886.000
Vennootschapsbelasting 20%		177.200 −
Winst na belastingen		708.800

De aandelen van Boplan zijn genoteerd op de Amsterdamse effectenbeurs Euronext.

Balans Boplan nv per 1 januari en 31 december 2015 (bedragen × €1.000)

	1-1-2015	31-12-2015		1-1-2015	31-12-2015
Vaste activa:			Eigen vermogen:		
Grond	2.000	2.000	Aandelenvermogen	3.800	4.400
Gebouwen	2.500	3.900	Winstreserve	1.200	1.400
Machines	1.500	1.700		5.000	5.800
	6.000	7.600			
Vlottende activa:			Vreemd vermogen:		
Voorraad grondstoffen	210	320	Lange termijn	1.800	2.600
Voorraad eindproducten	330	520	Korte termijn:	200	600
Debiteuren	400	440		2.000	3.200
Kas	60	120			
	1.000	1.400			
Totaal activa	7.000	9.000	Totaal vermogen	7.000	9.000

a Is Boplan een handelsonderneming of een industriële onderneming? Motiveer je antwoord.
b Welke rechtsvorm heeft Boplan? Motiveer je antwoord.
c Waarom gaat men bij het berekenen van de rentabiliteit van een onderneming uit van het gemiddeld vermogen?
d Bereken de rentabiliteit van het totale vermogen (R_{TV}).
e Bereken de gemiddelde kosten van het vreemd vermogen (K_{VV}).
f Bereken de rentabiliteit van het eigen vermogen voor belasting (R_{EV} voor belasting) in vijf decimalen nauwkeurig.
g Wat verstaan we onder de hefboomwerking van de vermogensstructuur?

h Wanneer spreken we van een positieve hefboomwerking?
i Wanneer spreken we van een negatieve hefboomwerking?
j Bereken de rentabiliteit van het eigen vermogen voor belasting met behulp van de formule:

$$R_{EV} \text{ (voor belasting)} = R_{TV} + (R_{TV} - K_{VV}) \times \frac{VV}{EV}$$

k Wat is je oordeel over de hoogte van de rentabiliteit van het eigen vermogen REV? Is de REV hoog, laag of normaal en welke factoren bepalen de hoogte van REV?
l Bereken de rentabiliteit van het eigen vermogen na belasting (in zes decimalen).
m Hoe moet je de volgende formule aanpassen om de rentabiliteit van het eigen vermogen na belasting te berekenen?

$$R_{EV} \text{ (voor belasting)} = R_{TV} + (R_{TV} - K_{VV}) \times \frac{VV}{EV}$$

n Controleer door een berekening of de formule die je bij vraag **m** hebt aangepast, klopt. Vergelijk je antwoord op basis van de aangepaste formule met je antwoord op vraag **l**.

V 4.8

BRON: HET FINANCIEELE DAGBLAD, 6 MEI 2014

Dalende autoverkopen raken importeur Pon hard

Nettoresultaat bijna gehalveerd
Jan Verbeek
Amsterdam

Pon Holdings, importeur van onder meer de merken Volkswagen, Audi en Porsche én sterk expanderend in de fietsensector, heeft een teleurstellend jaar achter de rug. Doordat op de Nederlandse markt veel minder nieuwe auto's werden verkocht dan een jaar eerder, liepen de marges van Pon terug. Klanten van de importeur kozen om fiscale redenen vaker voor een kleiner model. Ook het onderhoudswerk aan bestaande auto's liep terug.
Dat blijkt uit het jaarverslag over 2013 dat de familieonderneming heeft gepubliceerd. Pon Holdings, een van de grootste autoconcerns van Nederland, sloot de boeken vorig jaar met een lagere omzet en een fors lager nettoresultaat.
De omzet daalde met 8% tot €6 mrd. Mede door tegenvallende verkopen op de thuismarkt kelderde de nettowinst van €165 mln naar €94 mln. Het bedrijfsresultaat daalde met €41 mln, tot €120 mln.
[...]
Ondanks de sterk gekrompen nettowinst verbeterde de financiële basis van het familieconcern. Het groepsvermogen steeg naar €837 mln en dat komt overeen met een solvabiliteit van 35,5% (was 32,5%). Begin dit jaar sloot Pon met vier beleggers nog een achtergestelde lening af van €120 mln.
[...]

a De omzet van Pon is met 8% gedaald, terwijl de nettowinst daalt van €165 mln naar €94 mln (- 43%). Geef mogelijke verklaringen voor de sterke daling van de nettowinst.
b Wat wordt verstaan onder groepsvermogen?
c Wat wordt verstaan onder solvabiliteit?
d Wat is een achtergestelde lening?
e Waarom is een goede solvabiliteit belangrijk voor een onderneming?

V 4.9 Van onderneming Lagonda bv is de volgende balans gegeven.

Balans Lagonda bv per 1 januari en 31 december 2014 (× €1.000)

	1-1-2014	31-12-2014		1-1-2014	31-12-2014
Vaste activa:			Eigen vermogen:		
Grond	200	200	Aandelenvermogen	800	800
Gebouwen	600	580	Winstreserve	200	400
Machines	500	700		1.000	1.200
Inventaris	180	170	Vreemd vermogen:		
	1.480	1.650	Lange termijn		
Vlottende activa:			Hypothecaire lening	600	480
Voorraden	200	300	Korte termijn:		
Debiteuren	180	120	Crediteuren	180	260
Kas	40	30	Nog te bet. kosten	40	60
	420	450	Rekening-courant	80	100
				300	420
Totaal activa	1.900	2.100	Totaal vermogen	1.900	2.100

De waarde van de vlottende activa komt nooit onder €160.000.

a Bereken de current ratio en de quick ratio per 1 januari en per 31 december 2014, in twee decimalen nauwkeurig.
b 1 Geef je oordeel over *de ontwikkeling* van de liquiditeit van Lagonda bv gedurende het jaar 2014.
   2 Geef je oordeel over de mate van liquiditeit per 31 december 2014.
c Bereken de debt ratio en het solvabiliteitspercentage per 1 januari en per 31 december 2014, in respectievelijk vier en twee decimalen nauwkeurig.
d Geef je oordeel over de ontwikkeling van de solvabiliteit van Lagonda bv gedurende het jaar 2014.
e Wat zijn de bezwaren van kengetallen die op basis van balansgegevens zijn berekend?
f Bereken de omvang van de liquide middelen per 1 januari en per 31 december 2014.
g Wat verstaan we onder een hypothecaire lening?
h Wordt bij Lagonda bv op 31 december 2014 voldaan aan de gouden balansregel? Licht je antwoord toe met een berekening.
i In welke situatie kan er een probleem ontstaan als een onderneming niet voldoet aan de gouden balansregel? Licht je antwoord toe.

V 4.10 Van onderneming Intro zijn de volgende balansen gegeven.

Debet	Balans Intro per 1 januari 2015 (in euro's)		Credit		
Vaste activa:			Eigen vermogen:		
Grond	360.000		Gestort aandelenvermogen	500.000	
Gebouwen	720.000		Winstreserve	75.000	
Inventaris	200.000				575.000
		1.280.000	Vreemd vermogen lang:		
Vlottende activa:			Achtergestelde lening	200.000	
Vooruitbetaalde bedragen	8.000		Hypothecaire lening	610.000	
Voorraad handelsgoederen	360.000		Banklening (o/g)	100.000	
Debiteuren	192.000				910.000
Kas	60.000		Vreemd vermogen kort:		
			Nog te betalen kosten	175.000	
			Crediteuren	240.000	
		620.000			415.000
Totaal activa		1.900.000	Totaal vermogen		1.900.000

Debet	Balans Intro per 31 december 2015 (in euro's)		Credit		
Vaste activa:			Eigen vermogen:		
Grond	360.000		Gestort aandelenvermogen	500.000	
Gebouwen	670.000		Winstreserve	152.000	
Inventaris	210.000				652.000
		1.240.000	Vreemd vermogen lang:		
Vlottende activa:			Achtergestelde lening	180.000	
Vooruitbetaalde bedragen	10.000		Hypothecaire lening	580.000	
Voorraad handelsgoederen	270.000		Banklening (o/g)	90.000	
Debiteuren	200.000				850.000
Kas	80.000		Vreemd vermogen kort:		
			Nog te betalen kosten	100.000	
			Crediteuren	198.000	
		560.000			298.000
Totaal activa		1.800.000	Totaal vermogen		1.800.000

We veronderstellen dat:
- alle veranderingen in de balans gelijkmatig tijdens het jaar optreden;
- de volgende interestpercentages gelden:
  - achtergestelde lening: 10% over het gemiddelde van de achtergestelde lening;
  - hypothecaire lening: 8% over het gemiddelde van de hypothecaire lening;
  - banklening: 9% over het gemiddelde van de banklening;
- er geen andere interestkosten zijn dan de hiervoor gegeven interestkosten;
- de interestkosten aan het einde van ieder jaar worden betaald;

- de aandelen van Intro niet vrij verhandelbaar zijn;
- het tarief voor vennootschapsbelasting gemiddeld 23% bedraagt;
- de vennootschapsbelasting aan het einde van ieder jaar wordt betaald.

Verder is gegeven:
- De omzet over 2015 bedraagt €1.031.000.
- De kosten over 2015 (met uitzondering van interestkosten) bedragen €853.200.

a Bereken de ebit over 2015.
b Bereken de interestkosten over het jaar 2015.
c Bereken het resultaat voor aftrek van vennootschapsbelasting over 2015.
d Bereken het resultaat na aftrek van vennootschapsbelasting over 2015.
e Bereken de gemiddelde interestkosten (in twee decimalen nauwkeurig, als een percentage van het gemiddelde totale vreemd vermogen).
f Geef een verklaring voor het feit dat het antwoord op vraag **e** lager ligt dan 8% (8% is het laagste van de gegeven interestpercentages).
g Welke rechtsvorm heeft onderneming Intro. Motiveer je antwoord.

V 4.11 Uit het jaarverslag van Burgers nv hebben we de volgende gegevens overgenomen:

Balans Burgers nv per 1 januari en 31 december 2015 (× €1.000)

	1-1-2015	31-12-2015		1-1-2015	31-12-2015
Vaste activa	850	940	Eigen vermogen	1.050	1.200
Vlottende activa			Vreemd vermogen		
Voorraden	220	330	Lange termijn	130	160
Debiteuren	140	190	Korte termijn:		
Kas	190	140	Crediteuren	140	180
			Rekening-courant	80	60
	550	660		220	240
Totaal activa	1.400	1.600	Totaal vermogen	1.400	1.600

a Wanneer is een onderneming liquide?
b Bereken de current ratio per 1 januari 2015 en per 31 december 2015, in twee decimalen nauwkeurig.
c Bereken de quick ratio per 1 januari 2015 en per 31 december 2015, in twee decimalen nauwkeurig.
d Is de liquiditeit van Burgers nv op 31 december 2015 beter of slechter geworden in vergelijking met 1 januari 2015? Motiveer je antwoord.
e Kun je er zeker van zijn dat een onderneming liquide is als de current ratio groter is dan 1 of spelen er nog andere factoren een rol? Zo ja, welke?
f 1 Wat verstaan we onder een liquiditeitsbegroting?
　2 Waarom wordt die opgesteld?
　3 Wie maken er gebruik van?

*V 4.12 Uit het jaarverslag van Davicom hebben we de volgende financiële informatie gehaald:

Winst- en verliesrekening over het jaar 2014 (in euro's)

Omzet		4.000.000
Inkoopwaarde van de omzet	2.400.000	
Afschrijvingskosten	300.000	
Loonkosten	870.000	
Overige kosten	200.000 +	
Totale kosten (exclusief interestkosten)		3.770.000 −
Ebit		230.000
Interestkosten		34.800
Winst voor belastingen		195.200
Vennootschapsbelasting 25%		48.800
Winst na belastingen		146.400

De inkopen in 2014 bedragen €2.300.000, waarvan 90% op rekening wordt ingekocht. Van de omzet in 2014 is 75% op rekening verkocht.

De aandelen van Davicom zijn niet vrij verhandelbaar.

Balans Davicom per 1 januari en 31 december 2014 (× €1.000)

	1-1-2014	31-12-2014		1-1-2014	31-12-2014
Vaste activa:			Eigen vermogen:		
Grond	200	200	Aandelenvermogen	500	500
Gebouwen	500	610	Winstreserve	180	250
Inventaris	100	90		680	750
	800	900			
Vlottende activa:			Vreemd vermogen:		
Voorraad goederen	180	70	Lange termijn	240	320
Debiteuren	80	170	Korte termijn:		
Kas	20	80	Crediteuren	120	100
			Rekening-courant	40	50
	280	320		160	150
Totaal activa	1.080	1.220	Totaal vermogen	1.080	1.220

We veronderstellen dat de veranderingen in de balansposten gelijkmatig gedurende het jaar zijn ontstaan (1 jaar = 365 dagen).

a Is Davicom een handelsonderneming of een industriële onderneming? Motiveer je antwoord.
b Welke rechtsvorm heeft Davicom? Motiveer je antwoord.
c Bereken de rentabiliteit van het eigen vermogen (R_{EV}) in zes decimalen nauwkeurig.

d Waarom gaan we bij de berekening van rentabiliteiten uit van het gemiddeld vermogen?
e Bereken de omloopsnelheid van het totaal vermogen in zes decimalen nauwkeurig.
f Bereken de omloopsnelheid van de voorraden in twee decimalen nauwkeurig.
g Bereken de gemiddelde krediettermijn van debiteuren in dagen in één decimaal nauwkeurig.
h Bereken de gemiddelde krediettermijn van crediteuren in dagen in één decimaal nauwkeurig.
i Bereken de R_{EV} met behulp van de volgende formule:

$$R_{EV} = \text{nettowinstmarge} \times \text{omloopsnelheid van het totaal vermogen} \times \frac{\text{Gemiddeld totaal vermogen}}{\text{Gemiddeld eigen vermogen}}$$

Controleer of je antwoord overeenkomt met je antwoord op vraag c.
j Welke invloed heeft een vermindering van de omloopsnelheid van de voorraden op de R_{EV} van een onderneming (als alle overige factoren gelijk blijven)? Motiveer je antwoord.

V 4.13 Van onderneming Novio bv zijn de balansen over 2014 en de winst- en verliesrekening over 2014 gegeven.

Activa	Balans Novio bv (in euro's)			Passiva	
	1-1-2014	31-12-2014		1-1-2014	31-12-2014
Vaste activa:			Eigen vermogen:		
Grond	280.000	280.000	Gestort aandelenvermogen	1.000.000	1.000.000
Gebouwen	1.600.000	1.560.000	Winstreserve	900.000	1.100.000
Machines	600.000	780.000		**1.900.000**	**2.100.000**
Inventaris	300.000	250.000	Vreemd vermogen lang:		
	2.780.000	**2.870.000**	Lange termijn:		
Vlottende activa:			Hypothecaire lening	1.200.000	1.100.000
Voorraad grondstoffen	278.000	295.000			
Voorraad eindproducten	180.000	110.000	Korte termijn:		
Debiteuren	397.000	284.000	Crediteuren	464.000	334.000
Kas	29.000	32.000	Nog te betalen bedragen	15.000	14.000
			Nog te betalen belastingen	35.000	24.000
			Rekening-courant	50.000	19.000
	884.000	**721.000**		**564.000**	**391.000**
Totaal activa	**3.664.000**	**3.591.000**	Totaal vermogen	**3.664.000**	**3.591.000**

a Bereken per 1 januari en per 31 december 2014 de omvang van:
1 het nettowerkkapitaal;
2 de liquide middelen;
3 het nettowerkkapitaal exclusief liquide middelen.

b Pas de balansopstelling zodanig aan dat daarop afzonderlijk worden vermeld:
- aan de debetzijde:
  - de vaste activa;
  - het nettowerkkapitaal exclusief de liquide middelen;
  - de liquide middelen (als het negatief is met een minteken op de debetzijde van de balans opnemen);
- aan de creditzijde:
  - het eigen vermogen;
  - het vreemd vermogen op lange termijn.

c Bereken de omvang van het totale vreemd vermogen per 1 januari en 31 december 2014 en splits dit in rentedragend en niet-rentedragend vreemd vermogen.

d Om het nettowerkkapitaal te berekenen worden de vlottende activa verminderd met het vreemd vermogen op korte termijn.
  1 Waarom wordt dat gedaan?
  2 Wat is de betekenis van het begrip nettowerkkapitaal (wat kun je ermee)?

V 4.14 Van onderneming Hazenkamp bv is het begrote kasstroomoverzicht over 2015 hierna gegeven.

Ebit na belasting = €600.000 × (1 − 0,2) =	€480.000
Afschrijvingen op vaste activa	€240.000
Kasstroom op winstbasis	€720.000 +
Nettowerkkapitaal excl. liquide middelen begin 2015 €300.000	
Nettowerkkapitaal excl. liquide middelen eind 2015 €420.000	
Afname nettowerkkapitaal	€120.000 −
Operationele kasstroom	€600.000 +
Bruto-investeringen in gebouwen	€920.000 −
Vrije kasstroom	€320.000 −
Geldstromen van en naar de vermogensmarkt:	
Aflossing banklening	€100.000 −
Hypothecaire lening	€500.000 +
Betaalde interest na belasting = €108.750 × (1 − 0,2) =	€ 87.000 −
	€313.000 +
Mutatie liquide middelen in 2015	€ 7.000 −

a Hoeveel bedraagt blijkbaar het percentage van de vennootschapsbelasting?
b Welke posten op het kasstroomoverzicht staan in verband met de primaire geldstromen en welke posten met de secundaire geldstromen?
c Licht toe waarvoor Hazenkamp bv in 2015 extra vermogen nodig heeft.
d Licht toe op welke wijze het extra noodzakelijk vermogen in 2015 naar verwachting (het is immers een begroting) beschikbaar komt.

*V 4.15 Van onderneming Rijkerswoerd nv zijn de balansen en de winst- en verliesrekening over 2015 gegeven.

Activa	Balans Rijkerswoerd nv (in euro's)		Passiva		
	1-1-2015	31-12-2015		1-1-2015	31-12-2015
Vaste activa:			Eigen vermogen:		
Grond	520.000	520.000	Gestort aandelenvermogen	1.200.000	1.200.000
Gebouwen	1.400.000	1.360.000	Winstreserve	626.000	946.000
Machines	720.000	940.000		1.826.000	2.146.000
Inventaris	150.000	140.000	Vreemd vermogen:		
	2.790.000	2.960.000	Lange termijn:		
			Hypothecaire lening	1.300.000	1.180.000
Nettowerkkapi-taal (excl. LM):	426.000	448.000			
Liquide middelen	90.000 (−)	82.000 (−)			
Totaal activa	3.126.000	3.326.000	Totaal vermogen	3.126.000	3.326.000

Winst- en verliesrekening Rijkerswoerd nv over 2015 (in euro's)

Omzet (opbrengst van de verkopen)		4.000.000
Kosten:		
Loon	1.000.000	
Sociale lasten	300.000	
Inkoopwaarde verbruikte grondstoffen	1.600.000	
Energiekosten (gas, water en licht)	320.000	
Overige kosten	80.000 +	
Totale kosten met uitzondering van afschrijvingskosten en interestkosten		3.300.000 −
Ebitda		700.000
Afschrijvingskosten		180.000 −
Ebit		520.000
Interestkosten		120.000 −
Resultaat voor belastingen		400.000
Vennootschapsbelasting (20%)		80.000 −
Winst na belastingen		320.000

De winst na belasting wordt volledig ingehouden.

a Wat verstaan we onder het begrip liquide middelen?
b Licht toe hoe de omvang van de winstreserve op 31 december 2015 is berekend.
c Stel een kasstroomoverzicht op volgens de indirecte methode. Geef daarin afzonderlijk weer:
   1 de ebit na aftrek van vennootschapsbelasting;
   2 de kasstroom op winstbasis;
   3 de operationele kasstroom;
   4 de vrije kasstroom;
   5 de geldstromen van en naar de vermogensmarkt;
   6 de mutatie in de liquide middelen.

d Licht toe waarvoor Rijkerswoerd nv in 2015 extra vermogen nodig heeft.
e Licht toe op welke wijze het extra noodzakelijk vermogen in 2015 beschikbaar is gekomen.

*V 4.16 Van onderneming Batavia bv zijn de balansen over 2015 en de winst- en verliesrekening over 2015 gegeven.

Activa	Balans Batavia bv (in euro's)				Passiva
	1-1-2015	31-12-2015		1-1-2015	31-12-2015
Vaste activa:			Eigen vermogen:		
Grond	380.000	380.000	Gestort aandelenvermogen	600.000	600.000
Gebouwen (1)	1.800.000	1.760.000	Winstreserve (4)	1.124.000	1.292.000
Machines (2)	700.000	880.000		**1.724.000**	**1.892.000**
Inventaris (3)	200.000	150.000	Vreemd vermogen:		
	3.080.000	**3.170.000**	Lange termijn:		
Vlottende activa:			Hypothecaire lening (5)	1.400.000	1.300.000
Voorraad grondstoffen	298.000	315.000			
Voorraad eindproducten	126.000	90.000	Korte termijn:		
			Crediteuren	570.000	501.000
Debiteuren	417.000	314.000	Nog te betalen bedragen	70.000	58.000
Kas	3.000	2.000	Nog te betalen belastingen	40.000	30.000
			Rekening-courant	120.000	110.000
	844.000	**721.000**		**800.000**	**699.000**
Totaal activa	**3.924.000**	**3.891.000**	Totaal vermogen	**3.924.000**	**3.891.000**

Toelichting
Voor de toelichting onder 1 t/m 5 geldt:
1 De gebouwen met een aanschafwaarde van €2.000.000 worden met gelijke bedragen per jaar afgeschreven. De economische levensduur van de gebouwen wordt op 50 jaar geschat, waarna de restwaarde nihil is. De jaarlijkse afschrijving op gebouwen bedraagt (€2.000.000 − €0): 50 = €40.000.
2 Op de machines is in 2015 €70.000 afgeschreven. Tevens zijn voor een bedrag van €250.000 nieuwe machines aangeschaft.
3 Op inventaris is €50.000 afgeschreven.
4 Er is €168.000 winst ingehouden (zie winst- en verliesrekening).
5 Op de hypothecaire lening is €100.000 afgelost.

Winst- en verliesrekening Batavia bv over 2015 (in euro's)		
Omzet (opbrengst van de verkopen):		3.600.000
Kosten:		
Loon	800.000	
Sociale lasten	240.000	
Inkoopwaarde materialen	1.500.000	
Energiekosten (gas, water en licht)	320.000	
Onderhoud	120.000	
Overige kosten	40.000 +	

Totale kosten met uitzondering van afschrijvingskosten en interestkosten		3.020.000
Ebitda		580.000
Afschrijvingskosten gebouwen	40.000	
Afschrijvingskosten machines	70.000	
Afschrijvingskosten inventaris	50.000 +	
	160.000	
Ebit		420.000
Interestkosten		140.000
Resultaat voor belastingen		280.000
Vennootschapsbelasting (25%)		70.000
Winst na belastingen		210.000

Van de winst na belasting wordt 80% ingehouden, het overblijvende gedeelte is in 2015 uitbetaald aan de aandeelhouders.

a Bereken de omvang van de liquide middelen op:
 1 1 januari 2015;
 2 31 december 2015.
b Bereken op basis van de balansgegevens de mutatie in de liquide middelen gedurende het jaar 2015. Geef aan of er een vermindering of een toename van de liquide middelen is opgetreden.
c Stel een kasstroomoverzicht op volgens de indirecte methode. Geef daarin afzonderlijk weer:
 1 de ebit na aftrek van vennootschapsbelasting;
 2 de kasstroom op winstbasis;
 3 de operationele kasstroom;
 4 de vrije kasstroom;
 5 de geldstromen van en naar de vermogensmarkt;
 6 de mutatie in de liquide middelen.
d Licht toe waarvoor Batavia bv in 2015 extra vermogen nodig heeft.
e Licht toe op welke wijze het extra noodzakelijk vermogen in 2015 beschikbaar is gekomen.

*V 4.17 Onderneming Beau Monde bv is fabrikant van modieuze schoenen. Het jaarverslag van Beau Monde bv bevat onder andere de volgende gegevens:

Winst- en verliesrekening over het jaar 2015 (in euro's):

Omzet	2.000.000
Kosten van de omzet (exclusief interestkosten)	1.740.000
Ebit	260.000
Interestkosten	60.000
Winst voor belastingen	200.000
Vennootschapsbelasting 25%	50.000
Winst na belastingen	150.000

Voor de eerstkomende vijf jaar worden bedrijfsresultaten verwacht die minimaal gelijk zijn aan de bedrijfsresultaten over 2015.

Balans Beau Monde bv per 1 januari en 31 december 2015 (× €1.000)

	1-1-2015	31-12-2015		1-1-2015	31-12-2015
Vaste activa:	420	480	Eigen vermogen	300	520
Vlottende activa:			Vreemd vermogen:		
Voorraden	310	360	Lange termijn	400	370
Debiteuren	130	140	Korte termijn	250	160
Kas	90	70			
	530	570		650	530
Totaal activa	950	1.050	Totaal vermogen	950	1.050

    a Kunnen de aandelen van Beau Monde bv op de effectenbeurs worden verhandeld?
Motiveer je antwoord.
    b Wanneer is een onderneming solvabel?
    c Bereken de debt ratio en het solvabiliteitspercentage per 1 januari 2015 en per 31 december 2015.
    d Is de solvabiliteit van Beau Monde bv op 31 december 2015 beter of slechter in vergelijking met 1 januari 2015? Motiveer je antwoord.
    e Bereken de rentedekkingsfactor (in 2 decimalen nauwkeurig).
    f Stel je voor: je bent directeur van de Forista-bank en onderneming Beau Monde bv is een van je cliënten. De directeur van Beau Monde bv komt op 31 december 2015 bij jou op kantoor met het verzoek om een extra lening op lange termijn van €400.000. Zou jij deze lening verstrekken? Met welke aspecten houd je rekening bij je beslissing?

V 4.18 Lees het volgende artikel aandachtig door en beantwoord daarna de vragen.

BRON: NU.NL, 18 JULI 2014

Beter Bed ziet herstel op Nederlandse markt

Beter Bed heeft de marktomstandigheden in Nederland en Spanje verder zien verbeteren. De omzet van de beursgenoteerde slaapkamerspecialist ging verder omlaag, maar het aantal nieuwe bestellingen nam toe.

Beter Bed meldde vrijdag dat de totale omzet vorig kwartaal met bijna 7 procent is gedaald tot 76 miljoen euro. Die krimp komt onder meer doordat het bedrijf besloot filialen van Slaapgenoten en Matrassen Concord te sluiten.

De omzet in winkels die openbleven zakte met iets minder dan 1 procent. In Spanje groeiden de vergelijkbare verkopen met bijna 13 procent.

De bestellingen namen in Nederland met 3,5 procent toe ten opzichte van een jaar eerder, waardoor de orderportefeuille aan het einde van het kwartaal 2 miljoen euro groter was dan eind juni 2013. Beter Bed verwacht in het tweede kwartaal een bedrijfsresultaat (ebit) te hebben gerealiseerd dat gelijk is aan dat van een jaar eerder.

Consumentenvertrouwen

De totale omzet in Nederlandse winkels daalde met bijna 14 procent, wat voor een groot deel kwam door de sanering bij Slaapgenoten en Matrassen Concord. Het bedrijf profiteerde naar eigen zeggen wel van het aantrekkende consumentenvertrouwen en de eind vorig jaar ingezette herlancering van de Beter Bed-formule.

In Duitsland zakte de vergelijkbare verkoop van de beddenwinkels met 2,5 procent. In Oostenrijk en Zwitserland waren de omzetten volgens het bedrijf lager, maar een concreet cijfer werd voor deze markten niet verstrekt.

Beter Bed opende in de eerste helft van dit jaar 28 winkels, terwijl 54 vestigingen werden gesloten. Eind juni beschikte het bedrijf over 1.149 winkels. De definitieve halfjaarcijfers van het bedrijf worden op 22 augustus gepubliceerd.

a Wat bedoelen we met consumentenvertrouwen?
b Wat zijn de gevolgen van een verbetering van het consumentenvertrouwen?
c Wat zijn de mogelijke verklaringen voor het feit dat de Ebit van Beter Bed in het tweede kwartaal van 2014 gelijk is gebleven aan de Ebit in het tweede kwartaal van 2013, terwijl de omzet in diezelfde periode daalde met bijna 7%?

V 4.19

BRON: DE TELEGRAAF, 24 JUNI 2014

Eurozone vertraagt, VS is vol op stoom

Van een onzer verslaggevers
AMSTERDAM — Het economische herstel in de eurozone heeft deze maand aan kracht verloren, in Amerika daarentegen is de economie alweer vol op stoom. Zorgen voor een harde landing van de Chinese economie nemen af. Dat concludeerde onderzoeksbureau Markit gisteren op basis van eerste schattingen.

De graadmeter waarmee Markit de economische activiteit in de economie van de eurozone meet, daalde deze maand van 53,5 naar 52,8. Dat is het laagste niveau van het afgelopen halfjaar en lager dan de stand van 53,4 waarop economen in doorsnee rekenden. Een indexcijfer boven 50 duidt op groei, daaronder op krimp.

Eurozone zakt weg

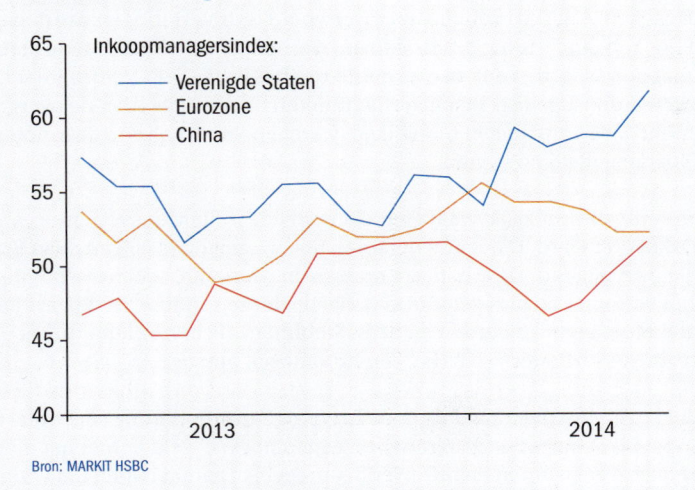

Inkoopmanagersindex:
— Verenigde Staten
— Eurozone
— China

Bron: MARKIT HSBC

Ondanks het afnemende groeitempo zijn er positieve signalen in het onderzoek, weet ABN Amro-econoom Aline Schuiling. 'De instroom van nieuwe orders zit op het hoogste niveau sinds mei 2011. Dat is heel gunstig.'
In Duitsland hield de groei aan en dat is goed voor Nederland, weet ook Schuiling. Extra bemoedigend voor Nederland is dat de dienstensector flink lijkt aan te trekken.
In Amerika was in juni sprake van 'robuuste en versnelde groei', meldt Markit. De index verbeterde daar van 56,4 naar 57,5, de grootste verbetering van het economische klimaat sinds mei 2010. Dit werd veroorzaakt door de sterkste groei in productie en nieuwe orders in meer dan vier jaar. Het afbouwen van de voorraden verloopt bovendien sneller dan verwacht.
De zorgen dat de economie van China een harde landing in het vooruitzicht heeft, werden gisteren enigszins verlicht.
[...]

a Wat verstaan we onder een inkoopmanagersindex (zie figuur)?
b Waarom is de instroom van nieuwe orders belangrijk?
c Waarom is het voor Nederland belangrijk dat de groei in Duitsland aanhoudt?
d In de VS nemen ondanks een sterke groei in de productie de voorraden snel af. Waar wijst dat op?
e Wat wordt bedoeld met een harde landing van de (Chinese) economie?

V 4.20 Lees het volgende artikel aandachtig door en beantwoord daarna de vragen.

BRON: DE TELEGRAAF, 19 FEBRUARI 2009

Bierbrouwer Heineken gaat tering naar de nering zetten

Van een onzer verslaggevers

AMSTERDAM – Een recessie maakt bierdrinkers minder dorstig. Vandaar dat brouwer Heineken de tering naar de nering gaat zetten. Met een stofkam wordt door alle kosten van het bedrijf gegaan, waarbij reductie het toverwoord is. Investeringen worden met honderden miljoenen euro's teruggeschroefd en overbodige activa gaan in de etalage. Cash is meer dan ooit king, de voor de overname van het Britse S&N gemaakte schulden moeten immers worden afgelost. Tegelijkertijd moeten de prestaties van de overgenomen biermakers omhoog. 'We zijn in een moeilijkere wereld beland', zo vatte de topman Jean Francois van Boxmeer gisteren samen.

Vooral in het Verenigd Koninkrijk, waar Heineken met de miljardenovername van S&N in een klap marktleider werd, is het alle hens aan dek. Engeland is volgens Van Boxmeer in een 'perfect storm' beland. De ernstigste recessie in decennia, accijnsverhogingen die nooit eerder zijn vertoond en kroegen die massaal de deuren sluiten. In de bars die openblijven, mag niet meer gerookt worden en de liefhebbers die er nog komen, betalen in een munt die ruim 20% minder waard is. 'Een dramatisch plaatje.'

Gisteren kondigde Van Boxmeer het volgende bezuinigingsprogramma aan; Total Cost Management. Van Boxmeer wilde gisteren niet zeggen hoeveel geld er met het nieuwe programma bespaard zal worden en ook over het mogelijke aantal banen dat verloren zal gaan, wilde hij niets zeggen. Bij Heineken werken wereldwijd 56.208 mensen, van wie bijna 5.000 in Nederland. Het programma is vol aan de gang, Heineken sloot de eerste zes weken van dit jaar al brouwerijen in Spanje, Frankrijk, Ierland en Engeland. Behalve met kostenbesparingen gaat de biermaker de recessie ook te lijf door €400 miljoen minder te investeren.

Contanten hebben op dit moment een belangrijker doel, namelijk het terugbrengen van de schuld die eind 2008 €8,9 miljard bedroeg. Heineken heeft er zelfs een slogan voor: de Hunt for Cash two (H4C2), deel 1 was in 2003, na de overname van BBAG.

Jaarcijfers Heineken

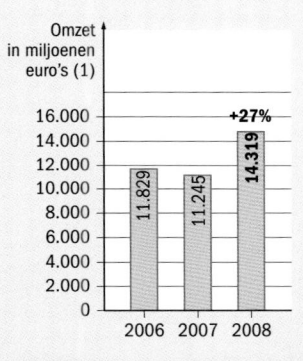

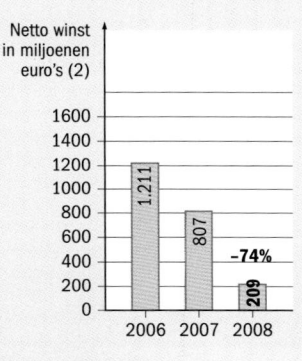

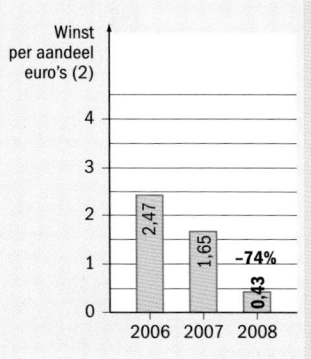

Omzet in miljoenen euro's (1)
- 2006: 11.829
- 2007: 11.245
- 2008: 14.319 (+27%)

Netto winst in miljoenen euro's (2)
- 2006: 1.211
- 2007: 807
- 2008: 209 (−74%)

Winst per aandeel euro's (2)
- 2006: 2,47
- 2007: 1,65
- 2008: 0,43 (−74%)

(1) 21% van de omzetstijging door acquisitie van met name S&N.
(2) Winstdaling onder meer door afwaarderingen in Rusland, India en VK.

a Wat wordt bedoeld met de zinsnede 'Heineken gaat de tering naar de nering zetten'?

b Wat verstaan we onder een 'perfect storm'?

c De wereldeconomie raakte in 2009 in een diepe recessie.
Welke gevolgen heeft de recessie voor de rentabiliteit van het totale vermogen (R_{TV}) van Heineken? Motiveer je antwoord.

d Heineken heeft in 2008 het Engelse bedrijf S&N voor miljarden overgenomen. Welke invloed heeft deze overname gehad op de liquiditeit en solvabiliteit van Heineken? Motiveer je antwoord.

e Wat zijn de gevolgen van de waardedaling van het Britse pond ten opzichte van de euro (met 20%) voor de resultaten van Heineken, die in euro's worden gemeten? Motiveer je antwoord.

f Wat houdt het bezuinigingsprogramma van Heineken onder de naam 'Total Cost Management' in?

g Wat gaat Heineken doen met de contanten (cash) die door de te treffen maatregelen vrijkomen? Motiveer je antwoord.

h Geef aan welke gevolgen de maatregelen die Heineken treft of gaat treffen, hebben voor de:
1 rentabiliteit;
2 liquiditeit;
3 solvabiliteit.
Geef een duidelijke motivatie bij je antwoorden.

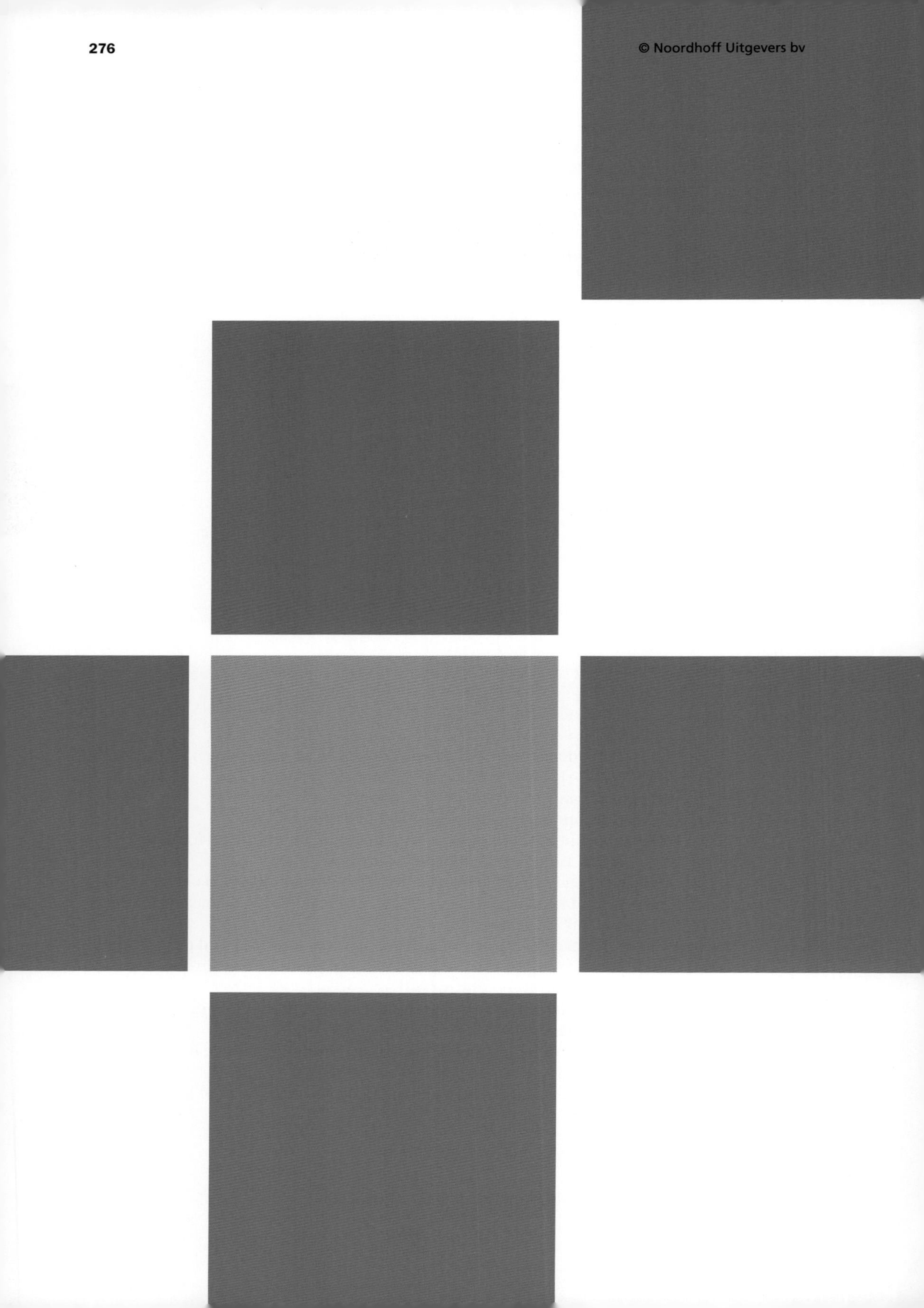

5
Kosten en kostprijs

5.1 **Gelduitgaven en kosten**
5.2 **Vaste en variabele kosten**
5.3 **Berekening van het break-evenpunt**
5.4 **Kostprijsberekening**
5.5 **Directe en indirecte kosten**
5.6 **Differentiële kostencalculatie**

In dit hoofdstuk gaan we nader in op de kosten die verband houden met bepaalde beslissingen.
Als een ondernemer bijvoorbeeld overweegt de productiecapaciteit te vergroten, wil hij weten welke kosten toenemen en hoe groot deze kostenstijging is. Ook wil hij inzicht hebben in de factoren die de kostprijs van een bepaald product of een bepaalde dienst beïnvloeden.
Inzicht in de kosten is nodig om een weloverwogen beslissing te nemen. De wijze waarop we de kosten berekenen houdt ook verband met de aard van de beslissing die moet worden genomen.
Een bekende uitspraak in dit verband is: 'Different costs for different purposes'. Dat wil zeggen dat de kostenberekening afhankelijk is van de situatie waarvoor de kosten moeten worden vastgesteld.

5.1 Gelduitgaven en kosten

Kosten
Gelduitgaven

Bij het omschrijven van het begrip kosten leggen wij steeds een verband met gelduitgaven. Zonder gelduitgaven (in verleden, heden of toekomst) zijn er geen kosten. Zo zal een gelduitgave (in het verleden) in verband met de aankoop van bijvoorbeeld een machine tot afschrijvingskosten leiden in de jaren die volgen op de datum van aankoop. In voorbeeld 5.1 lichten we dit toe.

VOORBEELD 5.1
Een onderneming koopt een machine voor €100.000 en schrijft dit bedrag in vijf jaar af met gelijke bedragen per jaar. We veronderstellen dat de restwaarde aan het einde van het vijfde jaar nihil is.

Gevraagd
a Bereken het bedrag dat per jaar wordt afgeschreven.
b Geef het verloop van de boekwaarde gedurende de gehele levensduur van de machine in een tabel weer.

Uitwerking
a De jaarlijkse afschrijvingen = (aanschafwaarde − restwaarde) : levensduur = (€100.000 − €0) : 5 = €20.000.
b De boekwaarde aan het einde van het jaar = boekwaarde aan het begin van het jaar − afschrijvingen.

Berekening boekwaarden (in euro's)

Jaar	Boekwaarde aan het begin van het jaar	Afschrijvingskosten	Boekwaarde aan het einde van het jaar
1	100.000	20.000	80.000
2	80.000	20.000	60.000
3	60.000	20.000	40.000
4	40.000	20.000	20.000
5	20.000	20.000	0

De boekwaarde op een bepaald moment = aanschafwaarde − bedrag dat in totaal tot op dat moment is afgeschreven.

Het verband tussen gelduitgaven en kosten geven we aan de hand van voorbeeld 5.1 in een tijdlijn weer.

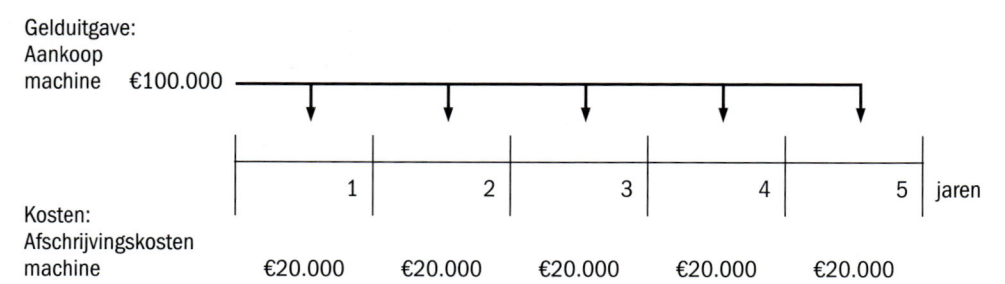

Gelduitgave:
Aankoop machine €100.000

| | 1 | 2 | 3 | 4 | 5 | jaren |

Kosten:
Afschrijvingskosten machine   €20.000   €20.000   €20.000   €20.000   €20.000

In jaar 1 bedraagt de gelduitgave €100.000 en bedragen de afschrijvingskosten €20.000. In de jaren 2 tot en met 5 zijn er geen gelduitgaven voor deze machine, maar wel afschrijvingskosten van €20.000.

Er zijn ook voorbeelden van gelduitgaven die in dezelfde periode tot kosten leiden. Hierbij kunnen we denken aan gelduitgaven voor de werknemers (loonkosten) en de betaling van de energienota (energiekosten).
Zo leidt de betaling van bijvoorbeeld €16.000 aan loon (meestal aan het einde van de maand) ook tot loonkosten van €16.000 in diezelfde maand. We geven dat in het volgende schema weer.

Loonkosten

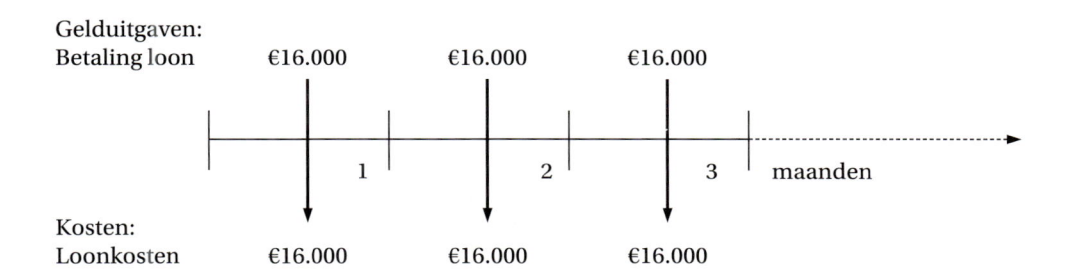

Gelduitgaven:
Betaling loon   €16.000   €16.000   €16.000

                                                                   1   2   3   maanden

Kosten:
Loonkosten   €16.000   €16.000   €16.000

ZELFTOETS 5.1
Van een machine is het volgende gegeven:
- aanschafwaarde €200.000;
- restwaarde €40.000;
- levensduur 5 jaar;
- afschrijven met gelijke bedragen per jaar.

a Bereken de afschrijvingskosten per jaar.
b Bereken het percentage dat jaarlijks van de aanschafwaarde moet worden afgeschreven.
c Bereken de waarde waarvoor het productiemiddel aan het einde van het derde jaar (nadat er in dat jaar is afgeschreven) op de balans komt te staan.

Kosten kunnen ook verband houden met gelduitgaven in de toekomst. Een voorbeeld daarvan zijn de gelduitgaven in verband met vakantiegeld. Het vakantiegeld wordt eens per jaar achteraf in de maand juni door de onderneming uitbetaald. Stel dat een onderneming per maand een winst- en verliesrekening opstelt en dat het vakantiegeld €36.000 per jaar bedraagt. Bedrijfseconomisch gezien moet deze toekomstige gelduitgave worden toegerekend aan de twaalf maanden die voorafgaan aan de betalingen van het vakantiegeld.
We krijgen dan het volgende beeld.

Vakantiegeld

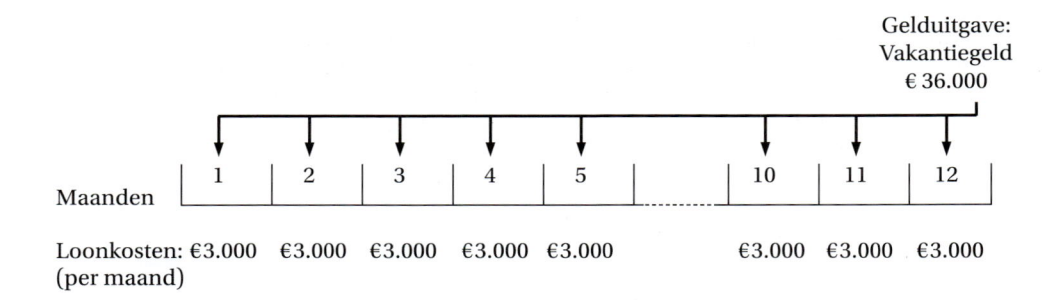

```
                                                    Gelduitgave:
                                                    Vakantiegeld
                                                    € 36.000
           ↓    ↓    ↓    ↓    ↓           ↓    ↓    ↓
         ┌────┬────┬────┬────┬────┐      ┌────┬────┬────┐
         │ 1  │ 2  │ 3  │ 4  │ 5  │ ···· │ 10 │ 11 │ 12 │
Maanden  └────┴────┴────┴────┴────┘      └────┴────┴────┘

Loonkosten: €3.000  €3.000  €3.000  €3.000  €3.000     €3.000  €3.000  €3.000
(per maand)
```

Gelduitgaven (in de toekomst) in verband met bijvoorbeeld vakantiegeld leiden in de maanden die voorafgaan aan de uitbetaling van het vakantiegeld tot loonkosten.

5.2 Vaste en variabele kosten

Voor de bestuurders van een organisatie is het belangrijk dat ze inzicht hebben in de wijze waarop de kosten reageren op een verandering in de productieomvang. Als we letten op de verandering in de kosten door een verandering in de omvang van de bedrijfsactiviteiten, maken we onderscheid in vaste en variabele kosten. De omvang van de bedrijfsactiviteiten kunnen we meten in aantal eenheden productie, in omzet (opbrengst van de verkopen in euro's gemeten) of in aantal eenheden die zijn verkocht (afzet). Wij gebruiken de algemene term bedrijfsdrukte om de omvang van de bedrijfsactiviteiten weer te geven.

5.2.1 Vaste kosten

Voor sommige kosten geldt dat de omvang ervan niet verandert door een verandering in de bedrijfsdrukte (afzet, omzet of productieomvang). Als voorbeeld nemen we de montageafdeling van fietsenfabrikant Montagne. Een fiets bestaat uit verschillende onderdelen, die door Montagne in de montageafdeling tot een geheel worden samengevoegd.

Montagne beschikt over veertien montagelijnen. Iedere fiets ondergaat op de montagelijn een aantal handelingen die in een vaste volgorde worden uitgevoerd. Op de volgende foto is een onderdeel van een montagelijn bij Montagne weergegeven.

De kosten van een montagelijn kunnen we verdelen in:
- kosten die niet veranderen als de productieomvang verandert; deze kosten noemen we **vaste kosten**; deze kosten maken we toch, ook al zou de montagelijn niet worden gebruikt;
- kosten die stijgen of dalen door een toe- of afname in de productieomvang. Deze kosten noemen we **variabele kosten**.

De vaste kosten van een montageafdeling bij Montagne bestaan bijvoorbeeld uit de afschrijvingskosten van de machines waaruit de montagelijn is opgebouwd en de kosten in verband met de ruimte die de montagelijn in beslag neemt (huisvestingskosten). De laatstgenoemde kosten zijn afhankelijk van de vloeroppervlakte die voor de montagelijn nodig is.

We veronderstellen dat de afschrijvingskosten en de huisvestingskosten van één montagelijn samen €30.000 per jaar bedragen. Montagne heeft veertien montagelijnen, zodat de totale vaste kosten €420.000 per jaar zijn. We geven het verband tussen de vaste kosten van de veertien montagelijnen en de productieomvang (bedrijfsdrukte) in figuur 5.1 weer.

FIGUUR 5.1 Verloop van de vaste kosten

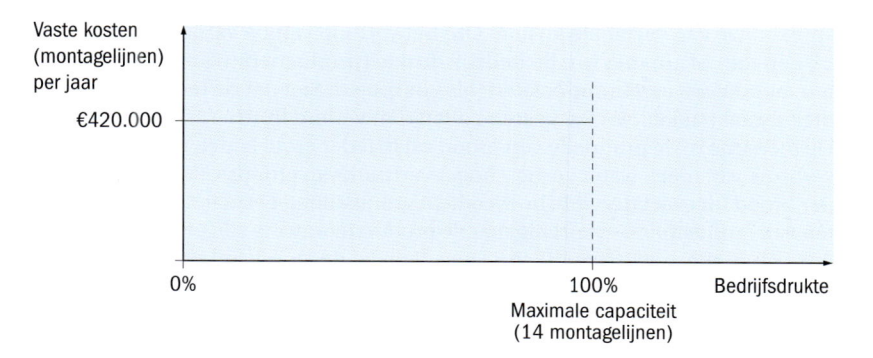

De hoogte van de vaste kosten verandert niet, zolang de onderneming binnen de beschikbare (maximale) capaciteit blijft. Zo zullen voor Montagne de vaste kosten €420.000 blijven of er nu tien, twaalf of veertien montagelijnen worden gebruikt. Maar wat gebeurt er als de bedrijfsdrukte toeneemt? Er zal een moment komen dat het aantal te produceren fietsen (de bedrijfsdrukte) dusdanig toeneemt, dat de onderneming uit haar jasje groeit. Er zal dan een extra montagelijn moeten komen om een hogere productie te kunnen realiseren. Als een onderneming haar maximale capaciteit overschrijdt, zal er uitgebreid moeten worden. Hierdoor nemen de vaste kosten ineens met een vast bedrag toe.

We veronderstellen dat Montagne, waarvoor figuur 5.1 geldt, uitbreidt met één montagelijn waarvoor de kosten €30.000 per jaar bedragen.
De situatie die dan ontstaat geven we in figuur 5.2 weer.

FIGUUR 5.2 Verloop van de vaste kosten (na uitbreiding)

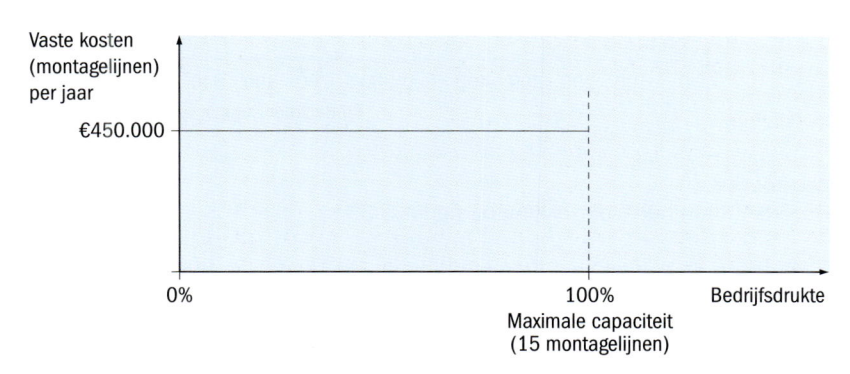

Als Montagne door een tegenvallende vraag naar fietsen zou besluiten slechts veertien van de vijftien beschikbare montagelijnen te gebruiken, dan blijven de vaste kosten €450.000 per jaar.
Vaste kosten zijn kosten waarvan de omvang niet verandert zolang de bedrijfsdrukte binnen de op dat moment beschikbare (maximale) capaciteit blijft.

5.2.2 Variabele kosten

Als de kosten stijgen of dalen door een toe- of afname van de bedrijfsdrukte, spreken we van variabele kosten. Om het verloop van de variabele kosten bij een toe- of afname van de bedrijfsdrukte (productieomvang) toe te lichten, nemen we een broodbakkerij als voorbeeld. Stel dat de bakker meer brood gaat bakken. Welke kosten zullen dan veranderen?
De toename in de productie van brood zal in ieder geval leiden tot een hoger verbruik van meel, water en gist (hoger verbruik van grondstoffen). Omdat ieder brood uit exact dezelfde hoeveelheid grondstoffen bestaat, zullen de kosten van grondstoffen evenredig met de productieomvang stijgen. We spreken dan van *proportioneel* variabele kosten. Stel dat de grondstofkosten €0,40 per brood van 800 gram bedragen. We krijgen dan het volgende verband tussen de grondstofkosten en de omvang van de productie van brood (zie figuur 5.3).

Proportioneel variabele kosten

FIGUUR 5.3 Proportioneel variabele kosten

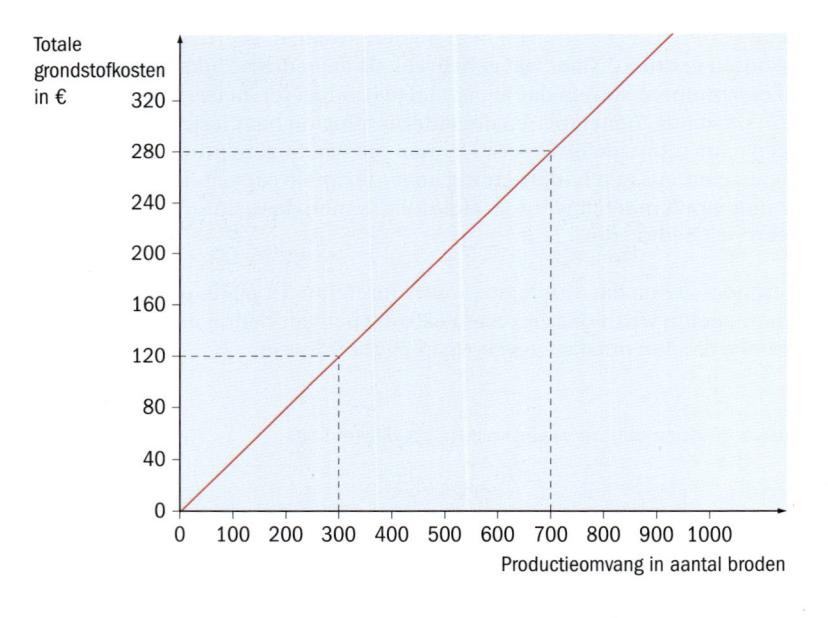

ZELFTOETS 5.2

Deze zelftoets heeft betrekking op figuur 5.3.

a Bereken de gemiddelde grondstofkosten per brood van 800 gram op basis van:
   1 een productieomvang van 300 broden;
   2 een productieomvang van 700 broden.
b Wat is het kenmerkende van proportioneel variabele kosten?

De grondstofkosten in verband met het bakken van brood zijn een voorbeeld van proportioneel variabele kosten. Voor proportioneel variabele kosten geldt dat de kosten per eenheid product of per dienst gelijk zijn. In ons voorbeeld zijn de proportioneel variabele kosten €0,40 per brood van 800 gram. We geven dat in figuur 5.4 weer.

Zowel bij een productieomvang van 200 broden, bij 500 broden als bij 800 broden bedragen de variabele kosten per brood €0,40. Voor proportioneel variabele kosten geldt dat de variabele kosten *per eenheid* gelijk zijn ongeacht de hoogte van de bedrijfsdrukte.

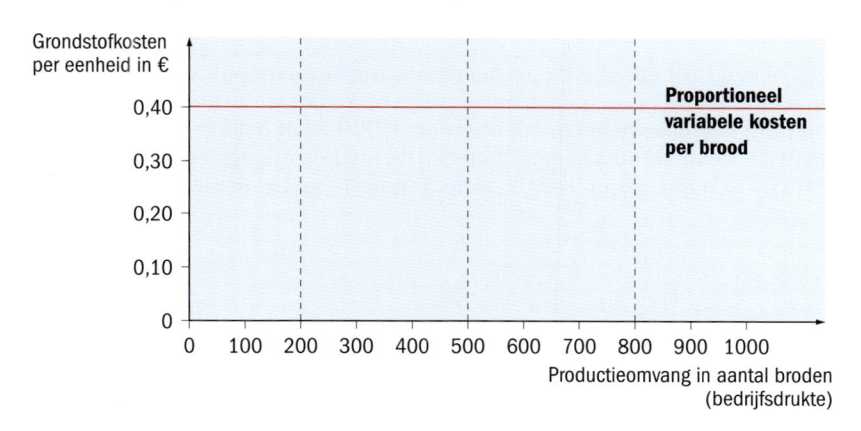

FIGUUR 5.4 Proportioneel variabele kosten per eenheid

5.3 Berekening van het break-evenpunt

Break-evenpunt

In de vorige paragrafen hebben we besproken hoe de kosten reageren op veranderingen in de productieomvang en hoe we de kostprijs van een product kunnen berekenen. Deze berekeningen zijn belangrijk voor beslissingen die binnen de onderneming moeten worden genomen.

De leiding van een onderneming zal ook willen weten hoeveel er verkocht moet worden om winst te kunnen maken. Met andere woorden: vanaf welke productie- en verkoopomvang gaat de onderneming winst maken? Om deze vraag te kunnen beantwoorden, moeten we de totale opbrengsten vergelijken met de totale kosten.

In de voorbeelden die we hierna bespreken, veronderstellen we dat de geproduceerde hoeveelheid in een bepaalde periode gelijk is aan de verkochte hoeveelheid.

Een belangrijk ijkpunt is de productieomvang (= verkoopomvang) waarbij er geen winst wordt gemaakt, maar ook geen verlies wordt geleden.

Break-evenpunt

Dit punt noemen we het break-evenpunt (BEP). Voor het break-evenpunt geldt dat de totale kosten gelijk zijn aan de totale opbrengsten. In dat geval is de winst namelijk nihil en dat is het kenmerk van het break-evenpunt.

De berekening van het break-evenpunt lichten we zowel voor een productieonderneming als voor een handelsonderneming toe.

5.3.1 Break-evenpunt bij een productieonderneming

We nemen als uitgangspunt een productieonderneming die slechts één homogeen product voortbrengt. In dat geval kunnen we het break-evenpunt berekenen zoals we dat in voorbeeld 5.2 uitwerken.

VOORBEELD 5.2

Columbus bv is producent van koffie die slechts in een kwaliteit en in een soort verpakking wordt verkocht (er is sprake van een homogeen product). De koffie wordt in balen van 25 kg aangeleverd. Omdat er voor koffie sprake is van een wereldmarkt, is de verkoopprijs voor Columbus bv een gegeven waarop ze geen invloed kan uitoefenen. De verkoopprijs per baal van 25 kg bedraagt €10.

De proportioneel variabele kosten voor het oogsten en bewerken van de koffiebonen bedragen €4 per baal van 25 kilo. Daarnaast bedragen de vaste productiekosten €60.000 per jaar.

Gevraagd
a Geef het verloop van de totale kosten en totale opbrengsten in een grafiek weer.
b Bereken het aantal balen koffie van 25 kg waarbij er geen winst wordt gemaakt, maar ook geen verlies wordt geleden.

Uitwerking
a

Productieomvang, kosten en opbrengsten van Columbus bv

Productieomvang	Totale kosten = vaste kosten + variabele kosten	Totale opbrengsten
0	€60.000	0
20.000	€60.000 + 20.000 × €4 = €140.000	20.000 × €10 = €200.000

Op basis van de gegevens uit de tabel stellen we de volgende figuur samen.

Break-evenpunt Columbus bv

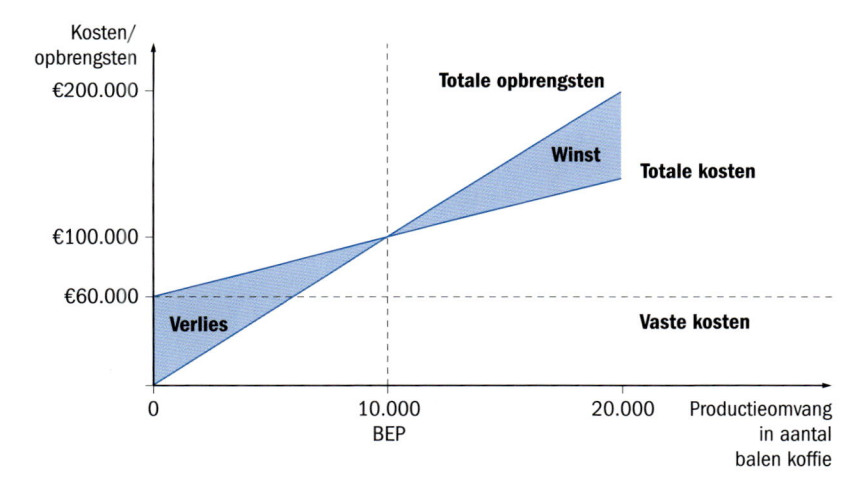

b Bij het break-evenpunt geldt dat de totale opbrengsten gelijk zijn aan de totale kosten. Uit de figuur blijkt dat het break-evenpunt 10.000 balen bedraagt.
Op basis van de gegevens van Columbus bv lichten we toe hoe we het break-evenpunt berekenen. Daarbij stellen we de productieomvang gelijk aan q. In het break-evenpunt geldt:

Totale opbrengsten = totale kosten

Totale opbrengsten = variabele kosten + vaste kosten

€10 × q = €4 × q + €60.000

€10 × q − €4 × q = €60.000

(€10 − €4) × q = €60.000

$$\text{BEP} = q = \frac{€60.000}{(€10 - €4)} = 10.000$$

Formule voor het berekenen van het break-evenpunt:

$$\text{BEP} = q = \frac{C}{(p-v)}$$

Waarbij de gebruikte symbolen de volgende betekenis hebben:
p = verkoopprijs per eenheid product
v = proportioneel variabele kosten per product
c = vaste kosten
q = aantal (homogene) producten.

We wijzen erop dat bij de voorgaande berekening van het break-evenpunt de volgende *veronderstellingen* zijn gemaakt:
- Er is sprake van een homogeen product.
- De vaste kosten blijven onveranderd.
- De variabele kosten nemen evenredig met de productie toe (proportioneel variabel).
- De verkoopprijs per baal verandert niet als er meer of minder balen worden verkocht (vaste verkoopprijs).

De leiding van Columbus bv zal mede op basis van de verwachtingen en gegevens die door de commerciele afdeling worden aangeleverd, willen vaststellen of meer dan 10.000 balen koffie per jaar kunnen worden verkocht. Als het antwoord daarop bevestigend is, zal Columbus bv naar verwachting in het betreffende jaar winst maken. Als het antwoord ontkennend is, zullen er maatregelen moeten worden genomen met het doel het break-evenpunt te verlagen. Omdat de verkoopprijs voor Columbus bv een gegeven is, zullen de aanpassingen met name op de kosten betrekking moeten hebben. Hierbij denken we aan het verlagen van de vaste kosten en/of aan het verlagen van de proportioneel variabele kosten per baal.
Ook kan men overwegen de afzet te stimuleren door het voeren van een reclamecampagne. Daardoor stijgen echter ook de vaste kosten, waardoor het break-evenpunt op een hoger productieniveau (= verkoopniveau) komt te liggen.

ZELFTOETS 5.3
Earl Grey bv is producent van thee die slechts in één kwaliteit en in één soort verpakking wordt verkocht (er is sprake van een homogeen product). De thee wordt in balen van 25 kg aangeleverd. Omdat er voor thee sprake is van een wereldmarkt is de verkoopprijs voor Earl Grey bv een gegeven, waarop de producent geen invloed kan uitoefenen. De verkoopprijs per baal van 25 kg bedraagt €8.
De proportioneel variabele kosten voor het oogsten en bewerken van de thee bedragen €2 per baal van 25 kilo. Daarnaast bedragen de vaste productiekosten €90.000 per jaar.
Bereken het aantal balen thee van 25 kg waarbij er geen winst wordt gemaakt, maar ook geen verlies wordt geleden (het break-evenpunt).

5.3.2 Break-evenpunt bij een handelsonderneming

In onze voorbeelden voor de berekening van het break-evenpunt zijn we tot nu toe uitgegaan van een industriële onderneming, die slechts één homogeen product maakt. We kunnen het break-evenpunt dan uitdrukken in een aantal eenheden product.

Handelsondernemingen (groothandel en/of detailhandel) verkopen in de regel verschillende producten. Dan is het niet zinvol om het break-evenpunt in een aantal producten uit te drukken. Bij handelsondernemingen berekenen we het break-evenpunt door *de omzet* (een bedrag in euro's) vast te stellen waarbij de totale kosten gelijk zijn aan de totale opbrengsten. We lichten dat toe in de voorbeelden 5.3 en 5.4.

VOORBEELD 5.3

Slaapkamerspeciaalzaak Droomland bv verkoopt verschillende soorten bedden en matrassen. Daarnaast kan men er terecht voor lakens, kussens, dekbedovertrekken en dergelijke. De vaste kosten van Droomland bv bedragen €300.000 per jaar. Gemiddeld over het gehele assortiment genomen, bedragen de variabele kosten (inkoopwaarde van de artikelen, verhoogd met alle bijkomende variabele kosten) 60% van de omzet. Dit houdt tevens in dat de brutowinst (hier in de betekenis van omzet, verminderd met inkoopwaarde en alle variabele kosten) 40% van de omzet bedraagt.

Gevraagd
Bereken de omzet waarbij Droomland bv geen winst maakt, maar ook geen verlies lijdt (break-evenomzet).

Uitwerking
Totale opbrengsten = totale kosten

Totale opbrengsten = variabele kosten + vaste kosten

Omzet = inkoopwaarde en variabele kosten van de omzet + vaste kosten

Omzet = 0,6 × omzet + €300.000

Omzet − 0,6 × omzet = €300.000

0,4 × omzet = €300.000

$$\text{Omzet} = \frac{€\,300.000}{0,4} = €\,750.000$$

De break-evenomzet bedraagt €750.000. Bij deze omzet bedraagt de brutowinst 40% van €750.000 = €300.000. Dit is precies voldoende om de vaste kosten te dekken.

ZELFTOETS 5.4

Autospeciaalzaak Carselect bv verkoopt verschillende artikelen voor auto's, zoals uitlaten, schokbrekers, banden en autoradio's. De vaste kosten van Carselect bv bedragen €120.000 per jaar. Gemiddeld over het gehele assortiment genomen, bedragen de variabele kosten (inkoopwaarde van de artikelen, verhoogd met alle bijkomende variabele kosten) 70% van de omzet. Dit houdt tevens in dat de brutowinst (hier in de betekenis van omzet, verminderd met inkoopwaarde en alle variabele kosten) 30% van de omzet bedraagt.

Bereken de omzet waarbij Carselect bv geen winst maakt, maar ook geen verlies lijdt (break-evenomzet).

We geven nu een voorbeeld waarbij de omzet van een handelsonderneming is verdeeld over verschillende artikelgroepen (assortimenten).

VOORBEELD 5.4

Meubelgroothandel Woonland bv verkoopt meubels die zijn onderverdeeld in drie *assortimenten*: woonkamermeubilair, slaapkamerinrichting en keukenmeubilair. De brutowinstmarges verschillen per assortiment en zijn in tabel 1 opgenomen. Onder de *brutowinst* verstaan we hier de omzet, verminderd met inkoopwaarde en alle variabele kosten. Bovendien is in tabel 1 de verdeling van de omzet over de drie assortimenten gegeven.

TABEL 1 Omzetverdeling en brutowinstmarges van Woonland bv

Assortiment	Verdeling van de omzet over de verschillende assortimenten	Brutowinst in % van de omzet
Woonkamermeubilair	50% van de totale omzet	60
Slaapkamerinrichting	30% van de totale omzet	40
Keukenmeubilair	20% van de totale omzet	25

De vaste kosten bedragen €470.000 per jaar.

Gevraagd
Bereken de break-evenomzet voor Woonland bv.

Uitwerking
Om de break-evenomzet voor Woonland bv te berekenen, moeten we eerst het gemiddelde brutowinstpercentage berekenen.

Gemiddelde brutowinst van Woonland bv = $0{,}5 \times 60\% + 0{,}3 \times 40\% + 0{,}2 \times 25\% = 47\%$ van de omzet.

De break-evenomzet voor Woonland bv volgt uit de volgende vergelijking:

Totale opbrengsten = totale kosten

Omzet = inkoopwaarde en variabele kosten van de omzet + vaste kosten

Omzet − (inkoopwaarde en variabele kosten van de omzet) = vaste kosten

Brutowinst = vaste kosten
0,47 × omzet = €470.000
Omzet = €470.000 : 0,47 = €1.000.000

We berekenen in tabel 2 eerst het resultaat van Woonland bv bij verschillende niveaus van de omzet en geven het daarna in de figuur weer.

TABEL 2 Omzet, brutowinst en resultaat van Woonland bv

Omzet	Brutowinst	Vaste kosten	Resultaat	
0	0	€470.000	− €470.000	
€ 500.000	0,47 × € 500.000 = €235.000	€470.000	− €235.000	
€1.000.000	0,47 × €1.000.000 = €470.000	€470.000	0	**BEP**
€1.500.000	0,47 × €1.500.000 = €705.000	€470.000	€235.000	
€2.000.000	0,47 × €2.000.000 = €940.000	€470.000	€470.000	

Het verband tussen brutowinst, vaste kosten en resultaat geven we voor Woonland bv in de volgende figuur weer.

Break-evenomzet Woonland bv

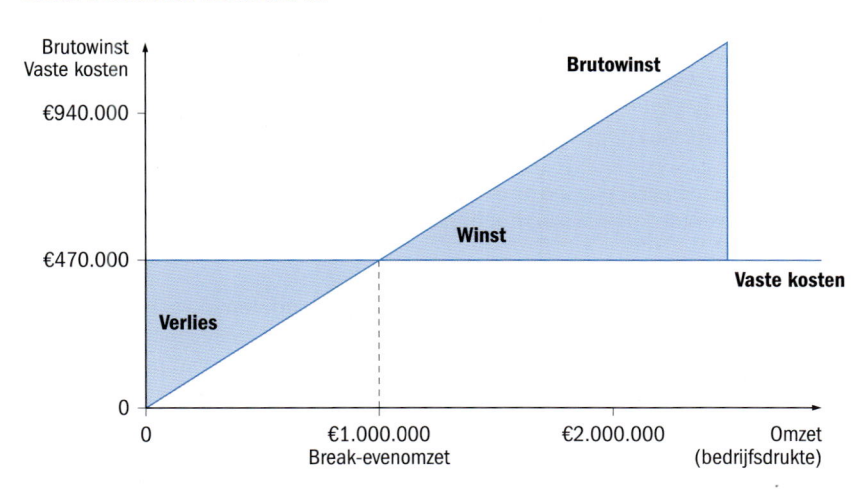

In het break-evenpunt van Woonland bv bedraagt de totale omzet €1.000.000, die als volgt is verdeeld over de drie productgroepen:
Woonkamermeubilair: 0,5 × €1.000.000 = €500.000
Slaapkamerinrichting: 0,3 × €1.000.000 = €300.000
Keukenmeubilair: 0,2 × €1.000.000 = €200.000

Als er verschuivingen tussen de assortimenten optreden, moeten we de gemiddelde brutowinstmarge opnieuw berekenen. Dit moet ook gebeuren als de brutowinstmarges van de individuele productgroepen veranderen.

ZELFTOETS 5.5

Muziekhandel Hifi vof verkoopt muziekinstrumenten die zijn onderverdeeld in drie artikelgroepen: piano's, blaasinstrumenten en drumstellen. De brutowinstmarges, die per artikelgroep verschillen, zijn in de tabel weergegeven. Bovendien is in de tabel de verdeling van de omzet over de drie artikelgroepen opgenomen.

Omzetverdeling en brutowinstmarges van Hifi vof

Artikelgroep	Verdeling van de omzet over de verschillende assortimenten	Brutowinst in % van de omzet
Piano's	60% van de totale omzet	50
Blaasinstrumenten	25% van de totale omzet	60
Drumstellen	15% van de totale omzet	40

De vaste kosten bedragen €255.000 per jaar.
Bereken de break-evenomzet voor Hifi vof.

5.4 Kostprijsberekening

Kostprijs

De leiding van een bedrijf wil graag weten wat de kostprijs is van de producten of diensten die ze aanbieden. Om winst te maken moet de onderneming ervoor zorgen dat de kostprijs lager is dan de verkoopprijs. We kunnen de kostprijs onder andere gebruiken om:
- op basis daarvan de verkoopprijs vast te stellen;
- (bij een gegeven verkoopprijs) te kunnen beoordelen of de kostprijs lager ligt dan de verkoopprijs.

We bespreken eerst wat we onder een kostprijs verstaan en gaan daarna in op de rol van de kostprijs bij het bepalen of beoordelen van de verkoopprijs.

5.4.1 Het begrip kostprijs

De totale kosten van een organisatie kunnen we verdelen in vaste en variabele kosten. In dit boek veronderstellen we dat de variabele kosten evenredig met de productieomvang veranderen. We spreken dan van proportioneel variabele kosten.

Proportioneel variabele kosten

Op welke wijze de totale kosten (vaste én variabele kosten) van een onderneming reageren op een verandering in de productieomvang lichten we in voorbeeld 5.5 toe.

VOORBEELD 5.5

Altrex bv is fabrikant van aluminium ladders die slechts in een uitvoering worden geproduceerd. Altrex bv heeft een productiecapaciteit die het mogelijk maakt 12.000 ladders per jaar te maken. De vaste kosten die bij deze productiecapaciteit behoren, bedragen €240.000 per jaar. De productie van een ladder vereist €25 aan grondstofkosten (proportioneel variabele kosten).

Gevraagd
a Bereken de totale kosten bij een (verwachte) werkelijke productieomvang van:
 1 0 ladders
 2 3.000 ladders
 3 6.000 ladders
 4 9.000 ladders
 5 12.000 ladders.
b Geef het verloop van de totale kosten weer in een grafiek.
c Bereken de gemiddelde kosten per ladder.

Uitwerking
a

TABEL 1 Totale kosten voor Altrex bv

Productieomvang	Vaste kosten	Variabele kosten	Totale kosten
0	€240.000	0	€240.000
3.000	€240.000	3.000 × €25 = € 75.000	€315.000
6.000	€240.000	6.000 × €25 = €150.000	€390.000
9.000	€240.000	9.000 × €25 = €225.000	€465.000
12.000	€240.000	12.000 × €25 = €300.000	€540.000

b

Verloop van de totale kosten

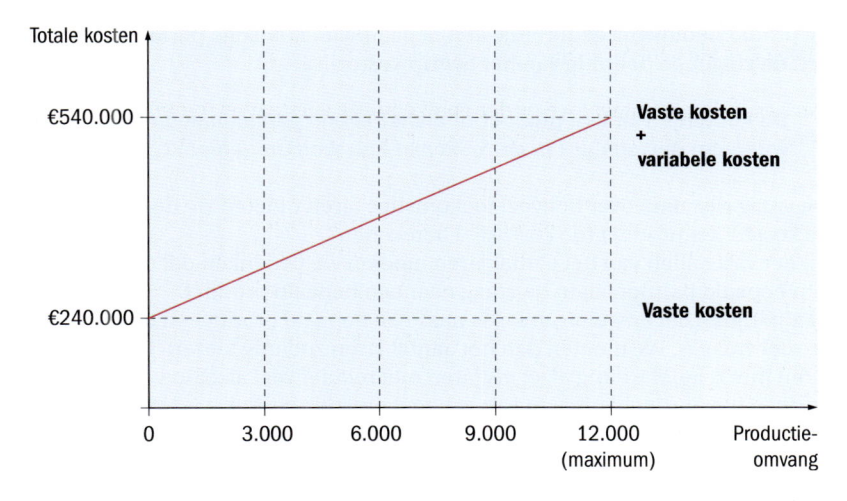

c In tabel 1 zijn de totale kosten voor Altrex bv bij verschillende omvangen van de productie berekend. Op basis van deze tabel kunnen we de gemiddelde kosten per ladder berekenen door de totale kosten te delen door de totale productieomvang.

We krijgen dan de volgende *gemiddelde kosten* per ladder (tabel 2).

TABEL 2 Gemiddelde kosten per ladder

Verwachte werkelijke productieomvang	Totale kosten	Gemiddelde kosten per ladder
3.000	€315.000	€315.000 : 3.000 = €105
6.000	€390.000	€390.000 : 6.000 = € 65
9.000	€465.000	€465.000 : 9.000 = € 51,67
12.000	€540.000	€540.000 : 12.000 = € 45

Wat opvalt in tabel 2 is dat de gemiddelde kosten per product afnemen, naarmate de productieomvang toeneemt. De vraag rijst echter: van welk bedrag aan gemiddelde kosten moeten we uitgaan? Om deze vraag te kunnen beantwoorden, moeten we ons eerst afvragen waarvoor we de gemiddelde kosten per product willen gebruiken.

Normale productieomvang

De doelstelling van een onderneming is het maken van winst. Om dat te realiseren moet de verkoopprijs van een product of dienst hoger zijn dan de kosten van het product. In tabel 2 van voorbeeld 5.5 zijn de gemiddelde kosten per product berekend bij verschillende productieomvangen. Een kostprijs geeft ook de gemiddelde kosten per product weer, echter niet op basis van de werkelijke productieomvang maar op basis van de *normale productieomvang*. Onder de normale productieomvang verstaan we de gemiddelde productieomvang gedurende een bepaalde toekomstige periode. We geven de volgende definitie van het begrip kostprijs.

Kostprijs

> De kostprijs van een product of dienst is een gemiddelde prijs waarvoor het product *in de toekomst* kan worden gemaakt.

De vraag rijst dan: over hoeveel toekomstige jaren moeten we de gemiddelde kosten per product (de kostprijs) berekenen?
Bij het vaststellen van het aantal jaren moeten we bedenken dat er meestal een bepaald patroon zit in de vraag naar een bepaald product.
Er zijn tijden dat er weinig vraag is naar een bepaald product en tijden dat er veel vraag is. We moeten dan het aantal jaren zodanig kiezen dat er zowel jaren met relatief weinig afzet als jaren met relatief veel afzet in vallen. We kunnen bijvoorbeeld uitgaan van een toekomstige periode van vijf jaar. Dit is bovendien een periode die voor een onderneming nog enigszins is te overzien. We lichten de berekening van de kostprijs toe in voorbeeld 5.6.

VOORBEELD 5.6
Voor Altrex bv uit voorbeeld 5.5 geldt dat de vaste kosten €240.000 per jaar bedragen en dat de proportioneel variabele kosten €25 per ladder zijn. De verwachte productie en de bijbehorende verwachte kosten zijn voor Altrex bv voor de komende vijf jaren gegeven.

Gemiddelde kosten per ladder

Verwachte productie in de komende vijf jaar		Verwachte totale kosten	Gemiddelde kosten per ladder
Jaar 1	7.000	€240.000 + 7.000 × €25 = €415.000	€415.000 : 7.000 = €59,29
Jaar 2	9.000	€240.000 + 9.000 × €25 = €465.000	€465.000 : 9.000 = €51,67
Jaar 3	11.000	€240.000 + 11.000 × €25 = €515.000	€515.000 : 11.000 = €46,82
Jaar 4	12.000	€240.000 + 12.000 × €25 = €540.000	€540.000 : 12.000 = €45
Jaar 5	11.000	€240.000 + 11.000 × €25 = €515.000	€515.000 : 11.000 = €46,82

Gevraagd
Bereken de kostprijs van een ladder.

Uitwerking
De *kostprijs* van een ladder berekenen we op basis van de gemiddelde productie in de komende vijf jaren. De gemiddelde productie bedraagt:

$$\frac{7.000+9.000+11.000+12.000+11.000}{5} = 10.000 \text{ ladders}$$

De kosten bij 1.000 ladders bestaan uit:
- vaste kosten   €240.000
- variabele kosten 10.000 × €25 =   €250.000 +

Totale kosten   €490.000

De kostprijs bedraagt €490.000 : 10.000 = €49 per ladder. Deze kostprijs geldt zowel voor jaar 1 als voor de jaren erna. Door op deze wijze de kostprijs te berekenen, krijgen we geen verschillende kosten per ladder zoals in de tabel in dit voorbeeld het geval is.

ZELFTOETS 5.6
Popgroep Magic heeft een eigen productiebedrijf voor het produceren van cd's. De kostprijs van een cd is mede van invloed op de verkoopprijs van de cd. Voor de berekening van de kostprijs zijn de volgende gegevens beschikbaar.

Verwachte productie in de komende vijf jaar		Verwachte totale kosten
Jaar 1	100.000	€700.000 + 100.000 × €2 = € 900.000
Jaar 2	120.000	€700.000 + 120.000 × €2 = € 940.000
Jaar 3	190.000	€700.000 + 190.000 × €2 = €1.080.000
Jaar 4	160.000	€700.000 + 160.000 × €2 = €1.020.000
Jaar 5	130.000	€700.000 + 130.000 × €2 = € 960.000

Bereken de kostprijs van een cd.

Normale productie

Kostprijsformule
We berekenen de kostprijs door de totale kosten *bij de normale productie* te delen door de *normale productie*. De normale productie is de gemiddelde productieomvang over een reeks van toekomstige jaren (in het voorbeeld van Altrex bv is de normale productie 10.000).
We kunnen de berekening van de kostprijs van een product ook weergeven door een kostprijsformule waarbij we gebruikmaken van symbolen.
De totale kosten bestaan uit vaste kosten en variabele kosten. De vaste kosten noemen we ook wel constante kosten en geven we weer met het symbool C. De variabele kosten geven we weer met een V, terwijl we de normale productie het symbool N geven.

Voor voorbeeld 5.5 van Altrex bv geldt dat de vaste kosten bij de normale productie €240.000 bedragen (C = €240.000). De variabele kosten bij de normale productie (V_N) = 10.000 × €25 = €250.000 (V_N = €250.000).

Kostprijsformule

In formulevorm krijgen we de volgende berekening van de kostprijs:

$$\text{Kostprijs} = \frac{\text{Totale kosten bij normale productie}}{\text{Normale productie}} = \frac{\text{Vaste kosten bij N} + \text{Variabele kosten bij N}}{N}$$

$$\text{Kostprijs (Kp)} = \frac{\text{Vaste kosten bij N}}{N} + \frac{\text{Variabele kosten bij N}}{N} = \frac{C}{N} + \frac{V_N}{N}$$

In formulevorm:

$$Kp = \frac{C}{N} + \frac{V_N}{N}$$

Waarbij:
Kp = kostprijs
C = constante kosten bij de normale productieomvang
V_N = variabele kosten bij de normale productieomvang
N = normale productieomvang

Voor onderneming Altrex bv geldt:

$$\text{Kostprijs van een ladder} = Kp = \frac{€\,240.000}{10.000} + \frac{€\,250.000}{10.000} = €\,24 + €\,25 = €\,49$$

Proportioneel variabele kosten

Alleen bij *proportioneel* variabele kosten kunnen we de kostprijs ook op een andere manier berekenen. Bij proportioneel variabele kosten geldt dat de variabele kosten per eenheid bij iedere productieomvang gelijk zijn (zie ook figuur 5.4).
De *variabele* kosten per eenheid kunnen we dan ook berekenen door de variabele kosten bij de werkelijke productieomvang te delen door de werkelijke productieomvang.

In formulevorm:

$$Kp = \frac{C}{N} + \frac{V_W}{W}$$

Waarbij:
Kp = kostprijs
C = constante kosten bij de normale productieomvang
V_W = (*proportioneel*) variabele kosten bij de werkelijke productieomvang
W = werkelijke productieomvang

Bij een werkelijke productieomvang van bijvoorbeeld 8.000 ladders bedragen de variabele kosten 8.000 × €25 = €200.000.

Kostprijs van een ladder = $Kp = \dfrac{€\,240.000}{10.000} + \dfrac{€\,200.000}{8.000} = €\,24 + €\,25 = €\,49$

Voor Altrex bv geldt dat *bij iedere productieomvang* de variabele kosten €25 per ladder bedragen. Als we deze kosten verhogen met de vaste kosten per eenheid, krijgen we de kostprijs van een ladder:

Vaste kosten per ladder = C : N = €240.000 : 10.000 = € 24
Proportioneel variabele kosten per ladder = € 25
_____+
Kostprijs € 49

Kostprijs

ZELFTOETS 5.7
Monogame bv is fabrikant van slechts één soort spel. Voor de berekening van de kostprijs zijn de volgende gegevens beschikbaar.

Verwachte productie in de komende zes jaar		Totale kosten
Jaar 1	21.000	€48.000 + 21.000 × €3 = €111.000
Jaar 2	23.000	€48.000 + 23.000 × €3 = €117.000
Jaar 3	30.000	€48.000 + 30.000 × €3 = €138.000
Jaar 4	28.000	€48.000 + 28.000 × €3 = €132.000
Jaar 5	26.000	€48.000 + 26.000 × €3 = €126.000
Jaar 6	16.000	€48.000 + 16.000 × €3 = € 96.000

a Bereken de normale productie.
b Bereken de kostprijs van een spel op twee manieren.

5.4.2 Kostprijs als basis om de verkoopprijs te berekenen

Monopolie

Ondernemingen die een monopoliepositie bekleden, kunnen zelf hun verkoopprijs vaststellen. Zij kunnen de kostprijs met een bepaalde winstopslag verhogen om de verkoopprijs te bepalen. In voorbeeld 5.6 komen we uit op een kostprijs van €49 per ladder. Stel dat de winstopslag bijvoorbeeld 40% van de kostprijs is. De verkoopprijs wordt dan 1,4 × €49 = €68,60 per ladder, zowel voor jaar 1 als voor jaar 2 enzovoort.

Bij de definitieve vaststelling van de verkoopprijzen kunnen we rekening houden met de inflatie. De producent kan de verwachte inflatie betrekken bij het vaststellen van de verkoopprijs. Stel dat de geldontwaarding (inflatie) 3% per jaar bedraagt. We krijgen dan de volgende verkoopprijzen voor:

Verkoopprijs

Jaar 1 €68,60
Jaar 2 €68,60 × 1,03 = €70,66
Jaar 3 €68,60 × 1,03 × 1,03 = €72,78
Jaar 4 €68,60 × 1,03 × 1,03 × 1,03 = €74,96
Jaar 5 €68,60 × 1,03 × 1,03 × 1,03 × 1,03 = €77,21

Een consument heeft er begrip voor dat een ondernemer zijn verkoopprijzen aanpast aan de inflatie (geldontwaarding). Sterk wisselende verkoopprijzen (van hoog naar laag en dan weer hoog) waardeert de consument echter niet. We vermijden sterk wisselende verkoopprijzen als we uitgaan van de normale productieomvang om de kostprijs te berekenen.

We merken op dat ook andere argumenten dan de kostprijs van een product een rol kunnen spelen bij het vaststellen van de verkoopprijs.
Zo is er een voorbeeld bekend waarbij een supermarkt een huiswijn aanbood voor €3 per fles. Deze verkoopprijs was tot stand gekomen door de kostprijs te verhogen met een winstopslag van 20%. De huiswijn werd echter slecht verkocht. De supermarkt heeft toen de verkoopprijs verdubbeld naar €6 en de afzet nam blijvend met 200% toe! Wat is de verklaring? Door de hogere verkoopprijs kreeg de klant een hogere kwaliteitsbeleving bij het product: 'een wijntje van €3 per fles, dat kan niets zijn,' terwijl de consument voor €6 een goede kwaliteit van de wijn verwachtte. Blijkbaar is deze verwachting door het drinken van de wijn bevestigd, aangezien de afzet blijvend is gestegen.

5.4.3 Kostprijs als basis voor het beoordelen van een gegeven verkoopprijs

Het kan ook voorkomen dat een producent niet zelf zijn verkoopprijs kan vaststellen. Dit is bijvoorbeeld het geval voor producten zoals graan en koffie. Door de vraag naar en het aanbod van deze producten (over de gehele wereld) komt er een verkoopprijs tot stand (volledige mededinging). Deze verkoopprijs is voor de individuele aanbieder (de producent van graan of koffie) een gegeven, waarop hij geen enkele invloed kan uitoefenen. Het enige wat hij kan proberen, is het product te produceren tegen een kostprijs die ligt onder de (voor hem gegeven) verkoopprijs. Als hij daarin slaagt, is zijn onderneming winstgevend, zo niet dan lijdt de producent verlies.

In deze situatie berekent de producent de kostprijs (op de wijze zoals we dat hiervoor hebben toegelicht) om te beoordelen of het voor hem zinvol is het product te maken. Als zijn kostprijs lager ligt dan de verkoopprijs, kan de producent besluiten tot productie over te gaan. Als de kostprijs echter hoger is dan de verkoopprijs, zal hij niet tot productie overgaan.

Volledige mededinging

5.5 Directe en indirecte kosten

In de vorige paragraaf zijn we ervan uitgegaan dat de onderneming slechts één product (bij Altrex bv slechts één soort ladder) voortbrengt.

In dat geval kunnen we de kostprijs berekenen door de totale kosten te delen door de totale (normale) productieomvang. Dat kan alleen als een producent slechts één product voortbrengt waarvan alle exemplaren precies aan elkaar gelijk zijn. We spreken dan van *homogene productie*. Deze manier van kostprijsberekening kunnen we echter niet toepassen als er verschillende producten (heterogene producten) worden gemaakt. Stel je voor dat autofabrikant Mercedes de kostprijs van iedere auto zou berekenen door de totale kosten van het hele concern (van alle modellen) te delen door het aantal auto's dat Mercedes produceert. Dat zou één kostprijs opleveren die zowel voor een grote Mercedes (de S-klasse) geldt als voor een klein model (de A-klasse). Dat is niet realistisch. Als een producent verschillende producten maakt, zullen we anders te werk moeten gaan. Dat bespreken we hierna.

Homogene productie

We gaan eerst kort in op directe kosten en daarna bespreken we de indirecte kosten.

5.5.1 Directe kosten

Als een onderneming meer dan één product maakt, gaan we eerst vaststellen welke kosten we rechtstreeks (direct) aan een bepaald product kunnen toewijzen. Voor bijvoorbeeld auto's kunnen we exact vaststellen hoeveel materiaal (plaatstaal, plastic, onderdelen, bedrading enzovoort) voor een bepaald model nodig is. Ook kunnen we vaststellen hoelang een bepaalde machine of arbeider aan een bepaalde auto werkt.

Kosten waarvoor we precies kunnen vaststellen voor welk product ze worden gemaakt, noemen we directe kosten. Per product moeten we de verbruikte hoeveelheid productiemiddelen en de prijs per productiemiddel registreren om de directe kosten (hoeveelheid × prijs) per individueel product te kunnen vaststellen.

Directe kosten

5.5.2 Indirecte kosten

Voor sommige kosten is het niet mogelijk vast te stellen voor welk specifiek product ze worden gemaakt. Dit geldt voor kosten die worden gemaakt voor de onderneming als geheel en niet voor een specifiek product. Voorbeelden daarvan zijn: de loonkosten van de directeur, de huurkosten van een bedrijfspand, de premie voor de brandverzekering en de kosten van beveiliging van bedrijfspanden. Deze kosten kunnen niet rechtstreeks aan een product worden toegerekend. En toch moeten ook de indirecte kosten, naast de directe kosten, worden opgenomen in de kostprijs van de producten. De toerekening van de indirecte kosten aan een individueel product lichten we hierna toe.

Indirecte kosten

We bespreken hierna de enkelvoudige opslagmethode en de meervoudige opslagmethode.

Enkelvoudige opslagmethode

Hoe we indirecte kosten aan de producten kunnen toerekenen, lichten we toe aan de hand van de kostprijsberekening bij een restaurant.

In de horeca komt het niet voor dat er slechts één homogeen product wordt geleverd. Er is sprake van verschillende drankjes en gerechten waaruit de gasten kunnen kiezen. Het uitdrukken van de totale productieomvang in aantallen heeft dan ook geen zin. In de horeca drukken we de totale productie uit in een geldbedrag (totale omzet in euro's).

We geven in tabel 5.1 eerst een opsomming van de verschillende soorten directe en indirecte kosten die bij een restaurant (De Eendracht) kunnen optreden.

TABEL 5.1 Verwachte kosten van restaurant De Eendracht (gemiddeld voor de komende jaren)

Directe kosten	Materiaalkosten (ingrediënten: vlees, vis, groenten enzovoort)	€ 80.000
	Loonkosten (in verband met bereiding gerechten)	€ 100.000
	Totaal directe kosten	€ 180.000
Indirecte kosten	Huur van het pand, Buma-rechten, afschrijvingskosten, administratiekosten, telefoonkosten enzovoort	€ 68.000
	Loonkosten (in verband met bediening en schoonmaken)	€ 40.000
	Totaal indirecte kosten	€ 108.000

Opslagpercentage indirecte kosten

We berekenen de kostprijs van een gerecht door de directe kosten (direct materiaal en direct loon) te verhogen met een opslagpercentage ter dekking van de indirecte kosten. Dit percentage berekenen we als volgt:

$$\text{Opslagpercentage indirecte kosten} = \frac{\text{Indirecte kosten}}{\text{Directe kosten}} = \frac{€\,108.000}{€\,180.000} \times 100\% = 60\%$$

Voor komend jaar veronderstellen we dat wanneer aan een gerecht bijvoorbeeld €10 directe kosten zijn besteed, de indirecte kosten voor dat gerecht 60% van €10 = €6 bedragen. De kostprijs van dat gerecht is dan €16.

Restaurant De Eendracht heeft onder andere het gerecht 'Duits zwijntje' op de menukaart staan. Voor dit gerecht (een grote schnitzel met champignons, stroganoffsaus of pepersaus naar keuze) is de kostprijsberekening als volgt:

Directe kosten:		
	• Vlees	€3,40
	• Groenten	€0,80
	• Aardappelen	€0,40
	• Appelmoes of sla	€0,50 +
	Totaal directe kosten	€5,10
Opslag ter dekking van de indirecte kosten: 60%		€3,06 +
	Kostprijs	€8,16

Om de verkoopprijs vast te stellen gaat De Eendracht in eerste instantie uit van een winstopslag van 50%. We krijgen dan voor het gerecht 'Duits zwijntje' de volgende berekening:

Kostprijs	€ 8,16
Winstopslag = 50%	€ 4,08 +
Berekende verkoopprijs	€12,24

Bij het definitief vaststellen van de verkoopprijzen op de menukaart speelt niet alleen de kostprijs van het gerecht een rol. De eigenaren van De Eendracht houden ook rekening met 'wat de markt kan dragen'. Welke prijs is de consument bereid te betalen voor een bepaald gerecht?
Restaurant De Eendracht heeft bijvoorbeeld een aantal vleesgerechten op de menukaart staan. Voor gerechten met dure ingrediënten kan een berekende verkoopprijs tot stand komen die aan de hoge kant is, gezien het marktsegment waarop De Eendracht zich richt: gasten die tegen een redelijke prijs buiten de deur willen eten. Voor deze gerechten wordt dan een lagere winstopslag toegepast van bijvoorbeeld 40%.
Aan de andere kant kan voor gerechten met goedkope ingrediënten een berekende verkoopprijs ontstaan, die aan de lage kant is. Voor deze gerechten wordt dan een hogere winstopslag (bijvoorbeeld 60%) toegepast. Uiteindelijk komen verkoopprijzen tot stand die aansluiten bij de doelgroep van De Eendracht en toch een gemiddelde winstopslag van 50% opleveren.
Tot slot worden de prijzen afgerond op een 'mooi bedrag'. Zo leidt een berekende verkoopprijs van bijvoorbeeld €10,03 tot een prijs op de menukaart van €9,95, terwijl een berekende verkoopprijs van bijvoorbeeld €12,24 tot een prijs op de menukaart van €12,25 leidt.
De manier waarop De Eendracht de indirecte kosten doorberekent in haar kostprijs, noemen we de enkelvoudige of primitieve opslagmethode. Bij deze methode berekenen we in eerste instantie de directe kosten per product. Daarna worden de directe kosten (of wordt een gedeelte daarvan) verhoogd met één percentage ter dekking van de indirecte kosten. De Eendracht verhoogt de directe kosten met *één opslag* van 60% ter dekking van de indirecte kosten.

Primitieve opslagmethode

De directe kosten worden rechtstreeks aan het product toegerekend, terwijl de indirecte kosten aan het product worden doorberekend door de directe kosten met *één opslagpercentage* te verhogen.

ZELFTOETS 5.8
Safety bv maakt helmen voor motorrijders. De normale productie bedraagt 10.000 helmen per jaar, waarvoor de volgende kosten zijn begroot:

- materiaalkosten: 12.000 kg × € 3 per kg   = € 36.000
- loonkosten: 3.000 uur × €60 per uur   = €180.000
- machinekosten: 6.000 uur × €20 per uur   = €120.000
- indirecte kosten: €100.800

Safety bv past de enkelvoudige opslagmethode toe. Als opslagbasis gebruikt de onderneming de totale directe kosten.

a Bereken het opslagpercentage ter dekking van de indirecte kosten.
b Bereken de kostprijs van een helm waarvoor 1,2 kg materiaal, 0,3 arbeidsuur en 0,6 machine-uur nodig zijn.

Meervoudige of verfijnde opslagmethode

Meervoudige opslagmethode

We geven een voorbeeld op basis waarvan we de meervoudige opslagmethode bespreken en de verschillen met de enkelvoudige opslagmethode toelichten.

VOORBEELD 5.7
Je loopt stage bij onderneming Seasons bv, fabrikant van tuinmeubelen. Tijdens de eerste week van je stage heb je kennisgemaakt met je directe collega's, stukken gelezen over de organisatie en heb je een rondje door het bedrijf gemaakt. Ook heb je in deze introductiefase het onderwerp van je stageopdracht met je directe begeleider bij het bedrijf besproken. Je moet je verdiepen in de kostprijsberekening van de verschillende producten die Seasons bv voortbrengt.

Tot nu toe is dat min of meer met de natte vinger gebeurd: de directe kosten werden verhoogd met een percentage ter dekking van de indirecte kosten (enkelvoudige opslagmethode). Door de toegenomen concurrentie in de branche ziet Seasons bv zich genoodzaakt de kostprijzen nauwkeuriger te berekenen. Er is behoefte aan een betrouwbare kostprijs, die als uitgangspunt kan dienen bij het vaststellen van de verkoopprijzen.

Je opdracht luidt:
- het opzetten van een eenvoudig systeem om de kostprijzen te berekenen;
- het berekenen van de kostprijzen voor het komende jaar.

Om deze opdracht uit te kunnen voeren, heb je het volgende al gedaan:
- informatie verzameld over de kosten over het afgelopen jaar;
- een schatting gemaakt van de kosten voor het komende jaar.

Je bent begonnen met het verzamelen van kostengegevens over het afgelopen jaar. Op die manier heb je al een beetje inzicht gekregen in de verschillende kosten die er zijn en in de omvang ervan. Daarbij heb je een onderscheid gemaakt in vaste en variabele kosten en directe en indirecte kosten.

In het kader van je opdracht heb je bovendien gesprekken gevoerd met de administrateur van Seasons bv. Hij heeft een schatting gemaakt van de verwachte productie en van de kosten in de komende jaren. Voor de kostprijsberekening voor de komende jaren heb je deze gegevens overzichtelijk weergegeven (zie tabel 1).

TABEL 1 Verwachte kosten van Seasons bv (gemiddeld voor de komende jaren)

Indirecte kosten	Machinekosten	€ 260.000
	Loonkosten	€ 300.000
	Overige kosten	€ 80.000
	Totaal indirecte kosten	€ 640.000
Directe kosten	Materiaalkosten	€ 300.000
	Loonkosten	€ 500.000
	Totaal directe kosten	€ 800.000

Seasons bv heeft tot nu toe de enkelvoudige opslagmethode toegepast. In dat geval veronderstel je dat er een verband is tussen het totaal van de indirecte kosten en het totaal van de directe kosten. Deze methode is eenvoudig, maar gaat erg grof te werk. We gooien in feite alle directe kosten op een hoop en doen hetzelfde voor de indirecte kosten. Daarna gaan we op basis van deze totalen het opslagpercentage bepalen.
Je moet nu onderzoeken of er een verfijnde (maar nog steeds eenvoudige) manier is om de kostprijs te berekenen. Deze methode moet je bovendien toepassen op twee soorten tuinstoelen, het type Empire en het type Relax, waarvoor de volgende directe kosten gelden (tabel 2).

TABEL 2 Directe kosten type Empire en type Relax

	Type Empire	Type Relax
Materiaalverbruik	€ 30	€ 60
Directe arbeid	€ 80	€ 40
Totale directe kosten	€110	€100

Gevraagd
a Wat is de kostprijs voor de tuinstoelen type Empire en type Relax als Seasons bv voor het volgende jaar de enkelvoudige opslagmethode toepast?
b Is het ook mogelijk verfijnder te werk te gaan en de kostprijs voor het volgende jaar nauwkeuriger vast te stellen? Zo ja, welke kostprijs geldt dan voor de tuinstoelen van het type Empire en van het type Relax?
c Wat zijn de voor- en nadelen van de verfijnde methode en wegen de voordelen van de verfijnde methode op tegen de nadelen ervan?

Uitwerking
a
De totale indirecte kosten bedragen €640.000. Bij de enkelvoudige opslagmethode berekenen we het opslagpercentage als volgt:

$$\frac{\text{Totaal indirecte kosten}}{\text{Totaal directe kosten}} \times 100\% = \frac{€\,640.000}{€\,800.000} \times 100\% = 80\%$$

Voor de tuinstoel van het type Empire krijgen we de volgende berekening van de kostprijs:

Materiaalverbruik	€ 30
Directe arbeid	€ 80 +
Totaal directe kosten	€110
Opslag indirecte kosten: 80%	€ 88 +
	€198

Voor de tuinstoel van het type Relax geldt:

Materiaalverbruik	€ 60
Directe arbeid	€ 40 +
Totaal directe kosten	€100
Opslag indirecte kosten: 80%	€ 80 +
	€180

b
In plaats van het totaal van de indirecte kosten in verband te brengen met het totaal van de directe kosten, kun je ook een relatie leggen tussen een gedeelte van de indirecte kosten en een gedeelte van de directe kosten. Als op basis van gegevens uit het verleden een verband kan worden vastgesteld tussen een bepaalde groep indirecte kosten en een bepaalde groep directe kosten, kan per kostengroep een opslagpercentage worden berekend. Zo zou uit deze gegevens kunnen blijken dat de indirecte loonkosten samenhangen met de directe loonkosten, de indirecte machinekosten met de directe materiaalkosten en de overige indirecte kosten met de totale directe kosten. In tabel 3 geven we deze verbanden overzichtelijk weer.

TABEL 3 Verbanden tussen directe en indirecte kosten

Indirecte kosten	Opslagbasis
Indirecte loonkosten	Directe loonkosten
Indirecte machinekosten	Directe materiaalkosten
Overige indirecte kosten	Totale directe kosten

Per opslagbasis berekenen we een opslagpercentage.
Bij de kostprijsberekening worden de indirecte kosten doorberekend door de directe kosten te verhogen met de corresponderende opslagpercentages.

Je mag er voor de eenvoud van uitgaan, dat de door ons in tabel 3 veronderstelde verbanden in werkelijkheid bij Seasons bv ook gelden. In de praktijk moeten deze verbanden eerst worden vastgesteld door op basis van gegevens uit het verleden de samenhang tussen directe en indirecte kosten te onderzoeken.

Je berekent nu de fabricagekostprijs van de tuinstoelen opnieuw, waarbij:
- de indirecte machinekosten worden doorberekend op basis van de directe materiaalkosten;
- de indirecte loonkosten worden doorberekend op basis van de directe loonkosten;
- de overige indirecte kosten worden doorberekend op basis van de totale directe kosten.

Voor Seasons bv krijgen we de volgende opslagpercentages:
- opslagpercentage op directe materiaalkosten:

$$\frac{€\,260.000}{€\,300.000} \times 100\% = 86\tfrac{2}{3}\%$$

- opslagpercentage op directe loonkosten:

$$\frac{€\,300.000}{€\,500.000} \times 100\% = 60\%$$

- opslagpercentage op totale directe kosten:

$$\frac{€\,80.000}{€\,800.000} \times 100\% = 10\%$$

Kostprijsberekening als we verschillende opslagpercentages gebruiken:

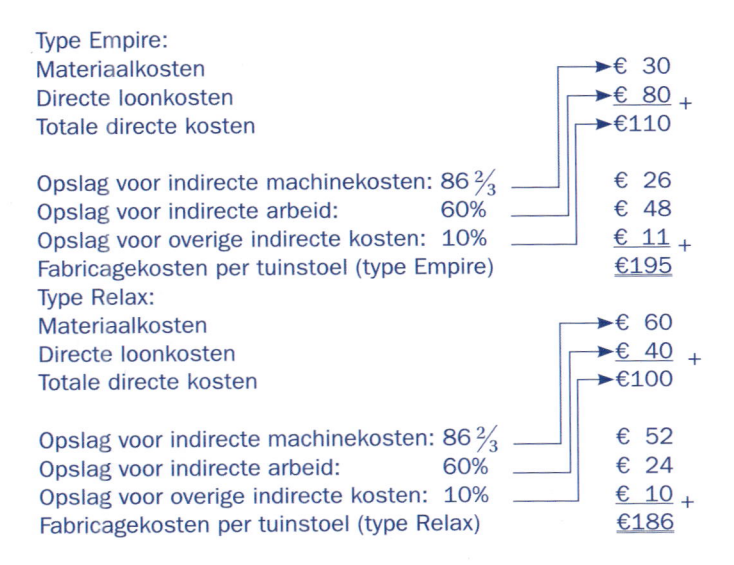

Type Empire:
Materiaalkosten	€ 30
Directe loonkosten	€ 80 +
Totale directe kosten	€110
Opslag voor indirecte machinekosten: 86 $\tfrac{2}{3}$	€ 26
Opslag voor indirecte arbeid: 60%	€ 48
Opslag voor overige indirecte kosten: 10%	€ 11 +
Fabricagekosten per tuinstoel (type Empire)	€195

Type Relax:
Materiaalkosten	€ 60
Directe loonkosten	€ 40 +
Totale directe kosten	€100
Opslag voor indirecte machinekosten: 86 $\tfrac{2}{3}$	€ 52
Opslag voor indirecte arbeid: 60%	€ 24
Opslag voor overige indirecte kosten: 10%	€ 10 +
Fabricagekosten per tuinstoel (type Relax)	€186

De methode die hiervoor is toegepast, noemen we de *meervoudige of verfijnde opslagmethode*.

c

TABEL 4 Vergelijking van de kostprijzen

	Enkelvoudige opslagmethode	Meervoudige opslagmethode
Empire	€198	€195
Relax	€180	€186

Bij de meervoudige of verfijnde opslagmethode worden de verbanden tussen de directe en indirecte kosten nauwkeuriger vastgesteld. Hierdoor ontstaat een nauwkeuriger kostprijsberekening en dat is op zichzelf een positief kenmerk van deze methode. Het bijhouden en in groepen indelen van de verschillende soorten directe en indirecte kosten brengt ook extra werk met zich mee. Met behulp van de computer kunnen deze werkzaamheden echter sterk worden beperkt.

Als we de enkelvoudige en meervoudige opslagmethode met elkaar vergelijken, blijkt dat de meervoudige opslagmethode voor het type Empire tot een lagere kostprijs en voor het type Relax tot een hogere kostprijs leidt. De verschillen in kostprijzen hangen ook af van de verhouding tussen de kosten van het directe materiaalverbruik en de directe arbeid per product. In het algemeen kunnen we stellen dat de verfijnde opslagmethode de voorkeur verdient, omdat die methode tegen geringe extra kosten een nauwkeuriger kostprijs oplevert.

Omdat er prijsveranderingen en wijzigingen in de samenstelling van de producten kunnen optreden, moeten de opslagpercentages echter regelmatig worden aangepast.

Bij de meervoudige opslagmethode worden de directe kosten rechtstreeks aan het product toegerekend, terwijl de indirecte kosten aan het product worden doorberekend door de directe kosten met *meer dan één opslagpercentage* te verhogen.

Meervoudige opslagmethode

ZELFTOETS 5.9
Hightech bv maakt één type computerchip voor de fabrikanten van personal computers.
De begrote kosten voor komend jaar zijn:
- directe materialen €900.000;
- directe loonkosten €600.000;
- indirecte kosten €400.000.

De opbouw van de indirecte kosten is als volgt: 45% materiaalkosten, 15% loonkosten en 40% overige kosten.
De indirecte materialen hangen samen met de directe materialen, de indirecte loonkosten met de directe loonkosten en de overige indirecte kosten met de totale directe kosten.

a Welke opslagmethode komt in deze situatie in aanmerking?
b Bereken de opslagpercentages (in twee decimalen nauwkeurig) voor de indirecte kosten.
c Bereken de fabricagekostprijs van één chip waarvoor €0,80 directe materiaalkosten en €0,60 directe loonkosten worden gemaakt.
d Hightech bv houdt rekening met verkoopkosten van 10% van de fabricagekostprijs. Bovendien wenst Hightech bv een winstopslag van 30% van de kostprijs inclusief verkoopkosten.
Bereken de verkoopprijs van één computerchip inclusief btw (de btw is 21%).

5.6 Differentiële kostencalculatie

In de vorige paragrafen hebben we gezien dat in allerlei situaties kosten een rol kunnen spelen. Daarbij moeten we ons steeds afvragen wat het bijzondere aan een bepaalde situatie is en wat het doel van de kostencalculatie is. Dat bepaalt in belangrijke mate welke kosten we in de calculatie moeten betrekken. Daarbij gaat het vaak om de financiële onderbouwing van een bepaalde beslissing in verband met het besturen van een organisatie.
Zo kan binnen een onderneming de situatie bestaan dat de beschikbare productiecapaciteit groter is dan de capaciteit die op dat moment nodig is om de binnengekomen orders uit te kunnen voeren. Stel dat in die situatie zich de mogelijkheid voordoet eenmalig een bepaalde opdracht uit te voeren. Het bijzondere aan deze situatie is dat er overcapaciteit is én dat er eenmalig een order uitgevoerd kan worden. We spreken dan van een incidentele order, omdat de opdracht niet tot de regelmatig terugkerende werkzaamheden van de onderneming behoort. We geven een voorbeeld.

Incidentele order

VOORBEELD 5.8
Drukkerij Publicom bv verzorgt de opmaak en het drukken van een groot aantal tijdschriften. Zij mag bekende tijdschriften zoals *Modetrends*, *Bike & Car* en *Music Gallery* tot haar vaste klantenkring rekenen. Om haar werkzaamheden te kunnen uitvoeren heeft Publicom bv de beschikking over een

team van medewerkers in vaste dienst (editors, redacteuren), die belast zijn met de inhoud en opmaak van de tijdschriften en de planning van de werkzaamheden. De tijdschriften worden gedrukt in een eigen drukkerij, waarbij de werkzaamheden door eigen productiemedewerkers in vaste dienst worden uitgevoerd.

Jij bent commercieel medewerker bij drukkerij Publicom bv en bent onlangs benaderd door de voorzitter van de landelijke Tennisbond. De Tennisbond viert binnenkort haar 50-jarig bestaan en wil in het kader daarvan een jubileumbrochure uitbrengen. Deze brochure zal bestaan uit 20 pagina's waarin onder andere de historie van de Tennisbond wordt geschetst. Deze jubileumuitgave moet in een oplage van 40.000 exemplaren worden gedrukt. De voorzitter van de Tennisbond vraagt aan jou een offerte voor het laten drukken van deze uitgave.

Om deze offerte te kunnen opstellen, heb je bij de controller van Publicom bv gegevens over de productiekosten van de potentiele order opgevraagd. De controller heeft jou op overzichtelijke wijze (zie de tabel) de nodige informatie verschaft.

Overzicht van de kosten van de brochures voor de Tennisbond

Inzet productiemiddelen	Omschrijving kosten	Aantallen	Prijs per eenheid
Grondstoffen	Papier	2.000 kg	€ 4 per kg
	Inkt	100 liter	€ 7 per liter
Gebruik drukpersen	Variabele kosten	10 machine-uren	€35 per uur
Er is een overcapaciteit: de order kan binnen de huidige beschikbare capaciteit worden uitgevoerd.	Indirecte vaste kosten	Opslag van 10% op de kosten van papier	
Inzet personeel	Productiepersoneel: • personeel tegen een vast salaris in dienst	20 uur (waarvan 6 uur in de verloren uurtjes worden ingevuld)[1]	€50 per uur
	• uitzendkrachten, die op uurbasis worden aangetrokken	10 uur	€20 per uur
Kosten koeriersdienst	Aflevering van de brochures bij de tennisbond	Eenmalig	€250 (eenmalig)

[1] Verloren uren zijn uren waarvoor anders geen werkzaamheden voor de vaste medewerkers beschikbaar zouden zijn geweest. Deze uren moeten echter wel aan de medewerkers in vaste dienst worden uitbetaald.

De Tennisbond is bereid maximaal €11.000 te betalen voor het laten drukken en afleveren van de brochures bij de Tennisbond, die voor verdere verspreiding zorg draagt.

Gevraagd
Ben je bereid deze order te accepteren? Licht je beslissing toe met de noodzakelijke berekeningen en motivatie. Geef de argumenten (voor- en nadelen) weer die je bij je beslissing hebt betrokken.

Uitwerking
Als we *alle kosten* van deze order op een rijtje zetten komen we uit op het volgende:

Grondstoffen:	Papier	2.000 × € 4	= € 8.000
	Inkt	100 × € 7	= € 700
Drukpers:	Machine-uren	10 × €35	= € 350
	Opslag indirecte vaste kosten: 10%		€ 800
Personeel:	Vaste medewerkers	20 × € 50	= € 1.000
	Uitzendkrachten	10 × € 20	= € 200
Koerier		1 × €250	= € 250 +
	Integrale kosten		€11.300

Als we alle kosten (= integrale kosten) in onze berekening opnemen, moeten we de order afwijzen omdat de Tennisbond €11.000 wil betalen en dat is minder dan de integrale kosten.

Maar is onze calculatie in voorbeeld 5.8 wel juist? Zijn er misschien kosten die we in deze situatie buiten beschouwing kunnen laten?
We gaan een paar kostenposten nader bekijken, waaronder de indirecte vaste kosten en de kosten van het personeel in vaste dienst. *Vaste kosten* hebben als eigenschap dat ze niet veranderen door een verandering in de productieomvang. Door het accepteren van een extra order nemen deze kosten niet toe (zolang de productie binnen de maximaal beschikbare capaciteit blijft). Deze order kan worden uitgevoerd binnen de beschikbare capaciteit.
De *vaste indirecte kosten* heb je toch of je deze order nu wel of niet accepteert. Het accepteren van deze order leidt niet tot extra indirecte vaste kosten, waardoor we ook de opslag van 10% buiten beschouwing kunnen laten (de opslag van €800 ter dekking van de vaste indirecte kosten vervalt).
Voor het personeel in vaste dienst geldt nagenoeg eenzelfde benadering. In de 20 uur die voor deze order nodig zijn, zitten 6 niet-productieve uren (uren die niet worden benut als de incidentele order niet wordt geaccepteerd). De kosten (6 × €50) die met deze uren samenhangen had Publicom bv toch gehad. De overige 14 uur hadden aan andere opdrachten besteed kunnen worden en moeten door deze incidentele order worden gecompenseerd. De kosten voor het personeel in vaste dienst bedragen in deze situatie 14 × €50 = €700.

Vaste kosten

We houden alleen rekening met de *extra kosten* die het gevolg zijn van de incidentele order. Deze bestaan uit:

Extra kosten

Grondstoffen:	Papier	2.000 × €4	= € 8.000
	Inkt	100 × €7	= € 700
Drukpers:	Machine-uren	10 × €35	= € 350
Personeel:	Vaste medewerkers	14 × €50	= € 700
	Uitzendkrachten	10 × €20	= € 200
Koerier		1 × €250	= € 250 +
	Extra kosten		€10.200

De extra kosten die het gevolg zijn van deze order (€10.200) bedragen minder dan de extra opbrengsten (€11.000). De order kan geaccepteerd worden.

Differentiële calculatie

Berekeningen waarbij we alleen kijken naar de extra kosten en de extra opbrengsten noemen we een *differentiële calculatie*. Bij een differentiële calculatie kijken we alleen naar de verschillen (differenties) in kosten en opbrengsten. Voor deze order geldt:

Extra opbrengsten	(differentiële opbrengst)	€11.000
Extra kosten	(differentiële kosten)	€10.200 +
Extra winst	(differentiële winst)	€ 800

Omdat deze order een extra winst van €800 oplevert, is de order acceptabel.

Als de opdracht binnen de beschikbare capaciteit kan worden uitgevoerd, is een differentiële calculatie op zijn plaats.

Verschillende prijzen in hoog- en laagseizoen

De verkoopprijzen die een onderneming voor haar diensten of producten vaststelt, is van veel factoren afhankelijk. Het is niet zo dat een hogere kostprijs van een product automatisch tot een hogere verkoopprijs leidt. De verkoopprijs hangt ook af van de vraag naar en het aanbod van het product en van het prijsbeleid van de onderneming. Daarbij speelt ook de beschikbare capaciteit een rol. We geven daarvan een voorbeeld uit de hotelbranche.

Hoog- en laagseizoen

We nemen als voorbeeld een hotel aan de Nederlandse kust. In de zomermaanden zijn de kosten van een hotelkamer (door de geringe kosten voor verwarming en verlichting) laag ten opzichte van de wintermaanden. Toch is de prijs van een hotelkamer in de zomermaanden hoger dan in de wintermaanden. Hoe kunnen we dat verklaren?

Het aantal beschikbare hotelbedden aan de Nederlandse kust is voor een bepaald seizoen (jaar) een vaststaande hoeveelheid die niet op korte termijn kan worden uitgebreid. Als hoteleigenaren in verhouding tot het aantal beschikbare hotelbedden in het komende seizoen een hoge vraag verwachten, zullen zij een relatief hoge kamerprijs vragen. Dit geldt zeker voor de zomermaanden waarin de hotels volledig bezet zijn.

Maar hoe is de situatie aan de Nederlandse kust in de wintermaanden? Dan zal de vraag geringer zijn dan de beschikbare capaciteit. De prijzen van de hotelkamers zijn dan lager, hoewel de kosten van verwarming en verlichting hoger zijn dan in de zomermaanden. Maar hoever gaat men met de prijsverlaging? Welke factoren spelen daarbij een rol?

VOORBEELD 5.9
Hotel Zeezicht aan de Nederlandse kust is een viersterrenhotel met 60 kamers.
De kostprijsopbouw van een tweepersoonskamer (per overnachting inclusief ontbijt voor twee personen) is als volgt:

Vaste kosten	(afschrijving hotel, afschrijving inventaris, afschrijving installaties, verwarming minimaal 15 °C, vermogenskosten hotel, onderhoudskosten enzovoort)	€50
Variabele kosten	(ontbijt voor 2 personen, verwarming van 15 °C naar 21 °C, schoonmaken kamer, wassen lakens en handdoeken)	€20 +
Kostprijs voor een tweepersoonskamer inclusief ontbijt voor twee personen		€70

In het hoogseizoen (zomermaanden) bedraagt de kamerprijs (verkoopprijs) €160 per kamer per nacht. Met btw houden we geen rekening. Bij deze prijsstelling is het hotel volledig bezet.
In de wintermaanden is er overcapaciteit.

Gevraagd
Welke factoren spelen een rol bij het bepalen van de kamerprijs in de wintermaanden? Doe een suggestie voor een prijs in de wintermaanden en vermeld daarbij de argumenten.

Uitwerking
Als een hotelkamer leegstaat, heeft het hotel toch de vaste kosten ervan die in dit voorbeeld €50 bedragen. Een absolute ondergrens voor de kamerprijs zijn de variabele kosten van een hotelkamer. In dit voorbeeld is dat €20 en dit zijn de extra (= differentiële) kosten van een hotelkamer. Het verschil tussen de verkoopprijs en de variabele kosten is beschikbaar voor de dekking van de vaste kosten. Het verhuren van een hotelkamer in de wintermaanden voor bijvoorbeeld €45 draagt €45 – €20 = €25 bij aan de vaste kosten. Beter iets dan niets. Maar naast de kostenaspecten spelen ook ander factoren een rol. Hoe zullen de hotelgasten reageren als voor eenzelfde kamer op het ene moment (in de zomer) een prijs wordt gevraagd van €160 en op een ander moment (in de winter) slechts €45? Ook zal het hotel een (globale) schatting maken van de kamerbezetting bij verschillende kamerprijzen. We geven een voorbeeld van de verwachte vraag (in de wintermaanden) naar hotelkamers bij verschillende kamerprijzen:

TABEL Prijsstelling en vraag naar hotelkamers

Kamerprijs	Vraag naar hotelkamers	Omzet/dag	Variabele kosten/dag	Bijdrage in de vaste kosten
€ 60	60	€3.600	€1.200	€2.400
€ 70	50	€3.500	€1.000	€2.500
€ 90	40	€3.600	€ 800	€2.800
€110	30	€3.300	€ 600	€2.700
€130	20	€2.600	€ 400	€2.200

Op basis van de gegevens uit de tabel kan hotel Zeezicht in de wintermaanden het beste €90 per tweepersoonskamer vragen. Maar misschien vindt de directie het verschil met de prijzen in de zomer te groot en past deze relatief lage prijs niet in het beleid van het hotel. Mogelijk vreest men dat door deze relatief lage prijs in de wintermaanden het prijsniveau van €160 per kamer in de zomermanden op langere termijn onder druk komt te staan. Dit kan een reden zijn om toch te kiezen voor een prijs van €110 per kamer, hoewel de winst op korte termijn dan per dag €100 lager uitvalt.

We stellen vast dat de verkoopprijs van een product afhankelijk is van veel factoren, waarvan de kostprijs er één is.

Voor hotels in wintersportgebieden geldt juist een ander seizoenspatroon. Daar zijn de prijzen van hotelkamers in de winter juist hoog en in de zomer laag (als ze tenminste geopend zijn).

ZELFTOETS 5.10

Van Leer bv is fabrikant van hoogsluitende legerschoenen (die ook wel 'kistjes' worden genoemd). Voor de productie van deze kistjes zijn de volgende gegevens bekend:
- proportioneel variabele kosten €20 per paar;
- normale productie 10.000 paar;
- voor het komende jaar wordt een productie van 11.000 paar verwacht.

De vaste kosten zijn afhankelijk van de productiecapaciteit.

Productieomvang in paren	Vaste kosten in euro's
0 – 8.000	120.000
8.000 – 12.000	150.000
12.000 – 16.000	175.000

Van Leer bv beschikt nu over een productiecapaciteit die een productie van 12.000 paar mogelijk maakt. De productiecapaciteit kan in het komende jaar tijdelijk van 12.000 naar 16.000 worden uitgebreid. Na dat jaar komen de capaciteit en de bijbehorende vaste kosten weer terug op het oude niveau.

Van het Amerikaanse leger komt het verzoek om eenmalig 2.000 paar legerschoenen te leveren. Het Amerikaanse leger wil voor deze order €58.000 betalen.

a Toon door een berekening aan of deze incidentele order kan worden geaccepteerd.
b Welke argumenten (motieven) kunnen een rol spelen bij het beoordelen of een differentiële calculatie mag worden toegepast?

Samenvatting

Kostenberekeningen zijn een belangrijk instrument bij het besturen van organisaties. Per situatie moeten we beoordelen welke wijze van kostenberekening in aanmerking komt.
Als we het verband tussen de omvang van de productie en de omvang van de kosten willen vaststellen, maken we onderscheid in vaste en variabele kosten. Vaste kosten (zoals huurkosten van een bedrijfspand) veranderen niet als de productieomvang toe- of afneemt. Andere kosten (bijvoorbeeld grondstofkosten) veranderen wel door een verandering in de productieomvang. We spreken van proportioneel variabele kosten als deze kosten evenredig met de productieomvang veranderen.
De kostprijs van een product of dienst is een belangrijk uitgangspunt voor de vaststelling van de verkoopprijs of voor de beoordeling van een gegeven verkoopprijs. De kostprijs berekenen we door de totale kosten te delen door de normale productieomvang. Deze wijze van kostprijsberekening kan alleen worden toegepast als er één homogeen product wordt gemaakt of één homogene dienst wordt geleverd. In het geval van proportioneel variabele kosten kunnen we de kostprijs ook berekenen door de vaste kosten te delen door de normale productie en deze uitkomst te verhogen met de variabele kosten per eenheid product.
Als een onderneming meer dan één product maakt of meer dan één dienst levert, doet zich het probleem voor hoe de totale kosten over de verschillende producten of diensten moeten worden verdeeld. Om dit probleem op te lossen beginnen we met het verdelen van de totale kosten in directe en indirecte kosten. Directe kosten zijn kosten waarbij er een direct verband tussen het ontstaan van de kosten en het product of de dienst kan worden vastgesteld. Deze kosten kunnen we rechtstreeks (direct) aan het product of de dienst toerekenen. Voor de indirecte kosten kan er geen direct verband tussen het ontstaan van de kosten en het product of de dienst worden vastgesteld. Toch moeten we ook de indirecte kosten op de een of andere wijze aan de producten of diensten toerekenen. Een mogelijke oplossing is het verhogen van de directe kosten met een bepaald percentage ter dekking van de indirecte kosten (opslagmethode). Daarbij kunnen we gebruikmaken van één opslagpercentage (enkelvoudige opslagmethode) of van verschillende opslagpercentages (meervoudige opslagmethode).
De leiding van een onderneming zal ook willen weten vanaf welke productieomvang de onderneming winst gaat maken. Daartoe berekenen we het break-evenpunt. Dat is de productieomvang waarbij de onderneming geen winst maakt, maar ook geen verlies lijdt.
Tot slot van dit hoofdstuk hebben we aandacht besteed aan de differentiële calculatie. De differentiële calculatie passen we toe bij het beantwoorden van de vraag of we een incidentele order al dan niet moeten accepteren. Daarbij houden we alleen rekening met de extra opbrengsten en de extra kosten die het gevolg zijn van het accepteren van de incidentele order. Als de extra opbrengsten meer bedragen dan de extra kosten is de order acceptabel.

Begrippenlijst

Break-evenpunt	Bedrijfsdrukte (productieomvang of omzet) waarbij de totale kosten gelijk zijn aan de totale opbrengsten (geen winst, geen verlies).
Differentiële calculatie	Een berekening waarbij alleen rekening wordt gehouden met de extra opbrengsten en de extra kosten van een (incidentele) order.
Directe kosten	Kosten waarbij er een direct verband tussen het ontstaan van de kosten en het product of de dienst kan worden vastgesteld.
Enkelvoudige opslagmethode	Een methode om de indirecte kosten aan de producten toe te rekenen waarbij slechts één opslagpercentage wordt gebruikt.
Homogene productie	Productie van slechts één goed waarbij alle producten exact aan elkaar gelijk zijn.
Indirecte kosten	Kosten waarbij er geen direct verband tussen het ontstaan van de kosten en het product of de dienst kan worden vastgesteld.
Kosten	De opoffering van productiemiddelen doordat bezittingen de organisatie verlaten en/of in waarde dalen.
Kostensoort	Samenvoeging van alle kosten die met een bepaalde productiefactor samenhangen.
Kostprijs	De gemiddelde kosten per eenheid product (te berekenen op basis van de normale productie).
Meervoudige opslagmethode	Een methode om de indirecte kosten aan de producten toe te rekenen waarbij meer dan één opslagpercentage wordt gebruikt.
Monopolie	Een marktvorm waarbij er slechts één aanbieder van een bepaald product is. De aanbieder heeft een grote invloed op de verkoopprijs.
Normale productie	Gemiddelde productie te berekenen over een aantal toekomstige jaren.

Primitieve of enkelvoudige opslagmethode	Opslagmethode waarbij de indirecte kosten aan de producten worden doorberekend door slechts één opslagpercentage toe te passen.
Proportioneel variabele kosten	Kosten die evenredig met de productieomvang (bedrijfsdrukte) veranderen.
Variabele kosten	Kosten die veranderen door een verandering in de productieomvang (bedrijfsdrukte).
Vaste kosten	Kosten die niet veranderen door een verandering in de productieomvang (zolang de onderneming binnen de beschikbare capaciteit blijft).
Verfijnde of meervoudige opslagmethode	Opslagmethode waarbij de indirecte kosten aan de producten worden doorberekend door meer dan één opslagpercentage toe te passen.
Volledige mededinging	Een marktvorm waarbij er een groot aantal aanbieders van en een groot aantal vragers naar een bepaald product zijn. De individuele aanbieder of vrager heeft geen invloed op de verkoopprijs.

Meerkeuzevragen

5.1 Het kenmerkende van vaste kosten is dat ze
 a altijd gelijk blijven, ongeacht de hoogte van de productie.
 b niet veranderen zolang de werkelijke productie lager is dan de beschikbare capaciteit.
 c veranderen door een verandering in de productieomvang.
 d rechtstreeks aan de producten kunnen worden toegerekend.

5.2 Het kenmerkende van variabele kosten is dat ze
 a altijd gelijk blijven, ongeacht de hoogte van de productie.
 b niet veranderen zolang de werkelijke productie lager is dan de beschikbare capaciteit.
 c veranderen door een verandering in de productieomvang.
 d niet rechtstreeks aan de producten kunnen worden toegerekend.

5.3 Voor proportioneel variabele kosten geldt dat ze
 a evenredig veranderen met een verandering in de bedrijfsdrukte.
 b meer dan evenredig veranderen met een verandering in de bedrijfsdrukte.
 c minder dan evenredig veranderen met een verandering in de bedrijfsdrukte.
 d per eenheid product toenemen, naarmate de bedrijfsdrukte toeneemt.

5.4 De kostprijs van een product bestaat uit vaste en variabele kosten. Door een toename van de werkelijke bedrijfsdrukte (binnen de beschikbare capaciteit) zal het onderdeel vaste kosten in de kostprijs:
 a afnemen.
 b toenemen.
 c gelijk blijven.
 d De antwoorden **a**, **b** en **c** zijn onjuist.

5.5 Het vraagstuk van de toerekening van de indirecte kosten aan de producten doet zich voor als er:
 a uitsluitend voor één bepaald product kosten worden gemaakt.
 b slechts één homogeen product wordt voortgebracht.
 c een rechtstreeks verband tussen de kosten en de verschillende producten kan worden vastgesteld.
 d geen rechtstreeks verband tussen de kosten en de verschillende producten kan worden vastgesteld.

5.6 Van een onderneming zijn de volgende gegevens bekend:
- vaste kosten €21.000;
- proportioneel variabele kosten €60.000 bij een productie van 10.000 eenheden;
- verkoopprijs €10, ongeacht de te verkopen hoeveelheid;
- normale productie 20.000 eenheden.

Voor deze onderneming bedraagt het break-evenpunt:
a 5.250 eenheden.
b 3.000 eenheden.
c De antwoorden a en b zijn onjuist.

5.7 Van een groothandel in auto-onderdelen is de volgende omzetverdeling gegeven:

Assortiment	Verdeling van de omzet over de verschillende assortimenten	Brutowinst in % van de omzet
Uitlaten en schokbrekers	55% van de totale omzet	40
Accu's	13% van de totale omzet	50
Banden	32% van de totale omzet	30

De vaste kosten bedragen €200.000 per jaar.

Voor deze onderneming bedraagt de break-evenomzet (afgerond):
a €500.000.
b €524.935.
c De antwoorden a en b zijn onjuist.

5.8 Het break-evenpunt van een onderneming die een homogeen product maakt komt hoger te liggen, door
a een stijging van de variabele kosten per product.
b een daling van de variabele kosten per product.
c een stijging van de verkoopprijs van het product.
d een daling van de vaste kosten.

5.9 Welke van de volgende kosten is een voorbeeld van variabele directe kosten?
a Abonnement op vakliteratuur.
b Grondstofkosten.
c Afschrijvingskosten.
d Kosten van kantoormaterialen.

5.10 'Bakker de Bruin bv' levert voorgebakken brood aan supermarktketens. 'Bakker de Bruin bv' levert slechts één type brood: het homogene product 'Bruintje'. De totale productiekosten bestaan uit vaste en variabele kosten. Over het verband tussen de totale productie en de totale kosten zijn de volgende gegevens bekend.

Totale productie in eenheden	Totale kosten in euro's
200.000	100.000
240.000	112.000
270.000	121.000

De normale productie bedraagt 250.000 eenheden. De verkoopprijs exclusief btw bedraagt €1,00 en inclusief btw €1,06.

De break-evenafzet (in eenheden) bedraagt
a 175.714.
b 161.842.
c 60.000.
d 57.143.

5.11 Van een onderneming die slechts één homogeen product voortbrengt zijn de volgende gegevens bekend:
- De variabele kosten zijn proportioneel variabel.
- De totale kosten bij een productie van 30.000 zijn €170.000.
- De totale kosten bij een productie van 40.000 zijn €210.000.
- De normale productie bedraagt 50.000 stuks per jaar.

De *variabele kosten per eenheid* product bedragen
a €5,67.
b €4,20.
c €4,00.
d €5,00.

5.12 Van een onderneming die slechts één homogeen product voortbrengt zijn de volgende gegevens bekend:
- De variabele kosten zijn proportioneel variabel.
- De totale kosten bij een productie van 3.000 zijn €120.000.
- De totale kosten bij een productie van 7.000 zijn €200.000.
- De normale productie bedraagt 5.000 stuks per jaar.
- Voor komend jaar wordt een productie van 3.000 stuks verwacht.

Voor komend jaar bedraagt de *kostprijs per eenheid* product
a €40.
b €34.
c €32.
d €20.

5.13 Quick Meal bv levert onder de welluidende naam 'Delicious' kant-enklaarmaaltijden aan een grote binnenlandse winkelketen. Van enige variatie binnen de maaltijden is geen sprake: er wordt slechts één menu aangeboden. De totale productiekosten zijn gedeeltelijk vast en gedeeltelijk variabel. De volgende gegevens zijn bekend.

Totale productie in eenheden	Totale kosten in euro's
100.000	292.500
120.000	342.500
150.000	417.500

De normale productie bedraagt 125.000 eenheden. Winstopslag is 20% van de verkoopprijs exclusief btw. Voor komend jaar wordt een productie verwacht van 150.000 eenheden.
De *verkoopprijs exclusief btw* bedraagt (zo nodig de verkoopprijs afronden op hele centen)
a €2,78.
b €3,41.

c €3,48.
d €3,55.

5.14 Slagerij Jansen bv bepaalt de kostprijs van de door haar geleverde vleeswaren op basis van de zogenaamde eenvoudige opslagmethode. Daarbij worden de indirecte kosten aan de producten doorberekend door de totale directe kosten te verhogen met een opslagpercentage van 20% ter dekking van de indirecte kosten.
In dat verband is de volgende informatie beschikbaar:
- directe grondstofkosten (vlees) €2.500.000;
- directe loonkosten €1.500.000;
- totale indirecte kosten €800.000.

Nader onderzoek naar het verband tussen de directe en indirecte kosten levert de volgende informatie op: van de totale indirecte kosten hangt 25% samen met de directe grondstofkosten en 75% met de directe loonkosten.
De directie besluit over te stappen van de eenvoudige op de verfijnde opslagmethode.
Van de productie van 50 kg verpakt Argentijns rundvlees is gegeven:
- directe grondstofkosten (vlees) €300;
- directe loonkosten €120.

Op basis van de verfijnde opslagmethode bedraagt de kostprijs van 50 kg verpakt Argentijns rundvlees
a €492,00.
b €504,00.
c €549,60.
d €621,60.

5.15 Van een productieonderneming is gegeven:
- proportioneel variabele kosten €30 per eenheid;
- normale productie 40.000 eenheden;
- voor het komende jaar wordt een productie van 55.000 eenheden verwacht.

Productieomvang in eenheden	Vaste kosten in euro's
0 – 30.000	240.000
30.000 – 60.000	300.000
60.000 – 90.000	440.000

De onderneming beschikt nu over een productiecapaciteit van 60.000 eenheden. De productiecapaciteit kan in het komende jaar tijdelijk van 60.000 naar 90.000 worden uitgebreid. Na dat jaar komen de capaciteit en de bijbehorende vaste kosten weer terug op het oude niveau.
Er kan een eenmalige order worden uitgevoerd van 18.000 eenheden voor een totale verkoopwaarde van €600.000.

Het differentiële resultaat bedraagt
a + €60.000.
b – €75.000.
c – €80.000.

Vraagstukken

V 5.1 Wijnchâteau Vino bv verkoopt rode wijn in slechts één soort fles en met een vaste kwaliteit (homogeen product). Vino bv stelt de verkoopprijs van zijn wijnen vast door de kostprijs met een bepaald percentage te verhogen. Voor de berekening van de kostprijs zijn de volgende gegevens beschikbaar.
De vaste productiekosten bedragen €130.000 voor een productieomvang van 0 tot 100.000 flessen. De proportioneel variabele kosten bedragen €3 per fles.
Verwachte productie in de komende zes jaar is achtereenvolgens: 55.000, 70.000, 50.000, 80.000, 60.000 en 75.000 flessen wijn.
De minimale productieomvang bedraagt 50.000 flessen en de maximale productieomvang 100.000 flessen. In een periode van zes jaar treedt zowel een laag- als een hoogconjunctuur op.
De verkoopprijs wordt vastgesteld door de kostprijs van een fles wijn te verhogen met een winstopslag van 80%. De btw op wijn bedraagt 21%.

a Bereken de normale productieomvang (N).
b Bereken de kostprijs van een fles wijn.
c Geef een omschrijving (definitie) van het begrip kostprijs.
d Bereken voor welke prijs per fles de wijn in de winkel ligt.
e Wat is het belang van een nauwkeurige kostprijsberekening?

V 5.2 Een fabrikant van houten meubels gebruikt onder andere machines bij de fabricage van eettafels. De grondstofkosten van de eettafels bestaan uit hout. Voor één eettafel is 0,03 m³ hout nodig, dat €600 per m³ kost.
Voor iedere eettafel zijn twee machine-uren nodig. We nemen aan dat de kosten van één machine-uur €35 bedragen. Per productieproces worden 100 eettafels gemaakt, waarvoor de kosten in verband met overige productiemiddelen (naast de kosten van hout en de machinekosten) €40 per eettafel bedragen. De eettafels worden verkocht voor €150 per stuk.

Bereken de opbrengsten, de kosten en het resultaat als er 100 eettafels worden geproduceerd en verkocht.

V 5.3 Game bv is fabrikant van het bekende spel Monopoly. Dit is het enige product dat door Game bv wordt gemaakt en op de markt wordt gebracht. Voor de berekening van de kostprijs zijn de volgende gegevens beschikbaar. De vaste productiekosten bedragen €96.000.

Verwachte productie in de komende vijf jaar		Totale kosten in euro's
Jaar 1	20.000	296.000
Jaar 2	26.000	356.000
Jaar 3	25.000	346.000
Jaar 4	22.000	316.000
Jaar 5	27.000	366.000

De minimale productieomvang bedraagt 15.000 spellen (kosten €246.000) en de maximale productieomvang 30.000 spellen (kosten €396.000). In een periode van vijf jaar treedt zowel een laag- als een hoogconjunctuur op.

  a Bereken de normale productie.
  b Mag in dit geval de formule Kp = C/N + V/W worden toegepast? Motiveer je antwoord met een berekening.
  c Bereken de kostprijs van een spel voor jaar 1 en voor jaar 2.
  d Geef een omschrijving (definitie) van het begrip kostprijs.
  e Wat is het belang van een nauwkeurige kostprijsberekening?

V 5.4 Monobike bv is fabrikant van slechts één soort fiets. Monobike bv stelt de verkoopprijs van haar fietsen vast door de kostprijs met een bepaald percentage te verhogen. Voor de berekening van de kostprijs zijn de volgende gegevens beschikbaar.

Verwachte productie in de komende vijf jaar		Totale kosten in euro's
Jaar 1	12.000	1.240.000
Jaar 2	10.000	1.000.000
Jaar 3	9.000	850.000
Jaar 4	9.000	850.000

De minimale productieomvang bedraagt 5.000 fietsen (kosten €650.000) en de maximale productieomvang 15.000 fietsen (kosten €1.600.000).

  a Bereken de normale productie.
  b Mag in dit geval de formule Kp = C/N + V/W worden toegepast? Motiveer je antwoord met een berekening.
  c Bereken de kostprijs van een fiets voor jaar 1 en voor jaar 2.
  d Geef een omschrijving (definitie) van het begrip kostprijs.
  e Wat is het belang van een nauwkeurige kostprijsberekening?

V 5.5 Onderneming Fleuriflex maakt één soort verf die uitsluitend in blikken van 1 liter wordt verkocht. Er is sprake van één homogeen product, waarvoor met betrekking tot het jaar 2015 de volgende gegevens gelden:
- De verwachte constante productiekosten bedragen €28.000.
- De variabele kosten zijn proportioneel variabel en bedragen €76.500 bij een verwachte productie van 9.000 liter.
- De normale productie bedraagt 8.000 liter.

a Bereken de kostprijs voor 2015.

Voor 2016 wordt een productie verwacht van 8.200 liter. We veronderstellen dat de inkoopprijzen van de productiemiddelen en grondstoffen in 2015 en 2016 gelijk zijn (er treden geen prijsstijgingen op).

b Bereken de totale verwachte kosten voor 2016.
c Bereken de kostprijs voor 2016.
d Waarom wordt er voorafgaand aan een bepaald jaar een kostprijs berekend?
e Bereken de verkoopprijs (exclusief btw) per literblik verf voor 2016 als de winstopslag 25% van de kostprijs is.
f Bereken de verwachte winst over 2016.

*V 5.6 'Het vermoeide model' is een gerenommeerd à la carte restaurant. De resultatenrekening (in euro's) van dit restaurant over 2014 is hierna gegeven:

Netto-omzet (Opbrengst verkopen)			400.000	
Inkoopwaarde van de omzet (variabel) = 35%			140.000	
Brutowinst				260.000
Overige kosten (met uitzondering van interestkosten en afschrijvingen):				
Lonen en salarissen		40.000		
Sociale lasten		12.000		
Oproepkrachten (variabel)		4.000		
			56.000	
Huisvestingskosten:	vast	17.400		
	variabel	3.000		
			20.400	
Autokosten:	vast	7.200		
	variabel	2.200		
			9.400	
Verkoopkosten		2.400		
Schoonmaakkosten		1.600		
Algemene kosten		1.200		
			5.200	
Afschrijvingskosten:				
• Gebouwen		21.600		
• Inventaris		12.300		
			33.900	
				124.900
Ebit				135.100
Interestkosten				22.600
Fiscaal resultaat				112.500
Vennootschapsbelasting 24%				27.000
Fiscaal resultaat na belasting				85.500

Alle kosten met uitzondering van de inkoopwaarde van de omzet, de oproepkrachten, de variabele huisvestingskosten en de variabele autokosten, zijn vast. De variabele kosten variëren met de omzet (een bepaald % van de omzet).

a Bereken op basis van de hiervoor gegeven resultatenrekening de break-evenomzet voor het jaar 2014.
b Voor het jaar 2015 wordt een wijziging in de samenstelling van de omzet verwacht. Deze is weergegeven in de volgende tabel.

Omzetverdeling	% van de omzet	Brutowinst in % van de omzet
Omzet keuken	60%	80%
Omzet drank	30%	60%
Overige omzet	10%	40%

Voor 2015 gaan we uit van dezelfde kosten als weergegeven in de resultatenrekening over 2014.
Bereken de break-evenomzet voor 'Het vermoeide model' voor 2015.

c Geef een verklaring voor het verschil tussen je antwoorden op vraag **a** en vraag **b**.
d We veronderstellen dat alle kosten, met uitzondering van de *inkoopwaarde van de omzet*, indirect zijn. Voor een bepaald gerecht zijn de directe kosten (inkoopwaarde van de ingrediënten enzovoort) €15. 'Het vermoeide model' past de enkelvoudige opslagmethode toe. Bereken de kostprijs van dit gerecht voor het jaar 2015.
e Noem een voordeel en een nadeel van de enkelvoudige opslagmethode.
f Waarom wil 'Het vermoeide model' de kostprijs van een gerecht weten?

V 5.7 Candlelight bv maakt slechts één type kandelaar voor kaarsen (homogeen massaproduct). Voor het komende jaar zijn de volgende gegevens begroot:

Productie
Begrote productieomvang   18.200 stuks
Normale productieomvang   18.000 stuks
Variabele productiekosten   €3,60 per stuk
Totale constante productiekosten €49.500

Verkoop
Begrote verkoopomvang   18.500 stuks
Normale verkoopomvang   18.000 stuks
Variabele verkoopkosten   €0,40 per stuk
Totale constante verkoopkosten €4.500

De winstopslag bedraagt 20% van de verkoopprijs exclusief btw.
De btw bedraagt 21%.

a Bereken de fabricagekostprijs (deze is gelijk aan de gemiddelde productiekosten per eenheid).
b Bereken de commerciële kostprijs (dit is de fabricagekostprijs verhoogd met de verkoopkosten per stuk).
c Bereken de verkoopprijs exclusief btw.
d Bereken de verkoopprijs inclusief btw.

V 5.8 Van een onderneming zijn slechts enkele gegevens over de kosten en productieomvang bekend. Deze zijn hierna weergegeven.

Productieomvang in eenheden	Totale kosten in euro's
50.000	1.320.000
65.000	1.500.000

Door de uitbreiding van de productie van 50.000 naar 65.000 eenheden veranderen de vaste kosten niet. De variabele kosten zijn proportioneel variabel. De normale productie bedraagt 80.000 eenheden per jaar.

- **a** Bereken de proportioneel variabele kosten per eenheid.
- **b** Bereken de constante kosten per jaar.
- **c** Bereken de kostprijs van dit product.

V 5.9 Onderneming Rombouts bv overweegt volgend jaar haar productiecapaciteit uit te breiden. Voordat daarover een beslissing wordt genomen, zijn de kosten van het afgelopen jaar en de verwachte kosten na de uitbreiding op een rijtje gezet.

Productieomvang in eenheden	Totale kosten in euro's
Voor uitbreiding capaciteit: 8.000	80.000
Na uitbreiding capaciteit: 12.000	121.000

Door de uitbreiding van de productiecapaciteit van 8.000 naar 12.000 eenheden stijgen de vaste kosten met €11.000. De variabele kosten zijn proportioneel variabel.
De normale productie bedraagt na de uitbreiding van de productiecapaciteit 10.000 eenheden per jaar.

- **a** Bereken de proportioneel variabele kosten per eenheid.
- **b** Bereken de constante kosten per jaar na de uitbreiding van de productiecapaciteit.
- **c** Bereken de kostprijs van dit product na de uitbreiding van de productiecapaciteit.

V 5.10 Steenfabriek Rijnsteen bv maakt vier verschillende soorten metselstenen voor de woningbouw.
Voor de normale productie van 10.000.000 stenen per jaar zijn voor het komende jaar de volgende kosten begroot:
- materiaalkosten: 6.000.000 kg × €0,12/kg = €720.000
- loonkosten: 18.000 uur × €36/uur = €648.000
- indirecte kosten €180.000

Rijnsteen bv past de enkelvoudige opslagmethode toe. Als opslagbasis gebruikt de onderneming de directe materiaalkosten.

a Bereken het opslagpercentage voor de indirecte kosten.
b Bereken de kostprijs van 10 stenen waarvoor 7 kg materiaal en 1 minuut directe arbeid nodig zijn.
c We veronderstellen nu dat Rijnsteen bv de indirecte kosten verdeelt op basis van *het aantal* geproduceerde stenen.
Bereken de kostprijs van 10 stenen waarvoor 7 kg materiaal en 1 minuut directe arbeid nodig zijn.
d Wat veronderstel je blijkbaar als je de kostprijs berekent op de manier zoals bij vraag c is gedaan?
e Is een nauwkeurige toerekening van de indirecte kosten aan de producten voor deze onderneming belangrijk? Motiveer je antwoord.
f Waarom wil een onderneming aan het begin van een periode op basis van begrote cijfers de kostprijs van een product berekenen?

V 5.11 Autoplastics vof maakt kunststof onderdelen (zoals bumpers en dashboards) voor auto's van verschillende merken.
De onderneming past voor de verdeling van de indirecte kosten aan de producten de enkelvoudige opslagmethode toe.
De kosten bij een normale productieomvang zijn voor het volgende jaar als volgt begroot:
- direct materiaalverbruik: 600.000 kg × €6/kg = €3.600.000
- directe loonkosten: 40.000 uur × €30/uur = €1.200.000
- totale indirecte kosten   € 720.000

Als opslagbasis gebruikt de onderneming de directe materiaalkosten.

a Bereken het opslagpercentage voor de indirecte kosten.
b Bereken de kostprijs van een kunststof onderdeel waarvoor 4 kg materiaal en 10 minuten directe arbeid nodig zijn.

Nader onderzoek naar de samenhang tussen de directe en indirecte kosten toont aan, dat van de totale indirecte kosten €180.000 samenhangt met de totale directe materiaalkosten, €240.000 hangt samen met de totale directe loonkosten en de overige €300.000 met de totale directe kosten.

Op basis van de resultaten van het onderzoek besluit de onderneming de meervoudige opslagmethode toe te passen.

c Bereken de opslagpercentages voor de indirecte kosten.
d Bereken opnieuw de kostprijs van een kunststof onderdeel waarvoor 4 kg materiaal en 10 minuten directe arbeid nodig zijn.
e Is toepassing van de meervoudige opslagmethode in dit geval aan te bevelen? Motiveer je antwoord.

V 5.12 Van een onderneming die één homogeen product maakt, is het volgende gegeven:
- verkoopprijs (ongeacht de verkochte hoeveelheid) = €300 per eenheid;
- proportioneel variabele kosten = €180 per eenheid;
- vaste kosten bij een productieomvang van 0 tot 1.000 eenheden = €96.000.

a Bereken het break-evenpunt.
b Wat is voor de leiding van een onderneming het nut van het berekenen van het break-evenpunt?
c Bereken met hoeveel procent het break-evenpunt hoger komt te liggen als de vaste kosten stijgen met 10% (van €96.000 naar €105.600).

V 5.13 Van een onderneming die één homogeen product maakt, is gegeven:
- verkoopprijs (ongeacht de verkochte hoeveelheid) = €10 per eenheid;
- proportioneel variabele kosten = €3 per eenheid;
- vaste kosten:
    - bij een productieomvang van 0 tot 8.000 eenheden = €70.000;
    - bij een productieomvang van 8.000 tot 16.000 eenheden = €91.000.

a Bereken het break-evenpunt.
b Teken een figuur waarin het verloop van de totale opbrengsten en de totale kosten wordt weergegeven voor een productieomvang van 0 tot 16.000 eenheden. Geef in deze figuur ook het break-evenpunt weer.

V 5.14 Supermarktketen De Prijsbreker bv heeft haar omzet verdeeld in artikelgroepen.
Per artikelgroep zijn de omzet en de brutowinst bijgehouden en in de volgende tabel weergegeven.

Omzetverdeling en brutowinstmarges van De Prijsbreker bv

Artikelgroepen	Verdeling van de omzet over de verschillende artikelgroepen	Brutowinst in % van de omzet
Aardappelen, groenten en fruit (AGF)	30% van de totale omzet	20
Vlees en vleeswaren	45% van de totale omzet	30
Drank en zuivelproducten	25% van de totale omzet	40

De vaste kosten bedragen €590.000 per jaar.

In deze opgave veronderstellen we dat de brutowinst is berekend na aftrek van alle variabele kosten.

a Bereken de gemiddelde brutowinstmarge.
b Bereken de break-evenomzet voor De Prijsbreker bv.
c Na enige tijd blijkt dat er een verschuiving is opgetreden in de samenstelling van de omzet. De nieuwe omzetverdeling wordt:
- Aardappelen, groenten en fruit (AGF) = 25%
- Vlees en vleeswaren = 35%
- Drank en zuivelproducten = 40%

De brutowinstmarges per artikelgroep veranderen niet.

Bereken de nieuwe break-evenomzet.

*V 5.15

BRON: HET FINANCIEELE DAGBLAD, 1 MEI 2014

KLM in dieprode cijfers; verlies voor het eerst groter dan verlies bij Air France

Yteke de Jong
Amsterdam

Luchtvaartmaatschappij KLM heeft in het eerste kwartaal van 2014 een groter operationeel verlies geleden dan Air France. Het verlies aan Nederlandse zijde van de luchtvaartcombinatie bedroeg €300 mln, waar dat bij Air France volgens ingewijden €155 mln bedroeg. Dit is een ommekeer in de geschiedenis van Air France-KLM, waar de Nederlandse tak in de afgelopen tien jaar altijd het beste jongetje van de klas was.

'KLM had een moeilijk eerste kwartaal, waarbij de lagere brandstofkosten teniet werden gedaan door valutaverliezen', zegt president-directeur van KLM Camiel Eurlings in een reactie. 'KLM is vanwege de internationale activiteiten hieraan meer blootgesteld dan Air France, dat ook een grote eigen thuismarkt heeft. We halen de broekriem aan en zullen scherp op de kosten letten', aldus de oud-minister.

[...]
Air France-KLM is al ruim twee jaar bezig met een reorganisatieprogramma, waardoor het bedrijf dit jaar weer winstgevend moet worden. Financieel directeur Pierre-François Riolacci houdt vast aan een resultaat voor afschrijving, rente en belastingen (ebitda) van €2,5 mrd. KLM zal volgens ingewijden een operationeel resultaat draaien van €400 mln, maar er is zorg over hoe dit bereikt moet worden.
[...]
KLM-topman Eurlings blijft vol goede moed: KLM heeft haar aandeel in de besparingsoperatie Transform bijna in zijn geheel gehaald; er is nog €100 mln te gaan van de €1,1 mrd die KLM bijdraagt in de reorganisatie. Eurlings verwacht dat er geen extra maatregelen hoeven te worden genomen, omdat het tweede kwartaal beter van start is gegaan dan dezelfde periode vorig jaar.

a Heeft Air France-KLM relatief veel vaste kosten of veel variabele kosten? Motiveer je antwoord.
b 1 Welke gevolgen heeft een vermindering van het aantal vliegtuigen voor de hoogte van de vaste kosten? Motiveer je antwoord.
  2 Welke kosten nemen af door een vermindering van het aantal vliegtuigen?
  3 Kunnen de vaste kosten van de ene op de andere dag worden verlaagd? Motiveer je antwoord.
c Wat verstaan we onder het operationeel verlies?
d 1 Wat verstaan we onder valutaverliezen?
  2 Waarom is KLM daar gevoeliger voor dan Air France?
e Welke maatregelen zou KLM kunnen treffen in het kader van een reorganisatie met als doel het financiële resultaat te verbeteren?

V 5.16 Je bent commercieel directeur bij Cosmetics bv, fabrikant van huidverzorgingsproducten. Je wilt de verkoop van een bepaalde dagcrème (die in tubes van 50 gram wordt verkocht) verhogen en stelt daarom een reclamecampagne voor. Je onderzoekt de mogelijkheden van een reclamespot op de tv. De kosten van het maken en uitzenden van de tv-spot bedragen €100.000.

Over de productie en verkoop van de dagcrème zijn de volgende gegevens bekend:
- proportioneel variabele kosten €1 per tube;
- normale productie 160.000 tubes;
- voor het komende jaar wordt (zonder de extra reclamespot op tv) een productie en verkoop van 180.000 tubes verwacht;
- de (vaste) verkoopprijs is €4 per tube.

De vaste kosten zijn afhankelijk van de productiecapaciteit.

Productieomvang in tubes	Vaste kosten in euro's
0 – 100.000	120.000
100.000 – 200.000	150.000
200.000 – 300.000	175.000

Cosmetics bv beschikt nu over een productiecapaciteit die een productie van 200.000 tubes mogelijk maakt. De productiecapaciteit kan in het komende jaar tijdelijk van 200.000 naar 300.000 worden uitgebreid (uitbreiding in kleinere stappen is niet mogelijk). Na dat jaar gaan de capaciteit en de bijbehorende vaste kosten weer terug naar het oude niveau.
Uit marktonderzoek is gebleken dat door de reclamespot de afzet alleen in het komende jaar met 60.000 tubes zal toenemen. Daarna is het effect van de tv-spot uitgewerkt. De kosten van het marktonderzoek, dat speciaal in verband met deze eenmalige reclamecampagne is gehouden, bedragen €30.000.

Toon door een berekening aan of de voorgestelde reclamecampagne door moet gaan.

V 5.17 Colour Textile bv is fabrikant van bedrukte katoenen stoffen voor de kledingindustrie. In verband met het aanstaande zestigjarige bestaan van autofabrikant Ferrari wordt er een offerte aangevraagd voor het laten maken van 10.000 katoenen vlaggen. Deze vlaggen hebben een felrode kleur, waarop in zwart een steigerend paard moet worden afgebeeld. De opdrachtgever wil voor 10.000 Ferrari-vlaggen maximaal €30.000 betalen.
Om deze order te kunnen uitvoeren, moeten de machines worden omgesteld. Daaraan zijn €100 kosten verbonden. De controller van Colour Textile bv heeft voor deze order de volgende kostengegevens verzameld.

Overzicht van de kostengegevens voor 10.000 Ferrari-vlaggen

Inzet productiemiddelen	Omschrijving kosten	Aantallen	Prijs per eenheid
Grondstoffen	Katoenen stoffen	2.000 meter	€12 per meter
	Verf	80 liter	€12 per liter
Gebruik machines	Variabele kosten	20 machine-uren	€25 per uur
Deze incidentele order kan binnen de huidige beschikbare capaciteit worden uitgevoerd.	Indirecte vaste kosten	Opslag van 15% op de kosten van de katoenen stoffen	
Inzet personeel	Productiepersoneel:		
	• personeel tegen een vast salaris in dienst	22 uur (waarvan 4 uur in de verloren uurtjes worden ingevuld)[1]	€45 per uur
	• uitzendkrachten, die op uurbasis worden aangetrokken	12 uur	€18 per uur
Kosten van het omstellen van de machines	Omstelkosten	Eenmalig	€100 (eenmalig)

[1] Verloren uren zijn uren waarvoor anders geen werkzaamheden voor de vaste medewerkers beschikbaar zouden zijn geweest. Deze uren moeten echter wel aan de medewerkers in vaste dienst worden uitbetaald.

Toon door een berekening aan of deze incidentele order kan worden geaccepteerd.

6
Investeringsbeslissingen

6.1 De investerings- en financieringsbeslissing
6.2 Soorten investeringen
6.3 Investeringsproject
6.4 Tijdvoorkeur en risico
6.5 Methoden om investeringsvoorstellen te beoordelen
6.6 Secundaire geldstromen en vermogenskostenvoet

Organisaties zijn steeds in beweging. Veranderingen in de marktomstandigheden kunnen ertoe leiden dat een organisatie haar huidige activiteiten moet aanpassen of nieuwe activiteiten gaat ondernemen.
Investeringsbeslissingen zijn van invloed op de omvang en samenstelling van de activa en bepalen welke activiteiten een organisatie in de toekomst kan gaan uitoefenen. Omdat deze beslissingen een grote invloed hebben op de toekomstige concurrentiepositie en winstgevendheid van de onderneming worden ze zorgvuldig onderbouwd.
Daarbij hoort ook het maken van calculaties waarin de verwachte resultaten van de beoogde investeringsvoorstellen worden doorgerekend. Deze calculaties ondersteunen het management van de organisatie bij het nemen van een weloverwogen beslissing. Maar ook andere dan zuiver financiële aspecten kunnen een rol spelen bij de keuze uit verschillende investeringsvoorstellen.
In dit hoofdstuk gaan we met name in op de financiële gevolgen van beoogde investeringen. Daarbij maken we onderscheid in methoden die met tijdvoorkeur en risico geen rekening houden en methoden die daarmee wel rekening houden.

6.1 De investerings- en financieringsbeslissing

Binnen organisaties wordt dagelijks een groot aantal beslissingen genomen. Voor regelmatig terugkerende beslissingen worden vaste procedures afgesproken. Dit is bijvoorbeeld het geval bij het bestellen van grondstoffen en kantoorbenodigdheden. Functionarissen op de lagere niveaus binnen de organisatie hebben dan de bevoegdheid (binnen de normen die gesteld zijn) nieuwe aankopen te doen. Naarmate de beslissingen ingrijpender zijn, zullen met name functionarissen hoger in de organisatie bij de besluitvorming worden betrokken. Dit is bijvoorbeeld het geval bij grote investeringsprojecten of bij een eventuele fusie of overname. Bij investeren moeten we niet alleen denken aan de aankoop van grote installaties, machines en/of gebouwen. Iedere aankoop die een onderneming verricht, dus bijvoorbeeld ook de inkoop van grondstoffen en/of hulpmiddelen, valt onder het begrip investeren.

Investeren

Het investeringsproces omvat het ontwikkelen, beoordelen, selecteren en evalueren van investeringsprojecten. Kenmerkend voor investeren is het feit dat *nu* een beslissing wordt genomen met (mogelijk verstrekkende) gevolgen voor de *toekomstige* geldstromen. Als de financiële gevolgen van een investering vooraf niet nauwkeurig zijn vast te stellen, speelt onzekerheid een rol bij het beoordelen van het investeringsvoorstel. Ook in een situatie waarin de toekomstige geldstromen niet met zekerheid bekend zijn, moet een organisatie proberen de gevolgen van de voorgenomen investeringen zo nauwkeurig mogelijk in kaart te brengen. Ook kunnen verschillende varianten (scenario's) worden uitgewerkt waarbij zowel de meest waarschijnlijke situatie, een gunstige situatie als een ongunstige situatie kan worden geschetst.

Investeringsproces

We bespreken eerst de partiële en totale financiering en daarna gaan we kort in op primaire en secundaire geldstromen.

6.1.1 Partiële en totale financiering

Als we letten op de wijze waarop de investeringen van ondernemingen worden gefinancierd, maken we onderscheid tussen partiële en totale financiering. Bij partiële financiering is er een directe koppeling tussen de investeringsbeslissing en de financiering van de investering. Het kopen van voorraden met behulp van leverancierskrediet en het kopen van onroerend goed dat met een hypothecaire lening wordt gefinancierd, zijn daar voorbeelden van.

Partiële financiering

Bij totale financiering gaan we uit van de totale vermogensbehoefte die voortvloeit uit de activa van de onderneming. Voor het gedeelte van de totale vermogensbehoefte waarvoor geen partiële financiering beschikbaar is, moet aanvullend eigen en/of vreemd vermogen worden aangetrokken. Daarbij is er geen direct verband tussen de individuele activa en een specifieke vorm van eigen of vreemd vermogen. We geven een eenvoudig voorbeeld om dit toe te lichten.

Totale financiering

VOORBEELD 6.1

In dit voorbeeld gaan we op basis van de balans van Trajanus bv nader in op de samenstelling van de activa en de samenstelling van het totale vermogen.

Activa		Balans Trajanus bv per 1 januari 2015 (in euro's)			Passiva
Vaste activa:			Eigen vermogen:		
Grond	330.000		Gestort aandelenkapitaal	1.000.000	
Gebouwen	2.000.000		Winstreserve	747.000	
Machines	400.000				1.747.000
Inventaris	250.000		Vreemd vermogen:		
Vlottende activa:		2.980.000	Lange termijn:		
Voorraden	384.000		Hypothecaire lening		1.400.000
Debiteuren	220.000				
Kas	3.000		Korte termijn:		
			Crediteuren	290.000	
			Rekening-courant	150.000	
		607.000			440.000
Totaal activa		3.587.000	Totaal vermogen		3.587.000

Totale vermogensbehoefte	€ 3.587.000
Daarin wordt voorzien door partiele financiering:	
• hypothecaire lening	€ 1.400.000
• crediteuren	€ 290.000 +
	€ 1.690.000 –
Resterende vermogensbehoefte	€ 1.897.000

In deze resterende vermogensbehoefte is voorzien door het aantrekken van:

Aandelenkapitaal	€ 1.000.000
Winstinhouding	€ 747.000
Rekening-courantkrediet	€ 150.000 +
Totaal	€ 1.897.000

Bij het aantrekken van deze laatste drie vormen van vermogen is uitgegaan van de totale resterende vermogensbehoefte (totale financiering) en niet van de individuele activaposten aan de debetzijde van de balans.

Bij het beoordelen van investeringsprojecten gaan we (tenzij anders wordt vermeld) uit van totale financiering. Bij totale financiering wordt in eerste instantie de totale vermogensbehoefte vastgesteld die voortvloeit uit het bezit van de activa. Daarna wordt nagegaan hoe in deze totale vermogensbehoefte kan worden voorzien, waarbij naast de vermogenskosten wordt gelet op de afstemming tussen de duur van de vermogensbehoefte en de looptijd van het aan te trekken vermogen.

Bij totale financiering is er geen rechtstreeks verband tussen de aanschaf van een bepaald kapitaalgoed en de financiering ervan. Dit leidt ertoe dat we bij het beoordelen van individuele investeringsprojecten de financieringswijze buiten beschouwing laten. De investeringsbeslissing en de financieringsbeslissing worden gescheiden. Deze benadering sluit aan bij de praktijk, die vaak uitgaat van totale financiering. Dat betekent dat we bij het bepalen van de geldstromen geen rekening houden met de financieringswijze van het investeringsproject. Het opnemen van vermogen, de aflossingen en interestbetalingen in verband met vreemd vermogen laten we daarom bij het beoordelen van investeringsprojecten buiten beschouwing.

Bij het aantrekken van vermogen houden we ook rekening met de tijd dat het vermogen vastligt in de activa en de duur waarvoor het vermogen aan de onderneming ter beschikking staat. De aanschaf van bijvoorbeeld een winkelpand leidt tot een langdurige behoefte aan vermogen en daarin moeten we bij voorkeur voorzien door het vergroten van het eigen vermogen en/of vreemd vermogen op lange termijn. De samenstelling van het totale vermogen (vermogensstructuur) moeten we afstemmen op de samenstelling van de activa (activastructuur).

Deze afstemming geven we in figuur 6.1 globaal weer.

FIGUUR 6.1 Verband tussen activastructuur en vermogensstructuur

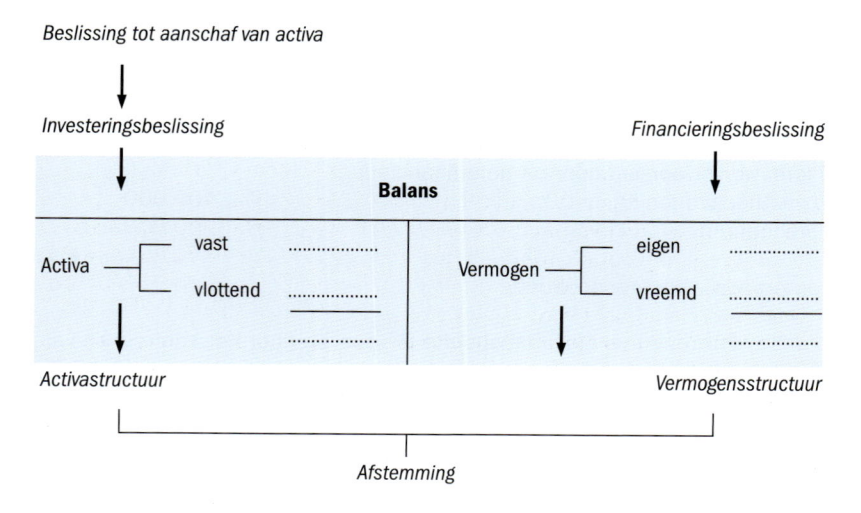

```
Beslissing tot aanschaf van activa
                │
                ▼
Investeringsbeslissing                    Financieringsbeslissing
                │                                    │
                ▼                                    ▼
           ┌─────────────── Balans ───────────────┐
           │                                      │
           │         vast                eigen    │
           │ Activa ─┤           Vermogen ─┤      │
           │         vlottend            vreemd   │
           │                                      │
           └──────────────────────────────────────┘
                │                                    │
                ▼                                    ▼
       Activastructuur                         Vermogensstructuur
           └──────────────────┬───────────────────┘
                              │
                         Afstemming
```

Gouden balansregel

De afstemming tussen de activastructuur en de vermogensstructuur komt ook tot uitdrukking in de gouden balansregel. Deze regel luidt in formulevorm:

> Eigen vermogen + vreemd vermogen lang ≥ vaste activa + vaste kern vlottende activa

6.1.2 Primaire en secundaire geldstromen

Bij het beoordelen van investeringsprojecten gaan we in principe uit van een scheiding tussen de investeringsbeslissing en de financiering van de investering. De geldstromen die met de financiering van de investering te maken hebben, noemen we secundaire geldstromen. Dat zijn de geldstromen van en naar de vermogensmarkt. Alle andere geldstromen die het gevolg zijn van de investering (zoals de geldontvangsten in verband met de verkochte producten en de gelduitgaven in verband met inkoop van productiemiddelen) rekenen we tot de primaire geldstromen.

Secundaire geldstromen

Primaire geldstromen

De geldstromen van en naar de vermogensmarkt laten we bij het beoordelen van investeringsvoorstellen buiten beschouwing. Bij de verschillende methoden om investeringsvoorstellen te beoordelen komen we daarop terug.

ZELFTOETS 6.1
Welke van de volgende geldstromen behoren tot de primaire geldstromen?
- de betaling van de factuur in verband met ingekochte grondstoffen;
- de betaling van interest over het rekening-courantkrediet;
- de betaling van loon aan de medewerkers;
- de betaling van de rekening aan iemand die een financieel advies heeft verstrekt aan de onderneming;
- de betaling van dividend;
- het verstrekken van een lening aan de directeur-grootaandeelhouder van een bv;
- de aflossing op een lening;
- de betaling van belastingen over de ebit;
- de geldontvangst als gevolg van verkochte producten of diensten.

6.2 Soorten investeringen

Het besluitvormingsproces en de risico's die aan investeringen verbonden zijn, hangen nauw samen met de aard van de investeringen. Globaal kunnen we de investeringen in vier groepen verdelen:

1 Er zijn min of meer verplichte investeringen, zoals investeringen in verband met milieuvoorschriften of investeringen in technische en computerapparatuur die autodealers op last van hun importeur moeten verrichten. De keuzevrijheid bij dit soort investeringen is gering.
De onderneming zal proberen de kosten die gemaakt moeten worden om aan de wettelijke eisen te voldoen tot een minimum te beperken.
2 Er zijn investeringen voor onderhoud, revisie of vervanging van bedrijfsmiddelen (bijvoorbeeld de vervanging van een machine). Bij dit soort investeringen staat het reduceren van de kosten centraal.
3 Er zijn investeringen voor uitbreiding van de capaciteit van de huidige bedrijfsactiviteiten (bestaande producten). De complexiteit van de investeringsvraagstukken die tot deze groep behoren, is groter dan van de eerste twee groepen. Bij dit soort beslissingen is het nodig voorspellingen te doen over de toekomstige vraag naar het product en mogelijke reacties van de concurrenten.
4 Er zijn investeringen voor het ontwikkelen, in productie nemen en op de markt brengen van nieuwe producten. Activiteiten op het gebied van onderzoek naar en ontwikkeling van nieuwe producten gaan met grote onzekerheden gepaard. Tussen de start van onderzoek naar een nieuw product en het moment van marktintroductie ligt een geruime tijd, waarin veel kan veranderen. Aan het begin van het onderzoekstraject kunnen de financiële gevolgen van het gehele proces alleen globaal worden ingeschat.

Investeringen

6.3 Investeringsproject

Een investeringsproject is het totaal van investeringen in vaste en vlottende activa, dat nodig is om een bepaalde investeringsbeslissing uit te voeren. Om de gevolgen van een investering vast te stellen, vergelijken we de verwachte primaire geldstromen van de onderneming ná uitvoering van het investeringsproject met de verwachte primaire geldstromen van de onderneming vóór uitvoering van het investeringsproject. De verschillen in deze verwachte primaire geldstromen (= verwachte differentiële primaire geld-

Investerings-project

Differentiële primaire geldstromen

stromen) zijn het gevolg van het investeringsproject. Bij het beoordelen van investeringsvoorstellen zijn deze verwachte differentiële primaire geldstromen relevant.

Door de verwachte primaire geldstromen van de 'onderneming met project' te vergelijken met de verwachte primaire geldstromen van de 'onderneming zonder project' worden ook de gevolgen van het investeringsproject op andere bedrijfsonderdelen in de berekeningen verwerkt. Dit lichten we in voorbeeld 6.2 toe.

VOORBEELD 6.2

Een autofabrikant die op dit moment twee modellen (een duur en een goedkoop model) op de markt aanbiedt, overweegt een nieuw model op de markt te brengen. Dit nieuwe model zal tussen de twee bestaande modellen worden gepositioneerd. Verwacht mag worden dat de omzet van het nieuwe model zowel tot een lagere omzet van het duurdere model als van het goedkopere model zal leiden. Een gedeelte van de kopers van zowel het goedkopere als van het duurdere model zal overstappen op het nieuwe model. Door de differentiele primaire geldstromen te berekenen, worden de effecten voor de bestaande modellen in de besluitvorming betrokken (zie tabel).

TABEL Differentiële primaire geldstromen

Onderneming met project		Onderneming zonder project		Door het project	
Ingaande primaire geldstromen	1600	Ingaande primaire geldstromen	1300	Differentiële ingaande geldstroom	300
Uitgaande primaire geldstromen	900	Uitgaande primaire geldstromen	800	Differentiële uitgaande geldstroom	100
Saldo primaire geldstromen	+700	Saldo primaire geldstromen	+500	Differentiële primaire geldstroom	+200

In het saldo primaire geldstromen van de onderneming met project zijn ook de gevolgen verwerkt die de nieuwe investering heeft voor andere onderdelen binnen de organisatie. Het verschil tussen het saldo primaire geldstromen van de onderneming *met project* en het saldo primaire geldstromen van de onderneming *zonder project,* is het gevolg van het project. Op deze manier stellen we de omvang vast van *de extra primaire ingaande geldstromen* die het gevolg zijn van de investering. Bij een nv of bv gaan we bij de berekening van de differentiële primaire geldstromen uit van primaire geldstromen *na aftrek van vennootschapsbelasting.*

Aan de hand van voorbeeld 6.3 dat betrekking heeft op Dierentuin Buitenzorg lichten we het beoordelen van een investeringsvoorstel toe.

VOORBEELD 6.3

Dierentuin Buitenzorg is een familiebedrijf met de rechtsvorm van besloten vennootschap. De leiding is in handen van twee broers, Piet en Klaas Buitenzorg, die ieder 30% van de aandelen van de bv bezitten. De overige 40%

zijn in handen van de vader van Piet en Klaas. Buitenzorg senior houdt zich niet bezig met de dagelijkse leiding van de dierentuin, maar heeft wel een belangrijke adviserende rol. Als grondlegger van het bedrijf weet hij als geen ander wat er komt kijken bij het runnen van een dierentuin. De dierentuin is gevestigd in een natuurgebied in het midden van het land. De laatste jaren is er nauwelijks in de dierentuin geïnvesteerd en het is nu de hoogste tijd een aantal zaken eens grondig aan te pakken. Zo moet het huidige restaurant dat bij de dierentuin hoort, uitgebreid en gemoderniseerd worden. Ook de toiletten schreeuwen om een opknapbeurt. Ten slotte is men van plan de entree geheel te vernieuwen en komen er nieuwe kassa's, waardoor de verkoop van de entreebewijzen sneller kan verlopen. Bij verschillende bedrijven zijn offertes aangevraagd en op basis daarvan is een begroting van de investeringsbedragen gemaakt.

We geven daarvan het volgende overzicht (alle genoemde bedragen in dit overzicht zijn inclusief 21% btw, te betalen op 1 januari 2016):

Verbouwing en uitbreiding restaurant	€484.000
Modernisering en uitbreiding toiletten	€ 72.600
Nieuwe entree	€ 48.400
Nieuwe kassa's	€ 24.200
Totaal	€629.200

Voor het vervolg van dit voorbeeld gaan we ervan uit dat alle genoemde bedragen exclusief btw zijn. Voor de eenvoud veronderstellen we dat de verbouwing in een dag wordt gerealiseerd en wel op 1 januari 2016. Het management is van mening dat de (financiële) effecten van de investeringen na tien jaar volledig zijn uitgewerkt. Bij de beoordeling van het investeringsproject gaan we daarom uit van een looptijd van tien jaar.

Als gevolg van de modernisering van de dierentuin wordt een groter aantal bezoekers verwacht waardoor de omzet en de inkopen toenemen. In verband daarmee zullen ook de balansposten Voorraden, Debiteuren en Crediteuren toenemen. Dat leidt tot een eenmalige investering in nettowerkkapitaal aan het begin van het investeringsproject (1-1-2016), die aan het einde van het project (31-12-2025) weer vrijvalt. Verwacht wordt dat het nettowerkkapitaal per 1 januari 2016 zal toenemen met €10.000. Dit bedrag valt aan het einde van het project (aan het einde van het tiende jaar) weer vrij.

Om het investeringsvoorstel te beoordelen, gaan we uit van de investeringsbedragen exclusief btw. In het totaalbedrag van €629.200 (zie boven) zit een bedrag aan btw ter grootte van €109.200, zodat het investeringsbedrag exclusief btw €520.000 bedraagt. Deze bedragen hebben we als volgt berekend:

Investeringen exclusief btw = 100%
Btw 21% = 21%
Investeringen inclusief btw 121% = €629.200
1% = €5.200
100% = €520.000
(investering exclusief btw)

Btw = €629.200 − €520.000 = €109.200 (= 0,21 × €520.000)

De btw moet worden voorgefinancierd en kan direct na de voltooiing van de investering van de belastingdienst worden teruggevorderd.

Het management van de dierentuin is van plan om na afloop van de verbouwingen uitgebreide reclamecampagnes te starten om de dierentuin extra onder de aandacht te brengen. We veronderstellen dat deze extra reclamecampagnes plaatsvinden direct na de verbouwing en het jaar daarop. De kosten worden geschat op €30.000 direct na de verbouwing (op 1-1-2016) en €35.000 voor het jaar daaropvolgend (per 1-1-2017). De directie van Dierentuin Buitenzorg heeft een marktonderzoek verricht en verwacht dat de bezoekersaantallen na de verbouwing fors zullen toenemen. De bezoekers kunnen een dagkaart kopen, maar ook het kopen van een jaarabonnement is mogelijk. Voor de tien jaren na de investering is een begroting van de opbrengsten en kosten gemaakt. Op basis daarvan beoordeelt het management van Dierentuin Buitenzorg de haalbaarheid van de investeringsplannen. De financiële resultaten over het afgelopen jaar (2015) en de begroting voor de komende tien jaar (na de verbouwing) geven we in tabel 1 weer.

TABEL 1 Financiële resultaten van Dierentuin Buitenzorg (in euro's)

	2015 Werkelijk Voor investering	2016 Begroot Na investering	2017 t/m 2025 Begroot Na investering
Opbrengsten:			
• dagverkoop	755.000	756.000	783.000
• abonnementen	220.000	300.000	330.000
• restaurant	400.000+	560.000+	580.000+
Totaal opbrengsten	1.375.000	1.616.000	1.693.000
Kosten:			
Voer en medische zorg dieren	200.000	210.000	220.000
Lonen en salarissen	420.000	440.000	460.000
Sociale lasten	126.000	132.000	138.000
Energiekosten	25.000	27.500	30.000
Reclame- en verkoopkosten	30.000	40.000	40.000
Inkoopwaarde omzet restaurant	175.000	185.000	200.000
Verzekeringen	15.000	17.000	17.000
Onderhoud gebouwen en terreinen	20.000	22.000	23.000
Overige kosten	40.000	42.500	45.000
Totale kosten m.u.v. afschrijvingen en interest	1.051.000	1.116.000	1.173.000
Ebitda	324.000	500.000	520.000
Afschrijvingen	100.000	140.000	140.000
Ebit	224.000	360.000	380.000
Interestkosten	30.000	50.000	50.000
Resultaat voor belastingen	194.000	310.000	330.000
Vennootschapsbelasting (25%)	48.500	77.500	82.500
Resultaat na belastingen	145.500	232.500	247.500

Op 31 december 2025 valt de extra investering in het nettowerkkapitaal van €10.000 (die op 1 januari 2016 heeft plaatsgevonden) weer vrij.

We veronderstellen dat:
- de opbrengsten overeenkomen met geldontvangsten en de kosten (met uitzondering van de afschrijvingskosten) tot gelduitgaven leiden;
- alle geldontvangsten en alle gelduitgaven aan het einde van het jaar plaatsvinden, met uitzondering van de investeringen op 1 januari 2016.

We berekenen de primaire geldstroom na vennootschapsbelasting door de ebit na aftrek van vennootschapsbelasting te verhogen met de afschrijvingen. We tellen de afschrijvingen op bij de ebit na belasting omdat bij de berekening van de ebit de afschrijvingskosten op de omzet in mindering zijn gebracht, maar het zijn geen gelduitgaven. Door de afschrijvingen op te tellen bij de ebit na vennootschapsbelasting krijgen we de primaire geldstromen na vennootschapsbelasting. Voor Dierentuin Buitenzorg geven we deze berekeningen in tabel 2 weer. Zonder verbouwing zijn de gegevens over 2015 ook voor de komende tien jaar van toepassing.

TABEL 2 Berekening primaire geldstromen na vennootschapsbelasting (in euro's)

	2015 Werkelijk Voor investering	2016 Begroot Na investering	2017 t/m 2025 Begroot Na investering
Ebit	224.000	360.000	380.000
Vennootschapsbelasting over ebit (25%)	56.000	90.000	95.000
Ebit na vennootschapsbelasting	168.000	270.000	285.000
Afschrijvingen	100.000	140.000	140.000
Primaire geldstromen na vennootschapsbel.	268.000	410.000	425.000

Merk op: de interestkosten spelen bij deze berekening geen rol!

Uit de gegevens in tabel 2 leiden we de extra primaire geldstromen af:
2016   = €410.000 − €268.000 = €142.000
2017 tot en met 2025   = €425.000 − €268.000 = €157.000

De financiële gevolgen van het investeringsvoorstel geven we in de volgende figuur weer. Dit is in feite een financiële samenvatting van het onderhavige investeringsproject.

Extra primaire geldstromen investeringsvoorstel Dierentuin Buitenzorg

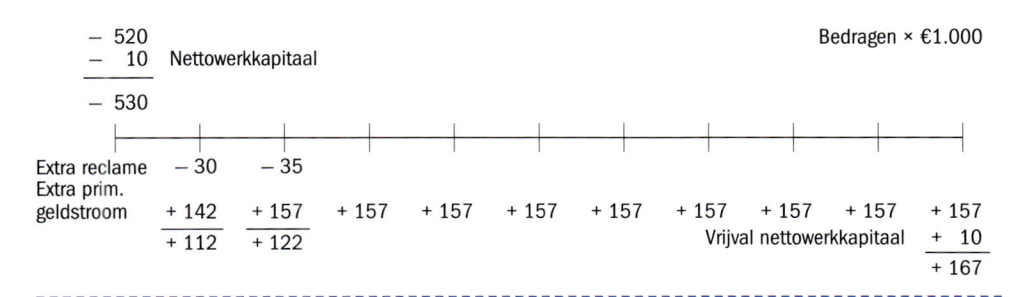

```
              − 520                                                      Bedragen × €1.000
              −  10   Nettowerkkapitaal
              − 530
                  |────|────|────|────|────|────|────|────|────|────|
Extra reclame  − 30   − 35
Extra prim.
geldstroom    + 142   + 157   + 157   + 157   + 157   + 157   + 157   + 157   + 157   + 157
              ─────   ─────                                   Vrijval nettowerkkapitaal  + 10
              + 112   + 122                                                              ─────
                                                                                         + 167
```

Er zijn verschillende rekenmethoden die we kunnen gebruiken bij het beoordelen van investeringsvoorstellen. Daarbij onderscheiden we methoden die met tijdvoorkeur en risico geen rekening houden en methoden die dat wel doen. We lichten eerst toe wat we met tijdvoorkeur en risico bedoelen en bespreken daarna de verschillende methoden.

ZELFTOETS 6.2
Van een onderneming die een investeringsproject overweegt, is in de volgende tabel een aantal verwachte gegevens weergegeven. In de eerste kolom staan de cijfers (in euro's) als het project niet wordt uitgevoerd, in de tweede kolom de verwachte resultaten (in euro's) als het investeringsproject doorgaat.

	2015 t/m 2025 Begroot Voor investering	2015 t/m 2025 Begroot Na investering
Ebitda	680.000	900.000
Afschrijvingen	80.000 −	100.000 −
Ebit	600.000	800.000
Interestkosten	40.000 −	80.000 −
Resultaat voor belastingen	560.000	720.000
Vennootschapsbelasting (25%)	140.000 −	180.000 −
Resultaat na belastingen	420.000	540.000

Bereken de jaarlijkse differentiële primaire geldstromen na vennootschapsbelasting als gevolg van dit investeringsproject.

6.4 Tijdvoorkeur en risico

Tijdvoorkeur

Met tijdvoorkeur bedoelen we dat:
- een bedrag te ontvangen op dit moment de voorkeur heeft boven het *ontvangen* van eenzelfde bedrag op een later tijdstip (hoe eerder een bedrag wordt ontvangen, hoe beter) of
- een bedrag op dit moment te *betalen* ongunstiger is dan eenzelfde bedrag op een later moment te betalen (hoe later we een bedrag mogen betalen, hoe beter).

Tijdvoorkeurvoet

Tijdvoorkeurvoet

De hoogte van de tijdvoorkeurvoet komt overeen met de vergoeding op risicovrije beleggingen. Een voorbeeld van een risicovrije belegging is een belegging in staatsobligaties van landen met een sterke financiële positie (zoals Duitsland en Nederland). De tijdvoorkeurvoet stellen we gelijk aan de interestvergoeding die de staat geeft op haar staatsobligaties.

Percentage en perunage

We kunnen de tijdvoorkeurvoet (interestvergoeding) weergeven als een percentage (bijvoorbeeld 5%) of als een perunage (bijvoorbeeld 0,05). Het percentage geeft de vergoeding weer per honderd euro (€5 interestvergoeding per €100), het perunage geeft de vergoeding weer per euro

(€0,05 interestvergoeding per €1). Voor percentage gebruiken we het symbool p, voor perunage het symbool i.

We lichten het begrip tijdvoorkeur in voorbeeld 6.4 toe.

VOORBEELD 6.4
We geven twee alternatieven.
Alternatief 1: U kunt €10.000 nu direct ontvangen *of*
Alternatief 2: U kunt €10.000 ontvangen over een jaar.
We veronderstellen dat over een spaartegoed bij de bank 5% interest wordt vergoed.

Gevraagd
Naar welk alternatief gaat de voorkeur uit?

Uitwerking
Economisch handelende personen zullen kiezen voor alternatief 1, omdat dit bedrag nu direct op de spaarrekening bij de bank kan worden gezet. Aan het einde van het eerste jaar wordt 0,05 × €10.000 = €500 rente bijgeboekt. Het spaartegoed inclusief de ontvangen rente zal aan het einde van het eerste jaar in totaal €10.500 bedragen en dat is meer dan wanneer men kiest voor alternatief 2. Er geldt dus: hoe eerder een bepaald bedrag wordt ontvangen, hoe beter en dat noemen we tijdvoorkeur.
In dit voorbeeld bedraagt de tijdvoorkeurvoet 5%.

We geven dit voorbeeld in een tijdlijn weer.

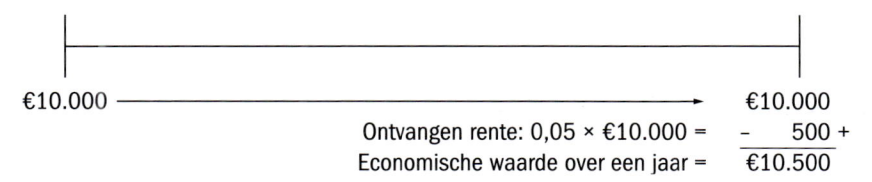

€10.000 ⟶ €10.000
Ontvangen rente: 0,05 × €10.000 = − 500 +
Economische waarde over een jaar = €10.500

De economische waarde van € 10.000 een jaar vanaf nu is in dit voorbeeld =
(1 + 0,05) × €10.000 = €10.500.

Eindwaarde en contante waarde
De waarde aan het einde van de looptijd (aan het einde van de tijdlijn) noemen we eindwaarde. De waarde aan het begin van de looptijd (aan het begin van de tijdlijn) noemen we contante waarde.

Eindwaarde
Contante waarde

We geven nog een voorbeeld waarbij tijdvoorkeur een rol speelt.

VOORBEELD 6.5
Iemand heeft recht op een bedrag van €10.500 te ontvangen over één jaar. Dit bedrag is de eindwaarde. We veronderstellen dat de tijdvoorkeurvoet weer 5% per jaar bedraagt.

Gevraagd
Welk bedrag moet op dit moment (een jaar voor de beoogde ontvangst van €10.500) worden ontvangen in plaats van de beoogde ontvangst van €10.500 over een jaar?

uitwering
Het gevraagde bedrag noemen we de contante waarde.

De contante waarde = $\dfrac{€10.500}{(1 + 0,05)^1}$ = € 10.000

Uitgaande van een tijdvoorkeurvoet van 5% is €10.000 op dit moment te ontvangen *gelijkwaardig* aan €10.500 te ontvangen over één jaar.

We geven dit voorbeeld in een tijdlijn weer.

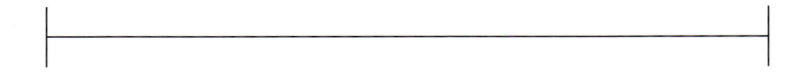

Eindwaarde €10.500

Contante waarde =

$\dfrac{€10.500}{(1 + 0,05)^1}$ = 10.000

VOORBEELD 6.6
Iemand zet nu €20.000 op zijn spaarrekening en ontvangt daarover 6% interest.

Gevraagd
Welk bedrag zal er over twee jaar op deze spaarrekening staan als er verder geen bedragen afgehaald of gestort worden?

Uitwerking
We geven dit voorbeeld in een tijdlijn weer.

Contante waarde   Eindwaarde

                                          1   2 jaar
€20.000 ─────────────→ €20.000
              Ontvangen rente: 0,05 × €20.000 =   € 1.000 +
              Economische waarde over een jaar =   €21.000 ─────────────→ €21.000
                                    Ontvangen rente: 0,05 × €21.000 =   - 1.050 +
                                    Economische waarde over twee jaar =   €22.050 +

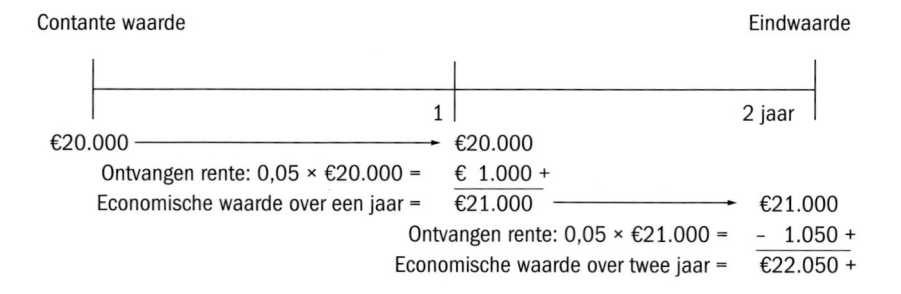

De eindwaarde over 1 jaar = $(1 + 0,05)^1 \times €20.000 = €21.000$
De eindwaarde over 2 jaar = $(1 + 0,05)^2 \times €20.000 = €22.050$
De eindwaarde over 3 jaar = $(1 + 0,05)^3 \times €20.000 = €23.152,59$ enzovoort

Bovenstaande berekeningen geven we in een formule weer.

Eindwaarde = $(1+i)^n$ × contante waarde

waarbij geldt: i = rendement per periode (bijvoorbeeld een jaar)
n = aantal perioden (bijvoorbeeld aantal jaren)

VOORBEELD 6.7
Iemand wil over twee jaar de beschikking hebben over €22.050.

Gevraagd
Welk bedrag moet deze persoon nu op zijn spaarrekening storten, als we uitgaan van een interestvergoeding van 5% per jaar?

Uitwerking
We geven voorbeeld 6.7 in een tijdlijn weer.

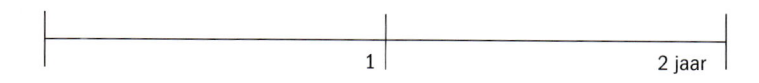

|—————————————1|————————————2 jaar|

Eindwaarde €22.050

Contante waarde =

$$\frac{€22.050}{(1+i)^2} =$$

$$\frac{€22.050}{(1+0,05)^2} = €20.000$$

We geven bovenstaande berekening in een formule weer.

$$\text{Contante waarde} = \frac{\text{Eindwaarde}}{(1+i)^n}$$

waarbij geldt: i = rendement per periode (bijvoorbeeld een jaar)
n = aantal perioden (bijvoorbeeld aantal jaren)

Bij berekeningen waarin de tijdswaarde van geld een rol speelt, komen steeds drie variabelen voor:
- het bedrag of de bedragen in euro's of andere valuta (K = kapitaal);
- het interestperunage (i);
- de looptijd (n).

Bij het bepalen van de looptijd moeten we eraan denken dat de looptijd altijd wordt uitgedrukt in eenheden waarin het interestpercentage is weergegeven:
- Als de interest *per jaar* is gegeven, de looptijd in *aantal jaren* weergeven.
- Als de interest *per halfjaar* is gegeven, de looptijd in *aantal halve jaren* weergeven.
- Als de interest *per maand* is gegeven, de looptijd in *aantal maanden* weergeven enzovoort.

Als twee van deze drie variabelen (K, i en n) bekend zijn, kan de derde daaruit worden afgeleid. We geven enkele voorbeelden om dit toe te lichten.

VOORBEELD 6.8
Mevrouw Greidanius stort op 1 januari 2014 €4.000 op een spaarrekening bij de bank en ontvangt over dit bedrag 6% interest per jaar. Dit bedrag blijft op de bank staan totdat het is aangegroeid tot €5.352,90.

Gevraagd
Bereken na hoeveel jaar mevrouw Greidanius €5.352,90 van haar spaarrekening bij de bank kan halen (bereken n, als K en i zijn gegeven).

Uitwerking
€4.000 × $(1 + 0{,}06)^n$ = €5.352,90
$(1 + 0{,}06)^n$ = €5.352,90 : €4.000
$(1{,}06)^n$ = 1,338225
$\log (1{,}06)^n$ = log 1,338225
n × log (1,06) = log 1,338225

$$n \times \frac{\log 1{,}338225}{\log (1{,}06)} = \frac{0{,}291344109}{0{,}058268908} = 5 \text{ (jaar)}$$

VOORBEELD 6.9
Mevrouw Janssen heeft zes jaar geleden €100.000 in de Staatsloterij gewonnen. Deze prijs heeft zij op een depositorekening gezet. Op dit moment (precies zes jaar nadat €100.000 is gestort) staat er op die rekening een bedrag van €134.009,56.

Gevraagd
Bereken de interest *per jaar* die blijkbaar over de depositorekening wordt vergoed (bereken i, als K en n zijn gegeven).

Uitwerking
€100.000 × $(1 + i)^6$ = €134.009,56
$(1 + i)^6$ = €134.009,56 : €100.000
$(1 + i)^6$ = 1,3400956
$(1 + i)$ = $1{,}3400956^{1/6 = 0{,}166666}$
1 + i = 1,05
i = 1,05 − 1 = 0,05 (5% per jaar)

We geven hierna enkele voorbeelden waarin we interestvergoedingen over verschillende perioden met elkaar vergelijken en vaststellen welke variant de voorkeur verdient.

VOORBEELD 6.10

De heer Hendriksen heeft de keuze uit een spaarrekening waarover 6% interest per jaar wordt vergoed of een spaarrekening waarover ieder halfjaar 3% interest wordt vergoed.

Gevraagd
Welke spaarrekening heeft de voorkeur?

Uitwerking
We gaan uit van een willekeurig te storten bedrag van €1.000.
De eindwaarde bij 6% per jaar = €1.000 × $(1 + 0,06)^1$ = €1.060
De eindwaarde bij 3% per halfjaar = €1.000 × $(1 + 0,03)^2$ = €1.060,90
Conclusie: 3% per halfjaar levert een hogere interestvergoeding op dan 6% per jaar.

VOORBEELD 6.11

Gevraagd
Hoeveel procent per kwartaal levert evenveel interestvergoeding op als 6% per jaar?

Uitwerking
We gaan uit van een willekeurig bedrag van €10.000 dat op een spaarrekening wordt gezet.
De eindwaarde over een jaar als de interestvergoeding 6% per jaar is, bedraagt 10.000 × 1,06 = €10.600.
Stel het gevraagde interestperunage per kwartaal gelijk aan i.
De eindwaarde van €10.000 op de spaarrekening waarover een perunage per kwartaal wordt vergoed, moet gelijkwaardig zijn aan €10.600 (de waarde als 6% per jaar wordt vergoed).

We geven deze situatie in een tijdlijn weer.

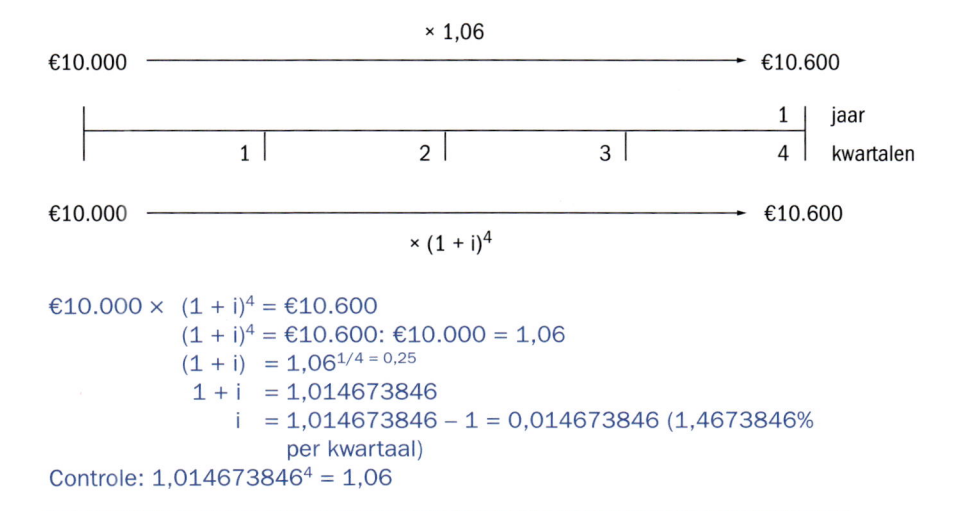

€10.000 —— × 1,06 ——→ €10.600

| 1 | 2 | 3 | 4 | jaar / kwartalen |

€10.000 —— × $(1 + i)^4$ ——→ €10.600

€10.000 × $(1 + i)^4$ = €10.600
$(1 + i)^4$ = €10.600 : €10.000 = 1,06
$(1 + i)$ = $1,06^{1/4 = 0,25}$
$1 + i$ = 1,014673846
i = 1,014673846 − 1 = 0,014673846 (1,4673846% per kwartaal)

Controle: $1,014673846^4$ = 1,06

Risico

Risico

De financiële gevolgen van een investering zijn onzeker: ze kunnen gunstiger maar ook ongunstiger uitvallen dan vooraf werd verwacht. Dit noemen we risico. Naarmate de financiële resultaten van een investeringsproject meer fluctueren, is het risico groter.

Organisaties eisen voor een investeringsproject waarvoor het risico groot is ook een hoge vergoeding. Deze vergoeding waarbij naast tijdvoorkeur ook rekening wordt gehouden met de omvang van het risico noemen we de vermogenskostenvoet.

Vermogenskostenvoet

Vermogenskostenvoet

De vermogenskostenvoet is opgebouwd uit twee elementen:
- een vergoeding voor tijdvoorkeur (de vergoeding op risicovrije beleggingen);
- een risico-opslag (hoe hoger het risico, hoe groter de risico-opslag).

In voorbeeld 6.12 geven we een investeringsvoorstel aan de hand waarvan we de economische waarde van dat voorstel berekenen.

VOORBEELD 6.12

In het kader van Maatschappelijk Verantwoord Ondernemen (MVO) overweegt onderneming Novitech bv haar machinepark te vervangen. Novitech bv kan haar huidige machinepark vervangen door nieuwe machines die minder energie verbruiken.

Het vervangen van de oude machines vergt een investering van €100.000. De nieuwe machines gaan vijf jaar mee. De verwachte jaarlijkse energiebesparing bedraagt €30.000 aan het einde van ieder jaar. De jaarlijkse energiebesparing hangt af van de ontwikkeling van de energieprijzen. Omdat deze onzeker is, kan de besparing in werkelijkheid hoger of lager uitvallen dan €30.000. Rekening houdend met dit risico en de tijdvoorkeurvoet wordt voor deze investering een vermogenskostenvoet geëist van 10%.

Gevraagd
Is deze investering zinvol?

Uitwerking
Om deze vraag te beantwoorden berekenen we de contante waarde van alle geldstromen. We geven de relevante geldstromen weer op de volgende tijdlijn.

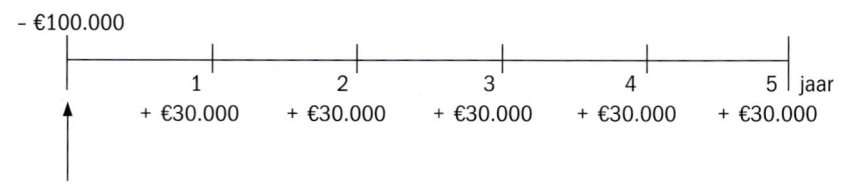

- €100.000

| 1 | 2 | 3 | 4 | 5 | jaar |
| + €30.000 | + €30.000 | + €30.000 | + €30.000 | + €30.000 | |

Contante waarde van alle besparingen =

$$\frac{€30.000}{(1+0{,}1)^1} + \frac{€30.000}{(1+0{,}1)^2} + \frac{€30.000}{(1+0{,}1)^3} + \frac{€30.000}{(1+0{,}1)^4} + \frac{€30.000}{(1+0{,}1)^5} +$$

€27.272,73 + €24.793,39 + €22.539,44 + €20.490,40 + €18.627,64
= €113.723,60.

Contante waarde van alle besparingen	=	+ €113.723,60
Investering	=	€100.000,00
Economische waardecreatie	=	+ € 13.723,60

ZELFTOETS 6.3
Iemand stort vandaag €10.000 op een spaarrekening bij de bank. De bank vergoedt 6% interest per jaar en de rente wordt aan het einde van ieder jaar op de spaarrekening bijgeschreven. Bereken het bedrag dat over vijf jaar op de spaarrekening staat (eindwaarde berekenen).

ZELFTOETS 6.4
Iemand stort vandaag €6.000 op een spaarrekening bij de bank. De bank vergoedt 4% interest *per halfjaar* en de rente wordt aan het einde van *ieder halfjaar* op de spaarrekening bijgeschreven. Bereken het bedrag dat over vier jaar op de spaarrekening staat (eindwaarde berekenen).

ZELFTOETS 6.5
Een onderneming heeft recht op een bedrag van €200.000 te ontvangen over drie jaar, gerekend vanaf nu.
Bereken de waarde van deze vordering op dit moment (contante waarde) berekenen). De onderneming hanteert een vermogenskostenvoet van 12% per jaar.

ZELFTOETS 6.6
Iemand heeft recht op een bedrag van €12.000, te ontvangen over drie jaar vanaf nu. De interestvoet bedraagt 8% per jaar. Bereken de contante waarde van deze vordering op dit moment (contante waarde berekenen).

ZELFTOETS 6.7
Iemand heeft recht op een bedrag van €12.000, te ontvangen over drie jaar vanaf nu. De interestvoet bedraagt 4% *per halfjaar*. Bereken de contante waarde van deze vordering op dit moment (contante waarde berekenen).

BRON: DE TELEGRAAF, 12 JUNI 2014

AkzoNobel zet tandje bij in China

Van een onzer verslaggevers
AMSTERDAM — AkzoNobel wil in China gestaag uitbreiden met zijn verffabrieken. De opening van nieuwe productielijnen is vooral bedoeld om de relatief hoge transportkosten te drukken. 'Er is ruimte voor additionele investeringen.'
'Het transport van verf vormt een van de belangrijkste kostenposten, een eerste nieuwe zeer grote fabriek in het westen van China biedt veel potentie. We verwachten nog altijd veel van China', zegt directielid Jonathan Atack. 'De Chinese overheid staat positief tegenover commerciële investeringen, het economisch klimaat is er gunstig. We zijn al sterk vertegenwoordigd in het hogere segment van de Chinese huizenmarkt, de groeiende koopkracht biedt voldoende nieuwe afzetmogelijkheden voor ons. Een economie met de schaal van China wordt een zeer belangrijke markt voor ons.'

De Chinese overheid heeft haar investeringsprogramma bekendgemaakt, met grote investeringen in uitbreiding van miljoenensteden. Dat biedt de verffabrikant een groot afzetgebied. AkzoNobel denkt voor 2015 van een rendement op investeringen van 14% zeker te halen.
Tegenover de uitbreiding in China staat de afbouw in Nederland. AkzoNobel heeft van de ondernemingskamer toestemming gekregen om de productie van zijn zogeheten organische peroxiden in Deventer in 2016 te verplaatsen, zoals vorig jaar aangekondigd. De productie gaat naar het Belgische Mons.

TOELICHTING
De bereidheid van ondernemingen om te investeren hangt nauw samen met de toekomstverwachtingen. De Chinese overheid gaat veel investeren in de uitbreiding van haar miljoenensteden. Omdat deze woningen ook geschilderd moeten worden, verwacht AkzoNobel een sterke toename van de vraag naar verf. Het transport van verf naar China is relatief duur. Voor AkzoNobel is het voordeliger om de verf in China te produceren. Daarom gaat AkzoNobel investeren in verffabrieken in China.

6.5 Methoden om investeringsvoorstellen te beoordelen

Investeringsselectie

De methoden om investeringsvoorstellen te beoordelen splitsen we op in methoden die met tijdvoorkeur en risico geen rekening houden en methoden die dit wel doen. Aan elke methode is een subparagraaf gewijd.

Methoden die met tijdvoorkeur en risico (vermogenskostenvoet) geen rekening houden, zijn:
- de boekhoudkundige terugverdienperiode (BTP);
- de gemiddelde boekhoudkundige rentabiliteit (GBR).

Methoden die met tijdvoorkeur en risico (vermogenskostenvoet) rekening houden, zijn:
- de economische terugverdienperiode (ETP);
- de nettocontantewaardemethode (NCW).

Boekhoudkundige waardering
Bij de boekhoudkundige waardering houden we geen rekening met het moment waarop de bedragen worden ontvangen of betaald moeten worden. We kunnen de bedragen dan zonder verdere bewerking bij elkaar optellen of van elkaar aftrekken. €10.000 nu te ontvangen heeft bij deze benadering dezelfde waarde als €10.000 te ontvangen over een jaar. Met andere woorden: €10.000 op dit moment kunnen we zonder meer optellen bij €10.000 over bijvoorbeeld een jaar, waardoor de totale waarde €20.000 wordt.
De boekhoudkundige benadering houdt met de vermogenskostenvoet geen rekening.

Economische waardering

De economische benadering houdt wel rekening met de vermogenskostenvoet. De economische benadering kent aan €10.000 nu direct te ontvangen een hogere waarde toe dan €10.000 te ontvangen over bijvoorbeeld vijf jaar.

We lichten de berekeningen die aan de basis liggen van de genoemde methoden toe aan de hand van de gegevens over Dierentuin Buitenzorg van voorbeeld 6.3. We geven de relevante *extra primaire geldstromen na vennootschapsbelasting* in figuur 6.2 nogmaals weer.

FIGUUR 6.2 Investeringsproject Dierentuin Buitenzorg

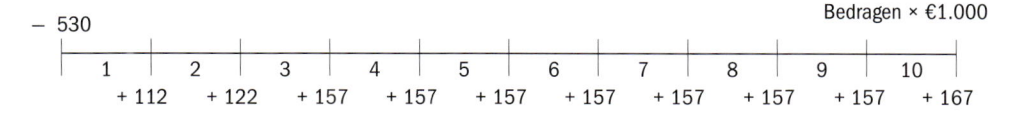

Bedragen × €1.000

− 530

Jaar	1	2	3	4	5	6	7	8	9	10
	+ 112	+ 122	+ 157	+ 157	+ 157	+ 157	+ 157	+ 157	+ 157	+ 167

6.5.1 Boekhoudkundige terugverdienperiode

Bij de methode van de boekhoudkundige terugverdienperiode (BTP) berekenen we de tijd (periode) die nodig is om het investeringsbedrag terug te ontvangen. De boekhoudkundige terugverdienperiode (maar ook de nog te behandelen economische terugverdienperiode) leidt tot een voorkeur voor projecten die snel hun geld terugverdienen.

Boekhoudkundige terugverdienperiode

Door te kiezen voor het investeringsproject met de kortste terugverdientijd, kiest de onderneming voor:
- liquiditeit. De keuze voor projecten met een korte terugverdientijd leidt tot het snel terugontvangen van het geïnvesteerde bedrag.
- projecten met een laag risico. Projecten die het geïnvesteerde bedrag snel terugverdienen zijn beter te overzien (vanwege de korte tijdsduur) en daardoor in het algemeen minder riskant.

De tijd die nodig is om door middel van de extra primaire geldstromen het geïnvesteerde bedrag (€530.000) terug te ontvangen, is de terugverdienperiode. We tellen alle extra primaire geldontvangsten van jaar 1 tot en met jaar 2, van jaar 1 tot en met jaar 3 enzovoort op en vragen ons af na hoeveel jaar het investeringsbedrag is terugontvangen. We maken de volgende berekening (zie tabel 6.1):

TABEL 6.1 Boekhoudkundige terugverdienperiode

Jaar	Extra primaire geldstroom	Gecumuleerd	
1	€112.000	Jaar 1	€112.000
2	€122.000	Jaar 1 t/m 2	€234.000
3	€157.000	Jaar 1 t/m 3	€391.000
4	€157.000	Jaar 1 t/m 4	€548.000

Uit tabel 6.1 blijkt dat het investeringsbedrag van €530.000 aan het einde van jaar 4 volledig is terugontvangen. De boekhoudkundige terugverdienperiode (BTP) bedraagt 4 jaar.
De leiding van de onderneming moet bepalen hoelang de terugverdienperiode maximaal mag zijn.
Als de onderneming een keuze moet maken uit verschillende investeringsvoorstellen, kiest de onderneming voor het project met de kortste terugverdientijd.

6.5.2 Gemiddelde boekhoudkundige rentabiliteit

Bij een rentabiliteitsberekening wordt het behaalde resultaat uitgedrukt in een percentage van het gemiddeld (geïnvesteerde) vermogen. Bij de methode van de gemiddelde boekhoudkundige rentabiliteit (GBR) wordt uitgegaan van de gemiddelde ebit na belastingen, berekend over de gehele looptijd van het project. In formule:

Gemiddelde boekhoudkundige rentabiliteit

$$\text{Gemiddelde boekhoudkundige rentabiliteit (GBR)} = \frac{\text{Gemiddelde ebit}}{\text{Gemiddeld (geïnvesteerd) vermogen}} \times 100\%$$

Voor een investeringsproject kunnen we de gemiddelde ebit berekenen door alle primaire geldstromen (ook de negatieve!) die het gevolg zijn van het investeringsproject, bij elkaar op te tellen en dit totaal te delen door de looptijd van het project. Voor Dierentuin Buitenzorg krijgen we de volgende berekening:

Som van alle positieve primaire geldstromen	€1.500.000
Investeringsbedrag (negatieve primaire geldstroom) =	€ 530.000
Som van alle primaire geldstromen	€ 970.000

De gemiddelde ebit = €970.000 : 10 = €97.000 per jaar.

Bij de volgende berekening van het gemiddeld geïnvesteerde vermogen veronderstellen we dat de vermogensbehoefte in verband met het oorspronkelijke investeringbedrag geleidelijk (lineair) daalt naar de restwaarde (die hier overeenkomt met de vrijval van het nettowerkkapitaal). We krijgen dan voor Dierentuin Buitenzorg het verloop van het geïnvesteerd vermogen zoals dat in figuur 6.3 is weergegeven.

FIGUUR 6.3 Verloop van het geïnvesteerd vermogen

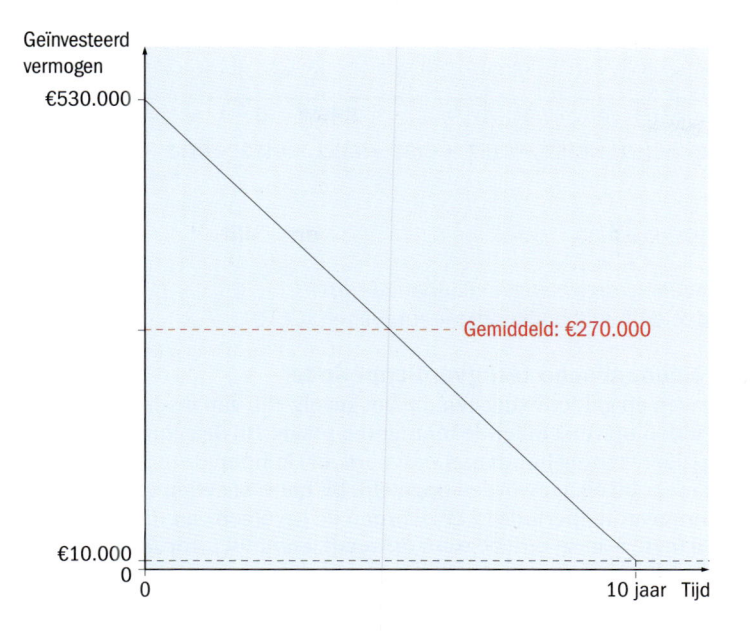

Het gemiddeld geïnvesteerd vermogen ligt halverwege €530.000 en €10.000 en berekenen we als volgt: (€530.000 + €10.000) : 2 = €270.000.

De GBR van het investeringsproject van Dierentuin Buitenzorg volgt uit de volgende berekening:

$$\text{GBR} = \frac{€97.000}{€270.000} \times 100\% = 35{,}93\%$$

Afhankelijk van het risico van een investeringsproject zal de leiding van de onderneming een minimaal vereiste GBR per project vaststellen. Projecten met een hoog risico zullen een hoge winst moeten opleveren om het nadeel van het hoge risico te compenseren. Voor projecten met een hoog risico zal daarom een hogere GBR worden vereist dan voor projecten met een laag risico. Projecten waarvan de GBR voldoet aan de minimaal vereiste GBR kunnen worden geaccepteerd.

ZELFTOETS 6.8

Een onderneming overweegt een investeringsproject uit te voeren. Het totale investeringsbedrag aan het begin van het project is €1.000.000. De looptijd van het project is 10 jaar. De restwaarde van het project, zowel fiscaal als bedrijfseconomisch, aan het einde van het tiende jaar bedraagt €200.000. De voor dit project relevante primaire geldstromen na vennootschapsbelasting geven we in de volgende figuur weer. We veronderstellen dat alle geldstromen, met uitzondering van het investeringsbedrag, *ineens aan het einde* van het jaar plaatsvinden.

Primaire geldstromen van een investeringsproject

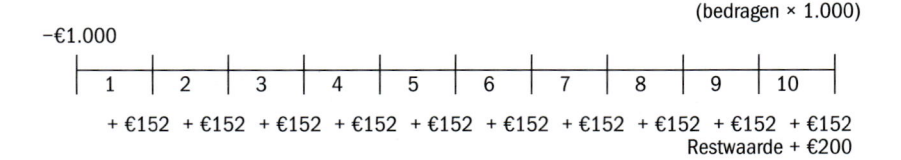

(bedragen × 1.000)

−€1.000

| 1 | 2 | 3 | 4 | 5 | 6 | 7 | 8 | 9 | 10 |

+ €152 + €152 + €152 + €152 + €152 + €152 + €152 + €152 + €152 + €152
Restwaarde + €200

Bereken:
a de boekhoudkundige terugverdienperiode (BTP);
b de gemiddelde boekhoudkundige rentabiliteit (GBR).

6.5.3 Economische terugverdienperiode

De gelduitgaven en geldontvangsten die het gevolg zijn van investeringsbeslissingen vinden op verschillende momenten plaats. Bij de economische benadering (die rekening houdt met tijdvoorkeur) kunnen deze bedragen niet zonder meer bij elkaar worden opgeteld. Bij het vaststellen van de economische terugverdienperiode (ETP) worden de gevolgen van tijdvoorkeur verwerkt. De mate waarin tijdvoorkeur optreedt, komt tot uitdrukking in de hoogte van het interestpercentage. Een hoger interestpercentage duidt op een sterkere mate van tijdvoorkeur. In dat geval wordt aan bedragen die in de toekomst worden ontvangen een geringere (contante) waarde toegekend. Het berekenen van de contante waarde lichten we in voorbeeld 6.13 toe.

Economische terugverdienperiode

VOORBEELD 6.13

Iemand wil over drie jaar de beschikking hebben over €15.000.
Welk bedrag moet deze persoon nu op een spaarrekening storten (dit bedrag stellen we gelijk aan €x) om drie jaar later over €15.000 te beschikken? We gaan uit van een interestvergoeding van 6% per jaar.
Als we €x nu op een spaarrekening zetten, zal de waarde van jaar tot jaar hoger worden. Dat geven we in de volgende tijdlijn weer.

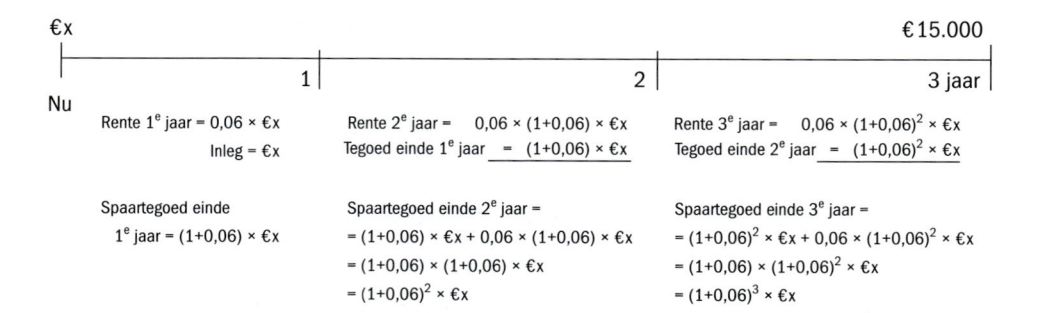

€x   €15.000
|—————————|—————————|—————————|
Nu   1   2   3 jaar

Rente 1^e jaar = 0,06 × €x   Rente 2^e jaar = 0,06 × (1+0,06) × €x   Rente 3^e jaar = 0,06 × $(1+0,06)^2$ × €x
Inleg = €x   Tegoed einde 1^e jaar = (1+0,06) × €x   Tegoed einde 2^e jaar = $(1+0,06)^2$ × €x

Spaartegoed einde   Spaartegoed einde 2^e jaar =   Spaartegoed einde 3^e jaar =
1^e jaar = (1+0,06) × €x   = (1+0,06) × €x + 0,06 × (1+0,06) × €x   = $(1+0,06)^2$ × €x + 0,06 × $(1+0,06)^2$ × €x
                                       = (1+0,06) × (1+0,06) × €x   = (1+0,06) × (1+0,06)^2 × €x
                                       = $(1+0,06)^2$ × €x   = $(1+0,06)^3$ × €x

Nu moet een zodanig bedrag (€x) op de spaarrekening worden gestort dat de eindwaarde over drie jaar gelijk is aan €15.000. De onbekende €x noemen we de *contante waarde* van €15.000 en berekenen we (bij een interestvoet van 6%) als volgt:

$(1+0,06)^3 \times €x = €15.000$

$$€x = \frac{€15.000}{(1+0,06)^3} = €12.594,29$$

€12.594,29 is de contante waarde van €15.000 te ontvangen over drie jaar (uitgaande van een tijdvoorkeurvoet van 6% per jaar).

De berekening van de contante waarde kunnen we ook in de vorm van een formule weergeven:

$$\text{Contante waarde} = \frac{\text{Eindwaarde na n perioden}}{(1+i)^n}$$

Waarbij geldt:
i = interest*perunage* (bij 6 per*cent* interest geldt een interestperunage van 0,06, dan is i = 0,06)
n = aantal perioden (= aantal jaren als het % ook per jaar geldt).

Voor de berekening van de eindwaarde geldt de volgende formule:

Eindwaarde na n perioden = Contante waarde $\times (1+i)^n$

Voor voorbeeld 6.13 geldt: eindwaarde = €12.594,29 × 1,06³ = €15.000

ZELFTOETS 6.9
Iemand heeft recht op een bedrag van €12.000, te ontvangen over twee jaar vanaf nu. De interestvoet bedraagt 1,5% *per kwartaal*. Bereken de contante waarde van deze vordering op dit moment (contante waarde berekenen).

ZELFTOETS 6.10
Iemand heeft recht op een bedrag van €12.000, te ontvangen over twee jaar vanaf nu. De interestvoet bedraagt 0,5% *per maand*. Bereken de contante waarde van deze vordering op dit moment (contante waarde berekenen).

ZELFTOETS 6.11
Iemand stort vandaag €20.000 op een spaarrekening bij de bank. De bank vergoedt 2% interest *per kwartaal* en de rente wordt aan het einde van ieder kwartaal op de spaarrekening bijgeschreven. Bereken het bedrag dat over vier jaar op de spaarrekening staat (eindwaarde berekenen).

Bij de economische terugverdienperiode houden we rekening met tijdvoorkeur en risico. De verwachte extra primaire geldstromen na vennootschapsbelasting maken we contant naar het moment waarop de investeringsbeslissing moet worden genomen. Op basis van de contante waarde van de verwachte extra primaire geldstromen stellen we de tijdsduur vast, die nodig is om het initiële investeringsbedrag terug te ontvangen.

Vermogenskostenvoet

Bij het berekenen van de contante waarde maken we gebruik van de vermogenskostenvoet, die voor het betreffende project relevant is. De vereiste vermogenskostenvoet is afhankelijk van de hoogte van vergoedingen op risicovrije beleggingen (staatsobligaties) en van de hoogte van het risico dat aan het project is verbonden. De vermogenskostenvoet is gelijk aan de risicovrije rentevoet verhoogd met een bepaald opslagpercentage. Naarmate het risico van het project hoger is, zal het opslagpercentage ook hoger zijn. Voor dit project veronderstellen we dat de risicovrije vergoeding 5% bedraagt en dat de risico-opslag 9% bedraagt. In dat geval bedraagt de vermogenskostenvoet voor dit project 5% + 9% = 14%.

Tabel 6.2 toont de berekening economische terugverdienperiode van Dierentuin Buitenzorg.

Uit tabel 6.2 blijkt dat aan het einde van het zesde jaar de gecumuleerde contante waarden van de extra primaire geldstromen voor het eerst het investeringsbedrag van €530.000 overtreffen. De economische terugverdienperiode bedraagt zes jaar.

TABEL 6.2 Contante waarden van de extra primaire geldstromen

Jaar	Contante waarde per jaar	Gecumuleerde contante waarden
1	€112.000 : 1,14^1 = € 98.245,61	€ 98.245,61
2	€122.000 : 1,14^2 = € 93.875,04	€ 98.245,61 + € 93.875,04 = € 192.120,65
3	€157.000 : 1.14^3 = € 105.970,53	€ 192.120,65 + € 105.970,53 = € 298.091,18
4	€157.000 : 1.14^4 = € 92.956,60	€ 298.091,18 + € 92.956,60 = € 391.047,78
5	€157.000 : 1.14^5 = € 81.540,88	€ 391.047,78 + € 81.540,88 = € 472.588,66
6	€157.000 : 1.14^6 = € 71.527,09	€ 472.588,66 + € 71.527,09 = € **544.115,75**
7	€157.000 : 1.14^7 = € 62.743,06	€ 544.115,75 + € 62.743,06 = € 606.858,81
8	€157.000 : 1.14^8 = € 55.037,77	€ 606.858,81 + € 55.037,77 = € 661.896,58
9	€157.000 : 1.14^9 = € 48.278,75	€ 661.896,58 + € 48.278,75 = € 710.175,33
10	€167.000 : 1.14^{10} = € 45.047,22	€ 710.175,33 + € 45.047,22 = € 755.222,55

6.5.4 Netto contante waarde

Bij de methode van de netto contante waarde (NCW) houden we rekening met de tijdvoorkeur en met het risico dat aan investeringen is verbonden. Bij deze methode berekenen we de contante waarde van alle toekomstige extra primaire geldstromen en tellen deze bij elkaar op. Dit totaal verminderd met het investeringsbedrag is de netto contante waarde.

Voor de berekening van de netto contante waarde kunnen we gebruikmaken van de resultaten die we hebben gevonden bij het bepalen van de economische terugverdienperiode. Daaruit bleek dat de contante waarde van alle extra primaire geldstromen tezamen (tot en met jaar 10) €755.222,55 bedraagt. De netto contante waarde berekenen we door van dit bedrag het investeringsbedrag af te trekken:

Contante waarde van alle ingaande geldstromen:	€755.222,55 +
Investeringsbedrag	€530.000,00 −
Netto contante waarde (NCW)	€225.222,55 +

Een positieve NCW betekent dat het investeringsproject waarde toevoegt aan de onderneming. Investeringsvoorstellen met een positieve NCW komen voor uitvoering in aanmerking. Investeringsvoorstellen die tot een negatieve NCW leiden, zouden niet uitgevoerd moeten worden omdat ze tot een waardevermindering van de onderneming leiden.

ZELFTOETS 6.12
Een onderneming overweegt een investeringsproject uit te voeren. Het totale investeringsbedrag aan het begin van het project is €1.000.000. De looptijd van het project is 10 jaar. De restwaarde van het project, zowel fiscaal als bedrijfseconomisch, aan het einde van het tiende jaar bedraagt €200.000. De voor dit project relevante primaire geldstromen na vennootschapsbelasting geven we in de volgende figuur weer. We veronderstellen dat alle geldstromen, met uitzondering van het investeringsbedrag, ineens aan het einde van het jaar plaatsvinden. De onderneming vereist voor dit investeringsproject een vermogenskostenvoet van 12%.

Primaire geldstromen van een investeringsproject

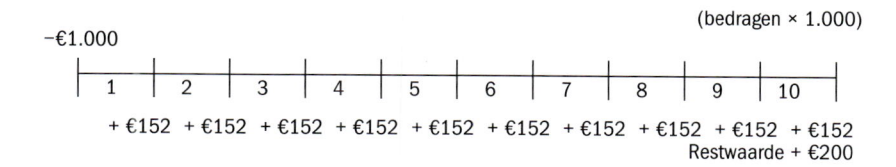

(bedragen × 1.000)

−€1.000

| 1 | 2 | 3 | 4 | 5 | 6 | 7 | 8 | 9 | 10 |

+ €152 + €152 + €152 + €152 + €152 + €152 + €152 + €152 + €152 + €152
Restwaarde + €200

Bereken:
a de economische terugverdienperiode (ETP);
b de netto contante waarde (NCW).

Interne rentabiliteit
Een positieve NCW betekent dat het investeringsproject een rentabiliteit opbrengt die hoger is dan de vereiste vermogenskostenvoet van dat project. Immers door de toekomstige differentiële primaire geldstromen contant te maken, heeft men de vermogenskosten al op de geldstromen van het project in mindering gebracht en dan blijft er nog een bedrag over (de positieve NCW). Een verhoging van het percentage waartegen de toekomstige primaire geldstromen contant worden gemaakt, zal leiden tot een lagere NCW. Het percentage dat ertoe leidt dat de NCW exact gelijk is aan nihil, is de interne rentabiliteit.

Voor de geldstromen uit tabel 6.2 krijgen we, uitgaande van een percentage van bijvoorbeeld 20% (onze eerste poging/trial), de volgende berekeningen:

TABEL 6.3 Contante waarde bij een disconteringsvoet van 20%

Jaar	Contante waarde per jaar	
1	€ 112.000 : $1,20^1$ =	€ 93.333,33
2	€ 122.000 : $1,20^2$ =	€ 84.722,22
3	€ 157.000 : $1,20^3$ =	€ 90.856,48
4	€ 157.000 : $1,20^4$ =	€ 75.713,73
5	€ 157.000 : $1,20^5$ =	€ 63.094,78
6	€ 157.000 : $1,20^6$ =	€ 52.578,98
7	€ 157.000 : $1,20^7$ =	€ 43.815,82
8	€ 157.000 : $1,20^8$ =	€ 36.513,18
9	€ 157.000 : $1,20^9$ =	€ 30.427,65
10	€ 167.000 : $1,20^{10}$ =	€ 26.971,43 +
Totale contante waarde		€598.027,62 +
Investeringsbedrag		€530.000,00 −
Overwaarde		€ 68.027,62 +

De overwaarde is nog steeds positief. Dit betekent dat de rentabiliteit van dit project meer bedraagt dan 20%. Door dit percentage stap voor stap te verhogen, neemt de overwaarde verder af. Door 'trial and error' kan men het percentage vinden waarbij de overwaarde exact nihil is. In de praktijk zal men dit percentage berekenen door gebruik te maken van de computer. In het Excel-programma moeten dan alle geldstromen inclusief het investeringsbedrag ingevoerd worden.

Door de IR-functie te gebruiken, rekent Excel dan zeer nauwkeurig de interne rentabiliteit uit. Deze blijkt voor dit voorbeeld 23,44255% (afgerond) te bedragen. Op de website bij dit boek (www.bedrijfsbeslissingen.noordhoff.nl) hebben we de Excel-uitwerking van dit voorbeeld opgenomen.

In tabel 6.4 controleren we of de overwaarde inderdaad nihil wordt als we als disconteringsvoet 23,44255% gebruiken.

TABEL 6.4 Contante waarde bij een disconteringsvoet van 23,44255%

Jaar	Contante waarde per jaar	
1	€ 112.000 : $1,2344255^1$ =	€ 90.730,47
2	€ 122.000 : $1,2344255^2$ =	€ 80.062,67
3	€ 157.000 : $1,2344255^3$ =	€ 83.465,12
4	€ 157.000 : $1,2344255^4$ =	€ 67.614,54
5	€ 157.000 : $1,2344255^5$ =	€ 54.774,10
6	€ 157.000 : $1,2344255^6$ =	€ 44.372,14
7	€ 157.000 : $1,2344255^7$ =	€ 35.945,58
8	€ 157.000 : $1,2344255^8$ =	€ 29.119,28
9	€ 157.000 : $1,2344255^9$ =	€ 23.589,33
10	€ 167.000 : $1,2344255^{10}$ =	€ 20.326,74 +
Totale contante waarde		€ 529.999,95 +
Investeringsbedrag		€ 530.000,00 −
Overwaarde		€ 0,05 −

De kleine negatieve overwaarde is het gevolg van de afronding van het percentage.

6.6 Secundaire geldstromen en vermogenskostenvoet

Bij de berekeningen van de differentiële geldstromen zijn we uitsluitend uitgegaan van de primaire geldstromen. De geldstromen van en naar de vermogensmarkt hebben we daarbij buiten beschouwing gelaten. De vraag rijst nu op welke wijze we rekening kunnen houden met de financiering van de investeringsprojecten. Het vermogen dat in de investeringsprojecten is geïnvesteerd zal de onderneming weer terug willen ontvangen. Bovendien wenst men een vergoeding over het in het project geïnvesteerde vermogen. De vereiste vergoeding is de vermogenskostenvoet, die mede afhankelijk is van het risico dat aan een specifiek project is verbonden. Hoe hoger het risico, hoe hoger de vereiste vermogenskostenvoet.

Vermogenskostenvoet

We lopen de verschillende methoden om investeringsvoorstellen te beoordelen nog een keer langs en bekijken of en zo ja, op welke wijze met de vermogenskostenvoet rekening is gehouden. We maken de volgende verdeling:
1 boekhoudkundige methoden;
2 economische methoden.

Ad 1 Boekhoudkundige methoden

Bij de boekhoudkundige terugverdienperiode (BTP) stellen we de eis dat het bedrag dat in het project is geïnvesteerd (*uitgaande primaire* geldstroom) minimaal wordt terugontvangen via de differentiële *ingaande primaire* geldstromen. Bij het bereiken van de (boekhoudkundige) terugverdienperiode is het bedrag dat is geïnvesteerd weer terugontvangen en zou aan de verschaffers van het eigen en/of vreemd vermogen terugbetaald kunnen worden. Echter, bij de boekhoudkundige terugverdienperiode hebben we nog geen vergoeding voor het geïnvesteerde vermogen terugontvangen. Dat is een nadeel van deze methode.

Boekhoudkundige terugverdienperiode

Van de *primaire* geldstromen die na de boekhoudkundige terugverdienperiode worden ontvangen, moeten eerst nog de vermogenskosten af om te kunnen spreken van waardecreatie.

Om de gemiddelde boekhoudkundige rentabiliteit (GBR) te berekenen, tellen we alle *primaire* geldstromen (de uitgaande investeringsbedragen inbegrepen) bij elkaar op zonder rekening te houden met de vermogenskosten. De hoogte van de GBR moeten we vergelijken met de voor het betreffende project vereiste vermogenskostenvoet. Als de GBR de vereiste vermogenskostenvoet (ruimschoots) overtreft, is het project acceptabel.

Gemiddelde boekhoudkundige rentabiliteit

Ad 2 Economische methoden

Bij de economische terugverdienperiode (ETP) berekenen we eerst de contante waarde van de differentiële *ingaande primaire* geldstromen en berekenen we op basis daarvan de ETP. Dat betekent dat bij het bepalen van de contante waarde de vermogenskosten al in mindering zijn gebracht.

Economische terugverdienperiode

Bij het bereiken van de economische terugverdienperiode is het bedrag dat is geïnvesteerd weer terugontvangen én is rekening gehouden met de vergoeding die de verschaffers van het eigen en/of vreemd vermogen eisen. De omvang van de totale waardecreatie komt overeen met de contante waarde van de *primaire* geldstromen die na de economische terugverdienperiode worden ontvangen. Dit is tevens de netto contante waarde (NCW).

Netto contante waarde

We concluderen dat investeringsprojecten niet alleen de in het project geïnvesteerde bedragen moeten opleveren, maar ook een kostenvergoeding over het geïnvesteerde vermogen. Daarom verdienen de economische methoden de voorkeur.

Samenvatting

Bij het beoordelen van investeringsprojecten scheiden we in principe de investeringsbeslissing van de financieringsbeslissing. We gaan uit van de benadering van totale financiering. Dat wil zeggen dat een organisatie niet per individueel investeringsproject een passende financiering regelt. In plaats daarvan wordt voor het totale bedrag dat nodig is voor alle investeringen extra eigen of vreemd vermogen aangetrokken. De aantrekkelijkheid van investeringsprojecten beoordelen we op basis van de verwachte differentiële primaire geldstromen van het project.

Deze geldstromen gebruiken we om te berekenen of een project waarde aan de onderneming toevoegt of niet. Bij de berekeningsmethoden maken we onderscheid in methoden die met de vermogenskostenvoet rekening houden en methoden die dat niet doen. De laatste groep noemen we de boekhoudkundige methoden, waartoe we de boekhoudkundige terugverdienperiode (BTP) en de gemiddelde boekhoudkundige rentabiliteit (GBR) rekenen. De economische methoden, zoals de economische terugverdienperiode (ETP) en de nettocontantewaardemethode (NCW) houden met de vermogenskosten rekening. Deze laatste methoden hebben de voorkeur.

De hoogte van de vermogenskostenvoet hangt af van de risicovrije voet en de risico-opslag. Naarmate het risico van een project hoger is, neemt de risico-opslag toe en daardoor de vermogenskostenvoet.

Begrippenlijst

Activastructuur	Verhouding tussen de vaste en vlottende activa van een organisatie.
Boekhoudkundige terugverdienperiode	De tijd die nodig is om het initiële investeringsbedrag terug te ontvangen, waarbij *geen* rekening wordt gehouden met de vermogenskostenvoet.
Contante waarde	De waarde aan het begin van een (investerings)project.
Differentiële geldstromen	Het verschil tussen de geldstromen van een organisatie *na uitvoering* van het project en de geldstromen van een organisatie *voor uitvoering* van het project.
Economische terugverdienperiode	De tijd die nodig is om het initiële investeringsbedrag terug te ontvangen, waarbij rekening wordt gehouden met de vermogenskostenvoet.
Eindwaarde	De waarde aan het einde van een (investerings)project.
Gemiddelde boekhoudkundige rentabiliteit	De rentabiliteit op een investeringsproject uitgedrukt in een percentage, waarbij geen rekening wordt gehouden met de vermogenskostenvoet.
Gouden balansregel	Eigen vermogen + vreemd vermogen lang ≥ vaste activa + vaste kern vlottende activa.
Investeren	Elke aankoop door een onderneming.
Investeringsproject	Het totaal van investeringen in vaste en variabele activa, dat nodig is om een bepaalde investeringsbeslissing uit te voeren.
Netto contante waarde	De waarde die door het uitvoeren van een investering aan de onderneming wordt toegevoegd.
Partiële financiering	Financieringswijze waarbij een direct verband bestaat tussen een bepaalde bezitting (activa) en de financiering daarvan.
Primaire geldstromen	Geldstromen die direct verband houden met het primaire proces. Het zijn alle geldstromen met uitzondering van de secundaire geldstromen.
Secundaire geldstromen	Alle geldstromen van en naar de vermogensmarkt.

Tijdvoorkeur	Als we de keuze hebben een gegeven bedrag op een vroeg moment of op een later moment te ontvangen, geven we er de voorkeur aan het bedrag vroeg te ontvangen.
Totale financiering	Financieringswijze waarbij de vermogensbehoefte in verband met alle bezittingen samen wordt vastgesteld en voor dit totaal een passende financiering wordt geregeld.
Vermogenskostenvoet	Vergoeding voor het beschikbaargestelde vermogen. De hoogte ervan hangt af van de risicovrije voet en de hoogte van het risico.
Vermogensstructuur	Verhouding tussen het vreemd en eigen vermogen van een organisatie.

Meerkeuzevragen

6.1 Bij het beoordelen van investeringsvoorstellen bij een bv of nv gaan we uit van
   a differentiële primaire geldstromen voor vennootschapsbelasting.
   b differentiële secundaire geldstromen voor vennootschapsbelasting.
   c differentiële primaire geldstromen na vennootschapsbelasting.
   d differentiële secundaire geldstromen na vennootschapsbelasting.

6.2 Met partiële financiering bedoelen we dat
   a voor een gedeelte van het investeringsproject financiering van buitenaf wordt aangetrokken.
   b per afzonderlijk investeringsproject een passende financiering wordt aangetrokken.
   c het vermogen dat nodig is voor de financiering van een investeringproject in fasen (gedeelten) wordt aangetrokken.
   d het totale bedrag dat voor investeringen beschikbaar is, wordt verdeeld over de verschillende investeringsprojecten.

6.3 Met activastructuur bedoelen we de verhouding
   a vreemd vermogen / eigen vermogen.
   b vaste activa / nettowerkkapitaal.
   c vaste activa / vlottende activa.
   d vlottende activa / kort vreemd vermogen.

6.4 Bij welke van de volgende methoden wordt met tijdvoorkeur rekening gehouden?
   a De boekhoudkundige terugverdienperiode.
   b De gemiddelde boekhoudkundige rentabiliteit.
   c De netto contante waarde.

6.5 Iemand stort vandaag €10.000 op een spaarrekening waarop 2% interest per kwartaal wordt vergoed. De interest wordt aan het einde van ieder kwartaal op de spaarrekening bijgeboekt.
   Over één jaar vanaf nu staat op de spaarrekening een bedrag van:
   a €10.200.
   b €10.800.
   c €10.824,32.

6.6 Van een investeringsproject is het volgende gegeven:

Tijdstip	Relevante differentiële geldstromen
t = 0	− €600.000 (initiële investering)
t = 1	+ €170.000
t = 2	+ €170.000
t = 3	+ €170.000
t = 4	+ €170.000
t = 5	+ €170.000

De risicovrije voet bedraagt 4% en de risico-opslag voor dit project is 6%. De netto contante waarde van dit project bedraagt
a + €44.433,75.
b + €156.809,80.
c + €250.000,00.
d + €644.433,75.

Vraagstukken

V 6.1 Iemand stort op 1 januari 2015 €30.000 op een spaarrekening.

Bereken de eindwaarde op de spaarrekening op 31 december 2015 bij de volgende interestvergoedingen:
a 12% per jaar
b 6% per halfjaar
c 3% per kwartaal
d 1% per maand

V 6.2 Iemand stort de volgende bedragen op een spaarrekening:
Op 1 januari 2014   €5.000;
Op 1 januari 2015   €7.000;
Op 1 januari 2016   €9.000.

Bereken de eindwaarde op de spaarrekening op 31 december 2016 bij de volgende interestvergoedingen:
a 12% per jaar
b 6% per halfjaar
c 3% per kwartaal
d 1% per maand

V 6.3 Iemand heeft recht op een uitkering van €20.000 te ontvangen op 31 december 2019.

Bereken de waarde van dit bedrag (de contante waarde van dit recht) op 1 januari 2016 bij de volgende interestvergoedingen:
a 12% per jaar
b 6% per halfjaar
c 3% per kwartaal
d 1% per maand

V 6.4 Iemand heeft recht op de volgende bedragen:
€10.000 te ontvangen over 1 jaar;
€13.000 te ontvangen over 2 jaar;
€15.000 te ontvangen over 3 jaar.

Bereken de contante waarde van deze drie bedragen samen. Dat is de waarde op dit moment (precies 1 jaar voordat het eerste bedrag zal worden ontvangen). We rekenen met een interestpercentage van 4% per jaar.

V 6.5 Iemand heeft recht op de volgende bedragen:
Op 1 januari 2017   €5.000;
Op 1 januari 2018   €7.000;

Op 1 januari 2019 €9.000.
We rekenen met een interestpercentage van 5% per jaar.

Bereken de waarde van dit recht (alle bedragen samen) op:
a 1 januari 2016
b 1 januari 2015

V 6.6 Iemand heeft recht op de volgende bedragen:
€10.000 te ontvangen over een ½ jaar;
€13.000 te ontvangen over 1 jaar;
€15.000 te ontvangen over 1½ jaar;
€20.000 te ontvangen over 2 jaar.

Bereken de contante waarde van deze vier bedragen samen. Dat is de waarde op dit moment (precies een ½ jaar voordat het eerste bedrag zal worden ontvangen). We rekenen met een interestpercentage van 4% per jaar.

V 6.7 Iemand heeft recht op de volgende bedragen:
€10.000 te ontvangen over een ½ jaar;
€13.000 te ontvangen over 1 jaar;
€15.000 te ontvangen over 1½ jaar;
€20.000 te ontvangen over 2 jaar.
Bereken de contante waarde van deze vier bedragen samen. Dat is de waarde op dit moment (precies een ½ jaar voordat het eerste bedrag zal worden ontvangen). We rekenen met een interestpercentage van 2% *per halfjaar*.

V 6.8 Onderneming De Baron bv overweegt een nieuw product op de markt te brengen. Hiervoor moet een investering verricht worden van €200.000. De resultaten die met dit product per jaar behaald kunnen worden, zijn hierna (in euro's) weergegeven.

Opbrengst verkopen		300.000
Kostprijs verkopen:		
• grondstofkosten	90.000	
• loonkosten	100.000	
• energiekosten	20.000	
• afschrijving	30.000	
• overige kosten	10.000	
		250.000
Ebit voor aftrek van belastingen		50.000
Vennootschapsbelasting (20%)		10.000
Ebit na aftrek van belastingen		40.000

Alle verkopen en alle kosten (met uitzondering van de afschrijvingskosten) worden contant afgerekend. Ook de belastingen worden direct betaald.

Bereken de jaarlijkse differentiële primaire geldstroom in verband met dit investeringsproject.

V 6.9 Onderneming Expansie wil haar productiecapaciteit uitbreiden door de aanschaf van een nieuwe machine. Deze aankoop leidt tot een investering

van €200.000. De machine heeft een economische levensduur van vijf jaar. Aan het einde van de levensduur heeft de machine nog een restwaarde van €20.000. De jaarlijkse netto-ontvangsten (inclusief de ontvangst van de restwaarde) bedragen €60.000.
De leiding vereist een rentabiliteit van 12% op deze investering.

a Bereken de boekhoudkundige terugverdienperiode, als we veronderstellen dat de differentiële primaire geldstromen gelijkmatig tijdens het jaar optreden.
b Bereken de gemiddelde boekhoudkundige rentabiliteit van het investeringsproject.
Uitkomst in twee decimalen nauwkeurig.
c 1 Bereken de netto contante waarde. Hierbij veronderstellen we dat alle differentiële primaire geldstromen aan het einde van ieder jaar optreden.
Plaats de uitgaven en alle differentiële primaire geldstromen op een tijdlijn.
2 Is dit investeringsproject aanvaardbaar? Motiveer je antwoord.

V 6.10 Onderneming Luxity bv overweegt een gedeelte van haar machinepark te vernieuwen. De investering in het nieuwe machinepark vergt een bedrag van €1.000.000, te betalen op 1 januari 2015. De machines gaan tien jaar mee en hebben daarna geen restwaarde (de kosten van het verwijderen van de machines zijn gelijk aan de schrootwaarde van de machines). Doordat de nieuwe machines nauwkeuriger werken en minder energie gebruiken, treden jaarlijks de volgende bezuinigingen op:
- minder gelduitgaven voor grondstoffenverbruik € 140.000;
- minder gelduitgaven voor energieverbruik € 80.000.

Door deze besparingen dalen de kosten en de gelduitgaven aan het einde van ieder jaar met €220.000. Voor het eerst op 1 januari 2016 en in de daaropvolgende negen jaren.
De machines worden met gelijke bedragen per jaar afgeschreven.
Luxity bv moet aan het einde van ieder jaar 25% vennootschapsbelasting betalen over haar winsten.
Voor dit investeringsproject geldt een vereiste vermogenskostenvoet van 11% per jaar.

a Bereken de toename van de jaarlijkse winsten (vóór vennootschapsbelasting) als de nieuwe machines worden aangeschaft.
b Bereken de extra jaarlijks te betalen vennootschapsbelasting.
c Bereken de jaarlijkse differentiële primaire geldstromen na vennootschapsbelasting.
d Geef de voor deze investeringsbeslissing relevante bedragen weer op een tijdlijn (10 jaar).
e Bereken de boekhoudkundige terugverdientijd.
f Bereken de economische terugverdientijd.
g Bereken de netto contante waarde (NCW).

V 6.11 Onderneming Select bv moet een keuze maken uit twee investeringsalternatieven waarvan het volgende gegeven is.

	Investering = gelduitgave	Jaarlijkse differentiële primaire geldstromen na vennootschapsbelasting				
	t = 0	t = 1	t = 2	t = 3	t = 4	t = 5
Project A	- €200.000	€40.000	€50.000	€60.000	€70.000	€80.000
Project B	- €200.000	€80.000	€70.000	€60.000	€50.000	€40.000

t = 0 is begin jaar 1, t = 1 is einde jaar 1, t = 2 is einde jaar 2 enzovoort.

De restwaarden van beide projecten is nihil. De waardedaling van beide projecten is gelijkmatig over de levensduur gespreid.

Voor beide projecten geldt een vereiste vermogenskostenvoet van 10% per jaar.

a Bereken voor beide projecten afzonderlijk de:
 1 gemiddelde boekhoudkundige rentabiliteit;
 2 netto contante waarde.
b Komen de bij a1 en a2 genoemde methoden om investeringsprojecten te beoordelen tot eenzelfde voorkeur? Welke verklaringen kun je geven voor eventuele verschillen?
c Naar welk project gaat de voorkeur uit? Motiveer je antwoord.

V 6.12 Kapsalon Exclusive bv wil zijn kapsalon moderniseren. De verbouwing van de kapsalon vergt een investering van €240.000. De verbouwingskosten (€240.000) worden in acht jaar afgeschreven met gelijke bedragen per jaar. De verbouwing leidt niet tot een waardestijging van het pand (de verbouwing heeft geen restwaarde). De eigenaresse van de kapsalon verwacht dat na de verbouwing de jaarlijkse ebit na belasting zal toenemen met €20.000. Deze extra ebit's worden alleen gedurende de eerste acht jaren na de verbouwing gerealiseerd. Daarna is het effect van de modernisering uitgewerkt. Alle transacties van de kapsalon worden à contant verricht.
De eigenaresse van de kapsalon eist een rentabiliteit van 14% op deze investering.

a 1 Bereken de jaarlijkse differentiële primaire geldstroom.
 2 Geef het investeringsproject in de vorm van een tijdlijn weer.
b Bereken de boekhoudkundige terugverdienperiode, als we veronderstellen dat de differentiële primaire geldstromen gelijkmatig tijdens het jaar optreden.
c Bereken de gemiddelde boekhoudkundige rentabiliteit van het investeringsproject.
Uitkomst in twee decimalen nauwkeurig.
d 1 Bereken de netto contante waarde. Hierbij veronderstellen we dat alle differentiële primaire geldstromen aan het einde van ieder jaar optreden.
 2 Is dit investeringsproject aanvaardbaar? Motiveer je antwoord.

V 6.13 Onderneming Select bv heeft in het komende jaar €2,5 mln beschikbaar voor nieuwe investeringen. De afdelingshoofden hebben bij de financieel manager drie investeringsvoorstellen ingediend. Deze voorstellen worden voorlopig met projectcodes aangeduid. De investeringsbedragen en de differentiële primaire geldstromen van de verschillende projecten zijn (bedragen × €1.000):

	Investering	Differentiële primaire geldstromen (einde periode)		
	t = 0	t = 1	t = 2	t = 3
Project XR-1000	2.000	1.100	1.600	
Project CB-300	2.100	810	900	900
Project FXRS	2.400	1.200	1.100	1.000

Project XR-1000 heeft aan het einde van het tweede jaar een restwaarde van €0,6 mln. De vermelde differentiële primaire geldstroom van €1,6 mln is inclusief deze restwaarde.
De projecten CB-300 en FXRS hebben geen restwaarde.
Voor alle projecten geldt een vermogenskostenvoet van 12%. Er wordt met gelijke bedragen per jaar op de projecten afgeschreven.

a Bereken voor ieder project:
1 de boekhoudkundige terugverdienperiode;
2 de gemiddelde boekhoudkundige rentabiliteit;
3 de economische terugverdienperiode;
4 de netto contante waarde.
b Geef per selectiemethode de volgorde van aantrekkelijkheid aan.
c Welke projecten zijn acceptabel wanneer de netto contante waarde als selectiecriterium wordt gehanteerd?
d Bespreek de voor- en nadelen van alle bij vraag **a** genoemde methoden.

*V 6.14 Levensmiddelenfabrikant De Gevulde Schap heeft gegevens verzameld over drie mogelijke investeringsprojecten (A, B en C), waarvan er echter maar één uitgevoerd kan worden.
Van deze projecten is het volgende bekend:
- De projecten A, B en C vergen bij aanvang van het project (t = 0) elk een investering van €20.000.
- De projecten A en B hebben een levensduur van vijf jaar en geen restwaarde; project C heeft een levensduur van vier jaar en een restwaarde van €2.000.
- De vermogenskostenvoet voor de onderhavige projecten bedraagt 10%.
- De differentiële primaire geldstromen van alle projecten worden gespreid over het jaar ontvangen (met uitzondering van de restwaarde):

Project	Differentiële primaire geldstromen (in euro's)				
	Jaar 1	Jaar 2	Jaar 3	Jaar 4	Jaar 5
A	4.000	9.000	9.000	9.000	4.000
B	6.600	6.600	6.600	6.600	6.600
C	7.000	7.000	7.000	7.000[1]	

1 De differentiële primaire geldstroom van project C in jaar 4 is inclusief de ontvangst van de restwaarde van € 2.000.

a Bereken de boekhoudkundige terugverdienperiode voor alle projecten.
b Bereken de gemiddelde boekhoudkundige rentabiliteit voor alle projecten.
c Bereken de netto contante waarde van elk van de projecten. Voor de berekening van de netto contante waarde veronderstellen we dat de differentiële primaire geldstromen aan het einde van het betreffende jaar worden ontvangen.

d Bepaal de volgorde van aantrekkelijkheid volgens:
  1 de methode van de boekhoudkundige terugverdienperiode;
  2 de gemiddelde boekhoudkundige rentabiliteit;
  3 de nettocontantewaardemethode.
e 1 Zijn de drie projecten volledig vergelijkbaar? Motiveer je antwoord.
  2 Geef gemotiveerd aan welke selectiemethode de voorkeur verdient.

*V 6.15 Onderneming Multichip bv is producent van hoogwaardige computeronderdelen.

Multichip overweegt voor de productie van chips een nieuwe machine aan te schaffen. De economische levensduur van deze machine, waarvan de aanschafwaarde €350.000 bedraagt, is vijf jaar. De restwaarde van de machine zal naar verwachting €50.000 zijn. Er wordt afgeschreven met gelijke bedragen per jaar.

Jaarlijks zullen er met deze machine 20.000 chips worden geproduceerd (de normale productie = 20.000). Naast de afschrijvingskosten is er sprake van proportioneel variabele kosten voor grondstof en arbeid, die €10 per eenheid bedragen. Deze kosten worden contant betaald. De verkoopprijs per chip bedraagt €20 (exclusief btw).

Over ondernemingswinsten is 20% vennootschapsbelasting verschuldigd. Voor de eenvoud van de berekeningen wordt verondersteld dat alle geldontvangsten in verband met verkopen en alle geluitgaven in verband met variabele kosten aan het einde van ieder jaar plaatsvinden. Ook de betaling van de belastingen over de winst wordt aan het einde van ieder jaar verricht.

a Bereken de kostprijs van één chip.
b Bereken de jaarlijkse ebit zowel voor als na aftrek van belastingen.
c Bereken de differentiële primaire geldstroom per jaar.
d Geef de geluitgave in verband met de investering en de daaruit voortvloeiende differentiële primaire geldstromen op een tijdlijn weer.
e Bereken de boekhoudkundige terugverdienperiode.
f Bereken de gemiddelde boekhoudkundige rentabiliteit.
Bij de volgende vragen veronderstellen we dat de vermogenskostenvoet 18% bedraagt.
g Bereken de economische terugverdienperiode.
h Bereken de netto contante waarde (NCW).

*V 6.16 Op verzoek van het management van Combinex bv heeft de financiële afdeling van deze onderneming drie investeringsmogelijkheden onderzocht, die we aanduiden met de codenamen X-100, X-200 en X-300. De verwachte differentiële primaire geldstromen na belasting die het gevolg zijn van deze investeringsalternatieven staan in de volgende tabel (bedragen × €1.000).

	Looptijd	Investering op t = 0	K1	K2	K3	K4	K5	K6
X-100	6 jaar	- 800	250	250	250	250	250	250
X-200	6 jaar	- 800	200	200	200	300	300	300
X-300	4 jaar	- 800	300	300	300	500		

De projecten zijn onderling geheel onafhankelijk, wat betekent dat het aanvaarden van het ene project geen gevolgen heeft voor de omvang van de primaire geldstromen van het andere project. In de laatste differentiële primaire geldstroom van project X-300 (K4) is ook de ontvangst van de restwaarde (€200.000) opgenomen. De andere projecten hebben geen restwaarde.
We veronderstellen dat alle differentiële primaire geldstromen (met uitzondering van de investering) aan het einde van het jaar ontvangen worden. De vermogenskostenvoet bedraagt 9% per jaar.

a Bereken voor alle projecten:
1 de boekhoudkundige terugverdienperiode (BTP);
2 de gemiddelde boekhoudkundige rentabiliteit (GBR);
3 de economische terugverdienperiode (ETP);
4 de netto contante waarde (NCW).
b 1 Geef voor iedere selectiemethode de volgorde van aantrekkelijkheid weer.
2 Geef voor iedere selectiemethode de theoretische bezwaren en/of tekortkomingen weer.
c Geef een verklaring voor het feit dat de NCW van X-100 hoger is dan de NCW van X-200, terwijl de som van alle ingaande differentiële primaire geldstromen van beide projecten aan elkaar gelijk zijn.
d Leg uit waarom de ETP altijd gelijk is aan of groter is dan de BTP.
e Welk project verdient de voorkeur als een vermogenskostenvoet van 25% per jaar vereist wordt? We gaan ervan uit dat de onderneming streeft naar het maximaliseren van de aandeelhouderswaarde.

V 6.17 Onderneming Deboled bv wil een nieuw product op de markt brengen. Daarvoor analyseert zij twee investeringsprojecten die door het leven gaan onder de codenamen: Q-1000 en Q-2000. De treasurer van de onderneming heeft voor iedere investering een schatting gemaakt van de differentiële primaire geldstromen na belastingen (zie de volgende tabel, bedragen × €1.000).

	Looptijd	Investering op t = 0	K1	K2	K3	K4	K5	K6
Q-1000	6 jaar	– 1.000	150	150	150	150	150	1.250
Q-2000	6 jaar	– 1.000	500	500	250	250	250	250

De projecten zijn onderling geheel onafhankelijk, wat betekent dat het aanvaarden van het ene project geen gevolgen heeft voor de omvang van de primaire geldstromen van het andere project. De restwaarde van beide projecten is te verwaarlozen.
Voor beide projecten bedraagt de vermogenskostenvoet 10%.

a Bereken voor beide projecten:
1 de boekhoudkundige terugverdienperiode (BTP);
2 de gemiddelde boekhoudkundige rentabiliteit (GBR);
3 de economische terugverdienperiode (ETP);
4 de netto contante waarde (NCW).

b Geef een verklaring voor het feit dat de NCW van Q-2000 hoger is dan de NCW van Q-1000, hoewel de totale gecumuleerde differentiële geldstromen van beide projecten over de gehele looptijd gemeten aan elkaar gelijk zijn.

**V 6.18 Tana nv is een onderneming die zich bezighoudt met het produceren en verkopen van schoenpoets. De directie overweegt, naast haar huidige assortiment, een nieuwe schoenpoets op de markt te brengen. Op dit moment (1 april 2015) moet de directie een definitief besluit nemen ten aanzien van het al dan niet op de markt brengen van de nieuwe schoenpoets. Als voorbereiding daarop is tot op heden (dus voor 1 april 2015) al €200.000 besteed aan marktonderzoek en productontwikkeling. Als onverhoopt wordt besloten niet tot productie en verkoop van het nieuwe product over te gaan, kan de kennis opgedaan tijdens het marktonderzoek en de productontwikkeling voor dit product op 1 april 2015 voor €40.000 worden verkocht. Overige gegevens met betrekking tot het nieuwe product zijn de volgende:
- De reeds betaalde kosten van het marktonderzoek (€200.000) zijn per 1 april 2016 volledig fiscaal aftrekbaar.
- De eventuele opbrengst in verband met de te verkopen kennis uit het marktonderzoek en de productontwikkeling (als besloten zou worden dit project niet uit te voeren) wordt (eventueel) op 1 april 2016 fiscaal belast.
- De nieuwe schoenpoets zal tien jaar in productie blijven. Jaarlijks zullen 100.000 eenheden worden geproduceerd en verkocht. Voor de eenvoud van de berekeningen nemen we aan dat de productie en verkoop ineens op 1 april van ieder jaar plaatsvinden (voor het eerst op 1 april 2016).
- De verkoopprijs bedraagt €3,35 per eenheid en de variabele kosten zijn €1,30 per eenheid.
- Op 1 april 2015 zijn voor dit product machines met een aanschafwaarde van €800.000 gekocht en betaald. De machines hebben een verwachte restwaarde van €200.000, maar mogen fiscaal tot nihil worden afgeschreven. Als afschrijvingsmethode hanteert de onderneming een vast percentage van de aanschafwaarde.
- Uitbreiding van de productie leidt tot een toename van het nettowerkkapitaal op 1 april 2015 van €100.000. Dit bedrag valt op 1 april 2025 weer volledig vrij, nadat de productie gestaakt is.
- Deze onderneming betaalt aan het einde van ieder jaar 25% belastingen over haar ebit's. We nemen aan dat het belastingjaar eindigt op 1 april van ieder jaar en dat op dat moment ook de belastingen moeten worden betaald.
- De onderneming hanteert als selectiecriterium de nettocontantewaardemethode.
- De vermogenskostenvoet voor dit investeringsproject bedraagt 12% per jaar.

a Bereken de initiële investering op 1 april 2015.
b Bereken de (op 1 maart 2016) te betalen vennootschapsbelasting als besloten zou worden dit project niet uit te voeren en de kennis uit het marktonderzoek en de productontwikkeling (op 1 maart 2015) te verkopen voor €40.000.
c Bereken het bedrag dat jaarlijks op 1 april 2016 t/m 1 april 2024 aan belasting moet worden betaald (te berekenen over de ebit).
d Bereken het bedrag dat op 1 april 2025 aan belasting moet worden betaald over de ebit en het boekresultaat.

e Bereken de jaarlijkse differentiële primaire geldstroom na belasting op 1 april van de jaren 2016 tot en met 2024.
f Bereken de differentiële primaire geldstroom na belasting per 1 april 2025.
g Komt dit project (op basis van de netto contante waarde) voor uitvoering in aanmerking? Onderbouw je antwoord met een berekening.
h Stel dat de technische kennis op 1 april 2015 verkocht zou kunnen worden voor €180.000 in plaats van €40.000. Heeft dit nieuwe gegeven invloed op de beslissing om het nieuwe product te gaan maken? Motiveer je antwoord.
i Noem twee belangrijke bezwaren tegen het hanteren van de boekhoudkundige terugverdienperiode als selectiemaatstaf bij investeringsbeslissingen.

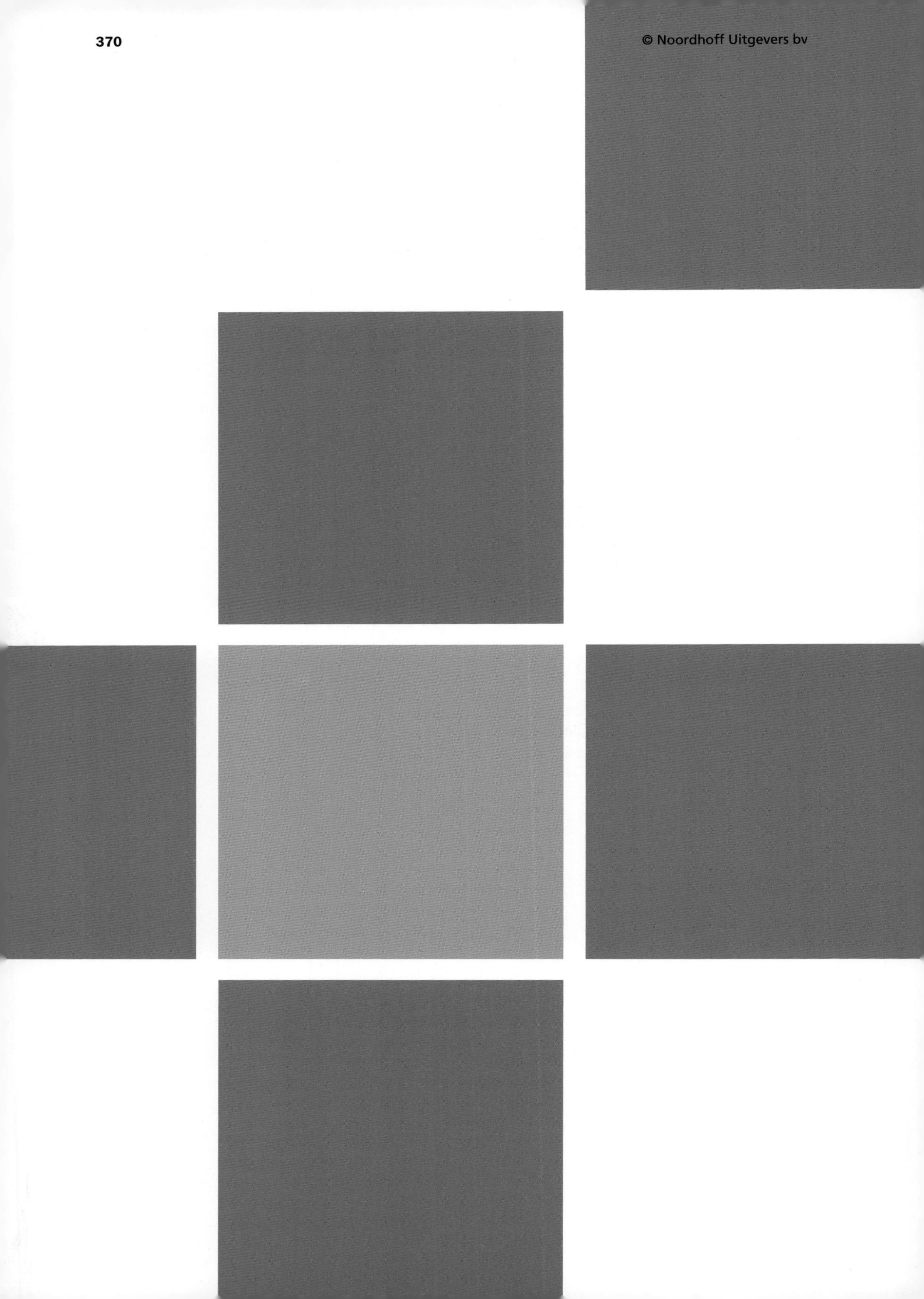

7
Enkele praktijkvoorbeelden

7.1   Van doelstelling naar marketing- en verkoopplan
7.2   Van marketingplan naar marketingbudget
7.3   Zakelijke dienstverlening
7.4   Uitbesteding van werkzaamheden
7.5   Factoren die de loonkosten beïnvloeden

Bij een groot aantal organisaties spelen de financiële gevolgen van bedrijfsbeslissingen een rol. Dat geldt zowel voor productieondernemingen als voor dienstverlenende organisaties, met of zonder winstoogmerk. Ook leidinggevenden die geen financiële functie vervullen, worden vroeg of laat geconfronteerd met de financiële gevolgen van hun beslissingen. In dit hoofdstuk bespreken we een aantal praktijksituaties, die betrekking hebben op een handelsonderneming en een organisatie in de zakelijke dienstverlening. Als voorbeeld van een handelsonderneming nemen we een auto-importeur en voor de zakelijke dienstverlening staat een makelaatskantoor model.
Aan de hand van deze voorbeelden gaan we na met welke financiële aspecten marketingfunctionarissen en/of directeuren van een organisatie te maken kunnen krijgen.

7.1 Van doelstelling naar marketing- en verkoopplan

De doelstelling van een organisatie die naar winst streeft, is veelal in financiële termen geformuleerd. Voorbeelden daarvan zijn het vergroten van de aandeelhouderswaarde of het behalen van een bepaald rendement op het geïnvesteerde eigen vermogen. Maar ook organisaties die niet naar winst streven, krijgen bij het uitvoeren van hun taken te maken met financiële randvoorwaarden. Daar staat niet zozeer het behalen van een bepaald financieel resultaat op de voorgrond als wel het zo goed mogelijk uitvoeren van een bepaalde taak met behulp van de beschikbare financiële middelen. Hoewel de doelstellingen van profit- en non-profitorganisaties verschillen, hebben ze meer gemeen dan op het eerste gezicht lijkt. Bij beide gaat het om het beheersen van goederen- en geldstromen. Onderwerpen die we in dit hoofdstuk bespreken voor een profitorganisatie zijn daarom (met enige aanpassingen) ook van belang voor organisaties die niet naar winst streven.

Bij grote organisaties zijn de taken verdeeld over verschillende functies. In de volgende paragrafen staan de functies die te maken hebben met de verkoopkant van de organisatie op de voorgrond. Daarbij hebben we met name de functies van marketeers en salesmanagers op het oog. Zij besteden vooral aandacht aan factoren die de verkochte hoeveelheid en de verkoopprijs beïnvloeden, met de bedoeling de omzet te vergroten. Maar omzetgroei en/of vergroting van het marktaandeel is geen doel op zich. Natuurlijk kan een bepaald (omzet)niveau noodzakelijk zijn om een bepaald product op de markt te handhaven, maar uiteindelijk gaat het om het te behalen resultaat (= omzet − kosten). Daarom moeten marketingplannen ook worden vertaald in marketingbudgetten. In het volgende gaan we onder meer op deze onderwerpen in.

Verkoopmarkt

Bij marketing- en verkoopbeslissingen staat de relatie met de verkoopmarkt op de voorgrond. Vooral in een situatie waarin de concurrentie hevig is, zal een onderneming veel aandacht besteden aan de verkoopkant. Marketeers en salesmanagers moeten niet alleen een goede inschatting kunnen maken van de verwachte afzet en de verwachte verkoopprijzen. Naast verwachte omzet zijn immers ook de verwachte kosten om de verwachte omzet te kunnen realiseren van belang. Uiteindelijk gaat het om de financiële bijdrage die de marketingfunctie levert aan de onderneming als geheel.
Omdat het bij beslissingen vaak gaat om de gevolgen voor de toekomst, speelt onzekerheid een belangrijke rol. Wat is het effect van een marketingcampagne op de omzet en welke kosten zijn eraan verbonden?
Welke externe factoren, waaronder bijvoorbeeld de stand van de conjunctuur, zijn van invloed op de afzet? Hoe zal de concurrentiepositie zich in de toekomst ontwikkelen? De antwoorden op deze vragen zijn niet eenduidig te geven en verschillende scenario's zijn denkbaar. Het gebruik van scenario's geeft inzicht in de invloed van bepaalde factoren op het financiële resultaat. Door deze scenario's in Excel uit te werken, kunnen op eenvoudige wijze veranderingen in de basisgegevens worden aangebracht en de gevolgen ervan worden doorgerekend.

7.2 Van marketingplan naar marketingbudget

De doelstelling van een organisatie is in algemene bewoordingen weergegeven en moet worden vertaald in concrete plannen. Een deel van deze plannen heeft betrekking op de verkoopzijde van de organisatie.

De verkoopactiviteiten kunnen we opsplitsen in activiteiten die door de marketeer worden uitgevoerd en de activiteiten die tot het werkgebied van de salesmanagers behoren. De werkzaamheden van de marketeer hebben betrekking op de verkoopmarkt als geheel en op de positie van een product of merk in de markt. Bij de werkzaamheden die door de salesmanagers worden verricht, staat het directe contact met de afnemer van het product of de dienst op de voorgrond. De marketeers spelen een belangrijke rol bij het opstellen van het marketingplan en de marketingbudgetten die daaruit voortvloeien.

Marketeer

Salesmanagers

ZELFTOETS 7.1
Vallen de werkzaamheden van een autoverkoper die een potentiële klant in de showroom te woord staat onder de verantwoordelijkheid van de salesmanager of de marketeer?

Marketingplannen moeten nader worden uitgewerkt en onder meer worden vertaald in verwachte financiële resultaten. Een belangrijke graadmeter daarvoor is de ebit (earnings before interest and taxes). Of met andere woorden: de omzet min alle kosten met uitzondering van interest en voor aftrek van belastingen. Verkoopmanagers hebben nogal eens de neiging te veel nadruk te leggen op omzetvergroting. Een verhoging van de omzet is geen doel op zich. Uiteindelijk gaat het om een zo groot mogelijk positief verschil tussen omzet en kosten.
We gaan nu nader in op de opbrengsten, beïnvloedbare en niet-beïnvloedbare kosten, het budget voor marktactiviteiten en het break-evenpunt.

Opbrengsten
De opbrengsten (omzet) van een onderneming berekenen we door de verkochte aantallen (afzet) te vermenigvuldigen met de verkoopprijs.
De afzet hangt mede af van het succes van een bepaald product en de positie ten opzichte van de producten van de concurrentie. Een lagere verkoopprijs zal een positieve invloed hebben op de verkochte aantallen, maar de afzet kan ook worden gestimuleerd door marketingactiviteiten. Hierbij kan worden gedacht aan gerichte acties, maar ook aan het opzetten van een website. Aan de verkoopkant maken we onderscheid tussen marketing en sales.

Marketing
Marketing heeft betrekking op de positionering en het imago van een onderneming, een merknaam en/of een product op de verkoopmarkt. Aandachtsgebieden binnen de marketingfunctie zijn onder meer: reclame, meting en verbetering klanttevredenheid, marktsegmentatie, klantenservice, prijsstelling en distributie. Tot de marketingfunctie behoren ook het opzetten van gerichte acties, het onderhouden van de website, het opzetten van reclamecampagnes en andere promotionele activiteiten.

Marketing

De vraag die een marketingmanager zich herhaaldelijk stelt is: hoe interesseer je nieuwe klanten voor je product zonder bestaande klanten van je te vervreemden?
De beeldvorming rond een product en de positionering van het product in de markt zijn essentieel voor het commerciële succes. Daarbij maken ondernemingen vaak gebruik van bekende personen (zoals filmsterren) om hun product te promoten.

Sales
Bij sales staat het directe contact met de klanten op de voorgrond. Salesmanagers zijn met name verantwoordelijk voor het behalen van een zo hoog mogelijke brutowinstmarge. De brutowinstmarge = verkochte aantallen × (verkoopprijs − inkoopprijs). De activiteiten van de salesmanagers worden ondersteund door de marketingactiviteiten en moeten daarmee in overeenstemming zijn.

Het gevaar bestaat dat commercieel ingestelde medewerkers de nadruk leggen op aspecten zoals reclame en corporate advertising en te weinig oog hebben voor de kostenkant van hun activiteiten. In toenemende mate wordt ook van marketeers verwacht dat ze met harde cijfers onderbouwen, wat de bijdrage van bepaalde commerciële activiteiten aan de winst (ebit) van de organisatie is. Een vergelijking van de verwachte extra opbrengsten en de verwachte extra kosten moet uitsluitsel geven over de aanvaardbaarheid van bepaalde marketingbeslissingen.

Beïnvloedbare en niet-beïnvloedbare kosten
Voor de financiële besturing van een onderneming is het belangrijk vast te stellen welke factoren wel en welke factoren niet door een onderneming zijn te beïnvloeden. Dat bepaalt op welke factoren de onderneming haar aandacht bij de financiële besturing van de organisatie met name moet richten.

Managers zullen zich bij hun besluitvorming met name richten op die kosten die door hen beïnvloedbaar zijn. In de praktijk zal een bepaalde kostenpost soms niet voor de volle honderd procent beïnvloedbaar zijn of in het geheel niet-beïnvloedbaar zijn. Welke kosten beïnvloedbaar zijn en welke kosten niet, moet van situatie tot situatie worden beoordeeld. Naarmate de periode die in beschouwing wordt genomen langer is en een medewerker een hogere positie inneemt, zijn meer zaken voor de betreffende medewerker beïnvloedbaar. We geven dat in tabel 7.1 weer.

TABEL 7.1 Beïnvloedbare en niet-beïnvloedbare kosten

	Voor manager op (het) hoog(ste) niveau in de organisatie	Voor manager op (het) laag(ste) niveau in de organisatie
(Zeer) lange termijn	Alle kosten zijn beïnvloedbaar	Beperkt aantal kosten (beperkt) beïnvloedbaar
(Zeer) korte termijn	Veel kosten (beperkt) beïnvloedbaar	Bijna alle kosten zijn niet-beïnvloedbaar

Naast de factoren die in tabel 7.1 staan vermeld, geldt voor de omvang van de kosten dat de hoeveelheidscomponent in het algemeen beter te beïnvloeden is dan de prijscomponent. Dit geldt zeker voor goederen waarbij de prijs op een wereldmarkt tot stand komt, zoals de prijs van ruwe olie en koffie.

ZELFTOETS 7.2
Behoren de uitgaven voor een landelijke tv-reclame in verband met de introductie van een nieuw automodel tot de beïnvloedbare of niet-beïnvloedbare kosten van een autoverkoper van het betreffende model?

Veel beslissingen van managers (op verschillende niveaus binnen de organisatie) hebben gevolgen voor de omvang van de kosten. Als een afdelingshoofd bijvoorbeeld een nieuwe medewerker aanstelt, zullen de loonkosten van zijn afdeling stijgen. Een productiemanager die een nieuwe machine aanschaft, zal in een volgende periode de post Afschrijvingskosten op zijn winst- en verliesrekening zien stijgen.

7.2.1 Marketing en financiële aspecten bij een auto-importeur

In tabel 7.2 lichten we het al dan niet beïnvloedbaar zijn van de kosten toe aan de hand van een importeur van auto's. Daarbij maken we (wat de verkoopkant bij de auto-importeur betreft) onderscheid in drie hiërarchische niveaus: de algemeen directeur, de marketingmanager en de salesmanager.

In dit voorbeeld leggen we de nadruk op sales. Andere aspecten, zoals aftersales en services, laten we buiten beschouwing.

TABEL 7.2 Beïnvloedbare kosten bij een auto-importeur

Tijdshorizon	Algemeen directeur	Marketingmanager	Salesmanager
Korte termijn			
Maand	• Aanname en ontslag van personeel • Beslissing over benzinepasjes personeel		Kortingen aan dealers op types die wat minder goed in de markt liggen
Kwartaal	Vaststellen verkoopprijzen	• Advertenties • Direct mail	
Halfjaar		• Events • Prijslijsten	
Lange termijn			
Jaar	• Marketingbudget • Internet (website)	• Brochures • Internet (website)	• Bonussen voor dealers bij behalen verkooptargets • Kortingafspraken grote fleet owners
Twee jaar	• Introductie nieuwe modellen • Huisvesting	• Klantendatabase • Loyaliteitsprogramma	Vaststellen (variabele) dealermarges
Vijf jaar	Huisvesting		

Tot de factoren die niet door de auto-importeur zijn te beïnvloeden, behoren onder meer:
- concurrentie van andere merken;
- nieuwe modellen;
- economische situatie (hoog- en laagconjunctuur).

De inkoopprijzen van de auto's komen in onderling overleg tussen autofabrikant en auto-importeur tot stand. De importeur heeft een beperkte invloed op de hoogte daarvan.

Markt-segmentatie

Auto-importeurs splitsen de verkoopmarkt op in twee delen: de retailmarkt en de whole-salemarkt. De verkopen van de importeur aan de dealers vallen onder de whole-salemarkt.

Budget voor marketingactiviteiten

De omvang van het marketingbudget bij bijvoorbeeld een importeur van auto's is in principe afhankelijk van het aantal verkochte auto's. Naarmate er meer auto's worden verkocht, kan er ook meer geld aan marketing worden besteed. Er is echter ook een onder- en bovengrens. De ondergrens wordt bepaald door het bedrag dat minimaal nodig is voor marketing om *zichtbaar* te zijn in de markt. Dit minimumbedrag is onafhankelijk van het aantal auto's dat verkocht gaat worden. Aan de andere kant moet de markt ook niet overvoerd worden met marketingactiviteiten. Dit betekent dat bij een hoge afzet een lager bedrag per auto aan marketing wordt besteed. Uiteindelijk gaat het om de afweging tussen de extra kosten van de marketing en de extra brutowinstmarge, die daardoor kan worden gerealiseerd.
De extra marketinginspanning leidt tot een hogere ebit als de extra brutowinstmarge hoger is dan de extra kosten. Dan is de marketinginspanning zinvol.

Break-evenpunt

Bij het opstellen van een marketingplan kan het van belang zijn een (globale) berekening te maken van de afzet of omzet die nodig is om alle kosten te dekken. De afzet of omzet waarbij er geen winst wordt gemaakt, maar ook geen verlies wordt geleden, noemen we – zoals we in hoofdstuk 5 al zagen – het break-evenpunt (BE-punt).

Break-evenpunt

Een break-evenpunt in de vorm van een bepaalde hoeveelheid verkochte auto's heeft bij een auto-importeur weinig betekenis, omdat iedere auto een andere inkoopprijs en verkoopprijs heeft. Er is geen sprake van een homogeen product. Het break-evenpunt is slechts een ruwe benadering van het aantal auto's of de omzet, die moet worden gerealiseerd om alle kosten te dekken.

ZELFTOETS 7.3

Welke invloed zal een toename van de verkoop van de dure modellen ten opzichte van de goedkopere modellen hebben op het BE-punt (gemeten in aantal auto's)?

7.2.2 Marketingbudget in de theorie

De activiteiten die in een marketingplan zijn beschreven, moeten worden vertaald in concrete activiteiten met vermelding van de financiële consequenties. Dit gebeurt in een marketingbudget. In figuur 7.1 geven we in grote lijnen het verband weer tussen de ondernemingsdoelstelling en budgetten.

FIGUUR 7.1 Van ondernemingsdoelstelling naar budgetten

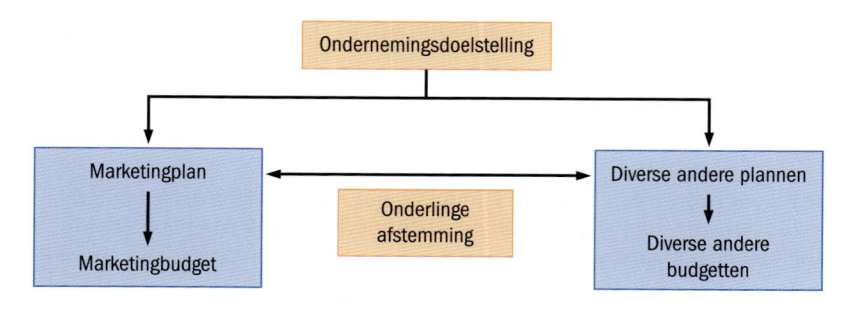

De productrange waarop een marketingplan betrekking heeft, kan variëren van een bepaald product (merk) tot alle producten van de gehele organisatie. Een marketingplan dat de gehele organisatie omvat, zal ruimer van opzet zijn dan een marketingplan dat op slechts een gedeelte van de productlijn of op een bepaald product betrekking heeft. Hoewel de structuur en de omvang van een marketingplan van situatie tot situatie zullen verschillen, moet het plan een duidelijke rode draad bevatten en overzichtelijk zijn. Een mogelijke indeling van een marketingplan geven we weer in tabel 7.3.

Marketingplan

TABEL 7.3 Indeling van een marketingplan

Het marketingplan	
• Titelpagina	• Strategische opties
• Executive summary	• Marketingdoelstellingen
• Inhoudsopgave	• Marketingmixinstrumenten
• Inleiding	• Budgetten
• Situatie- en SWOT-analyse	• Evaluatie en control
• Ondernemingsstrategie en -doelstellingen	• Bijlagen
• Marketingaudit	

Bron: Inleiding tot de marketing, B. Verhage, Stenfert Kroese

Na een korte toelichting bij een aantal onderdelen van het marketingplan gaan we uitvoeriger in op het onderdeel 'Budgetten, controle en bijsturing'.

Situatie- en SWOT-analyse
In de situatieanalyse komen de voornaamste omgevingsfactoren aan de orde die van invloed zijn op het slagen of mislukken van een bepaald project of van het marketingbeleid. Door een SWOT-analyse uit te voeren, probeert de organisatie inzicht te krijgen in de Strengths (sterktes), Weaknesses (zwaktes), Opportunities (kansen) en Threaths (bedreigingen) van de organisatie.

SWOT-analyse

Ondernemingsstrategie en -doelstellingen
De ondernemingsstrategie beschrijft in grote lijnen hoe de organisatie haar doelstellingen denkt te realiseren. De strategie is bepalend voor de verdeling van de beschikbare middelen binnen de organisatie. Het is een instrument om de activiteiten van de verschillende organisatieonderdelen te sturen en te coördineren, om er 'zeker' van te zijn dat de doelen die de verschillende afdelingen nastreven in overeenstemming zijn met de organisatiedoelstelling.

Ondernemingsstrategie

Grote organisaties worden vaak opgesplitst in strategische businessunits (sbu's). Een sbu is een onderdeel van de organisatie dat voldoende omvang heeft om eigen plannen en strategieën te ontwikkelen, die passen binnen de ondernemingsstrategie. Een sbu kan worden gekoppeld aan productieafdelingen, geografische markten of organisatieafdelingen die een eigen winstdoelstelling hebben.

Businessunit

Marketingaudit
De marketingaudit moedigt het management aan op een systematische wijze na te denken over zijn omgeving en de capaciteiten van de onderneming om daarop in te spelen. De marketingaudit heeft vooral tot doel het ontwikkelen van een objectief en door alle medewerkers geaccepteerd beeld van

Marketingaudit

de eigen organisatie. De onderwerpen die in een marketingaudit aan bod komen zijn:
- de macro-economische factoren, waaronder de demografische, economische, sociale factoren;
- intensiteit van de concurrentie, distributiekanalen en afnemers;
- markten;
- strategische vraagstukken: segmentatie, positionering en concurrentievoordeel;
- organisatie van de marketingfunctie.

Strategische opties

Mede op basis van de resultaten uit de marketingaudit worden de marketingstrategie en concurrentiestrategie vastgesteld.

Marketingstrategie

Productmarktmatrix

Een marketingstrategie is de aanpak die een onderneming kiest om haar marketingdoelstellingen te realiseren. De product-marktmatrix van Ansoff is een nuttig kader om een marketingstrategie te ontwikkelen (zie tabel 7.4).

Iedere combinatie van markt en product heeft specifieke kenmerken en vereist een specifieke marktbenadering.
In een concurrentiestrategie wordt uiteengezet welke keuzes een organisatie maakt om haar concurrentiepositie in de markt te behouden of te verbeteren. Alleen als een organisatie in staat is een concurrentievoordeel te behalen, kan ze haar marktaandeel vergroten.

TABEL 7.4 Ansoffs groeimatrix

Markt	Product	
	Bestaand	*Nieuw*
Bestaand	Marktpenetratie	Productontwikkeling
Nieuw	Marktontwikkeling	Diversificatie

Marketingdoelstellingen

Doelstellingen, ook van de marketing, zijn noodzakelijk om duidelijk te kunnen formuleren wat er bereikt moet worden. Marketingdoelstellingen moeten ruim genoeg geformuleerd worden om als organisatie doeltreffend te kunnen reageren op veranderingen in de markt en concreet genoeg zijn om als vergelijkingsmateriaal te kunnen dienen voor de werkelijke resultaten. Bovendien moeten ze realiseerbaar en met elkaar in overeenstemming zijn en rekening houden met zowel de interne als de externe omgeving.

Marketingmixinstrumenten

Marketingmix

De hiervoor besproken onderdelen geven een globaal beeld en bevatten met name een kwalitatieve analyse van de marktomstandigheden. In marketingprogramma's worden specifieke acties vastgelegd die betrekking hebben op de marketingmix (zes P's): product, promotie, prijs, plaats, people en planet. Marketingprogramma's geven nauwkeurig aan welke acties in welke perioden plaatsvinden, welke (financiële) gevolgen ervan worden verwacht, wie verantwoordelijk is en welke verantwoordelijkheden zij dragen.

Het planningproces begint met de beschrijving van de algemene doelstelling, die via een aantal tussenstappen in concrete marketingprogramma's wordt uitgewerkt. Uiteindelijk moeten de marketingprogramma's worden vertaald in concrete activiteiten met vermelding van de financiële gevolgen. Dit leidt tot het marketingbudget. Na afloop van de periode waarop het marketingbudget betrekking heeft, worden de verwachte resultaten die in het budget zijn opgenomen, vergeleken met de werkelijke resultaten en volgt op basis hiervan een evaluatie van het gevoerde marketingbeleid. De samenhang tussen de verschillende onderdelen van het marketingplan geven we in figuur 7.2 weer.

Marketingplan

Budgetten, controle en bijsturing

In dit hoofdstuk staan de financiële gevolgen van marketingactiviteiten centraal. We gaan daarom uitvoeriger in op de onderdelen 'budgetten' en 'evaluatie en control' van het marketingplan. In een marketingbudget leggen we onder meer vast welke marketingactiviteiten ontplooid gaan worden en welke bedragen daarvoor beschikbaar zijn. Een budget is een instrument om medewerkers te bewegen activiteiten te ondernemen, die de resultaten van de organisatie positief beïnvloeden.

Marketingbudget

In een marketingbudget worden de activiteiten die in de marketingprogramma's zijn beschreven, vertaald in *financiële cijfers*. Het budget heeft betrekking op een toekomstige periode van meestal een jaar. Het bevat schattingen van de omvang en het tijdstip van de te verkopen hoeveelheden, de verwachte verkoopprijzen, de toegestane uitgaven voor bijvoorbeeld marketing zoals marktonderzoek, reclame, speciale acties en een schatting van de verwachte resultaten (het verschil tussen de verwachte opbrengsten en de verwachte kosten). Het budget moet voldoende gedetailleerd zijn om een nauwkeurige besturing (control) en evaluatie mogelijk te maken. Maar het moet ook flexibel genoeg zijn om in te kunnen spelen op veranderde marktomstandigheden.

FIGUUR 7.2 Marketingplan: van ondernemingsdoelstelling naar marketingbudget

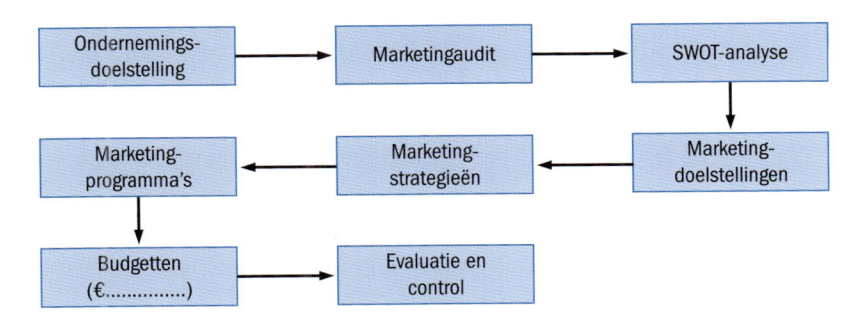

Ondernemingsdoelstelling → Marketingaudit → SWOT-analyse → Marketingdoelstellingen → Marketingstrategieën → Marketingprogramma's → Budgetten (€ ....) → Evaluatie en control

Het inschatten van de verwachte afzet en de te realiseren verkoopprijzen is waarschijnlijk het lastigste onderdeel van het marketingbudget. Vooraf is moeilijk in te schatten welke hoeveelheden van een bepaald artikel verkocht zullen gaan worden en welke prijzen kunnen worden gerealiseerd. De afzet en verkoopprijzen zijn onder andere afhankelijk van de economische omstandigheden, het succes van een geplande reclamecampagne en andere promotionele activiteiten, de life cycle van het product enzovoort. Het opstellen van een planning en budget dwingt de opsteller en gebruikers na te denken over de factoren die de resultaten van de marketingactiviteiten en daarmee de financiële resultaten beïnvloeden. Als de factoren die de financiële prestaties van een organisatie bepalen in een spreadsheetmodel zoals Excel worden weergegeven, bestaat de mogelijkheid allerlei varianten door te rekenen. Dan kan worden nagegaan welke gevolgen bepaalde veranderingen hebben voor het financiële resultaat (scenarioanalyse).

Scenarioanalyse

Evaluatie

Na afloop van de periode waarop het marketingbudget betrekking heeft, vergelijken we de beoogde resultaten met de werkelijke resultaten (evaluatie). Deze vergelijking kan ertoe leiden het marketingbeleid bij te stellen of aanpassing in de uitvoering aan te brengen (control = besturen/beheersen). De hiervoor beschreven werkwijze staat ook wel bekend als de PDCA-cyclus, waarbij P staat voor Plan, D voor Do, C voor Control en A voor Act. Dit geven we in figuur 7.3 weer.

PDCA-cyclus

Kortetermijneffecten

Bij het beoordelen van de marketingplannen en hun resultaten moeten we een duidelijk onderscheid maken tussen de lange- en kortetermijneffecten. Zo zullen reclamecampagnes, productpresentaties en een goedogende website zowel een positieve invloed hebben op de afzet op korte termijn als op de afzet op lange termijn. Dit betekent niet per definitie dat ook de resultaten op korte termijn erdoor verbeteren. Een verhoging van de uitgaven voor promotie zal de resultaten op korte termijn negatief beïnvloeden, terwijl de resultaten op lange termijn erdoor (aanzienlijk) kunnen toenemen. Daarentegen zal een vermindering van de promotionele activiteiten weinig tot geen effect hebben op de afzet op korte termijn, maar op lange termijn tot negatieve effecten kunnen leiden.

Langetermijneffecten

FIGUUR 7.3 PDCA-cyclus

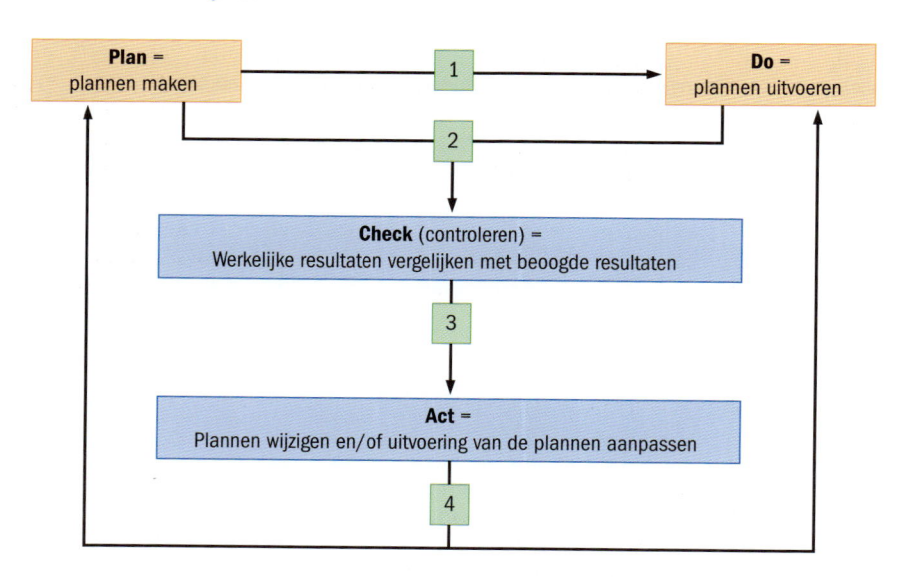

```
    Plan =                  1              Do =
    plannen maken  ─────────────────▶  plannen uitvoeren
         ▲                  2                  ▲
         │         ◀────────────────           │
         │                  ▼                  │
         │        Check (controleren) =        │
         │   Werkelijke resultaten vergelijken │
         │        met beoogde resultaten       │
         │                  3                  │
         │                  ▼                  │
         │             Act =                   │
         │   Plannen wijzigen en/of uitvoering │
         │       van de plannen aanpassen      │
         │                  4                  │
         └──────────────────┘
```

We geven een voorbeeld waaruit het onderscheid in lange- en kortetermijneffecten duidelijk wordt: een marketingmanager besluit de uitgaven voor promotionele activiteiten te verlagen, met het doel zijn resultaten op korte termijn te verbeteren. Als de direct leidinggevende van deze marketingmanager deze actie onvoldoende doorziet, zou hij kunnen besluiten de marketingmanager (gezien de goede financiële resultaten op korte termijn) promotie te verlenen. Degene die de positie van deze marketingmanager overneemt, krijgt (op lange termijn) te maken met de negatieve gevolgen van de verlaging van de uitgaven voor promotionele activiteiten. Dit voorbeeld illustreert dat we bij het nemen en beoordelen van beslissingen zowel rekening moeten houden met het effect op korte termijn als met het effect op lange termijn.

7.3 Zakelijke dienstverlening

In tegenstelling tot de productie en verkoop van een fysiek product speelt bij de zakelijke dienstverlening de goederenstroom een minder belangrijke rol. In de zakelijke dienstverlening gaat het vooral om een zo efficiënt mogelijke bezetting van de beschikbare kantoorruimte en de werktijd van de medewerkers. Als voorbeeld van zakelijke dienstverlening nemen we een makelaarskantoor dat is aangesloten bij de Nederlandse Vereniging van Makelaars (NVM). De NVM behartigt de belangen van de aangesloten leden en verstrekt informatie over het aanbod van woningen en bedrijfspanden in Nederland (www.nvm.nl). Ook onderhoudt de NVM een website waarop alle door haar leden aangeboden woningen en bedrijfspanden in Nederland staan vermeld (www.funda.nl). Leden van de NVM zijn verplicht bepaalde bedrijfsgegevens aan de NVM te verstrekken. Op basis daarvan kan de NVM informatie en kengetallen opstellen die gelden voor de makelaarsbranche als geheel. Individuele makelaarskantoren kunnen hun resultaten vergelijken met deze branchegegevens. De vergelijking van de eigen cijfers met branchegegevens en een analyse van de verschillen (brancheanalyse) kan voor een makelaar aanleiding zijn het beleid bij te stellen.

Brancheanalyse

In de volgende subparagrafen bespreken we de factoren die van belang zijn voor de financiële besturing van een onderneming in de zakelijke dienstverlening. Daarbij gebruiken we de fictieve onderneming Steenhuis Makelaardij als voorbeeld. Het kantoor heeft de rechtsvorm van een besloten vennootschap, waarvan de aandelen in handen zijn van Bram van der Steen en Paul Huisman. Beide aandeelhouders zijn werkzaam in hun makelaardij en zij hebben bij de start geen andere medewerkers in loondienst. Het kantoor is op 1 september 2013 met zijn werkzaamheden begonnen. De eigenaren zijn beëdigd NVM-makelaar en ze hebben respectievelijk 8 en 17 jaar ervaring als makelaar in de regio opgedaan voordat ze voor zichzelf zijn begonnen. Het kantoor is gevestigd in een huurpand in het centrum van Oegstgeest.

Zakelijke dienstverlening

We gaan eerst uitgebreid in op de omzet en de kosten van een makelaarskantoor.
Daarna besteden we aandacht aan het aspect risico.

7.3.1 Omzet en kosten van een makelaarskantoor

De werkzaamheden van een makelaar onroerend goed bestaan uit het bemiddelen bij de aankoop, verkoop of verhuur van onroerend goed.
Een makelaar brengt voor zijn werkzaamheden een courtage aan de opdrachtgever in rekening. De hoogte van de courtage wordt in onderling overleg tussen makelaar en opdrachtgever vastgesteld en kan:
- een bepaald percentage van de aan- of verkoopprijs of huurwaarde zijn of
- een vast bedrag.

Omzet makelaars-kantoor

De opdrachtgever zal een afweging maken tussen de kwaliteit van de dienstverlening en de hoogte van de courtage. De omzet van een makelaarskantoor bestaat uit de courtage over de verkochte, aangekochte of verhuurde panden en uit de ontvangen vergoedingen in verband met verrichte taxaties van onroerend goed. Voor taxaties wordt meestal een vast bedrag per taxatie afgesproken.

Kosten makelaarskantoor

De kosten van een makelaarskantoor bestaan vooral uit loonkosten, huisvestingskosten en advertentiekosten. Een groot deel van de kosten is vast doordat ze niet veranderen als de omzet toe- of afneemt. We geven als voorbeeld de opbrengsten en kosten van Steenhuis Makelaardij. Omdat dit makelaarskantoor relatief jong is, zijn de gegevens enigszins aangepast en komen ze niet volledig overeen met de werkelijkheid. De gegevens hebben betrekking op het vierde kwartaal van 2013.

Winst- en verliesrekening vierde kwartaal 2013 (in euro's)

Omzet:		
• Courtage verkochte panden	40.000	
• Courtage aangekochte panden	6.000	
• Courtage in verband met verhuur panden	1.000	
• Declaraties taxaties	6.000 +	
		53.000
Kosten		
Vaste kosten:		
• Loonkosten	21.000	
• Huur	5.000	
• Energie (gas, water, licht)	1.200	
• Afschrijvingskosten	3.000	
• Rentekosten	600	
• Aandeel entreegeld NVM	1.250	
• Autokosten	1.800	
• Lidmaatschappen NVM	2.000	
• Advertenties	500	
• Onderhoud website	200	
• Opening	2.000	
• Ontwerpen door reclamebureau	3.000	
• Accountantskosten	1.800	
• Aanschaf software	2.000	
• Overige	300 +	
Totaal vaste kosten		45.650
Variabele kosten:		
• Drukwerk	1.000	
• Porti	200	
• Autokosten	1.200	
• Printer	200	
• Overige	300 +	
Totaal variabele kosten		2.900 +
Totale kosten		48.550 −
Resultaat vierde kwartaal 2013		4.450

De kosten van een dienstverlenende organisatie bestaan voornamelijk uit vaste kosten. Voorbeelden daarvan zijn: kosten van (de huur van) het pand, afschrijvingskosten op inventaris, energiekosten, schoonmaakkosten, kosten van lidmaatschappen en bijscholing, kosten van het onderhouden van een website, sponsoring en de loonkosten van de medewerkers. De hoogte van deze kosten reageert nauwelijks op de omvang van de dienstverlening (de omzet). Natuurlijk kan de capaciteit (en daarmee het niveau van de vaste kosten) worden aangepast aan schommelingen in de werkdrukte, maar dat is alleen mogelijk voor de wat langere termijn.

Vaste kosten

Voorbeelden van variabele kosten zijn: het brandstofverbruik van auto's, de kosten van drukwerk, advertentiekosten en portikosten.

Variabele kosten

Het resultaat van nieuwe ondernemingen zal in de eerste periode van hun bestaan relatief laag uitvallen. Er is een aantal eenmalige kosten dat te maken heeft met de opstart van de nieuwe onderneming. Voorbeelden daarvan zijn: het ontwerpen van een website, het ontwerpen van briefpapier en bedrijfslogo en het entreegeld NVM. In de winst en verliesrekening is een gedeelte van deze kosten opgenomen. Het is bedrijfseconomisch gezien niet juist de eenmalige gelduitgaven in verband met de start van de onderneming geheel ten laste van het jaar van oprichting te brengen. We nemen als voorbeeld het entreegeld NVM. Een makelaarskantoor dat zich aansluit bij de NVM moet een eenmalig entreegeld betalen van €15.000. Deze gelduitgaven zouden we bijvoorbeeld kunnen verdelen over drie jaren. We krijgen dan de volgende situatie:

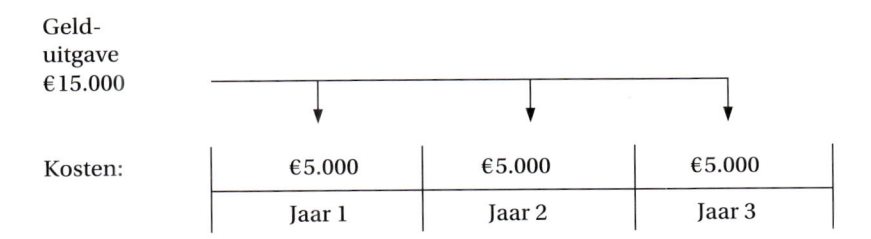

Gelduitgave €15.000

Kosten:

€5.000	€5.000	€5.000
Jaar 1	Jaar 2	Jaar 3

De jaarlijkse kosten in verband met het entreegeld NVM zijn in dit voorbeeld €5.000 per jaar. In de winst- en verliesrekening van Steenhuis Makelaardij over het vierde kwartaal 2013 is een bedrag van €5.000 : 4 = €1.250 opgenomen.

Hierna gaan we in op bedrijfsvergelijking en de kostenstructuur.

Bedrijfsvergelijking
Door middel van een bedrijfsvergelijking kan worden nagegaan hoe een onderneming presteert ten opzichte van vergelijkbare ondernemingen in de branche. Belangrijk daarbij is dat de bedrijven inderdaad vergelijkbaar zijn. Het vergelijken van appels met peren heeft weinig zin.

Bedrijfsvergelijking

Het gebruik van bedrijfsvergelijking lichten we in het kort toe aan de hand van de financiële gegevens van Steenhuis Makelaardij. Een groot gedeelte van de kosten bestaat uit vaste kosten, waarvan het leeuwendeel bestaat uit loonkosten, huisvestingskosten en autokosten. We beperken ons tot deze belangrijke kostenposten. Voor het vierde kwartaal 2013 geldt:

Arbeid: $\dfrac{\text{Loonkosten}}{\text{Omzet}} \times 100\% = \dfrac{€\,21.000}{€\,53.000} = 39{,}62\%$ van de omzet

Tot de huisvestingskosten rekenen we de huur (€5.000) en kosten in verband met energie (€1.200).

Huisvesting:

$\dfrac{\text{Huisvestingskosten}}{\text{Omzet}} \times 100\% = \dfrac{€\,5.000 + €\,1.200}{€\,53.000} \times 100\% = 11{,}7\%$ van de omzet

Auto: $\dfrac{\text{Autokosten}}{\text{Omzet}} \times 100\% = \dfrac{€\,1.800 + €\,1.200}{€\,53.000} \times 100\% = 5{,}66\%$ van de omzet

Tot de kantoorkosten rekenen we de afschrijvingskosten (€3.000), de aanschaf van software (€2.000), de overige vaste kosten €300), kosten van het drukwerk (€1.000) en de kosten van de printer (€200).
Kantoor:

$\dfrac{\text{Kantoorkosten}}{\text{Omzet}} \times 100\% = \dfrac{€\,3.000 + €\,2.000 + €\,300 + €\,1.000 + €\,200}{€\,53.000} \times 100\%$

$= 12{,}26\%$ van de omzet

In tabel 7.5 geven we de vergelijkbare cijfers weer die door de NVM over 2013 zijn vastgesteld.

TABEL 7.5 Kosten in procenten van de omzet

	Kosten in % van de omzet	
	Steenhuis Makelaardij	Landelijk gemiddelde[1] NVM
Personeelskosten	39,62 %	62 %
Huisvestingskosten	11,70 %	10 %
Autokosten	5,66 %	5 %
Kantoorkosten	12,26 %	15 %

1 Bron: NVM-cijfers, 2013

Paul Huisman geeft een toelichting bij de cijfers uit tabel 7.5:

'Toen we eenmaal besloten hadden een eigen makelaarskantoor te beginnen, hebben we lang gewacht op een geschikte locatie. We wilden een kantoor hebben in de belangrijkste winkelstraat van het dorp. In het voorjaar van 2013 kregen we een tip dat er een kantoorruimte beschikbaar kwam in het centrum. We hebben direct gereageerd en zijn tot een akkoord gekomen.
Na de zaak grondig voorbereid te hebben, zijn we op 1 september 2013 van start gegaan. Vanaf het begin hebben we sterk op de kosten gelet. Vanuit ons kantoor kunnen we ons woningaanbod presenteren en weten potentiële klanten ons gemakkelijk te vinden. Dit voorkomt dat we

kostbare reclamecampagnes moeten voeren om onze naamsbekendheid te vergroten. De kantoorruimtes voldeden aan de eisen van deze tijd en ze waren volledig ingericht, met computers en al. We hebben alleen de wanden en de gevel laten schilderen. Zonder veel extra kosten konden we aan de slag. Aanvankelijk waren we van plan een secretaresse in dienst te nemen. Op advies van onze accountant hebben we dat echter niet gedaan. Kostenbewaking heeft bij ons vanaf het begin een belangrijke plaats ingenomen. We rijden niet in dure auto's en ook zijn we selectief in het gebruik van allerlei reclameactiviteiten.'

Het hiervoor geschetste beeld zien we terug als we de cijfers van Steenhuis Makelaardij vergelijken met het landelijk gemiddelde van de NVM. Het makelaarskantoor scoort op drie van de vier onderdelen beter dan het landelijk NVM-gemiddelde. Het leveren van een goed product in combinatie met een strakke kostenbewaking heeft ertoe geleid dat het kantoor het vierde kwartaal 2013 met een bescheiden winst heeft afgesloten.

Kostenstructuur

Met kostenstructuur bedoelen we de verhouding tussen de omvang van de vaste kosten en de omvang van de variabele kosten. Deze verhouding is van grote invloed op de schommelingen in de resultaten van een organisatie. We lichten dit toe door het verloop van de omzet en kosten van Steenhuis Makelaardij in een figuur weer te geven. Daarbij veronderstellen we dat het vierde kwartaal 2013 een gemiddeld kwartaal is en dat de variabele kosten een bepaald percentage van de omzet bedragen. Dit percentage berekenen we als volgt:

Kostenstructuur

$$\frac{\text{Variabele kosten}}{\text{Omzet}} \times 100\% = \frac{€\,2.900}{€\,53.000} \times 100\% = 5{,}5\% \text{ van de omzet}$$

De vaste kosten per jaar bedragen: 4 × €45.650 = €182.600.

In tabel 7.6 hierna geven we de vaste en variabele kosten bij verschillende niveaus van de omzet weer.

De vaste kosten blijven niet tot in de eeuwigheid gelijk. De vaste kosten van het makelaarskantoor kunnen toenemen door bijvoorbeeld een huurverhoging of een kostenverhoging van het lidmaatschap van de NVM. Ook wanneer het kantoor groeit en nieuwe medewerkers in dienst neemt en/of een groter pand gaat betrekken, zullen de vaste kosten *met een sprong* omhoog gaan. In tabel 7.6 hebben we verondersteld dat bij een omzet boven €200.000 er een parttimesecretaresse wordt aangenomen, waardoor de vaste kosten (na uitbreiding) ineens stijgen met €20.000 per jaar.

TABEL 7.6 Jaaromzet, vaste en variabele kosten (in euro's)

Jaaromzet	Variabele kosten = 0,055 × omzet	Vaste kosten per jaar	Totale kosten per jaar
0	0	182.600	182.600
20.000	1.100	182.600	183.700
40.000	2.200	182.600	184.800
60.000	3.300	182.600	185.900
80.000	4.400	182.600	187.000
100.000	5.500	182.600	188.100
120.000	6.600	182.600	189.200
140.000	7.700	182.600	190.300
160.000	8.800	182.600	191.400
180.000	9.900	182.600	192.500
200.000 voor uitbreiding	11.000	182.600	193.600
200.000 na uitbreiding	11.000	202.600	213.600
220.000	12.100	202.600	214.700
240.000	13.200	202.600	215.800
260.000	14.300	202.600	216.900

We geven de informatie uit tabel 7.6 weer in figuur 7.4.

FIGUUR 7.4 Jaaromzet, vaste en variabele kosten van Steenhuis Makelaardij

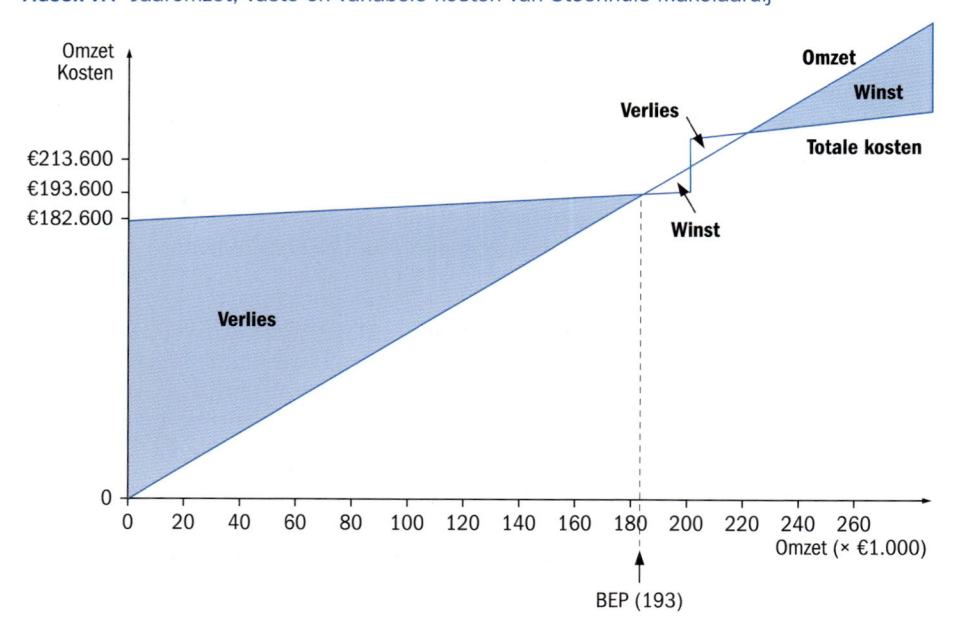

In het break-evenpunt (BEP) geldt dat de omzet gelijk is aan de kosten. Het BEP berekenen we als volgt.

Omzet = kosten
1 × omzet = 0,055 × omzet + €182.600
1 × omzet − 0,055 × omzet = €182.600
(1 − 0,055) × omzet = €182.600

Break-evenomzet = $\dfrac{€182.600}{(1-0,055)}$ = €193.228

De capaciteitsuitbreiding, die in dit voorbeeld bij een omzet van €200.000 ligt, heeft alleen maar zin als wordt verwacht dat de omzet zal blijven groeien. In eerste instantie zal door de capaciteitsuitbreiding de winst dalen, maar als de groei doorzet zal het resultaat ook weer snel toenemen. De afstand tussen de omzet- en de kostenlijn in figuur 7.4 laat dat duidelijk zien.

ZELFTOETS 7.4
Van een organisatie is gegeven dat de vaste kosten €360.000 bedragen en dat de variabele kosten 10% van de omzet zijn.
Bereken de break-evenomzet voor deze organisatie.

Voor organisaties met relatief veel vaste kosten is het belangrijk dat ze een bepaalde minimale omzet kunnen realiseren waarbij de vaste en variabele kosten zijn gedekt (break-evenomzet). Als de omzet onder de break-evenomzet komt te liggen, lopen de verliezen snel op. Meestal is een onderneming niet in staat op korte termijn de vaste kosten te verminderen. Zo hebben huurcontracten vaak een looptijd van minimaal vijf jaar en kunnen medewerkers in vaste dienst niet van de ene op de andere dag worden ontslagen. Dat betekent dat de vaste kosten geruime tijd op het hoge niveau blijven, ook wanneer de omzet afneemt.

Met name voor dienstverlenende organisaties is het belangrijk dat ze de beschikbare hoeveelheid arbeidsuren zo goed mogelijk benutten.
Een overschot aan personeelsleden leidt tot hoge vaste kosten, die het financieel resultaat negatief beïnvloeden. Men kan er ook naar streven de minder rendabele uren productief te maken. Dat kan bijvoorbeeld door in de verloren uurtjes werkzaamheden uit te voeren die enig uitstel kunnen vergen (en waarvan een zekere voorraad kan worden aangelegd). Hierbij kunnen we denken aan het uitwerken van dossiers of archiveerwerkzaamheden en het bijhouden van de administratie.

Risico
Organisaties met relatief hoge vaste kosten lopen meer risico dan organisaties met weinig vaste kosten. Hoge vaste kosten leiden ertoe dat bij een terugval in de omzet de verliezen fors oplopen. Dat blijkt ook uit tabel 7.6 en figuur 7.4. Als de omzet van Steenhuis Makelaardij bijvoorbeeld zakt naar €100.000 dan bedragen de totale kosten toch nog €188.100 en wordt een verlies geleden van €88.100.

7.4 Uitbesteding van werkzaamheden

Organisaties met relatief veel vaste kosten kunnen proberen de vaste kosten te verminderen door bepaalde activiteiten uit te besteden. Vaste kosten worden dan omgezet in variabele kosten. Werkzaamheden die zich goed le-

Uitbesteding

nen voor uitbesteding zijn: administratieve werkzaamheden, schoonmaak, beveiliging, catering en ICT-werkzaamheden.

De vergoedingen die moeten worden betaald voor de uitbestede werkzaamheden zijn relatief hoog. Het voordeel is echter dat ingeval de afzet afneemt, ook de kosten van de uitbestede werkzaamheden afnemen.

We geven een voorbeeld waarin we de kosten van uitbesteding vergelijken met de kosten van het uitvoeren van bepaalde activiteiten in eigen beheer.

VOORBEELD 7.1

De internationaal opererende handelsonderneming Hercules bv heeft een eigen afdeling administratie, die alle administratieve werkzaamheden tot en met het opstellen van de balans en de winst- en verliesrekening verzorgt. De onderneming overweegt een groot gedeelte van deze werkzaamheden af te stoten naar een accountantskantoor. In dat geval kunnen vier medewerkers van de afdeling administratie, die in vaste dienst zijn, elders in de onderneming aan het werk. De gemiddelde loonkosten per medewerker (inclusief sociale lasten) zijn €40.000 per medewerker per jaar. Het gemiddeld aantal productieve uren per medewerker is 1.400 uur per jaar. In geval van uitbesteding brengt het accountantskantoor gemiddeld €40 per uur in rekening. De kosten van eigen beheer en uitbesteding geven we in een tabel weer.

Aantal uren	Kosten eigen beheer = 4 × €40.000 = €160.000	Kosten uitbesteding = €40 × aantal uren
0	160.000	0
500	160.000	20.000
1.000	160.000	40.000
1.500	160.000	60.000
2.000	160.000	80.000
2.500	160.000	100.000
3.000	160.000	120.000
3.500	160.000	140.000
4.000	160.000	160.000
4.500	160.000	180.000
5.000	160.000	200.000
5.500	160.000	220.000
6.000	160.000	240.000

De gegevens uit de tabel geven we weer in de figuur op de volgende pagina.

Indifferentiepunt Het indifferentiepunt is de bedrijfsdrukte (hier gemeten in aantal uren) waarbij de kosten van uitbesteding en de kosten bij eigen beheer aan elkaar gelijk zijn.

Het indifferentiepunt berekenen we als volgt:

Kosten uitbesteding = kosten eigen beheer
€40 × q = 4 × €40.000 = €160.000
Indifferentiepunt = q = €160.000 : €40 = 4.000

Kosten eigen beheer en kosten van uitbesteding

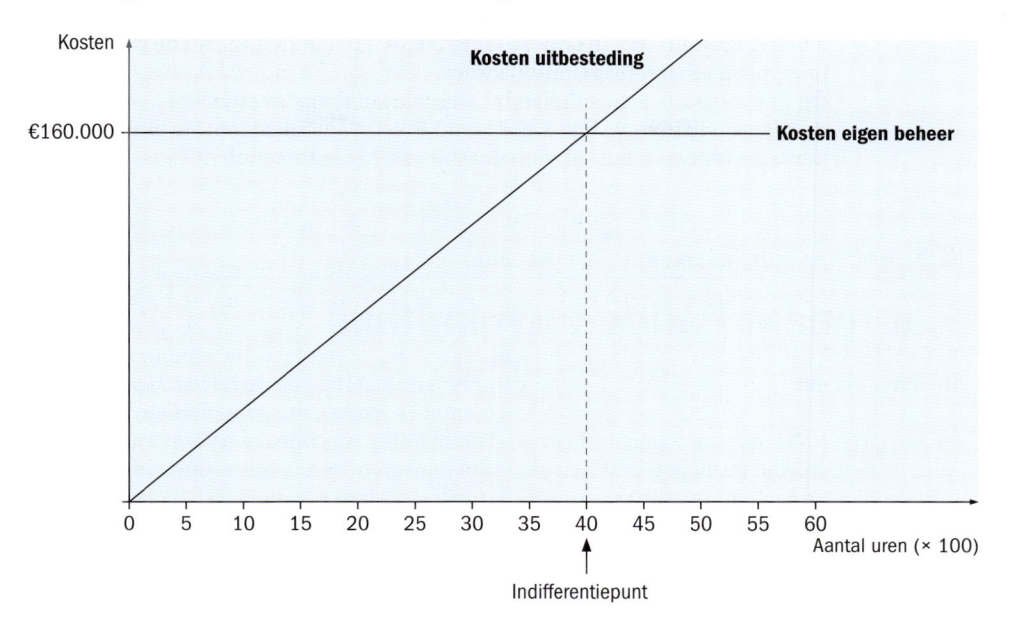

[Grafiek: Kosten versus Aantal uren (× 100). Horizontale lijn "Kosten eigen beheer" op €160.000. Stijgende lijn "Kosten uitbesteding" vanuit oorsprong. De lijnen snijden elkaar bij 40 (× 100) uur: het Indifferentiepunt.]

Uit de figuur blijkt dat bij een bedrijfsdrukte onder het indifferentiepunt de kosten van uitbesteding lager zijn. Dit komt doordat bij uitbesteding sprake is van variabele kosten die afnemen naarmate de bedrijfsdrukte afneemt. Bij een hoge bedrijfsdrukte is het uitvoeren van de werkzaamheden in eigen beheer goedkoper.

ZELFTOETS 7.5
Als een industriële onderneming een bepaald product zelf voortbrengt, zijn daarmee €200.000 vaste kosten en €10 proportioneel variabele kosten per product gemoeid. Als deze onderneming het betreffende product door een ander bedrijf laat maken, moet ze daarvoor €18 per product betalen. Bereken de productieomvang waarbij de kosten van het zelf maken gelijk zijn aan de kosten van uitbesteding.

Naast kostenaspecten kunnen er ook ander overwegingen zijn om werkzaamheden uit te besteden. Het management van de organisatie die bepaalde taken heeft uitbesteed, kan zich concentreren op zijn kernactiviteiten. Ook zal door uitbesteding het totaal geïnvesteerde vermogen afnemen. Uitbesteding van werkzaamheden, dat ook wel outsourcing wordt genoemd, is niet of minder geschikt voor werkzaamheden waarbij het persoonlijke contact met de afnemers vooropstaat. Zo kan een makelaar zijn werkzaamheden niet overdragen aan medewerkers die geen contact met de opdrachtgevers hebben. Technische werkzaamheden, zoals onderhoud aan machines en ICT-werkzaamheden, kunnen daarentegen eenvoudiger worden overgedragen aan uitzendkrachten of medewerkers van een detacheringsbureau.

Outsourcing

Loonkosten

De loonkosten per uur en de arbeidsproductiviteit bepalen de loonkosten per product. Als de loonkosten per eenheid product in Nederland aanmerkelijk hoger zijn dan in andere landen kan dat aanleiding zijn de productie te verplaatsen naar lagelonenlanden.

Uit het volgende artikel blijkt dat autofabrikant Fiat overwogen heeft de productie van de nieuwe Fiat Panda naar Polen te verplaatsen. De loonkosten per te produceren auto spelen daarbij een belangrijke rol.

BRON: HET FINANCIEELE DAGBLAD, 12 JULI 2010

Fiat maakt Panda toch in Italië

Maarten Veeger

Milaan – Het Italiaanse autoconcern Fiat heeft na lang wikken en wegen besloten de nieuwe Fiat Panda niet in Polen maar toch in Italië te produceren. Fiat gaat nu €700 mln investeren in een verouderde fabriek van het concern in Pomigliano bij Napels. Fiat eiste daarvoor eerder al van het personeel dat alle 5200 werknemers in zouden stemmen met versoberde arbeidsvoorwaarden waaronder meer nachtdiensten, kortere pauzes en een nagenoeg volledig verbod op staken.

Onder het personeel was grote onrust ontstaan over de eisen die Fiat stelt.

Vier van de vijf vakbonden stemden vorige maand in met de eisen van Fiat maar de vijfde, de metaaldivisie van de grootste vakbond CGIL, was tegen. Fiat organiseerde daarom een referendum onder het personeel waarbij 63% instemde met de versoberde arbeidsvoorwaarden.

In Zuid-Italië heerst grote werkloosheid en de kans op het vinden van een andere baan is voor veel werknemers klein. Fiat was teleurgesteld over de uitslag en nam bedenktijd.

In een emotionele brief van vier kantjes riep de bestuursvoorzitter Sergio Marchionne van Fiat het personeel van het bedrijf op mee te werken met zijn plannen voor Fiat in Italië. Hij constateert dat de manier van denken over de economie en een baan sterk verouderd is in het land: 'Ik ben geboren in Italië maar heb het grootste deel van mijn leven doorgebracht in het buitenland waar de realiteit heel anders is. Dat wil ik bij Fiat binnenbrengen om te zorgen dat het geen geïsoleerde organisatie wordt.'

Marchionne constateert dat de Italiaanse industrie 'kwetsbaar' is. 'En het ergste is dat werknemers daarvan meestal de rekening betalen. Met dit project "Fabbrica Italia" wil ik die trend in Italië keren', zei hij. 'En het verschil in concurrentiekracht met andere landen overbruggen. We hebben geen alternatief. We moeten de strijd met het buitenland aan durven gaan.'

Na overleg vrijdag met de vier meegaande vakbonden besloot Fiat door te zetten in Pomigliano. Het bedrijf verwacht nog wel felle aanvaringen met de vijfde vakbond. 'Ze zijn radicaler geworden', zo liet een Fiatwoordvoerder weten. 'Het nieuwe regime gaat pas in de zomer van 2011 gelden dus we hebben nog tijd voor overleg.'

TOELICHTING

Nu de Italiaanse werknemers van Fiat bereid zijn hun arbeidsvoorwaarden te versoberen, nemen de loonkosten per Panda die in Italië wordt geproduceerd af. De Italiaanse werknemers van Fiat zijn nu concurrerend met hun Poolse collega's en dat is een belangrijke reden voor Fiat om de productie van de nieuwe Panda in Italië te houden.

7.5 Factoren die de loonkosten beïnvloeden

Personeel is een belangrijke productiefactor. Bij het berekenen van de kosten van arbeid moet onder meer rekening worden gehouden met de kosten ten gevolge van ziekteverzuim, overwerk, verlofdagen, eindejaarsuitkering en dergelijke.

Bij veel organisaties zijn de loonkosten een belangrijk onderdeel van de totale kosten. Dit geldt zeker voor organisaties die relatief veel gebruikmaken van menselijke arbeid, zoals onderwijsinstellingen, ziekenhuizen, adviesbureaus en overheidsinstellingen. In tabel 7.7 drukken we op basis van de resultatenrekening over 2013 van Heineken en Fugro de verschillende kosten uit in een percentage van de omzet.

Loonkosten

TABEL 7.7 Kosten in procenten van de omzet

Bedragen × €1.000	Heineken	Fugro
Omzet	19.429.000 (100%)	1.474.642 (100%)
Grondstoffen, materialen enzovoort	12.186.000 (62,7%)	274.061 (18,6%)
Personeelskosten	3.108.000 (16,0%)	743.143 (50,4%)
Afschrijvingen	1.581.000 (8,2%)	190.418 (12,9%)
	16.875.000 (86,9%)	1.207.622 (81,9%)
Ebit	2.554.000 (13,1%)	267.020 (18,1%)

Fugro is een internationaal opererend adviesbureau dat grondonderzoek verricht en adviezen verstrekt aan onder andere de olie-industrie en mijnbouw. De personeelskosten bij Fugro zijn in procenten van de omzet (50,4%) veel hoger dan de personeelskosten bij Heineken (16,0%). Dat is kenmerkend voor adviesbureaus ten opzichte van industriële ondernemingen.

Voor leidinggevenden is het belangrijk inzicht te hebben in de factoren die de arbeidskosten van een product of van een geleverde dienst beïnvloeden. De volgende factoren lichten we nader toe:
1 ziekteverzuim;
2 personeelsverloop;
3 arbeidsmotivatie;
4 collectieve arbeidsovereenkomst en regeringsbeleid;
5 verantwoordelijkheden en taakstelling.

Ad 1 Ziekteverzuim

Het ziekteverzuim kan worden beperkt door een verbetering van de werkomstandigheden. Daarbij kunnen we bijvoorbeeld denken aan maatregelen waardoor de werknemers minder bloot komen te staan aan weersinvloeden. Het overdekken van steigers in de woningbouw is daar een voorbeeld van. Ook het verminderen van psychische druk tijdens het werk zal tot een lager ziekteverzuim leiden. Er zijn kosten verbonden aan de verbetering van de arbeidsomstandigheden, maar die betalen zichzelf via een lager ziekteverzuim (gedeeltelijk) weer terug.

Ziekteverzuim

Een verbetering van de arbeidsomstandigheden (denk ook aan de voorschriften op basis van de Arbowet) kan er zelfs toe leiden dat de arbeidskosten per eenheid product afnemen.

Ad 2 Personeelsverloop

Personeelsverloop

Een hoog personeelsverloop leidt tot hoge kosten voor werving en selectie en voor het inwerken van nieuwe medewerkers. Dit geldt met name in situaties waarin de medewerkers een hechte relatie hebben opgebouwd met de afnemers of cliënten. Goede arbeidsvoorwaarden (waaronder een marktconform brutoloon en goede secundaire arbeidsvoorwaarden) kunnen ertoe bijdragen dat de medewerkers langer bij de organisatie blijven werken. Ook nu moet weer een afweging worden gemaakt tussen de kosten van goede arbeidsvoorwaarden en de kostenbesparingen die het gevolg zijn van een laag personeelsverloop.

Ad 3 Arbeidsmotivatie

Gemotiveerde medewerkers presteren beter dan slecht gemotiveerde werknemers. Medewerkers moeten zich voor een groot gedeelte kunnen vinden in het beleid van de organisatie en in de wijze waarop hun direct leidinggevende dit uitdraagt. Een goede communicatie over het waarom van bepaalde beslissingen kan daaraan een bijdrage leveren.

Een praatje over huiselijke omstandigheden, het houden van bedrijfsuitjes en een attentie bij bijzondere gebeurtenissen (zoals verjaardagen, geboortes en jubilea) zijn voorbeelden die de motivatie en werksfeer gunstig beïn-

Arbeidsmotivatie

vloeden. Arbeidsmotivatie heeft ook invloed op het ziekteverzuim: minder gemotiveerde werknemers zullen zich eerder ziek melden dan medewerkers met 'hart voor de zaak'.

Ad 4 Collectieve arbeidsovereenkomsten en regeringsbeleid

Afspraken over de hoogte van de lonen worden in principe overgelaten aan de (vertegenwoordigers van) werknemers en (vertegenwoordigers van) werkgevers. Als werknemersorganisaties met de werkgevers afspraken maken over de arbeidsvoorwaarden voor een bepaalde sector of branche en

Collectieve arbeidsovereenkomst

die afspraken gelden voor de gehele branche, dan spreken we van een collectieve arbeidsovereenkomst (cao). De afspraken die in een cao zijn vastgelegd, hebben een grote invloed op de hoogte van de loonkosten. Een loonstijging, een verhoging van het aantal vrije dagen, een grotere bijdrage in de kosten van kinderopvang zijn voorbeelden die leiden tot een stijging van de loonkosten per uur. Als deze loonstijging per uur in Nederland groter is dan in andere landen (en onvoldoende wordt gecompenseerd door een stijging van de arbeidsproductiviteit), zal de internationale concurrentiepositie van Nederland afnemen. De regering zal daarom nauwlettend de gemaakte afspraken in de afgesloten cao's volgen en zo nodig ingrijpen. Ook zal de regering een zodanig beleid proberen te voeren (bijvoorbeeld op het gebied van belastingheffing), dat het voor de werknemers en werkgevers gemakkelijker wordt tot overeenstemming te komen. Dat het regeringsbeleid op veel factoren invloed heeft, blijkt uit het artikel op de volgende pagina.

Ad 5 Verantwoordelijkheden en taakstelling

Taakstelling

De taken die een organisatie wil uitvoeren, worden door het management over de verschillende medewerkers verdeeld. De taak die een medewerker krijgt opgedragen, moet nauwkeurig worden omschreven en er moet worden vastgelegd welke kosten hij of zij mag maken om de opgedragen taak uit te voeren. Degene die een specifieke taak krijgt toegewezen, is verantwoordelijk voor de uitvoering ervan.

Achteraf zullen de begrote arbeidskosten (voorcalculatie) en de werkelijke arbeidskosten (nacalculatie) met elkaar worden vergeleken. Nadat de verschillen tussen de voor- en nacalculatie zijn geanalyseerd, kunnen corrigerende (beleids)maatregelen worden getroffen.

BRON: HET FINANCIEELE DAGBLAD, 15 JULI 2010

Verlenging verlof voor zwangerschap is duur

Van onze redacteur

Amsterdam – Uitbreiding van het huidige zwangerschapsverlof van zestien naar achttien weken zou €117 mln kosten. Een verdere verlenging naar een verlof van twintig weken kost €322 mln. Dit blijkt uit een studie van SEO Economisch Onderzoek die demissionair minister Piet Hein Donner van Sociale Zaken gisteren naar de Tweede Kamer heeft gezonden.

Volgens SEO Economisch Onderzoek heeft een langer verlof slechts beperkte effecten op het ziekteverzuim en het gebruik van zorg door de moeder. De studie toont verder aan dat een uitgebreider verlof zelfs helemaal geen effect heeft op de gezondheid van de kinderen. Wel leidt verlenging van het verlof tot extra kosten voor werkgevers. Zij moeten het salaris van de vrouwen tijdens hun verlof doorbetalen. Weliswaar vergoedt de uitkeringsinstantie UWV het overgrote deel van deze kosten, maar werkgevers betalen daarvoor de premie. Ook moeten de ondernemers vervanging regelen gedurende het verlof, wat ook leidt tot hogere uitgaven. Eerder dit jaar stelde het ministerie van Sociale Zaken al dat de gezamenlijke Nederlandse werkgevers zo'n €90 mln aan kosten tegemoet zouden moeten zien bij een zwangerschapsverlof van achttien weken.

Sociale Zaken heeft het onderzoek laten uitvoeren op verzoek van de Kamer, naar aanleiding van een motie van CDA'er Eddy van Hijum. Van Hijum vroeg om de studie, omdat het Europees Parlement dit najaar stemt over een verlenging van het zwangerschapsverlof naar achttien of twintig weken.

De ondernemersorganisaties VNO-NCW en MKB-Nederland laken het voorstel. Ook het Nederlandse kabinet ziet hier niets in.

Donner is wel voorstander van een meer flexibel ouderschapsverlof en betere mogelijkheden om werk en privé goed te combineren.

Samenvatting

Ook functionarissen die geen specifieke financiële functie vervullen, moeten in grote lijnen de financiële gevolgen van hun handelen kunnen overzien. Zo zal een marketingmanager zich afvragen welke gevolgen het gevoerde marketingbeleid heeft voor de omzet. Om te beoordelen of bepaalde marketingactiviteiten zinvol zijn, zal de marketingmanager de kosten van de marketingactiviteiten vergelijken met de extra omzetten die daarvan het gevolg zijn. Voor managers van een dienstverlenende organisatie is het belangrijk dat ze inzicht hebben in de kostenopbouw van hun organisatie. Dienstverlenende organisaties, waarvan we in dit hoofdstuk een makelaarskantoor als voorbeeld hebben genomen, hebben te maken met relatief veel vaste kosten. Dat betekent dat deze organisaties een relatief hoge omzet moeten behalen om alle kosten (waaronder relatief veel vaste kosten) te dekken. Als ze daarin niet slagen, kunnen de verliezen fors oplopen. Organisaties kunnen proberen een gedeelte van de vaste kosten om te zetten in variabele kosten. Dit kan bijvoorbeeld door een gedeelte van de werkzaamheden aan derden uit te besteden en/of door gebruik te maken van uitzendkrachten of medewerkers van detacheringsbureaus aan te trekken. In dat geval kan een organisatie beter inspelen op veranderingen in de bedrijfsdrukte. Bij de besluitvorming daarover spelen echter niet alleen financiële aspecten een rol.

Begrippenlijst

Bedrijfsvergelijking	Vergelijking van de cijfers van een onderneming met de gemiddelden van de branche waartoe de onderneming behoort.
Beïnvloedbare kosten	Kosten waarvan de hoogte door de betreffende functionaris is te beïnvloeden.
Brancheanalyse	Het vergelijken van (vergelijkbare) ondernemingen binnen een bepaalde branche op basis van onder meer kengetallen.
Break-evenomzet	De omzet waarbij er geen winst wordt gemaakt, maar ook geen verlies wordt geleden.
Ebit	Omzet na aftrek van alle kosten met uitzondering van de interestkosten.
Indifferentiepunt	De productieomvang waarbij de kosten van zelf produceren en de kosten bij uitbesteding aan elkaar gelijk zijn.
Indirecte kosten	Kosten waarvan er geen directe relatie met het product of de dienst bestaat of bekend is.
Kostenstructuur	Verhouding tussen de vaste en variabele kosten van een organisatie.
Kredietcrisis	Financiële crisis die in de jaren 2007, 2008 en 2009 plaatsvond en waarbij met name financiële instellingen (banken) in grote financiële problemen zijn gekomen.
Marketeer	Functionaris die zich bezighoudt met de verkoopmarkt als geheel en de positie van een product of merk in de markt.
Marketing	De activiteiten die betrekking hebben op de positionering en het imago van een onderneming, een merknaam en/of product op de verkoopmarkt.
Marketingaudit	Een onderzoek naar de factoren die positionering van een product of dienst in de markt bepalen.
Marketingbudget	Het bedrag dat gedurende een bepaalde periode mag worden uitgegeven voor marketingactiviteiten.

Marketingmix	Combinatie van de marketinginstrumenten (combinatie van de zes P's: product, promotie, prijs, plaats, people en planet).
Marketingplan	Gedetailleerd en samenhangend geheel van marketingactiviteiten.
Marketingstrategie	De aanpak die een onderneming kiest om haar marketingdoelstellingen te realiseren.
Marktsegmentatie	Onderdeel van de totale markt voor een bepaald product of een bepaalde dienst.
Niet-beïnvloedbare kosten	Kosten op de hoogte waarvan de betreffende functionaris geen invloed kan uitoefenen.
Ondernemingsstrategie	Een beschrijving van de doelstellingen van een onderneming.
PDCA-cyclus	Het samenhangende proces van plannen maken (Plan), uitvoeren van de plannen (Do), vergelijken van de werkelijke resultaten met de begrote resultaten (Control) en het eventueel aanpassen (Act) van de activiteiten naar aanleiding van deze vergelijking.
Salesmanager	Functionaris die zich richt op het directe contact met de afnemer van een product of dienst.
Scenarioanalyse	Het uitwerken van verschillende (mogelijke) toekomstige ontwikkelingen en het vaststellen van hun financiële gevolgen.
SWOT-analyse	Analyse van de Strengths (sterke punten), Weaknesses (zwakke punten), Opportunities (mogelijkheden) en Threats (bedreigingen) van een organisatie.
Uitbesteding (outsourcing)	Het laten uitvoeren van werkzaamheden door derden.
Variabele kosten	Kosten die veranderen door een verandering in de productieomvang.
Vaste kosten	Kosten die niet veranderen door een verandering in de productieomvang (zolang de onderneming blijft binnen haar productiecapaciteit).

Meerkeuzevragen

7.1 De mate waarin kosten door een functionaris kunnen worden beïnvloed, hangt af van
  a uitsluitend de hiërarchische positie (het niveau) van de functionaris binnen de organisatie.
  b uitsluitend de tijdsduur (lange of korte termijn).
  c de hiërarchische positie (het niveau) van de functionaris binnen de organisatie én de tijdsduur (lange of korte termijn).

7.2 Indirecte kosten
  a worden rechtstreeks aan een bepaald product toegerekend.
  b moeten met behulp van een bepaalde verdeelsleutel over de verschillende producten worden verdeeld.
  c bestaan uitsluitend uit vaste kosten.
  d komen alleen voor bij ondernemingen die slechts één homogeen product voortbrengen.

7.3 Voor ondernemingen in de zakelijke dienstverlening geldt (in het algemeen) dat ze
  a relatief veel vaste kosten hebben.
  b relatief veel variabele kosten hebben.
  c het break-evenpunt al bij een lage omzet bereiken.

7.4 De ondernemingen die een (groot) gedeelte van hun werkzaamheden uitbesteden
  a hebben relatief veel vaste kosten.
  b hebben relatief veel variabele kosten.
  c bereiken het break-evenpunt bij een hoge omzet.

Vraagstukken

V 7.1 Lees het volgende artikel aandachtig door en beantwoord daarna de vragen.

BRON: *HET FINANCIEELE DAGBLAD*, 20 AUGUSTUS 2014

Grote autodealer in acute nood

Achterblijvende autoverkopen en hoge vaste kosten nekken Koops Furness

Hans Maarsen
Amsterdam

Na de geruchtmakende ondergang van autobedrijf Pouw, eerder dit jaar, dreigt nu een tweede dealerorganisatie in de Nederlandse top tien kopje-onder te gaan. Koops Furness, een dealergroep met zeventig vestigingen in oostelijk Nederland, heeft deze week surseance van betaling gekregen. Het bedrijf, goed voor een omzet van €460 mln, is in problemen gekomen door tegenvallende autoverkopen en een hoge kostenstructuur.

Pogingen om de onderneming te verkopen aan de Brabantse branchegenoot Van Mossel, bekend als VW- en Peugeot-dealer, zijn op niets uitgelopen. De uitkomsten van een boekenonderzoek waren voor deze partij reden zich terug te trekken. 'We hadden een bod neergelegd op basis van gepresenteerde kengetallen. De werkelijkheid bleek anders. Dat was een onaangename verrassing', zegt topman Eric Berkhof van Van Mossel.
[...]
De dealersector maakt een diepe crisis door die structurele trekken vertoont. De totale autoverkopen in Nederland blijven dit jaar naar verwachting steken bij 380.000 stuks, terwijl het langjarig gemiddelde uitkomt op 485.000. Met het lagere niveau zijn veel showrooms niet meer rendabel te krijgen.

Dat uitgerekend Koops Furness het niet langer kan bolwerken is veelzeggend. Het bedrijf is door fusies en overnames sterk gegroeid en leek daarmee opgewassen tegen mindere tijden. Maar de omvang van de organisatie heeft zich niet vertaald in een bestendig resultaat. Wat de onderneming parten heeft gespeeld, is het aflopen van subsidieregelingen op milieuvriendelijke auto's. Daardoor zijn de verkopen van hybride uitvoeringen van Volvo's en de Mitsubishi Outlander sinds 1 januari sterk gedaald.
[...]
Volgens topman Berkhof van Van Mossel kampte Koops Furness met een te zware personeelsbezetting. Tot eind vorig jaar had de onderneming nog 1200 man in dienst. Dat aantal is inmiddels gereduceerd tot 980. Als Van Mossel het bedrijf had overgenomen dan zou het aantal medewerkers nog verder zijn gedaald tot 700 à 750.
[...]

a Wat is surseance van betaling en wat is het doel ervan?
b Wat wordt verstaan onder een hoge kostenstructuur?
c Welke kosten geven vooral problemen als de autoverkopen terugvallen? Geef een paar concrete voorbeelden.
d Wat wordt verstaan onder een boekenonderzoek?
e Koops Furness is in het verleden sterk gegroeid door fusies en overnames. Welke kosten zijn daardoor waarschijnlijk ook sterk gestegen?
f Welke externe factoren (factoren waar Koops Furness geen invloed op heeft) hebben de autoverkopen nadelig beïnvloed?

*V 7.2 Lees het volgende artikel aandachtig door en beantwoord daarna de vragen.

BRON: WWW.NVM.NL

Verbeterde betaalbaarheid biedt kans op herstel
Gevolgen kredietcrisis voelbaar op woningmarkt

Nieuwegein, 15 januari 2009
Na een slecht vierde kwartaal komt de prijsdaling op de Nederlandse woningmarkt in 2008 uit op 1,8%*. Dit meldt de Nederlandse Vereniging van Makelaars (NVM) in haar analyse van de woningmarkt in het vierde kwartaal van 2008, die vandaag is gepresenteerd. In het vierde kwartaal werd slechts één op zes te koop staande woningen verkocht. Een kwartaal eerder was dat nog bijna één op vier. Het sterk afgenomen consumentenvertrouwen is de belangrijkste oorzaak. Vooral dure woningen zijn moeilijker verkoopbaar; in het goedkopere segment zijn de negatieve effecten minder voelbaar. Door de verbeterde betaalbaarheid liggen in dit segment dan ook de grootste kansen op herstel van de markt.

De effecten van de kredietcrisis waren vooral in het laatste kwartaal van 2008 duidelijk voelbaar op de woningmarkt. Voor het eerst sinds 1990 was er sprake van een aanmerkelijke daling van de huizenprijzen. Na een matig derde kwartaal (- 0,7%) zakte de prijs in het vierde kwartaal verder met 2,5%. Afgezet tegen het algemene sentiment in de economie was de prijsdaling echter beperkt: over heel 2008 zijn de huizenprijzen met 1,8% gedaald. De gemiddelde woning kost nu €233.000, tegen €246.000 in het derde kwartaal. Hoewel op dit moment moeilijk te voorspellen, verwacht de NVM dat de prijzen zich in het goedkopere segment zullen handhaven. In het midden- en hogere segment zullen de prijzen nog onder druk blijven staan. De NVM verwacht een gemiddelde prijsdaling van ongeveer 5 procent voor heel 2009.

Ger Hukker, voorzitter NVM: 'De woningmarkt is een vertrouwensmarkt, en door alle negatieve berichtgeving over de economische vooruitzichten wacht een deel van de consumenten liever even af met het kopen van een woning. Dit heeft een drukkend effect op de prijzen. Het bezit van een eigen huis is, los van een fijn thuis, op de langere termijn ook altijd een prima belegging gebleken, met fors meer rendement dan je op een spaarrekening zou krijgen. De afgelopen 25 jaar is de prijs van woningen gestegen met jaarlijks gemiddeld 6% tot 7%. We zitten nu in een dip, maar structureel is er weinig veranderd op de woningmarkt, daar is sprake van krapte. Uiteindelijk zullen de prijzen wel weer gaan stijgen.'

Prijsontwikkeling per kwartaal

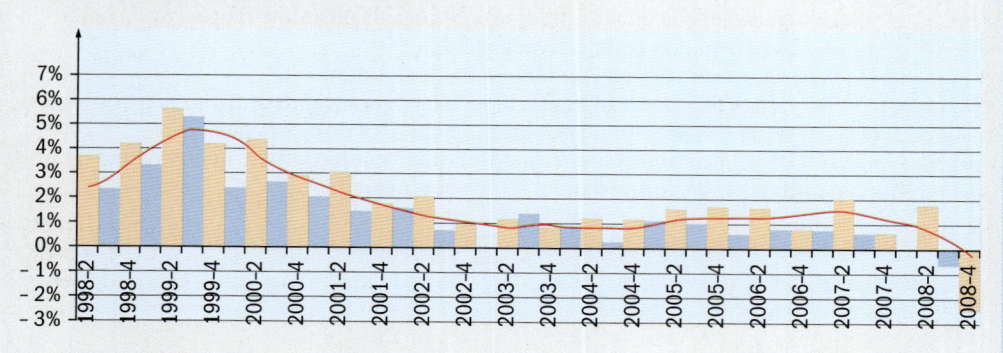

Bron: NVM

Fors minder verkopen

Door alle onzekerheid nam het aantal verkochte woningen fors af. In het laatste kwartaal kwamen 26.900 woningen in andere handen, tegen 37.000 verkopen in hetzelfde kwartaal van 2007 (een daling van 27%). De tijd dat een gemiddelde woning te koop staat, is met 14% toegenomen en komt uit op 84 dagen. Toch werd nog altijd 3% van de woningen boven de vraagprijs verkocht en worden er in heel Nederland, ondanks de daling, nog altijd een krappe 3.000 woningen in de week verkocht.

Zwaar weer voor makelaardij

De makelaardij behoort tot de beroepsgroepen in Nederland die zwaar worden getroffen door de gevolgen van de kredietcrisis. Door het teruglopend aantal verkopen kunnen enkele kantoren het hoofd niet langer boven water houden.
Makelaarskantoren hebben ook te lijden onder de terughoudende opstelling van banken, die minder bereid zijn om overbruggingskredieten te verschaffen. Toch zijn de gevolgen totnogtoe beperkt gebleven. In 2008 zijn in totaal 8 NVM-makelaarskantoren failliet gegaan. De slechte resultaten van het derde en vierde kwartaal zullen pas in 2009 merkbaar worden. Het aantal leden van de NVM nam over heel 2008 toe van 4.133 naar 4.217.

a Leg uit wat het effect is van een vermindering van het consumentenvertrouwen op het aantal verkochte huizen en/of de huizenprijzen.
b Waarom hebben duurdere woningen meer last van een daling in het consumentenvertrouwen dan goedkopere woningen?
c Welke factoren zijn van invloed op de krapte op de woningmarkt?
d Waarom heeft een vermindering van het aantal woningen grote gevolgen voor de resultaten van een makelaarskantoor? Leg in je antwoord een verband met de kostenstructuur van dienstverlenende bedrijven.
e Waarom zijn de gevolgen van de sterke daling van het aantal verkochte woningen in het vierde kwartaal 2008 pas in 2009 merkbaar?

V 7.3 Lees het volgende artikel aandachtig door en beantwoord daarna de vragen.

BRON: *DE VOLKSKRANT*, 12 FEBRUARI 2009

Naast 1.000 ontslagen nog 1.700 banen weg
FNV Bondgenoten geschrokken van ingreep bij door staat gesteunde bankverzekeraar

ING schrapt 2.700 banen in Nederland

Van onze verslaggever
Robert Giebels

AMSTERDAM – Van de 7.000 voltijdwerknemers die bankverzekeraar ING wereldwijd ontslaat, werken er 1.000 in Nederland. Daarbovenop schrapt ING nog 1.700 banen bij het Nederlandse bedrijf. De helft daarvan verdwijnt door vacatures niet op te vullen en natuurlijk verloop, de andere helft betreft externe werknemers. Dat heeft ING woensdag bekendgemaakt.

Eind januari kondigde het financiële concern het ontslag van 7.000 werknemers aan. De bank-verzekeraar bleek in het vierde kwartaal van 2008 3,3 miljard euro te hebben verloren op beleggingen. De ontslagronde moet een derde van de door ING gehoopte besparing van 1 miljard euro opleveren.

De nieuwe topman van het financiële concern, Jan Hommen, zei op 29 januari dat er relatief weinig banen zullen verdwijnen in Nederland. De 7.000 banen vormen bijna 6 procent van de 125 duizend arbeidsplaatsen die ING wereldwijd heeft.

Met de 1.000 ontslagen in Nederland verdwijnt bijna 4 procent van de 28 duizend arbeidsplaatsen. Daarnaast telt de bankverzekeraar ongeveer 8.000 externe krachten, waarvan er ongeveer 850 (bijna 11 procent) moeten vertrekken. Bij het onderdeel consumentenbankieren moeten 170 werknemers vertrekken, op de IT-afdeling 115 tot 240.

Ook enkele verzekeringsdochters, zoals Nationale Nederlanden, zijn bij de reorganisatie betrokken. Daar verdwijnen 320 tot 350 mensen. De rest van de ontslagen valt bij grootzakelijk bankieren, de vastgoeddivisie, op het hoofdkantoor en bij de facilitaire dienst.

Eind januari noemden de vakbonden het schrappen van banen bij ING 'onaanvaardbaar'.

Nu zegt FNV Bondgenoten geschrokken te zijn. 'Het is eigenlijk te gek voor woorden dat staatssteun voor banken in plaats van werkgelegenheid juist ontslagen tot gevolg heeft', vindt Jan Paul Veenhuizen, bestuurder van FNV Bondgenoten.

ING, dat twee keer staatssteun van miljarden euro's kreeg, spreekt van een 'moeilijke beslissing'. De bank zegt de komende negen maanden te gaan proberen werknemers die hun baan verliezen te begeleiden naar nieuw werk, binnen of buiten ING. De verwachting is dat bij de ontslagen die nog zullen volgen, de externe krachten als eerste in aanmerking komen.

Het banenverlies komt bovenop de 2.500 arbeidsplaatsen die in de loop van vijf jaar verdwijnen door het in elkaar schuiven van de Postbank en ING Bank tot een bankmerk: ING.

Bij die samenvoeging zijn gedwongen ontslagen niet uitgesloten. Dinsdag verdween de Postbank als merk. Op die dag lichtte ING ook personeel en vakbonden in over de ontslagronde in Nederland.

a Welke kosten dalen door een afname van het aantal vaste medewerkers?
b Waarom is het verminderen van het aantal externe medewerkers (zoals uitzendkrachten en medewerkers van detacheringsbedrijven) eenvoudiger dan het verminderen van het aantal vaste medewerkers?
c In welke situatie kan het voorkomen dat een onderneming gebruik blijft maken van de diensten van externe medewerkers, terwijl vaste medewerkers worden ontslagen?

V 7.4 Lees het volgende artikel aandachtig door en beantwoord daarna de vragen.

BRON: *DE TELEGRAAF*, 6 AUGUSTUS 2014

Uitzendmarkt groeit door

Van een onzer verslaggevers
AMSTERDAM — De uitzendmarkt zit nog steeds goed in de lift. Dat blijkt uit de marktmonitor die de belangenorganisatie voor de uitzendbranche ABU[1] gisteren publiceerde. Zowel omzet als het aantal uren dat uitzendkrachten werden ingezet, lag in de maand juli 6% hoger dan vorig jaar.

Het aantal uitzenduren neemt al negen maanden op rij toe, waarbij de trend tot vorige maand een steeds snellere stijging liet zien. Dat de groei volgens de marktmonitor in juli iets lager uitviel dan in juni, kan waarschijnlijk worden geweten aan statistische oneffenheden.

Met name technisch geschoold personeel, dat vaker werkt in exportgerelateerde branches, werd in juli 9% meer uren ingezet dan een jaar eerder, terwijl de toename van de inzet van administratief geschoolde medewerkers met 5% nog het laagst was. Volgens de ABU maakt de uitzendmarkt nog steeds zijn rol als barometer voor de economie waar. Sinds mei laten ook de officiële werkloosheidscijfers van het CBS een voorzichtige daling zien.

'De ontwikkeling van de uitzenduren valt te kwalificeren als een stevige groei en past in het beeld van een voorzichtige ontwikkeling van de economie', zegt een woordvoerder van de ABU. 'Bedrijven die willen uitbreiden, doen dat eerst via uitzendkrachten voordat ze vaste contracten aanbieden.'

1 Algemene bond uitzendondernemingen

a Waarom ondervindt de uitzendbranche als eerste de gevolgen van economische groei?
b Wat zijn de voordelen voor een onderneming die gebruikmaakt van uitzendkrachten?
c Wat zijn de nadelen voor een onderneming die gebruikmaakt van uitzendkrachten?

V 7.5

BRON: *DE TELEGRAAF*, 5 AUGUSTUS 2014

Grontmij is optimistisch

Van een onzer verslaggevers

DE BILT — Advies- en ingenieursbureau Grontmij straalt optimisme uit ondanks het nettoverlies van €10 miljoen over het tweede kwartaal. Het bedrijf ziet het herstel in Europa aantrekken; bovendien ligt Grontmij op koers met het kostenbesparingsprogramma.

Grontmij zit in een lastige periode. De omzet daalde van €180 miljoen (tweede kwartaal 2013) naar €168 miljoen (tweede kwartaal 2014). De daling kwam vooral door de afslanking van het bedrijf en werkdageffecten. Wel ziet Grontmij in het tweede kwartaal een bescheiden herstel op de Europese markten, waarmee de eerste tekenen van verbetering in het voorgaande kwartaal werden doorgezet.

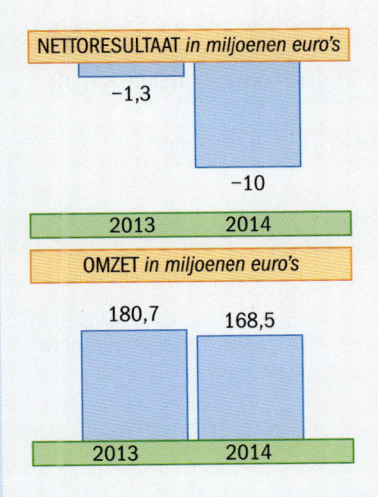

Het nettoverlies liep op van €1,3 miljoen naar €10 miljoen. Deze toename is voor een groot deel te wijten aan herstructureringslasten. Grontmij kondigde begin dit jaar aan extra kosten te willen besparen, waardoor 175 tot 225 banen verloren zullen gaan. Dankzij de lagere kosten verbeterde de winstmarge van Grontmij in de eerste helft van dit jaar naar 3,5%, van 2,4% vorig jaar. Met de maatregelen die in de eerste helft van dit jaar zijn genomen, wordt op jaarbasis €11 miljoen bespaard in vergelijking met vorig jaar. Bij de presentatie van de halfjaarcijfers meldde Grontmij vertrouwen te hebben dat de doelstelling voor een winstmarge van 6% tot 8% in 2016 gehaald kan worden.

Naast het kostenbesparingsprogramma ('Back on Track') is Grontmij druk met het afstoten van de Franse activiteiten. Er wordt onderhandeld over een verkoop. In april maakte Grontmij bekend die activiteiten in de etalage te zetten. Volgens topman Michiel Jaski is er interesse voor de Franse activiteiten van financiële partijen en branchegenoten.

NETTORESULTAAT *in miljoenen euro's*

- 2013: −1,3
- 2014: −10

OMZET *in miljoenen euro's*

- 2013: 180,7
- 2014: 168,5

a Licht toe waarom Grontmij optimistisch kan zijn ondanks een nettoverlies van €10 miljoen.
b Welke kosten (vaste of variabele) dalen met name als er medewerkers worden ontslagen? Licht je antwoord toe.
c Grontmij wil haar Franse activiteiten afstoten. Wat zouden daarvoor de redenen kunnen zijn?

Uitwerkingen van de zelftoetsen zonder icoontje

De uitwerkingen van de zelftoetsen met ![globe] -icoontje staan op de website: www.bedrijfsbeslissingen.noordhoff.nl

Hoofdstuk 1

Zelftoets 1.1

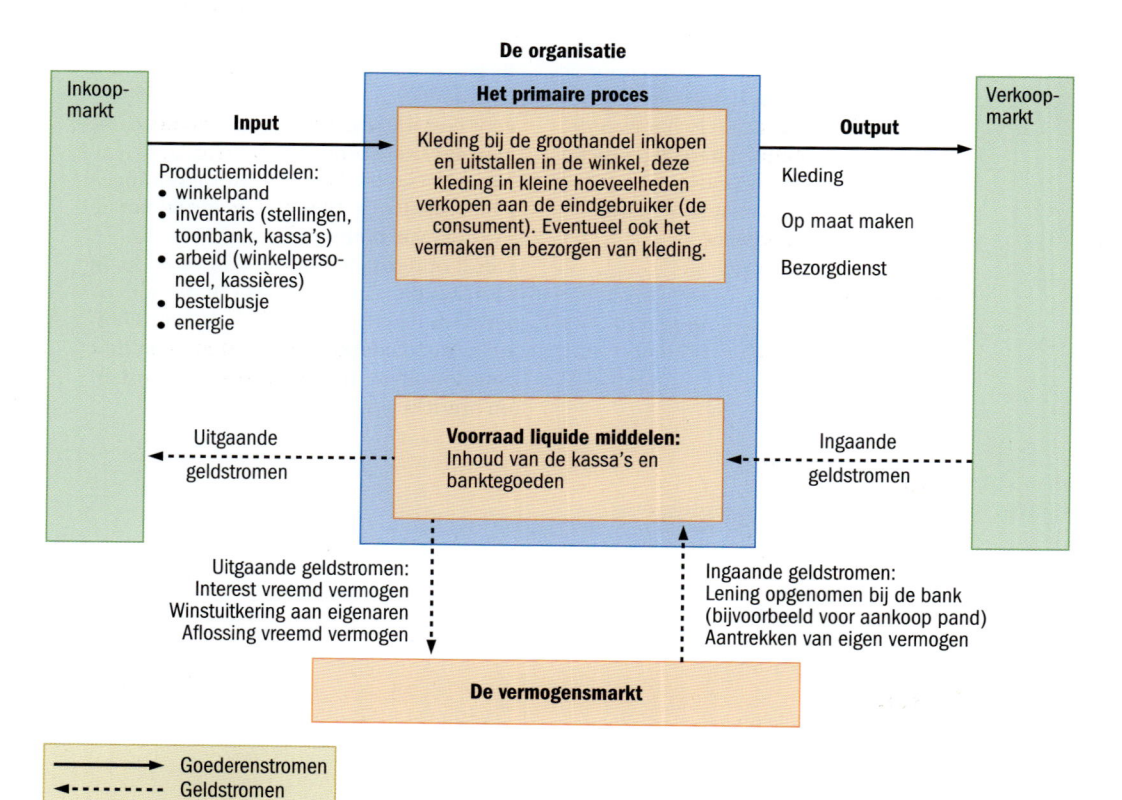

De organisatie

| Inkoop-markt | | Het primaire proces | | Verkoop-markt |

Input → Kleding bij de groothandel inkopen en uitstallen in de winkel, deze kleding in kleine hoeveelheden verkopen aan de eindgebruiker (de consument). Eventueel ook het vermaken en bezorgen van kleding. → **Output**

Productiemiddelen:
- winkelpand
- inventaris (stellingen, toonbank, kassa's)
- arbeid (winkelpersoneel, kassières)
- bestelbusje
- energie

Output:
Kleding
Op maat maken
Bezorgdienst

Uitgaande geldstromen ←······ **Voorraad liquide middelen:** Inhoud van de kassa's en banktegoeden ······→ Ingaande geldstromen

Uitgaande geldstromen:
Interest vreemd vermogen
Winstuitkering aan eigenaren
Aflossing vreemd vermogen

Ingaande geldstromen:
Lening opgenomen bij de bank (bijvoorbeeld voor aankoop pand)
Aantrekken van eigen vermogen

De vermogensmarkt

Legenda:
→ Goederenstromen
·····→ Geldstromen

Zelftoets 1.2
In een ondernemingsplan moet onder andere aandacht worden geschonken aan het volgende:
- Het uitwerken van het idee om een eigen onderneming te beginnen. Daarin moet antwoord worden gegeven op de volgende vragen: Beschik ik over de juiste kwaliteiten? Welk product ga ik aanbieden? Waar gaat mijn bedrijf zich vestigen? Wie zijn mijn klanten en hoe kan ik ze bereiken?
- De wettelijke eisen en het verkrijgen van de noodzakelijke vergunningen om een onderneming te mogen beginnen.
- Het verrichten van marktonderzoek en het vaststellen van een juiste prijs-kwaliteitverhouding. Op basis daarvan moet een nauwkeurige schatting van de omzet worden gemaakt.
- De middelen (activa) die men nodig heeft om de onderneming te kunnen starten. Ook moet worden aangetoond hoe de financiële middelen om de noodzakelijke activa te kunnen aanschaffen, worden verkregen. Daarnaast moet een schatting van opbrengsten en kosten worden gemaakt.
- Ten slotte moet gemotiveerd worden aangetoond dat de nieuwe onderneming (ook op de lange termijn) levensvatbaar is.

Zelftoets 1.3
a Een succesvol ondernemer moet over de volgende eigenschappen beschikken:
- creatief zijn (nieuwe producten ontwikkelen en/of nieuwe markten ontdekken);
- besluitvaardig zijn (niet te veel twijfelen bij te nemen beslissingen);
- doorzettingsvermogen en hard willen werken;
- vakkennis en commerciële kwaliteiten;
- leiding kunnen geven aan medewerkers;
- inzicht hebben in financiële gegevens.

b Deze vraag moet iedere student(e) voor zichzelf beantwoorden. Je kunt je medestudenten vragen of zij de door jou opgesomde eigenschappen herkennen.

Zelftoets 1.4
Voorschriften en regelingen:
- inschrijving in het handelsregister;
- het aanvragen van een bouwvergunning.

Zelftoets 1.5
Overeenkomsten:
- De bv en nv zijn beide rechtspersonen.
- Het risico voor de eigenaren (de aandeelhouders) is beperkt tot het bedrag dat ze aan de nv/bv beschikbaar hebben gesteld.

Verschillen:
- Bij een naamloze vennootschap staan de aandelen niet op naam (ze luiden aan toonder) waardoor ze vrij te verhandelen zijn (zonder toestemming van de overige aandeelhouders). Deze aandelen worden op de effectenbeurzen verhandeld, waardoor een grote groep van beleggers kan worden bereikt. Op die wijze kan een groot aandelenkapitaal bij elkaar worden gebracht.

- Bij een besloten vennootschap staan de aandelen op naam waardoor ze niet vrij te verhandelen zijn. Deze aandelen worden uitgegeven aan een beperkte groep van relaties (bekenden en/of vrienden). Het aandelenkapitaal van een bv zal daarom beperkt van omvang zijn, zeker in vergelijking met het aandelenkapitaal van een nv.

Zelftoets 1.7
Een rechtspersoon (bijvoorbeeld een nv of bv) is een zelfstandige drager van rechten en plichten. Dit houdt onder andere in dat de schuldeisers van een nv of bv een vordering hebben op de nv of bv, maar geen aanspraak kunnen maken op het privévermogen van de eigenaren (dit zijn de aandeelhouders).

Bij natuurlijke personen (zoals een eenmanszaak en vof) is er geen scheiding tussen het zakelijk en privévermogen. Schuldeisers van een eenmanszaak of vof kunnen hun vordering verhalen op het privévermogen van de eigenaren (als de onderneming zelf niet in staat is aan haar verplichtingen te voldoen).

Het verschil tussen natuurlijk persoon en rechtspersoon is ook van belang voor de belastingheffing. Natuurlijke personen betalen inkomstenbelasting en kunnen in aanmerking komen voor startersaftrek en zelfstandigenaftrek. Rechtspersonen betalen vennootschapsbelasting en komen niet in aanmerking voor startersaftrek en zelfstandigenaftrek.

Zelftoets 1.8
De factoren die van invloed zijn op de vraag naar een bepaald product kunnen we kort samenvatten met de zes P's:
- Prijs: de verkoopprijs van het product.
- Product: de kwaliteit en eigenschappen van het product (is er behoefte aan?).
- Plaats: waar bieden we het product aan? Via welke distributiekanalen brengen we het product op de markt? Daarbij kunnen we bijvoorbeeld kiezen uit winkels, postorderbedrijf of internet.
- Promotie: hoe brengen we het product onder de aandacht van de consument? Welke marketing- en reclameactiviteiten gaan we verrichten?
- People: bij dit aspect letten we op de kwaliteit en klantgerichtheid van het personeel.
- Planet: welke gevolgen hebben de activiteiten van de organisatie voor het milieu?

Ook een goede prijs-kwaliteitverhouding ('value for money') is een belangrijk aspect bij de aankoopbeslissing van de klant.

Zelftoets 1.9
In eerste instantie gaat het om het behalen van een zo hoog mogelijke winst. Het kan echter zijn dat men in een branche een bepaalde omvang moet hebben om voldoende klanten te trekken of om een bepaald product op efficiënte wijze te kunnen produceren. Een meubelwinkel zal van verschillende artikelgroepen (zoals bedden, bankstellen, tafels en kasten) voldoende varianten moeten hebben, om de klant uit verschillende modellen te laten kiezen. Ook kan het zijn dat een meubelzaak bij hoge omzetten kwantumkortingen bij de leveranciers kan bedingen. Een hogere korting stelt hem in staat de meubels tegen een lagere prijs aan te bieden, waardoor de omzet en de winst kunnen stijgen.

Een groot marktaandeel kan ertoe bijdragen dat de winst stijgt, maar is geen doel op zichzelf.

Zelftoets 1.10
Deel 1   Check persoonlijke kwaliteiten/ideeontwikkeling
Deel 2   Check wettelijke voorschriften en regelingen
Deel 3   Marktverkenning en onderbouwing van de omzetverwachting
Deel 4   Het financieel plan
Deel 5   De beslissing

Hoofdstuk 2

Zelftoets 2.1
Kappersstoel
Spiegels
Verlichting
Voorraad haarproducten
Meubilair

Zelftoets 2.2
Vaste activa: grond, gebouwen, machines, meubilair, technische installaties en computers.
Vlottende activa: grondstoffen, halffabricaten, eindproducten, debiteuren en kasgeld.

Zelftoets 2.3
a Op een investeringsbegroting komen de bezittingen te staan die een onderneming nodig denkt te hebben voor de uitoefening van haar activiteiten met vermelding van de bedragen.
b Aan de debetzijde van de begrote balans komen de bezittingen te staan die op de investeringsbegroting voorkomen. Het balanstotaal komt overeen met het totaal van de investeringsbegroting.

Zelftoets 2.4
Eigen vermogen: gestort eigen vermogen en ingehouden winsten.
Vreemd vermogen lange termijn: banklening met een looptijd langer dan één jaar en hypothecaire leningen.
Vreemd vermogen korte termijn: crediteuren, nog te betalen kosten en rekening-courantkrediet.

Zelftoets 2.7
a De vermogensbehoefte op lange termijn = €1.920.000 + €200.000 = €2.120.000.
Er is voor slechts €1.400.000 + €600.000 = €2.000.000 vermogen op lange termijn aangetrokken. Dit betekent dat een gedeelte van de vaste activa is gefinancierd met vermogen op korte termijn. Als de verschaffers van kort vreemd vermogen hun vermogen opeisen, ontstaat een probleem. Een gedeelte ligt namelijk langdurig vast in de vaste activa.
b Er wordt niet voldaan aan de gouden balansregel omdat de vermogensbehoefte op lange termijn groter is dan het vermogen dat voor de lange termijn is aangetrokken.

Zelftoets 2.9
De interestkosten.

Zelftoets 2.10
De accountant gaat na of de finaniële gegevens die in het ondernemingsplan zijn opgenomen, realistisch zijn.

Zelftoets 2.12
a Betaling van de aankoopsom van een bedrijfspand.
b Betaling van btw (die van consumenten is ontvangen) aan de overheid.
c Verkopen op rekening.
d Geldontvangsten in verband met het opnemen van vreemd vermogen.

Zelftoets 2.13
a Afschrijvingen, toevoeging aan een voorziening, bijvoorbeeld een voorziening in verband met groot onderhoud.
b Het opnemen van een lening, de aflossing op een lening.

Hoofdstuk 3

Zelftoets 3.4
a Contante verkopen.
b Verkopen op rekening.
c Het aantrekken van eigen en/of vreemd vermogen en de btw die van afnemers wordt ontvangen.

Zelftoets 3.6
a Loonkosten, kosten van energie.
b Afschrijvingskosten, toevoeging aan de Voorziening groot onderhoud.
c Aflossing van een lening, privéonttrekking, betaling van btw (door een onderneming die zelf ook btw-plichtig is), winstuitkering.

Zelftoets 3.7
a Uitgifte van aandelen, privéstortingen, winstinhoudingen.
b Inkoop van eigen aandelen door de onderneming, privéonttrekkingen, verlies.

Hoofdstuk 4

Zelftoets 4.4
1 De onderneming als geheel (alle participanten)
2 De leveranciers van grondstoffen (grondstofkosten)
   De werknemers (loonkosten)
   De leveranciers van vaste activa (afschrijvingskosten)
3 De verschaffers van vreemd vermogen, de overheid en de eigenaren
4 De verschaffers van vreemd vermogen
5 De overheid en de eigenaren
6 De overheid
7 De eigenaren

Zelftoets 4.11
a Bij grote ondernemingen zijn de belangen groter (het gaat om grotere bedragen en om een groter aantal belangstellenden). Daarom moeten grote ondernemingen meer informatie verschaffen dan kleine ondernemingen.
b Grote ondernemingen geven onder andere informatie over het beleid dat ze in het verleden hebben gevoerd, over hun toekomstverwachtingen en over de behaalde financiële resultaten (in de vorm van de balans en winst- en verliesrekening). Daarnaast geven ze in het jaarverslag of op internet informatie over hun producten en/of diensten.
Kleine ondernemingen (in de vorm van eenmanszaak of vennootschap onder firma) zijn niet verplicht informatie aan externe belangstellenden te verstrekken. Alleen als ze vreemd vermogen hebben aangetrokken, zullen ze aan de verstrekker van het vreemd vermogen (vaak banken) inzicht moeten geven in de financiële resultaten. Deze financiële resultaten blijken uit de balans en winst- en verliesrekening.
c Managers en directieleden (Raad van Bestuur), Raad van Commissarissen.
d Aandeelhouders, verschaffers van vreemd vermogen (banken en crediteuren).

Zelftoets 4.12
a Nv's en bv's.
b Het maatschappelijke belang (het aantal externe belangstellenden en de invloed van het bedrijf op de omgeving) is beperkt.
c Om er zorg voor te dragen dat de externe belangstellenden tijdig, volledig en juist worden geïnformeerd.
d De externe accountant heeft tot taak na te gaan of de financiële gegevens die in de jaarrekening staan vermeld, juist en volledig zijn.

Zelftoets 4.13
Hier moet de student zelf zijn commentaar geven bij de bevindingen van de Rabo-medewerker Taco de Waal en beargumenteren.

Hoofdstuk 6

Zelftoets 6.5
€200.000 : $1{,}12^3$ = €142.356,05

Zelftoets 6.6
€12.000 : $1{,}08^3$ = €9.525,99

Zelftoets 6.7
€12.000 : $1{,}04^6$ = €9.483,77

Zelftoets 6.9
€12.000 : $1{,}015^8$ = €10.652,53

Zelftoets 6.10
€12.000 : $1{,}005^{24}$ = €10.646,23

Zelftoets 6.11
€20.000 x $1{,}02^{16}$ = €27.455,71

Hoofdstuk 7

Zelftoets 7.1
Salesmanager

Zelftoets 7.2
Niet-beïnvloedbare kosten

Zelftoets 7.3
Lager aantal (relatief dure) auto's moeten worden verkocht om kosten te dekken (lager BE-punt).

Numerieke antwoorden

Hoofdstuk 1

V 1.2 **a1** €250.000   **a2** €290.000
    b €192.500
    c1 €124.025   **c2** €133.400
    d €165.975
    e €156.600

V 1.3 **a** Omzet maximaal €11.400 (situatie 10)
    b Winst maximaal €4.670 (situatie 7)

Hoofdstuk 2

V 2.1 €760.000

V 2.2 Eigen vermogen + vreemd vermogen lange termijn €690.000 of meer.

V 2.3 **a** Brutowinst €960.000
    b Ebit (bedrijfsresultaat) €309.000
    c Winst na vennootschapsbelasting €222.750

V 2.4 **a** + €27.470 (winst)
    b + €27.170
    c + €39.270 (toename liquide middelen)

V 2.5 **a** + €190.000 (brutowinst)
    b + € 76.168
    c + €196.600 (toename liquide middelen)

V 2.6 **a** + €400.000 (brutowinst)
    b + €117.980 (ebitda)
    c + € 97.980 (ebit)
    d + € 92.980 (winst)
    e + € 29.060 (toename liquide middelen)

V 2.7 **a** + €200.000 (brutowinst)
    b + € 49.960 (ebitda)
    c + € 34.960 (ebit)
    d + € 33.360 (winst)
    e + € 41.400 (toename liquide middelen)

V 2.8 b winst €33.360

V 2.9 b + €124.413 (winst)
  c − €178.825 (toename liquide middelen)

V 2.11 a €45.320
  b €35.700
  c €47.600
  d €50.280

V 2.12 a €4.600
  b Toename kas €300
  c €9.400
  d €6.850
  e Balanstotaal €9.850
  f Afname kas €2.970
  g Verlies €120
  h Balanstotaal €6.730

V 2.13 a Geldontvangsten:
  - eerste kwartaal €172.000
  - tweede kwartaal €210.000
  - derde kwartaal €234.000
  - vierde kwartaal €230.000
  b Te vorderen van debiteuren €141.000

V 2.14 a Geldontvangsten in:
  - april €244.000
  - mei €254.000
  - juni €240.000
  b Te vorderen van debiteuren €224.000

V 2.15 Balanstotaal €518.060
  Rekening-courant €41.424

V 2.16 a Gebouwen   € 356.000
  Inventaris   €   12.400
  Computer   €   3.000
  Geactiveerde kosten   €   1.800
  Voorraad onderdelen   €   11.034
  Voorfinanciering btw   €   16.004,46
  Kas   €   1.000
  Totale investering   € 401.238,46 +
  c Rekening-courant €9.338,46 Balanstotaal €401.238,46

V 2.17 a Geldontvangsten:
  - eerste kwartaal   €   797.300
  - tweede kwartaal   €   985.320
  - derde kwartaal   € 1.132.880
  - vierde kwartaal   € 1.247.120
  b Debiteuren   €   152.320
  c Totaal van de geldontvangsten € 4.162.620
  d Opbrengst verkopen   € 4.200.700

V 2.18 a Brutowinst €800.000
Ebit (bedrijfsresultaat) €295.500
Resultaat voor belasting €283.700

V 2.19 a Geldontvangsten:
- eerste kwartaal €348.480
- tweede kwartaal €108.900
- derde kwartaal € 43.560
- vierde kwartaal €225.060

V 2.20 a Gelduitgaven:
- eerste kwartaal €317.730
- tweede kwartaal €547.400
- derde kwartaal €610.470
- vierde kwartaal €408.170

b Crediteuren per 31 december 2015 €291.550

V 2.21 a Bedragen in euro's

	Eerste kwartaal	Tweede kwartaal	Derde kwartaal	Vierde kwartaal
Beginsaldo liquide middelen + geldontvangsten	551.000	462.980	320.160	345.140
Totale gelduitgaven	473.020	464.820	352.020	352.020
Eindsaldo rekening-courant	+ 67.980	− 11.840	− 41.860	− 16.880

Liquide middelen = kas + rekening-courant

V 2.22 a Bedragen in euro's

	Eerste kwartaal	Tweede kwartaal	Derde kwartaal	Vierde kwartaal
Beginsaldo liquide middelen + geldontvangsten	604.000	355.300	539.800	353.670
Totale gelduitgaven	871.700	465.500	806.130	503.130
Eindsaldo rekening-courant	− 287.700	− 130.200	− 286.330	− 169.460

Liquide middelen = kas + rekening-courant

V 2.23 a Bedragen in euro's

	Eerste kwartaal	Tweede kwartaal	Derde kwartaal	Vierde kwartaal
Begroot resultaat	+ 26.040	+ 8.040	− 960	+ 11.040

b Bedragen in euro's

	Eerste kwartaal	Tweede kwartaal	Derde kwartaal	Vierde kwartaal
Beginsaldo liquide middelen + geldontvangsten	240.000	249.300	240.960	253.260
Totale gelduitgaven	250.700	238.340	257.700	292.700
Eindsaldo rekening-courant	− 20.700	+ 960	− 26.740	− 49.440

Liquide middelen = kas + rekening-courant

V 2.24 **a** Kosten van het ontvangen leverancierskrediet = 1,3605% per maand.
b Kosten van het rekening-courantkrediet = 1,5% per maand.

Hoofdstuk 3

V 3.1 Totaal activa exclusief btw = €11.400, Voorfinanciering btw = €2.331.

V 3.2 **a** €25.200
b Voorraadafname = €20.000
c Winst = €100.000

V 3.4 **b** Te verklaren verschil = €150.600

V 3.5 **b** Winst €200
c Aan de overheid af te dragen btw €42

V 3.6 **a** €8.000
b €88.000

V 3.7 **a** Balanstotaal per 31 januari 2015 = €990.500
b Winst = €4.500
c Toename eigen vermogen €5.000

V 3.8 **a** 1 €466.000
         2 − €86.140
         3 €552.140
b 1 €3.200
     2 €40.000
     3 €12.000
     4 €12.000
     5 €35
     6 €20.000
     7 €5.000
c Afname met €72.000
d Balanstotaal wordt €2.105.485

V 3.9 **a** 1 oktober 2014 = €3.600.000, 1 juni 2015 = €1.800.000,
1 november 2015 = €600.000
b 1 €450.000
2 €360.000
3 €600.000

		Balans debet	Balans credit
c 1	Vooruitontvangen bedragen		€3.600.000 (+)
	Rekening-courant		€3.600.000 (−)
2	Vooruitontvangen bedragen		€1.800.000 (+)
	Rekening-courant		€1.800.000 (−)
3	Vooruitontvangen bedragen		€ 600.000 (+)
	Rekening-courant		€ 600.000 (−)
d 1	Eigen vermogen		€ 450.000 (+)
	Vooruitontvangen bedragen		€ 450.000 (−)
2	Eigen vermogen		€ 360.000 (+)
	Vooruitontvangen bedragen		€ 360.000 (−)
3	Eigen vermogen		€ 600.000 (+)
	Vooruitontvangen bedragen		€ 600.000 (−)

V 3.10 **a** 1 €260.000
2 − €82.000
3 €342.000

		Balans debet	Balans credit
b 1	Debiteuren	€ 217.800 (+)	
	Eigen vermogen		€ 180.000 (+)
	Te betalen btw		€ 37.800 (+)
2	Voorraad goederen	€100.000 (−)	
	Eigen vermogen		€ 100.000 (−)
3	Debiteuren	€ 217.800 (−)	
	Rekening-courant		€ 217.800 (−)

c + €217.800
d €80.000
f Te verklaren verschil = €137.800

V 3.11

		Balans debet	Balans credit
a 1	Banklening		€ 100.000 (+)
	Rekening-courant		€ 100.000 (−)
2	Machines	€100.000 (+)	
	Te vorderen btw	€ 21.000 (+)	
	Rekening-courant		€ 121.000 (+)
3	Eigen vermogen		€ 750 (−)
	Rekening-courant		€ 750 (+)
4	Banklening		€ 20.000 (−)
	Rekening-courant		€ 20.000 (+)

b − €41.750 (afname liquide middelen)
c Balanstotaal wordt €1.646.000

V 3.12 a 1 €258.000
           2 -€132.000
           3 €390.000

				Balans debet	Balans credit
b	1	Machines		€ 40.000 (+)	
		Te vorderen btw		€ 8.400 (+)	
		Rekening-courant			€ 48.400 (+)
	2	Machines		€ 8.000 (−)	
		Eigen vermogen			€ 8.000 (−)
	3	Machines		€ 30.000 (−)	
		Eigen vermogen			€ 30.000 (−)
	4	Voorraad goederen		€ 430.000 (+)	
		Te vorderen btw		€ 90.300 (+)	
		Crediteuren			€ 520.300 (+)
	5	Debiteuren		€ 750.200 (+)	
		Eigen vermogen			€ 620.000 (+)
		Te betalen btw			€ 130.200 (+)
	6	Voorraad goederen		€ 360.000 (−)	
		Eigen vermogen			€ 360.000 (−)
	7	Debiteuren		€ 835.180 (−)	
		Rekening-courant			€ 835.180 (−)
	8	Crediteuren			€ 596.240 (−)
		Rekening-courant			€ 596.240 (+)
	9	Eigen vermogen			€ 130.000 (−)
		Rekening-courant			€ 130.000 (+)

c + €56.260 (toename liquide middelen)
d Winst = €92.000
e Balanstotaal per einde 2015 = €2.007.720

V 3.13 a

			Balans debet	Balans credit
1	1 mei 2014:			
	Vooruitbetaalde bedragen		€138,00 (+)	
	Rekening-courant			€138,00 (+)
2	1 mei 2015:			
	Vooruitbetaalde bedragen		€144,60 (+)	
	Rekening-courant			€144,60 (+)

b €142,40
c Vooruitbetaalde bedragen   €142,40 (−)
   Eigen vermogen   €142,40 (−)

V 3.14 a €61.800 (1 april 2015), €63.654 (1 april 2016)
b

Financieel feit	Naam van de balanspost	Mutaties debetzijde van de balans	Mutaties creditzijde van de balans
1 april 2014	Vooruitbetaalde huren	+ €60.000	
	Rekening-courant		+ €60.000
1 april 2015	Vooruitbetaalde huren	+ €61.800	
	Rekening-courant		+ €61.800

c + €61.350
d

Financieel feit	Naam van de balanspost	Mutaties debetzijde van de balans	Mutaties creditzijde van de balans
Huurkosten 2011	Vooruitbetaalde huren	− €61.350	
	Eigen vermogen		− €61.350

V 3.15 a €3.150
b 2014 = €3.618   2015 = €3.798,90   (8,04% = 0,0804)
c

Financieel feit	Naam van de balanspost	Mutaties debetzijde van de balans	Mutaties creditzijde van de balans
2014	Nog te betalen vakantiegeld		+ €3.618
	Eigen vermogen		− €3.618
2015	Nog te betalen vakantiegeld		+ €3.798,90
	Eigen vermogen		− €3.798,90

d

Financieel feit	Naam van de balanspost	Mutaties debetzijde van de balans	Mutaties creditzijde van de balans
Uitbetaling vakantiegeld	Nog te betalen vakantiegeld		− €44.320,50
	Rekening-courant		+ €44.320,50

V 3.16 a

Financieel feit	Naam van de balanspost	Mutaties debetzijde van de balans	Mutaties creditzijde van de balans
1 oktober 2014	Vooruitontv. abonnementsgelden		+ €5.760.000
	Rekening-courant		− €5.760.000
1 april 2015	Vooruitontv. abonnementsgelden		+ €6.240.000
	Rekening-courant		− €6.240.000
1 oktober 2015	Vooruitontv. abonnementsgelden		+ €7.200.000
	Rekening-courant		− €7.200.000

b

Financieel feit	Naam van de balanspost	Mutaties debetzijde van de balans	Mutaties creditzijde van de balans
Opbrengst uit abonnementen	Vooruitontv. abonnementsgelden		− €12.720.000
	Eigen vermogen		+ €12.720.000

V 3.17 a Ingehouden winst €80.000 (= toename eigen vermogen)
b Toename hoeveelheid kasgeld = €105.000 (winstinhouding + afschrijvingen)

V 3.18 a Toename Kas = €11.500
b

Financieel feit	Naam van de balanspost	Mutaties debetzijde van de balans	Mutaties creditzijde van de balans
b1	Voorraad broeken	− €15.000	
	Kas	+ €37.500	
	Eigen vermogen		+ €22.500
b2	Voorraad broeken	+ €21.000	
	Kas	− €21.000	
b3	Kas	− €4.000	
	Eigen vermogen		− €4.000
b4	Kas	€1.000	
	Eigen vermogen		€1.000

c Winst = €17.500
d Balanstotaal = €47.500

V 3.19 a €384.000
b €1.600
c €44.800
d €10.000
e €22.000
f €400
g €12.000

V 3.20 a Geldontvangsten €39.600
Gelduitgaven €21.500
b Winst €19.800
c Balanstotaal €350.800
d Toename Kas €18.100

V 3.21 a Balanstotaal €379.000
b

Financieel feit	Naam van de balanspost	Mutaties debetzijde van de balans	Mutaties creditzijde van de balans
b1	Gebouwen	− € 3.000	
	Ingehouden winsten		− € 3.000
b2	Voorraad goederen	+ € 120.000	
	Crediteuren		+ € 120.000
b3	Debiteuren	+ € 180.000	
	Kas	+ € 100.000	
	Ingehouden winst		+ € 280.000
	Voorraad goederen	− € 150.000	
	Ingehouden winst		− € 150.000
b4	Kas	+ € 170.000	
	Debiteuren	− € 170.000	
b5	Machines	− € 8.000	
	Ingehouden winst		− € 8.000
b6	Kas	− € 130.000	
	Crediteuren		− € 130.000
b7	Kas	− € 3.200	
	Ingehouden winst		− € 3.200
b8	Kas	− € 75.000	
	Ingehouden winst		− € 75.000
b9	Kas	− € 5.400	
	Ingehouden winst		− € 5.400
b10	Rekening-courant	+ € 10.000	
	Lening o/g		− € 10.000

c Balanstotaal €404.400
d Ebit €40.800
e Winst na belasting €26.550
f Ebit blijft €40.800
Winst na belasting €23.850

V 3.22

			Balans debet	Balans credit
a	1	Voorraad goederen	€ 142.800 (+)	
		Rekening-courant		€142.800 (+)
	2a	Debiteuren	€ 160.650 (+)	
		Kas	€ 17.850 (+)	
		Onverdeelde winst		€178.500 (+)
	2b	Voorraad goederen	€ 110.000 (−)	
		Onverdeelde winst		€ 110.000 (−)
	3	Inventaris	€ 600 (−)	
		Onverdeelde winst		€ 600 (−)
	4	Debiteuren	€ 150.000 (−)	
		Rekening-courant		€150.000 (−)
	5	Onverdeelde winst		€ 22.000 (−)
		Rekening-courant		€ 22.000 (+)
	6	Gebouwen	€ 400 (−)	
		Onverdeelde winst		€ 400 (−)
	7	Onverdeelde winst		€ 850 (−)
		Rekening-courant		€ 850 (+)

b Onverdeelde winst €44.650
c Balanstotaal €517.000
d Ebit €45.500
  Winst na belasting €33.487,50

V 3.23

				Balans debet	Balans credit
a	1		Voorraad goederen	€ 28.000 (+)	
			Te vorderen btw	€ 5.880 (+)	
			Crediteuren		€33.880 (+)
	2	a	Kas	€ 43.560 (+)	
			Te betalen btw		€ 7.560 (+)
			Onverdeelde winst		€36.000 (+)
		b	Voorraad goederen	€ 22.000 (−)	
			Onverdeelde winst		€22.000 (−)
	3		Inventaris	€ 100 (−)	
			Onverdeelde winst		€ 100 (−)
	4		Debiteuren	€ 2.000 (−)	
			Rekening-courant		€ 2.000 (−)
	5		Onverdeelde winst		€ 3.000 (−)
			Rekening-courant		€ 3.000 (+)
	6		Onverdeelde winst		€ 1.200 (−)
			Rekening-courant		€ 1.200 (+)
	7		Crediteuren		€30.000 (−)
			Rekening-courant		€30.000 (+)
	8		Onverdeelde winst		€ 80 (−)
			Rekening-courant		€ 80 (+)

b 1 Ebit = €9.700
De verdeling van de ebit is als volgt:
- Verschaffers van vreemd vermogen (ontvangen de interest)   €   80
- De fiscus (als te betalen vennootschapsbelasting op de balans) € 2.405
- De eigenaren (als onverdeelde winst op de balans)   € 7.215+
Ebit   € 9.700
c Balanstotaal €118.840

V 3.24 a €10.000 per maand
b €120.000
c 1

	Balans debet	Balans credit
Onverdeelde winst		€ 10.000 (−)
Voorziening groot onderhoud		€ 10.000 (+)
2 Voorziening groot onderhoud		€344.000 (−)
Rekening-courant		€344.000 (+)

V 3.25
a

	Balans debet	Balans credit
Voorziening groot onderhoud		€ 10.000 (+)
Eigen vermogen (onverdeelde winst)		€ 10.000 (−)

b €50.000
c

	Balans debet	Balans credit
Kas	€ 48.000 (−)	
Voorziening groot onderhoud		€ 48.000 (−)

Hoofdstuk 4

V 4.2 a Ebit = €393.000
Winst na belasting = €249.750
b Naar verschaffers van het vreemd vermogen €60.000, naar de overheid €83.250, naar de eigenaren €249.750.
c Naar verschaffers van het vreemd vermogen €90.000, naar de overheid €75.750, naar de eigenaren €227.250.

V 4.3 a 13,3333%
b 8%
c 20%
d 15%
e 15%

V 4.4 b current ratio   1-1-2015 = 0,91   31-12-2015 = 1,02
quick ratio   1-1-2015 = 0,18   31-12-2015 = 0,18
d debt ratio   1-1-2015 = 0,81   31-12-2015 = 0,79
solvabiliteitspercentage 1-1-2015 = 19%   31-12-2015 = 21%
f R_{TV} = 0,063 (6,3%)
g K_{VV} = 0,02875 (2,875%)
i 1 R_{EV} = 0,152 (15,2%)
j 1 Rentedekkingsfactor = 2,74

V 4.5 **a** Current ratio = 2,14   Quick ratio = 1   Debt ratio = 0,47

V 4.6
e R_{TV} = 0,08 (8%)
f K_{VV} = 0,036 (3,6%)
g R_{EV} voor belasting = 0,1597 (15,97%)
h R_{EV} na belasting = 0,1198 (11,98%)
k €1.200.000
l 10,05%
n 1-1-2015 (+ €20.000), op 31-12-2015 (− €10.000)

V 4.7
d R_{TV} = 0,14 (14%)
e K_{VV} = 0,09 (9%)
f R_{EV} voor belasting = 0,164074 (16,4074%)
j R_{EV} voor belasting = 0,164074 (16,4074%)
l R_{EV} na belasting = 0,131259 (13,1259%)

V 4.9

		1-1-2014	31-12-2014
a	current ratio	1,4	1,07
	quick ratio	0,73	0,36
c	debt ratio	0,4737	0,4286
	solvabiliteitspercentage	52,63%	57,14%
f	Liquide middelen	− €40.000	− €70.000

h Vaste activa + vast gedeelte vlottende activa = €1.810.000
Eigen vermogen + vreemd vermogen lange termijn = €1.680.000

V 4.10
a Ebit = €177.800
b Interestkosten = €75.150
c Resultaat voor belasting = €102.650
d Resultaat na belasting = €79.040,50
e Gemiddelde interestpercentage = 6,08%

V 4.11

		1-1-2015	31-12-2015
b	current ratio	2,5	2,75
c	quick ratio	1,5	1,38

V 4.12
c R_{EV} = 0,204755 (20,4755%)
e 3,478261
f 19,2 (op basis van inkoopwaarde omzet), 32 (op basis van omzet)
g 15,2 dagen
h 19,4 dagen
i 0,204755

V 4.13

a

	1-1-2014	31-12-2014
1 Nettowerkkapitaal	€ 320.000	€330.000
2 Liquide middelen	– € 21.000 –	€ 13.000 –
3 Nettowerkkapitaal excl. liquide middelen	€ 341.000	€317.000

c

	1-1-2014	31-12-2014
Totaal vreemd vermogen	€1.764.000	€ 1.491.000
Rentedragend vreemd vermogen	€1.250.000	€ 1.119.000
Niet-rentedragend vreemd vermogen	€ 514.000	€ 372.000

V 4.14   a 20%

V 4.15   c   1   €416.000 (ebit na vennootschapsbelasting)
          2   €596.000 (kasstroom op winstbasis)
          3   €574.000 (operationele kasstroom)
          4   €224.000 (vrije kasstroom)
          5   €216.000 (uitgaande geldstroom naar vermogensmarkt)
          6   €8.000 (toename liquide middelen)

V 4.16

a

	1-1-2015	31-12-2015
Kas	€ 3.000	€ 2.000
Rekening-courant	€120.000 –	€ 110.000 –
Liquide middelen	€ 117.000 –	€108.000 –

b Toename liquide middelen €9.000 (€9.000 minder negatief)
c   1   €315.000 (ebit na belasting)
    2   €475.000 (kasstroom op winstbasis)
    3   €506.000 (operationele kasstroom)
    4   €256.000 (vrije kasstroom)
    5   €247.000 (uitgaande geldstroom naar vermogensmarkt)
    6   € 9.000 (toename liquide middelen)

V 4.17

	1-1-2015	31-12-2015
c debt ratio	0,6842	0,5048
solvabiliteitspercentage	31,58%	49,52%

e   Rentedekkingsfactor = 4,33

Hoofdstuk 5

V 5.1   a Normale productie = 65.000
          b Kostprijs = €5
          d Verkoopprijs inclusief btw = €10,89

V 5.2   Opbrengsten = €15.000, kosten = €12.800, winst = €2.200.

V 5.3   a Normale productie = 24.000
          b Proportioneel variabele kosten = €10
          c Kostprijs = €14 (voor jaar 1 en jaar 2)

V 5.4 a Normale productie = 10.000
b Geen proportioneel variabele kosten, de formule niet gebruiken.
c Kostprijs = €100 (voor jaar 1 en jaar 2)

V 5.5 a Kostprijs = €12
b Verwachte totale kosten = €97.700
c Kostprijs = €12
e Verkoopprijs exclusief btw = €15
f Verwachte winst 2012 = €25.300

V 5.6 a €220.574,16
b €204.283,60
d Opslagpercentage = 105,36%
Kostprijs = €30,80

V 5.7 a Fabricagekostprijs = €6,35
b Commerciële kostprijs = €7,00
c Verkoopprijs exclusief btw = €8,75
d Verkoopprijs inclusief btw = €10,59

V 5.8 a Proportioneel variabele kosten = €12,00
b Constante kosten = €720.000
c Kostprijs = €21,00

V 5.9 a Proportioneel variabele kosten = €7,50
b Constante kosten na uitbreiding = €31.000
c Kostprijs = €10,60

V 5.10 a Opslagpercentage 25%
b Kostprijs = €1,65
c Kostprijs = €1,62

V 5.11 a Opslagpercentage 20%
b Kostprijs = €33,80
c Opslagpercentages: directe materialen 5%, directe lonen 20%, totale directe kosten 6,25%.
d Kostprijs = €33,01

V 5.12 a Break-evenpunt = 800
c Break-evenpunt = 880, toename is 10%.

V 5.13 a Break-evenpunt = 13.000 (10.000 voldoet niet)

V 5.14 a Gemiddelde brutomarge = 29,5%
b Break-evenomzet = €2.000.000
c Gemiddelde brutomarge = 31,5%, break-evenomzet = €1.873.016

V 5.16

Extra opbrengsten	= €240.000
Extra kosten	= €185.000 −
Extra winst	= € 55.000

V 5.17
Extra opbrengsten = € 30.000
Extra kosten = € 26.586
Extra winst = € 3.414

Hoofdstuk 6

V 6.1 a €33.600
b €33.708
c €33.765,26
d €33.804,75

V 6.2 a €25.885,44
b €26.042,33
c €26.125,77
d €26.183,41

V 6.3 a €12.710,36
b €12.548,25
c €12.463,34
d €12.405,21

V 6.4 €34.969,56

V 6.5 a €18.885,65
b €17.986,33

V 6.6 €54.939,92

V 6.7 €54.910,86

V 6.8 Differentiële primaire geldstroom = €70.000

V 6.9 a 3 ⅓ jaar
b GBR = 18,18%
c 1 Netto contante waarde = €16.286,56

V 6.10 a €120.000
b €30.000
c €190.000
e 6 jaar
f 9 jaar g + € 118.954,08

V 6.11 a GBR (project A) = 20%   GBR (project B) = 20%
b NCW (project A) = + €20.249,49   NCW (project B) = + €34.644,93

V 6.12 a 1 Differentiële primaire geldstroom = €50.000
b Boekhoudkundige terugverdienperiode = 4,8 jaar
c GBR = 16,67%
d 1 Netto contante waarde = − €8.056,80

V 6.13 a 1 Boekhoudkundige terugverdienperiode: XR-1000 = 2 jaar, CB-300 = 3 jaar, FXRS = 3 jaar.
   2 GBR: XR-1000 = 26,92%, CB-300 = 16,19%, FXRS = 25%.
   3 Economische terugverdienperiode:
   XR-1000 = 2 jaar
   CB-300 wordt niet terugverdiend
   FXRS = 3 jaar
   4 NCW: XR-1000 = + €257.653,06, CB-300 = − €18.709,00, FXRS = + €260.122,09.

V 6.14 a 1 Boekhoudkundige terugverdienperiode: project A = 2,78 jaar, project B = 3,03 jaar, project C = 2,86 jaar.
   b GBR: project A = 30%, project B = 26%, project C = 18,18%.
   c NCW: project A = + €6.467,02, project B = + €5.019,20, project C = + €2.189,05

V 6.15 a Kostprijs = €13,00
   b Ebit voor belasting = €140.000, ebit na belasting = €112.000
   c Differentiële primaire geldstroom jaar 1 tot en met 4 = €172.000, jaar 5 = €222.000
   e Boekhoudkundige terugverdienperiode = 3 jaar
   f GBR = 56,00%
   g Economische terugverdienperiode = 3 jaar
   h NCW = + €209.728,88

V 6.16 a 1 BTP: X-100 = 4 jaar, X-200 = 4 jaar, X-300 = 3 jaar
   2 GBR: X-100 = 29,17%, X-200 = 29,17%, X-300 = 30%
   3 ETP: X-100 = 4 jaar, X-200 = 5 jaar, X-300 = 4 jaar
   4 NCW: X-100 = + €321.479,65, X-200 = + €292.646,11, X-300 = + €313.601,01

V 6.17 a 1 BTP: Q-1000 = 6 jaar,   Q-2000 = 2 jaar
   2 GBR: Q-1000 = 33,33%,   Q-2000 = 33,33%
   3 ETP: Q-1000 = 6 jaar,   Q-2000 = 3 jaar
   4 NCW: Q-1000 = + €274.210,43,   Q-2000 = + €522.699,47

V 6.18 a € 940.000
   b € 10.000
   c € 31.250
   d € 81.250
   e € 173.750
   f € 423.750
   g NCW = + €130.191,50
   h NCW = + € 9.808,50 (geen nieuwe berekening maken)

Overzicht van websites en aanvullende literatuur

Websites
www.kvk.nl (Kamer van Koophandel)
www.de-eigen-zaak.nl (informatie over een eigen onderneming)
www.mkb.nl (informatie over midden- en kleinbedrijf)
www.cpb.nl (Centraal Planbureau)
www.rijksoverheid.nl/ministeries/ez
www.minez.nl (ministerie van Economische Zaken)
www.rijksoverheid.nl/ministeries/fin
www.ez.nl (ministerie van Financiën)
www.cbs.nl (Centraal Bureau voor de Statistiek)
www.rabobank.nl, www.abnamro.nl, www.ing.nl, www.snsbank.nl
www.dnb.nl (De Nederlandsche Bank)
www.ecb.int (Europese Centrale Bank)
www.ohra.nl, www.centraalbeheer.nl, www.nn.nl (verzekeraars)
www.horeca.org (informatie over de horeca)
www.eurobench.com, www.zibb.nl (diverse onderwerpen)

Aanvullende literatuur
A.W.W. Heezen, 2012, *Bedrijfseconomie – voor het besturen van organisaties*, Groningen/Houten: Noordhoff Uitgevers, ISBN 978-90-01-80949-2

Register

A
Aandeelhouders 236
Aanmerkelijk belang 34
Accountantsverklaring 240
Activa 65, 67
Activiteitskengetallen 231
Aflossing 23, 153
Afschrijven 67, 77
Algemene vergadering van aandeelhouders 237
Arbeidsmotivatie 392
Autoriteit Financiële Markten 239

B
Balans 47, 64, 68, 196
Balans bankbedrijf 224
Banken 241
Bedrijfsbeslissing 16
Bedrijfschap 37
Bedrijfsresultaat 78
Bedrijfsvergelijking 383
Begroot kasstroomoverzicht 203
Begrote winst- en verliesrekening 72, 85
Begroting 73
Beïnvloedbare kosten 374
Belasting toegevoegde waarde 129
Besloten vennootschap 32
Bestemmingsplan 32
Bestuurders 235
Bestuursverslag 240
Boekhoudkundige terugverdienperiode 347, 355
Boekingsregels 156
Boekwaarde 78
Brancheanalyse 381
Branchevergelijking 234
Break-evenpunt 284, 376
Brutowinst 75
Businessunit 377

C
Cessie 243
Collectieve arbeidsovereenkomst 392
Commanditaire vennootschap 33

Concurrentiepositie 45
Constante kosten 44
Contante waarde 339
Crediteuren 63, 91
Current ratio 221

D
Debiteuren 68, 90
Debt ratio 223
Differentiële calculatie 308
Differentiële primaire geldstromen 334
Directe kosten 297
Directeur-grootaandeelhouder 34, 88
Dividend 24
Doelstelling organisatie 18
Dubbele belastingheffing 34

E
Ebit 75, 78
Ebitda 75, 77
Economische omstandigheden 38
Economische terugverdienperiode 350, 355
Eenmanszaak 33
Eigen vermogen 23, 48, 62, 68, 88
Eindwaarde 339
Elastische vraag 42
Evaluatie 380
Executiewaarde 223
Externe accountant 240
Externe belangstellenden 234
Externe relaties 13
Extra kosten 307

F
Financieel plan 47, 60
Financieel verslag 237
Financiële administratie 128
Financiële feiten 127
Fte 76

G
Gebruiksvergunning 31
Geldontvangsten 132
Gelduitgaven 278

Gemiddelde boekhoudkundige rentabiliteit 348, 355
Gemiddelde krediettermijn debiteuren/crediteuren 232
Gemiddeld geïnvesteerd vermogen 208
Goederen- en geldstromen 126
Goederenstromen 22
Gouden balansregel 69, 332

H
Handelscrediteuren 63
Handelsnaamwet 31
Handelsregisterwet 31
Hefboomwerking vermogensstructuur 212
Homogene productie 297
Hoofdelijk aansprakelijk 33
Hoog- en laagseizoen 308
Humanresourcesmanagement 26
Hypothecaire lening 63

I
Ideeontwikkeling 30
Incidenteel verlies 146
Incidentele order 305
Indifferentiepunt 388
Indirecte kosten 298
Indirecte methode 201
Inelastische vraag 42
Ingaande geldstroom 22
Inkomstenbelasting 33
Inkoopprijs 129
Interestkosten rentedragend vreemd vermogen 216
Interpretatie kengetallen 216
Investeren 330
Investeringen 333
Investeringsaftrek 36
Investeringsbegroting 60
Investeringsproces 330, 333
Investeringsselectie 346
Iso-elastische vraag 43

J
Jaarrekening 240
Jaarverslag 237

K
Kamer van Koophandel 28
Kassiersfunctie 131
Kasstroomoverzicht 200
Kortetermijneffecten 380
Kortetermijnplanning 85
Kosten 73, 87, 140, 151, 155, 278
Kosten leverancierskrediet 95

Kosten makelaarskantoor 382
Kostenstructuur 385
Kostprijs 290, 292
Kostprijsformule 294
Kredietcrisis 224
Kwaliteit-prijsverhouding 40

L
Langetermijneffecten 380
Leverancierskrediet 93
Lineaire vraagcurve 40
Liquide middelen 22, 79, 199
Liquiditeit 221
Liquiditeitsbegroting 48, 79, 83, 85
Loonkosten 279, 390, 391

M
Maatschap 33
Marketeer 373
Marketing 373
Marketingaudit 377
Marketingbudget 379
Marketingdoelstellingen 378
Marketingmix 378
Marketingplan 377, 379
Marketingstrategie 378
Marktonderzoek 38
Marktsegment 37
Marktsegmentatie 376
Matching 87
Materiële vaste activa 77
Meervoudige opslagmethode 300, 305
Monopolie 296

N
Naamloze vennootschap 32
Natuurlijke personen 33
Negatieve hefboomwerking 212
Netto contante waarde 352, 355
Nettowerkkapitaal 198
Niet-beïnvloedbare kosten 374
Niet-handelscrediteuren 63
Niet-rentedragend vreemd vermogen 93, 216
Non-profitorganisaties 12
Normale productie 294
Normale productieomvang 292

O
Omgeving 12
Omgevingsvergunning 32
Omzet makelaarskantoor 382
Omzetsnelheid voorraden 231
Ondernemer 29

Onderneming 12
Ondernemingsplan 28
Ondernemingsstrategie 377
Onzekerheid 26
Opbrengsten 73, 86, 87, 132, 137, 155
Opoffering productiemiddelen 155
Opslagduur voorraden 231, 232
Opslagpercentage indirecte kosten 298
Organisatie 12
Outsourcing 389

P
Partiële financiering 330
Passiva 65, 68
PDCA-cyclus 380
Personeelsverloop 392
Positieve hefboomwerking 211, 212
Prijselasticiteit van de vraag 42
Primaire geldstromen 332
Primair proces 21
Primitieve opslagmethode 299
Productiemiddelen 21, 60
Product-marktmatrix 378
Productschap 37
Proportioneel
    variabele kosten 282, 290, 294

Q
Quick ratio 222

R
Raad van Bestuur 236
Rechtspersoon 32
Rechtsvorm 32, 217
Rekening-courantkrediet 63
Rentabiliteit 204
Rentabiliteitskengetallen 208
Rente 23
Rentedekkingsfactor 219
Rentedragend vreemd vermogen/niet-
    rentedragend vreemd vermogen 197
Risico 344

S
Sales 374
Salesmanagers 373
Scenarioanalyse 380
Secundaire en primaire geldstromen 24
Secundaire geldstromen 332
Solvabiliteit 223
Solvabiliteitspercentage 223
Startersaftrek 36

Strategie organisatie 19
Stuurvariabelen 196, 220
SWOT-analyse 377

T
Taakstelling 392
Tijdvoorkeur 338
Tijdvoorkeurvoet 338
Toekomstparagraaf 240
Totale financiering 330

U
Uitbesteding 387
Uitgaande geldstroom 22

V
Vakantiegeld 279
Variabele kosten 43, 280, 383
Vaste activa 67
Vaste kosten 280, 307, 383
Vennootschap onder firma 33
Vennootschapsbelasting 33
Verdeling ebit 203
Verkoopmarkt 372
Verkoopprijs 129, 296
Vermogenskostenvoet 344, 352, 355
Vermogensmarkt 24
Verschaffers van vreemd vermogen 236
Vestigingsplaats 31
Vijfkrachtenmodel van Porter 45
Vlottende activa 67
Volledige mededinging 297
Voorfinanciering btw 65
Vooruitbetaalde bedragen 144
Voorziening 147
Vreemd vermogen 23, 62
Vreemd vermogen op korte termijn 63
Vreemd vermogen op lange termijn 63

W
Winstbepaling 153
Winstbestemming 154, 159
Winst- en verliesrekening 48, 74, 199
Winstreserve 68
Wisselkoersen 25

Z
Zakelijke dienstverlening 381
Zelfstandigenaftrek 36
Zes P's 38
Ziekteverzuim 391